Märkte für Krankenhausdienstleistungen

Heidi Dittmann

Märkte für Krankenhausdienstleistungen

Eine Analyse der Wettbewerbsfaktoren in Deutschland, Österreich und der Schweiz

Mit einem Geleitwort von Prof. Dr. Björn A. Kuchinke

Heidi Dittmann
Weimar, Deutschland

Dissertation, Bauhaus-Universität Weimar, 2016, u.d.T.:
Märkte für Krankenhausdienstleistungen. Eine theoretische und empirische Analyse der Wettbewerbsfaktoren in Deutschland, Österreich und der Schweiz

ISBN 978-3-658-14619-1   ISBN 978-3-658-14620-7 (eBook)
DOI 10.1007/978-3-658-14620-7

Die Deutsche Nationalbibliothek verzeichnet diese Publikation in der Deutschen Nationalbibliografie; detaillierte bibliografische Daten sind im Internet über http://dnb.d-nb.de abrufbar.

Springer Gabler
© Springer Fachmedien Wiesbaden 2016
Das Werk einschließlich aller seiner Teile ist urheberrechtlich geschützt. Jede Verwertung, die nicht ausdrücklich vom Urheberrechtsgesetz zugelassen ist, bedarf der vorherigen Zustimmung des Verlags. Das gilt insbesondere für Vervielfältigungen, Bearbeitungen, Übersetzungen, Mikroverfilmungen und die Einspeicherung und Verarbeitung in elektronischen Systemen.
Die Wiedergabe von Gebrauchsnamen, Handelsnamen, Warenbezeichnungen usw. in diesem Werk berechtigt auch ohne besondere Kennzeichnung nicht zu der Annahme, dass solche Namen im Sinne der Warenzeichen- und Markenschutz-Gesetzgebung als frei zu betrachten wären und daher von jedermann benutzt werden dürften.
Der Verlag, die Autoren und die Herausgeber gehen davon aus, dass die Angaben und Informationen in diesem Werk zum Zeitpunkt der Veröffentlichung vollständig und korrekt sind. Weder der Verlag noch die Autoren oder die Herausgeber übernehmen, ausdrücklich oder implizit, Gewähr für den Inhalt des Werkes, etwaige Fehler oder Äußerungen.

Springer Gabler ist Teil von Springer Nature
Die eingetragene Gesellschaft ist Springer Fachmedien Wiesbaden GmbH

Geleitwort

Die aktuelle Diskussion um Reformen im Gesundheitswesen, ausgelöst durch die offenbar immer noch nicht nachhaltig gewährleistete Finanzierung aufgrund von steigenden Ausgaben sowie die anhaltende Frage nach der Qualität der angebotenen Dienstleitungen, führt in der Gemengelage politischer, ökonomischer und sozialer Interessen und Motiven zu in ihren Auswirkungen nur schwer überschaubaren zusätzlichen Eingriffen des Staates. Grundsätzlich ist es in diesem komplexen Wirtschaftsbereich daher prinzipiell sinn- und verdienstvoll, Teilsektoren des Gesundheitswesens einer dezidierten ökonomischen Analyse zu unterziehen. Die Verfasserin unternimmt dies für den Bereich der Krankenhausdienstleistungen, der in der aktuellen Reform im Zentrum steht, aus einer ökonomischen Perspektive mit dem Ziel, eine ökonomische Analyse des Status quo und der vorgeschlagenen Reformen vorzunehmen und darauf aufbauend alternative Vorschläge zu entwickeln bzw. zu prüfen. Hierbei beschäftigt sich die Verfasserin sowohl mit betriebswirtschaftlichen Aspekten als auch mit volkswirtschaftlichen Implikationen.

Die Dissertation zeigt zum einen die theoretische Möglichkeit des Wettbewerbs auf Krankenhausdienstleistungsmärkten und zeigt zum anderen die bestehenden Wettbewerbshemmnisse auf, die in der ökonomischen und politischen Diskussion bisher weitgehend unberücksichtigt geblieben, für die zukünftige Entwicklung der gesetzlichen Rahmenbedingungen jedoch unerlässlich sind.

Die Analyse des Controlling in deutschen, österreichischen und Schweizer Krankenhäusern ist als wichtiger Beitrag für die Forschung zu werten. Der Datensatz ist als einmalig für Deutschland, Österreich und die Schweiz zu beschreiben. Die Daten sind konsequent erhoben und ausgewertet worden. Die Ergebnisse und Erkenntnisse sind daher neu. Die Untersuchung der Bereitstellung von Qualitätsinformationen auf den Internetseiten von Krankenhäusern leistet zudem einen essentiellen Beitrag zur Erweiterung der bestehenden Literatur.

Die Verfasserin hat vor dem Hintergrund der aktuellen Diskussion eine bemerkenswert umfassende Arbeit zu Krankenhausdienstleistungsmärkten vorgelegt. Sie verbindet in fast einmaliger Weise kompetent komplexe betriebswirtschaftliche und volkswirtschaftliche Fragestellungen. Überdies verknüpft sie Theorie, Empirie und gesundheitspolitische Aspekte in beeindruckender Weise. Ihr gelingt es, mit Hilfe empirischer Untersuchungen eine Reihe wichtiger Fragen im Bereich der Krankenhausökonomie zu analysieren und wichtige neue Erkenntnisse über die Relevanz und Funktionsweise des Wettbewerbs im Krankenhaussektor zu gewinnen. Dass die Thematik von Relevanz ist, beweisen die zahlreichen Veröffentlichungen und Vorträge der Autorin zu einzelnen Problemfeldern aus der Schrift.

Björn A. Kuchinke

Vorwort

Die nachstehende Dissertationsschrift entstand während meiner Tätigkeit als wissenschaftliche Mitarbeiterin am Lehrstuhl Medienökonomik an der Bauhaus-Universität Weimar. Das Promotionsverfahren wurde im Oktober 2015 eröffnet und mit der mündlichen Verteidigung im März 2016 abgeschlossen.

Meinem Doktorvater, Prof. Dr. Björn A. Kuchinke, gilt mein aufrichtiger Dank nicht nur für die Begleitung im gesamten Entstehungsprozess der Dissertation sowie die stets kritische Würdigung meiner Arbeit, sondern darüber hinaus für die Ausbildung, die ich bei ihm genießen durfte und nicht zuletzt die mir gewährten wissenschaftlichen und organisatorischen Freiheiten. Ohne seine Unterstützung wäre diese Arbeit nicht realisierbar gewesen.

Bei Prof. Dr. Ansgar Wübker bedanke ich mich für die Erstellung des Zweitgutachtens und Prof. Dr. David Müller für die Übernahme des Drittgutachtens sowie die wertvollen inhaltlichen Hinweise. Weiterer Dank gebührt Prof. Dr. Benno Stein für die Übernahme des Vorsitzes der Promotionskommission und Frau Anja Loudovici für die Doktorantenbetreuung an der BU Weimar und die geduldige Beantwortung aller organisatorischen Fragen zum Verfahrensablauf.

Des Weiteren danke ich den Teilnehmern des 42., 43. und 44. Hohenheimer Oberseminars und der Tagungen des dggö-Ausschusses zur Gesundheitsökonometrie für die kritische und anregende Diskussion meiner eingereichten Papiere. Besonderer Dank gilt dabei Prof. Dr. Ralf Dewenter und J.-Prof. Annika Herr für ihre hilfreichen Koreferate.

Ein großes Dankeschön ist meinem Kollegen Dipl. Oek. Tobias Buhle, M.A. für seine Unterstützung, seine stete Bereitschaft zu interdisziplinären Auseinandersetzungen sowie die angenehme Arbeitsatmosphäre am Lehrstuhl gewidmet. Weiterhin bin ich meinen Kollegen Dr. Julia Roll, Anne Jahn, M.A., David Zarkoth, M.Sc., Marcel Drescher, M.Sc., Josephine Zorn, M.A. und Juliane Seeber, M.A. für wertvolle Hinweise in Vorbereitung auf die Disputation verbunden.

Mein privater Dank gilt meinem Lebensgefährten Dr. Stefan Pilz für seine geduldige Unterstützung im gesamten Promotionsprozess und weit darüber hinaus sowie für das bereitwillige Korrekturlesen. Meinen Eltern danke ich herzlich für die jederzeitige Freiheit, Entscheidungen über meinen Lebensweg selbstständig treffen zu dürfen. Mein besonderes Gedenken gilt meinem Papa, der den Abschluss des Verfahrens leider nicht miterleben konnte und kurz darauf verstorben ist. Ihm ist diese Arbeit gewidmet.

Heidi Dittmann

Inhaltsverzeichnis

	Seite
Inhaltsverzeichnis	IX
Abbildungsverzeichnis	XIII
Tabellenverzeichnis	XV
Abkürzungsverzeichnis	XIX
Symbolverzeichnis	XX

1 Einleitung 1
   1.1   Ausgangssituation und Problemstellung 1
   1.2   Zielsetzung 4
   1.3   Gang der Untersuchung 6

2 Grundcharakteristika der Märkte für Krankenhausdienstleistungen 11
   2.1   Motivation 11
   2.2   Angebot von Krankenhausdienstleistungen 12
         2.2.1 Grundlagen 12
         2.2.2 Institutionelle Rahmenbedingungen 18
   2.3   Nachfrage nach Krankenhausdienstleistungen 21
   2.4   Analyse der Funktionsfähigkeit der Märkte für Krankenhausdienstleistungen 23
         2.4.1 Marktversagenstatbestände 23
               2.4.1.1   Asymmetrische Informationen 23
               2.4.1.2   Subadditivität der Kosten 28
               2.4.1.3   Externe Effekte 29
               2.4.1.4   Öffentliche Güter 30
         2.4.2 Zusammenfassende Beurteilung 32
   2.5   Analyse der konzeptionellen Ausgestaltung der DRG-Fallpauschalen aus kostenrechnerischer Sicht 32
         2.5.1 Einführung 32
         2.5.2 Charakteristika der DRG-Fallpauschalen 33
         2.5.3 Betriebswirtschaftliche Betrachtung 34
               2.5.3.1   Zeitbezug und Verrechnungsumfang der Kosten 34
               2.5.3.2   Kalkulatorische Kosten 35
               2.5.3.3   Durchschnittsprinzip 36
               2.5.3.4   Kalkulationsmethodik 37
               2.5.3.5   Zusammenfassende Beurteilung 39
         2.5.4 Volkswirtschaftliche Betrachtung 40

    2.5.4.1   Zeitbezug und Verrechnungsumfang der Kosten 40

    2.5.4.2   Kalkulatorische Kosten 43

    2.5.4.3   Durchschnittsprinzip 44

    2.5.4.4   Kalkulationsmethodik 45

    2.5.4.5   Zusammenfassende Beurteilung 46

  2.5.5 Zwischenfazit 47

2.6 Das Krankenhausstrukturgesetz 2015 48

  2.6.1 Eckpunkte der Reform und Ziele der Neuregelungen 48

  2.6.2 Ökonomische Einordnung der Gesetzesänderungen 51

  2.6.3 Zusammenfassende Beurteilung 62

2.7 Selektives Kontrahieren als institutionelle Alternative 62

2.8 Zwischenfazit 73

3 Krankenhausdienstleistungen und Controlling 75

3.1 Einführende Bemerkungen 75

3.2 Institutioneller Rahmen 76

3.3 Zur Notwendigkeit eines Krankenhauscontrolling 78

3.4 Krankenhauscontrolling in Deutschland – Empirische Auswertung 81

  3.4.1 Stand der Forschung 81

  3.4.2 Daten 82

  3.4.3 Deskriptive Analyse 84

    3.4.3.1   Institutionelles Controlling 84

    3.4.3.2   Funktionales Controlling 85

  3.4.5 Fazit 91

3.5 Wettbewerb und Krankenhauscontrolling: Eine empirische Analyse 92

  3.5.1 Institutioneller Rahmen 92

  3.5.2 Stand der Forschung 93

  3.5.3 Marktabgrenzung und Marktkonzentration 94

  3.5.4 Endogenität der Marktstruktur 96

  3.5.5 Modellierung 99

  3.5.6 Ergebnisse der Modellschätzung 101

  3.5.7 Diskussion und Schlussbemerkungen 111

4 Informationsbereitstellung und Wettbewerb 113

4.1 Einführung 113

4.2 Institutioneller Rahmen 114

4.3 Stand der Forschung 116

4.4 Entwicklung des qualitätsrelevanten Informationsangebots auf den Websites orthopädischer Kliniken 117

    4.4.1 Daten 117

    4.4.2 Methodik 119

    4.4.3 Deskriptive Darstellung 122

    4.4.4 Ergebnisse der Modellschätzung 123

4.5 Empirische Analyse des qualitätsrelevanten Informationsangebots auf den Websites deutscher Krankenhäuser 130

    4.5.1 Daten 130

    4.5.2 Methodik 130

    4.5.3 Deskriptive Analyse 131

    4.5.4 Ergebnisse der Modellschätzung 133

4.6 Zwischenfazit 139

5 Wettbewerb auf Krankenhausdienstleistungsmärkten in Österreich und der Schweiz 141

  5.1 Einleitung 141

  5.2 Institutioneller Rahmen 142

    5.2.1 Österreich 142

    5.2.2 Schweiz 144

  5.3 Stand der Forschung 145

  5.4 Daten 146

  5.5 Österreich 148

    5.5.1 Controlling 148

        5.5.1.1 Deskriptive Auswertung 148

        5.5.1.2 Ergebnisse der Modellschätzung 151

    5.5.2 Qualität 153

        5.5.2.1 Deskriptive Auswertung 153

        5.5.2.2 Ergebnisse der Modellschätzung 154

  5.6 Schweiz 156

    5.6.1 Controlling 156

        5.6.1.1 Deskriptive Auswertung 156

        5.6.1.2 Ergebnisse der Modellschätzung 158

    5.6.2 Qualität 160

        5.6.2.1 Deskriptive Auswertung 160

        5.6.2.2 Ergebnisse der Modellschätzung 161

  5.7 Zusammenfassende Beurteilung 163

6 Zusammenfassung und Schlussbetrachtung 165

Anhang 171
Literaturverzeichnis 186
Rechtsquellenverzeichnis 231

Abbildungsverzeichnis

Seite

Abbildung 1: Versicherungsökonomisches Dreieck 14

Abbildung 2: Märkte und Wettbewerbsfelder im Gesundheitswesen 15

Abbildung 3: Instrumente des funktionalen Controlling 87

Tabellenverzeichnis

Seite

Tabelle 1: Rücklauf nach Trägern und Bettenkapazität 84

Tabelle 2: Verbreitung des institutionellen Controlling nach Trägern 85

Tabelle 3: Zeitpunkt der Einführung des institutionellen Controlling nach Trägerschaft 85

Tabelle 4: Instrumente des funktionalen Controlling 86

Tabelle 5: Kategorisierung des Controllingeinsatzes 89

Tabelle 6: Einsatz von Controllinginstrumenten nach Kategorien 90

Tabelle 7: Zeitpunkt der Einführung des funktionalen Controlling nach Trägerschaft 91

Tabelle 8: Beziehung zwischen dem HHI und den Instrumentvariablen 98

Tabelle 9: Tests auf Über- oder Unteridentifikation der gewählten Modelle 99

Tabelle 10: Ergebnisse der Schätzung des IV-Poisson Modells 101

Tabelle 11: Koeffizienten, Standardfehler und p-Wert der verschiedenen Radien des räumlichen Markts 102

Tabelle 12: Ergebnisse der Modellschätzung differenziert nach unterschiedlichen Kategorien des Controllingeinsatzes 103

Tabelle 13: Ergebnisse der Modellschätzung differenziert nach Controllinginstrumenten 106

Tabelle 14: Bewertungskatalog 118

Tabelle 15: Beziehung zwischen dem HHI und den Instrumentvariablen 121

Tabelle 16: Mittlere Anzahl präsentierter Qualitätsinformationen und Standardabweichung differenziert nach Trägerschaft in 2010 und 2014 122

Tabelle 17: Anteil der Websites mit gestiegenem Informationsangebot und Standardabweichung differenziert nach Trägerschaft der Krankenhäuser 123

Tabelle 18: Ergebnisse der Modellschätzung für das gesamte qualitätsrelevante Informationsangebot orthopädischer Kliniken 124

Tabelle 19: Ergebnisse der Modellschätzung für das qualitätsrelevante Informationsangebot orthopädischer Kliniken differenziert nach Struktur-, Prozess- und Ergebnisqualität 127

Tabelle 20: Mittlere Anzahl präsentierter Qualitätsinformationen und Standardabweichung differenziert nach Trägerschaft 132

Tabelle 21: Ergebnisse der Modellschätzung für das qualitätsrelevante Informationsangebot .. 134

Tabelle 22: Ergebnisse der Modellschätzung für das qualitätsrelevante Informationsangebot differenziert nach Struktur-, Prozess- und Ergebnisqualität 136

Tabelle 23: Rücklauf nach Trägern und Bettenkapazität in Österreich 146

Tabelle 24: Rücklauf nach Trägern und Bettenkapazität in der Schweiz 147

Tabelle 25: Instrumente des funktionalen Controlling in Österreich 149

Tabelle 26: Einsatz von Controllinginstrumenten nach Kategorien in Österreich 150

Tabelle 27: Schätzergebnisse für das funktionale Controlling in Österreich 151

Tabelle 28: Mittlere Anzahl präsentierter Qualitätsinformationen und Standardabweichung differenziert nach Trägerschaft in Österreich 153

Tabelle 29: Ergebnisse der Modellschätzung für das gesamte qualitätsrelevante Informationsangebot sowie differenziert nach Struktur-, Prozess- und Ergebnisqualität in Österreich 154

Tabelle 30: Instrumente des funktionalen Controlling in der Schweiz 157

Tabelle 31: Einsatz von Controllinginstrumenten nach Kategorien 158

Tabelle 32: Schätzergebnisse für das funktionale Controlling in der Schweiz 159

Tabelle 33: Mittlere Anzahl präsentierter Qualitätsinformationen und Standardabweichung differenziert nach Trägerschaft in der Schweiz 161

Tabelle 34: Ergebnisse der Modellschätzung für das gesamte qualitätsrelevante Informationsangebot sowie differenziert nach Struktur-, Prozess- und Ergebnisqualität in der Schweiz 162

Tabelle 35: Korrelationsmatrix der untersuchten Controllinginstrumente 171

Tabelle 36: Controllingeinsatz: Koeffizienten und Standardfehler des HHI_j der verschiedenen Radien des räumlichen Markts in Deutschland 172

Tabelle 37: Ergebnisse der Modellschätzung für den Einsatz von Controllinginstrumenten: Koeffizienten und Standardfehler 173

Tabelle 38: Controllinginstrumente: Koeffizienten und Standardfehler des HHI_j der verschiedenen Radien des räumlichen Markts in Deutschland 174

Tabelle 39: Informationsbereitstellung orthopädischer Kliniken: Wu-Hausman-Test auf Endogenität 175

Tabelle 40: Qualitätsinformation von orthopädischen Kliniken: Koeffizienten und Standardfehler der verschiedenen Radien des räumlichen Markts in Deutschland 176

Tabelle 41: Informationsbereitstellung deutscher Plankrankenhäuser und Universitätskliniken: Wu-Hausman-Test auf Endogenität 177

Tabelle 42: Qualitätsinformation von Plankrankenhäusern und Universitätskliniken: Koeffizienten und Standardfehler der verschiedenen Radien des räumlichen Markts in Deutschland 178

Tabelle 43: Krankenhauscontrolling in Österreich: Beziehung zwischen dem HHI und den Instrumentvariablen 179

Tabelle 44: Krankenhauscontrolling in Österreich: Tests auf Über- oder Unteridentifikation der gewählten Modelle 179

Tabelle 45: Krankenhauscontrolling in Österreich: Koeffizienten und Standardfehler des HHI_j der verschiedenen Radien des räumlichen Markts 180

Tabelle 46: Informationsbereitstellung in Österreich: Beziehung zwischen dem HHI und den Instrumentvariablen 180

Tabelle 47: Informationsbereitstellung in Österreich: Wu-Hausman-Test auf Endogenität 181

Tabelle 48: Informationsbereitstellung in Österreich: Koeffizienten und Standardfehler der verschiedenen Radien des räumlichen Markts 182

Tabelle 49: Krankenhauscontrolling in der Schweiz: Beziehung zwischen dem HHI und den Instrumentvariablen 183

Tabelle 50: Krankenhauscontrolling in der Schweiz: Tests auf Über- oder Unteridentifikation der gewählten Modelle 183

Tabelle 51: Krankenhauscontrolling in der Schweiz: Koeffizienten und Standardfehler des HHI_j der verschiedenen Radien des räumlichen Markts 184

Tabelle 52: Informationsbereitstellung in der Schweiz: Beziehung zwischen dem HHI und den Instrumentvariablen 184

Tabelle 53: Informationsbereitstellung in Österreich: Wu-Hausman-Test auf Endogenität 185

Tabelle 54: Informationsbereitstellung in der Schweiz: Koeffizienten und Standardfehler der verschiedenen Radien des räumlichen Markts 185

Abkürzungsverzeichnis

Abb.	Abbildung
Abs.	Absatz
Abs. 1 S. 1	Absatz 1 Satz 1
AEUV	Vertrag über die Arbeitsweise der Europäischen Union
ÄndG	Änderungsgesetz
Art.	Artikel
AT	Amtlicher Teil
Aufl.	Auflage
BAG	Bundesamt für Gesundheit
BAnz	Bundesanzeiger
BB	Bundesbeschluss
Bd.	Band
BDU	Bundesverband Deutscher Unternehmensberater
BG	Bundesgesetz
BGBl.	Bundesgesetzblatt
BGH	Bundesgerichtshof
BMG	Bundesministerium für Gesundheit
bspw.	beispielsweise
BV	Bundesverfassung
B-VG	Bundes-Verfassungsgesetz
CDU	Christlich Demokratische Union Deutschlands
Coef.	Coefficient
cons	constant
c. p.	ceteris paribus
CSU	Christlich-Soziale Union in Bayern
d. h.	das heißt
Diss.	Dissertation

DKG	Deutsche Krankenhausgesellschaft
DRG	Diagnosis Related Groups
Eurostat	European Statistics
et al.	et alii
f.	folgende
ff.	fortfolgende
FPG	Fallpauschalengesetz
G-BA	Gemeinsamer Bundesausschuss
G-DRG	German Diagnosis Related Groups
GewStG	Gewerbesteuergesetz
GG	Grundgesetz
GKV	Gesetzliche Krankenversicherung
GmbH	Gesellschaft mit beschränkter Haftung
GSG	Gesundheitsstrukturgesetz
GVBl.	Gesetz- und Verordnungsblatt
GWB	Gesetz gegen Wettbewerbsbeschränkungen
Habil.	Habilitation
HHI	Herfindahl-Hirschman-Index
Hrsg.	Herausgeber
ID	Identification
i. d. R.	in der Regel
i. H. v.	in Höhe von
InEK	Institut für das Entgeltsystem im Krankenhaus
InsO	Insolvenzordnung
IV	Instrumentvariable(n)
i. V. m.	in Verbindung mit
Jg.	Jahrgang
KAKuG	Krankenanstalten- und Kuranstaltengesetz
KHBV	Krankenhausbuchführungsverordnung
KHEntgG	Krankenhausentgeltgesetz

KHG	Krankenhausfinanzierungsgesetz
KHRG	Krankenhausfinanzierungsreformgesetz
KHSG	Krankenhausstrukturgesetz
km	Kilometer
KStG	Körperschaftsteuergesetz
KTQ	Kooperation für Transparenz und Qualität im Gesundheitswesen
KVEG	Kostendämpfungs-Ergänzungsgesetz
KVG	Bundesgesetz über die Krankenversicherung
LKF	Leistungsorientierte Krankenanstaltenfinanzierung
LPM	Linear Probability Model
LR	Likelihood Ratio
LGBl.	Landesgesetzblatt
L-VG	Landes-Verfassungsgesetz
MDC	Major Diagnosis Category
MDK	Medizinischer Dienst der Krankenversicherung
Mm-R	Mindestmengenregelung
NACE	Europäische Systematik der Wirtschaftszweige
NegBin	Negatives Biniomialmodell
Nr.	Nummer
o. A.	ohne Angabe
OECD	Organisation for Economic Co-operation and Development
PKV	Private Krankenversicherung
Prob.	Probability
p-val	p-value
Rn.	Randnummer
RWI	Rheinisch-Westfälisches Institut für Wirtschaftsforschung
S.	Seite
SGB V	Sozialgesetzbuch V
sog.	sogenannt
SPD	Sozialdemokratische Partei Deutschlands

sq.	square
Std. Err.	Standard Error
SwissDRG	Swiss Diagnosis Related Groups
SWOT	Strengths Weaknesses Opportunities Threats
ThürKHG	Thüringer Krankenhausgesetz
Tz.	Textziffer(n)
u. a.	unter anderem
Univ.	Universität
val.	value
vgl.	vergleiche
VKL	Verordnung über die Kostenermittlung und die Leistungserfassung durch Spitäler, Geburtshäuser und Pflegeheime in der Krankenversicherung
Vol.	Volume
WZB	Wissenschaftszentrum Berlin für Sozialforschung
Ziff.	Ziffer
Zugl.	Zugleich

Symbolverzeichnis

€	Euro
§	Paragraph
§§	Paragraphen
%	Prozent

1 Einleitung

1.1 Ausgangssituation und Problemstellung

Die deutschen Märkte für Krankenhausdienstleistungen sind durch eine hohe Regulierungsintensität gekennzeichnet. Die staatlich-administrativen Eingriffe erstrecken sich auf die Vorgabe der Bettenkapazität, des Leistungsspektrums und der Leistungsmenge von Krankenhäusern sowie der Preise für erbrachte Dienstleistungen. Dem freien Spiel von Angebot und Nachfrage wird die Fähigkeit der Erfüllung des aus Art. 20 Abs. 2 GG i. V. m. Art. 28 Abs. 2 GG abgeleiteten Auftrags des Staates zur Gesundheitsversorgung der Bevölkerung abgesprochen.

Die konkrete Ausgestaltung des Regulierungsrahmens unterliegt steten Änderungen.[1] Mit Inkrafttreten des KHG im Jahr 1972 wurde Krankenhäusern zunächst die Garantie der Übernahme ihrer Selbstkosten zugestanden.[2] Investitionen werden seither von den Betriebskosten getrennt durch die öffentliche Hand getragen.[3] Mit steigenden gesamtwirtschaftlichen Ausgaben für den Krankenhaussektor[4] wurden seit den 1980er Jahren eine Reihe von Kostendämpfungsmaßnahmen seitens des Gesetzgebers vorgenommen.[5] Als strukturelle Änderungen können die Aufhebung des Bestandsschutzes von Krankenhäusern durch das Gesundheitsstrukturgesetz von 1992[6] sowie die Einführung der DRG-Fallpauschalen[7] zum Jahre 2004 angesehen werden.

Seit Juni 2015 liegen die Reformvorschläge für eine Krankenhausreform 2015 vor.[8] Während die Intensivierung des Wettbewerbs stets ein wesentliches Ziel der vorangegangenen Reformen darstellte,[9] wird diese Zielstellung von den aktuellen Gesetzesänderungen nicht aufgegriffen. Vielmehr sieht das Krankenhausstrukturgesetz den Einbezug der Qualität in die Vergütungssätze, die Zuführung von Liquidität sowie die Zahlung von Sicherstellungszuschlägen für Kapazitäten, die über die DRG-Fallpauschalen nicht kostendeckend vorgehalten werden können, zur Gewährleistung einer flächendeckenden Versorgung allerdings als erforderlich erachtet werden, vor.[10] Die Entscheidung über qualitätsabhängige Zu- und Abschläge oder

---

[1] Für eine Übersicht der Gesetzesänderungen zwischen 1977 und 2000 vgl. Kuchinke, 2004, S. 17. Eine Übersicht und Beschreibung der Gesundheitsreformgesetze zwischen 1981 und 1999 ist zudem dargestellt in Wiechmann, 2003, S. 21 ff.
[2] Vgl. § 4 Abs. 1 KHG in der Fassung der Bekanntmachung vom 1. Juli 1972.
[3] Vgl. § 4 Abs. 1 i. V. m. § 9 KHG in der Fassung der Bekanntmachung vom 1. Juli 1972.
[4] Eine Übersicht über die Zunahme der Gesundheitsausgaben zwischen 1970 und 1998 vgl. OECD, 2001, S. 45, zwischen 1990 und 2001 vgl. OECD, 2003, S. 61 und für die Entwicklung zwischen 2000 und 2009 sowie von 2009 bis 2011 vgl. OECD, 2013, S. 155.
[5] Als Beispiele hierfür sind das Krankenhaus-Kostendämpfungsgesetz von 1981 sowie das Kostendämpfungs-Ergänzungsgesetz von 1981 zu nennen.
[6] Konkret erfolgte die Aufgabe der Bestandsgarantie durch die Aufhebung der Selbstkostendeckungsgarantie durch Art. 11 des Gesundheitsstrukturgesetzes von 1992.
[7] Die Einführung der DRG-Fallpauschalen erfolgte mit dem Gesetz zur Einführung des diagnose-orientierten Fallpauschalensystems für Krankenhäuser vom 29. April 2002.
[8] Vgl. Deutscher Bundestag, 2015b, passim.
[9] Vgl. Deutscher Bundestag, 1992, S. 74, Deutscher Bundestag, 2001, S. 26, Deutscher Bundestag, 2006, S. 2, Deutscher Bundestag, 2008, S. 30.
[10] Vgl. Deutscher Bundestag, 2015b, S. 1 ff.

über die Bedarfsnotwendigkeit bestimmter Kapazitäten soll beim Gemeinsamen Bundesausschuss liegen.[11] Im Ergebnis würden durch die Reform die staatlich-administrativen Einflussmöglichkeiten ausgeweitet. Weitergehende strukturelle Änderungen sind in den Gesetzesänderungen nicht vorgesehen.

Der institutionelle Rahmen, innerhalb dessen Krankenhäuser agieren, wird demnach wesentlichen durch die staatlich-administrativen Vorgaben bestimmt. Es ist somit die Frage zu stellen, in welchem Umfang Krankenhäusern dadurch die Möglichkeit eines Einflusses auf die elementaren Determinanten des Unternehmenserfolgs sowie zugleich auf die zentralen Wettbewerbsparameter gegeben ist.

Das den Krankenhausdienstleistungsmärkten unterstellte Marktversagen wird mitunter ohne Prüfung der einzelnen Marktversagenstatbestände als gegeben angenommen.[12] Auch den Gesetzesbegründungen vorangegangener Reformen kann keine Prüfung einer möglichen Deregulierung entnommen werden.[13] Die aus ordnungspolitischer Sicht zu fordernde Überprüfung der Legitimation eines Staatseingriffs zur Korrektur von Marktversagen von Zeit zu Zeit ist bisher nicht erfolgt.[14]

Zur Ausgestaltung des institutionellen Rahmens werden mitunter gegensätzliche Standpunkte vertreten. Während Krankenhausdienstleistungsmärkten von zahlreichen Autoren fehlende Funktionalität unterstellt und in Konsequenz dessen eine wettbewerbliche Koordination abgelehnt wird,[15] sehen andere Autoren die Regulierung als Ursache für bestehende Ineffizienzen[16] und fordern einen freien Wettbewerb zwischen Krankenhäusern.[17] Weiterhin werden Forderungen nach „wettbewerbsähnliche[n] Strukturen"[18], einem „regulierten Wettbewerb"[19] oder einem „Restwettbewerb"[20] bekundet. Auf positiver Ebene beschreibt ein Teil des Schrifttums die bereits vollzogene Initiierung von Wettbewerb.[21] Zugleich konstatiert ein anderer Teil den bisher fehlenden Wettbewerb zwischen Krankenhäusern.[22]

---

[11] Vgl. Deutscher Bundestag, 2015b, S. 1 ff.
[12] Vgl. Klaue, 2006, S. 22, Bruckenberger, 2006, S. 97, Schwintowski, 2006, S. 118.
[13] Vgl. dazu exemplarisch Deutscher Bundestag, 2001, S. 26, Deutscher Bundestag, 2006, S. 2.
[14] Zur Forderung der Überprüfung der Möglichkeit einer Rückführung von Regulierung vgl. Bögelein, 1990, S. 113, Bartling, 1983, S. 344 f., Knieps/Müller/Weizsäcker, 1981, S. 345, Mayer, 2014, S. 37.
[15] Vgl. Deppe, 1996, S. 51, Bolles, 1994, S. 61 ff., Brück, 1974, S. 85, Albers, 1993, S. 451, Clade, 1988, S. 106, Dietrich, 2005, S. 11 ff. Wettbewerb auf Krankenhausdienstleistungsmärkten könnte keine Verbesserung des Marktergebnisses bewirken, vgl. Robbers, 1998, S. 191 f. oder würde sogar zu unbefriedigenden Ergebnissen führen, vgl. Richard, 1993, S. 49.
[16] Vgl. Fischer, 1988, S. 151, Adam, 1985, S. 18.
[17] Vgl. Kuchinke, 2004, S. 211 ff., Arnold, 1988, S. 24, Neubauer, 2002, S. 6 f. Die Bedeutung des Wettbewerbs auf Krankenhausdienstleistungsmärkten wird zudem von der Monopolkommission betont. Vgl. Monopolkommission, 2010, S. 364 Tz. 1054.
[18] Albers, 1993, S. 451.
[19] Rahmel, 2014, S. 137.
[20] Bartling, 1983, S. 345.
[21] Vgl. Breßlein, 1999, S. 156, Schmid, 2012a, S. 53, Hensen et al., 2003, S. 381, Roeder et al., 2004, S. 703, Becker/Beck, 2006, S. 203, Warnebier, 2007, S. 34, Einwag, 2011, S. 972 f., Weber et al., 2012, S. 40.
[22] Vgl. Kuchinke, 2004, S. 211 ff., Lehmann, 2009, S. 7, Cassel et al., 2008a, S. 42, Cassel et al., 2008b, S. 171, Knieps, 2010, S. 25, Wasem/Geraedts, 2011, S. 5, Neubauer/Beivers/Paffrath, 2011, S. 156, Kruse/Kruse,

Die wirtschaftliche Lage vieler deutscher Krankenhäuser ist prekär. Nach Angaben des RWI ist der Bestand von rund einem Viertel der deutschen Kliniken mittel- bis langfristig gefährdet.[23] Die von den Gesetzesänderungen angestrebte Zuführung von Liquidität in Höhe von 1 Mrd. € in Ergänzung zu den in den Haushaltsplänen der Länder vorgesehenen Mitteln unterstellt implizit eine bisher zu geringe Mittelausstattung der Kliniken.[24] In der Tat bleiben die staatlichen Investitionszahlungen seit Jahren hinter dem von Krankenhäusern geltend gemachten erforderlichen Investitionsvolumen zurück.[25] Im Gegenzug werden die DRG-Fallpauschalen seit ihrer erstmaligen Kalkulation anhand von historischen Istkosten ermittelt und preisen somit seit jeher die zum Zeitpunkt ihrer Einführung bestehenden Ineffizienzen ein. Die (ausschließliche) Erklärung von Defiziten über zu geringe Investitionszahlungen kann daher zumindest kritisch diskutiert werden.

Einen nennenswerten Einfluss auf die Höhe der anfallenden Kosten nimmt das Management eines Unternehmens. Der Einsatz wesentlicher betriebswirtschaftlicher Instrumente war für Krankenhäuser lange Zeit nicht erforderlich.[26] Erst mit Aufhebung der Bestandsgarantie gewannen ökonomische Überlegungen an Bedeutung. Infolge der pauschalen Festpreisvergütung von Krankenhausdienstleistungen ist den Kliniken seit der Einführung der DRG-Fallpauschalen eine implizite Kostenobergrenze vorgegeben. Kann diese nicht eingehalten werden, ist ein Marktaustritt mittel- bis langfristig unvermeidbar. Eine kostenbewusste Unternehmensführung ist somit zur Bestandssicherung auch für Krankenhäuser unerlässlich geworden. Indem es eine Planungs-, Steuerungs- und Kontrollfunktion erfüllt, kann das Controlling als ein wesentliches Managementinstrument angesehen werden.[27] Auf strategischer Ebene ermöglicht es die Anpassung des Unternehmens an die Änderungen innerhalb des institutionellen Rahmens sowie an das Verhalten von Patienten und Konkurrenten.[28] Hierüber kann in Verbindung mit einer kurzfristigen Erfolgskontrolle das Kostenniveau positiv beeinflusst werden. Die Höhe der anfallenden Kosten stellt nach der regulatorischen Vorgabe des Preises einen entscheidenden Wettbewerbsparameter dar. Im Festpreissystem der DRG-Fallpauschalen kann jenes Klinikum einen Vorteil gegenüber Konkurrenten erzielen, welchem die Leistungserstellung zu geringeren Kosten als anderen Häusern gelingt. Generierte Überschüsse verbleiben bei den Kliniken und können zur Investition in Qualität verwendet werden.

Infolge des Sachleistungsprinzips der gesetzlichen Krankenversicherung sowie der Preisregulierung kann die Qualität von Krankenhausdienstleistungen als der zentrale Wettbewerbsfak-

---

2006, S. 55, Neubauer/Paffrath, 2014, S. 61 f. Zur Kritik des fehlenden Wettbewerbs zwischen Krankenhäusern und Krankenkassen vgl. Ebsen, 2004, S. 61, Gerdelmann, 2004, S. 134.
[23] Vgl. Augurzky et al., 2013, S. 90.
[24] Zur Höhe der angestrebten Mittelzuführung vgl. Deutscher Bundestag, 2015b, S. 44.
[25] Für eine Übersicht über die Entwicklung der Krankenhausinvestitionsquote vgl. DKG, 2010 S. 63.
[26] So auch Glasmacher, 1996, S. 42, Breyer, 1993, S. 39, Simon, 1998, S. 27.
[27] Vgl. Horváth, 1987, S. 37, BDU, 2006, S. 245, Preißler, 2008, S. 16, Weber, 2009, S. 11, Horváth, 2009, S. 21.
[28] Vgl. Scheffler, 1984, S. 2149, Höhn, 1985, S. 43, Horváth, 1981, S. 402, Baum/Coenenberg/Günther, 2013, S. 78 f., Buchholz, 1993, S. 21, Klinge, 1967, S. 24.

tor auf dem Behandlungsmarkt angesehen werden.[29] Die Bedeutung der Qualität begründet sich über ihren Einfluss auf das Ziel von Diagnose- und Behandlungsdienstleistungen: die Verbesserung des Gesundheitszustands von Patienten. Im Wettbewerb mit anderen Kliniken kann ein Krankenhaus demnach versuchen, über die Qualität seiner Leistungen die Auswahlentscheidung von Patienten positiv zu beeinflussen und Wettbewerbsvorteile zu erzielen. Um ihre Auswahlentscheidung an der Qualität ausrichten zu können, müssen (potenzielle) Patienten über verlässliche Informationen über die Qualität von Krankenhäusern verfügen.[30] Diesbezüglich kann jedoch kritisch diskutiert werden, inwiefern es sich bei Krankenhausdienstleistungen um neoklassische Güter handelt, die eine Qualitätseinschätzung im Vorfeld der Inanspruchnahme zulassen oder inwiefern die Beziehung zwischen Krankenhäusern und Patienten durch eine asymmetrische Informationsverteilung zulasten der Patienten gekennzeichnet ist.[31] Grundsätzlich stehen Patienten neben den gesetzlich vorgeschriebenen Qualitätsberichten Krankenhauswebsites zur Informationsbeschaffung zur Verfügung. Über die Bereitstellung von Qualitätsinformationen können Krankenhäuser bestrebt sein, die Auswahlentscheidung von Patienten positiv zu beeinflussen und auf diesem Wege Wettbewerbsvorteile gegenüber anderen Häusern zu erzielen.

Im gegebenen Regulierungsszenario können jedoch die kollektivvertragliche Beziehung zu den Leistungsträgern sowie die Landesbedarfsplanung einen Einfluss auf die Möglichkeit zur Erzielung von Wettbewerbsvorteilen nehmen. Im Vergleich zu Konkurrenten geringere Kosten können in den Verhandlungen mit den Leistungsträgern nicht geltend gemacht werden. Ebenso können Qualitätsvorsprünge gegenüber Konkurrenten weder in den Budgetverhandlungen noch im Rahmen der Ermittlung der Bettenzahl berücksichtigt werden. Nachfrageänderungen erfahren ausschließlich über die Landesbedarfsplanung eine Würdigung. Insofern lassen sich im derzeitigen Regulierungsrahmen lediglich geringe Anreize zum wettbewerblichen Verhalten vermuten. Es ist zumindest fraglich, ob auf den deutschen Krankenhausdienstleistungsmärkten derzeit eine Honorierung wirtschaftlichen Verhaltens bei gleichzeitiger Sanktionierung von Unwirtschaftlichkeiten stattfindet.

1.2 Zielsetzung

Ausgehend von dem beschriebenen Problemaufriss besteht das Erkenntnisziel der vorliegenden Dissertationsschrift in der Analyse der Möglichkeit eines freien Wettbewerbs auf Kran-

---

[29] Vgl. Joskow, 1980, S. 432, Calem/Rizzo, 1995, S. 1182, Kuchinke, 2001, S. 14 f., Kuchinke/Kallfass, 2006, S. 997. Ähnlich Redeker, 1992, S. 114.
[30] Vgl. Ebsen et al., 2003, S. 42, Monopolkommission, 2008, S. 320 Tz. 820, Gerdelmann, 2004, S. 134, Beukers/Kemp/Varkevisser, 2014, S. 927, Leatherman/McCarthy, 1999, S. 93, Wasem/Geraedts, 2011, S. 10, Geraedts/Cruppé, 2011, S. 95, Geraedts, 2006, S. 154.
[31] Letzterer Standpunkt wird u. a. vertreten von Arrow, 1963, S. 949, 964, Culyer, 1971, S. 194, Feldstein, 1977, S. 1682, Schulenburg/Greiner, 2013, S. 8 f., Folland/Goodman/Stano, 2013, S. 196 f., Laufer et al., 2010, S. 930, Schneider, 1993, S. 2, Brody, 1981, S. 718, Herder-Dorneich/Wasem, 1986, S. 254, Herder-Dorneich, 1988, S. 210.

kenhausdienstleistungsmärkten sowie der Darstellung einer wettbewerblichen Ausgestaltung des institutionellen Rahmens. Darüber hinaus besteht ein weiteres Ziel in der Analyse der Bedeutung des Wettbewerbs für das Marktverhalten von Krankenhäusern im derzeitigen Regulierungsrahmen. Als Elemente des Marktverhaltens werden der Einsatz von Controllinginstrumenten sowie die Bereitstellung von Qualitätsinformationen auf Krankenhauswebsites betrachtet. Das Controlling kann grundsätzlich als ein bedeutender Einflussfaktor auf die Höhe der anfallenden Kosten angesehen werden. Das Kostenniveau eines Krankenhauses definiert im Festpreissystem der DRG-Fallpauschalen wiederum den Umfang, in dem Investitionen in Qualität vorgenommen werden können. Im Qualitätswettbewerb ist für Krankenhäuser nicht nur die tatsächliche Qualität ihrer Leistungen, sondern zugleich die Wahrnehmung dieser durch (potenzielle) Patienten entscheidend. Mit dem Controlling sowie der Bereitstellung von Qualitätsinformationen werden demnach zwei zentrale Parameter des Marktverhaltens von Krankenhäusern betrachtet.

Der Zusammenhang zwischen der Ausgestaltung des deutschen Krankenhauscontrolling und der Wettbewerbsintensität auf Krankenhausdienstleistungsmärkten wird von der vorliegenden Schrift erstmalig aufgegriffen. Ferner wurde für die der Analyse zugrundeliegenden Daten erstmalig die Gesamtheit der deutschen Plankrankenhäuser und Universitätskliniken zu den traditionellen Controllinginstrumenten befragt. Mit einer Beteiligung von 411 Krankenhäusern übersteigt die Größe des Samples die der bisherigen Studien zum Krankenhauscontrolling.[32] Des Weiteren wird die Beeinflussung des Bestrebens von Krankenhäusern zur Reduktion der asymmetrischen Informationsverteilung zwischen ihnen und (potenziellen) Patienten erstmalig auf Basis einer Vollerhebung analysiert. Die Beschränkung einer früheren Studie von Dewenter/Kuchinke (2014) auf ausschließlich orthopädische Kliniken wird damit aufgehoben.[33]

Für eine umfassendere Beschreibung des Marktverhaltens von Krankenhäusern wird die Untersuchung des Zusammenhangs zwischen der Wettbewerbssituation von Krankenhäusern und deren Controllingaktivitäten sowie die Bereitstellung von Qualitätsinformationen auf die Märkte für Krankenhausdienstleistungen in Österreich und der Schweiz ausgedehnt. Von Interesse ist insbesondere, welche Relevanz dem Wettbewerb für unternehmerische Entscheidungen unter unterschiedlichen institutionellen Rahmenbedingungen zukommt. Die vorliegende Dissertationsschrift präsentiert dabei erstmalig empirische Evidenz zur Ausgestaltung des Controlling in den Krankenhäusern Österreichs und der Schweiz. Sie gibt erste Hinweise darauf, inwiefern auf Krankenhausdienstleistungsmärkten mit hoher Regulierungsdichte wettbewerbliches Verhalten stattfindet.

---

[32] Vgl. Lachmann, 2011, S. 113, Gary, 2013, S. 253, Crasselt/Heitmann/Maier, 2014, S. 9, Schulze, 2014, 96 f.
[33] Vgl. Dewenter/Kuchinke, 2014, S. 5.

1.3 Gang der Untersuchung

Die Analyse der Bedeutung, die dem Wettbewerb für das Marktverhalten von Krankenhäusern im gegenwärtigen Regulierungsrahmen zukommt, bedarf zunächst der Beschreibung des institutionellen Rahmens, um aufzuzeigen, über welche Parameter und in welchem Umfang Wettbewerb auf Krankenhausdienstleistungsmärkten stattfinden kann. Hierzu wird im zweiten Kapitel ein Überblick über die Angebotsseite von Krankenhausdienstleistungen einschließlich der Beschreibung des Umfangs der staatlichen Einflussnahme auf die wesentlichen unternehmerischen Aktionsparameter Kapazität, Leistungsspektrum, Leistungsmenge und Preis sowie über die Nachfrageseite gegeben.

Die Legitimation der staatlichen Einflussnahme auf das unternehmerische Handeln von Krankenhäusern wird über die fehlende Funktionalität des Markts zur flächendeckenden Versorgung der Bevölkerung mit Krankenhausdienstleistungen begründet. Die aus ordnungspolitischer Sicht zu fordernde Überprüfung der Möglichkeit zur Rückführung der Regulierung von Zeit zu Zeit wird im Rahmen dieser Schrift vorgenommen. Kapitel 2.4 ist der Diskussion der Funktionsfähigkeit der Krankenhausdienstleistungsmärkte gewidmet. Diese ist entscheidend für die Ausgestaltung des institutionellen Rahmens, unter dem Krankenhäuser agieren. Bei den wesentlichen Marktversagenstatbeständen handelt es sich um Informationsasymmetrien, Subadditivität der Kosten, externe Effekte und öffentliche Güter.[34] Diese Tatbestandsmerkmale werden sowohl aus theoretischer Sicht erläutert als auch auf ihr eventuelles Vorliegen auf Krankenhausdienstleistungsmärkten untersucht. Sind als Ergebnis der Analyse Marktversagenstatbestände zu diagnostizieren, werden in einem nächsten Schritt marktliche Lösungsmöglichkeiten zur Kompensation des Marktversagens herausgearbeitet. Regulierung infolge von Marktversagen ist aus ordnungspolitischer Sicht erst dann zu rechtfertigen, wenn durch die Regulierung eine Verbesserung des Marktergebnisses erzielt werden kann.[35] Zur Überprüfung der Fähigkeit des Staates, durch regulatorische Eingriffe eine Verbesserung des Ergebnisses von Krankenhausdienstleistungsmärkten gegenüber dem unregulierten Szenario zu erreichen, werden exemplarisch die Ausgestaltung der DRG-Fallpauschalen unter kostentheoretischen Gesichtspunkten sowie den Gesetzesänderungen der Krankenhausreform 2015 untersucht. Im Anschluss daran wird mit dem selektiven Kontrahieren eine institutionelle Alternative zum derzeitigen Regulierungsszenario diskutiert. Das selektive Kontrahieren wird dabei nicht als Ergänzung zum derzeitigen System, sondern als potenzieller Ersatz diskutiert. Damit wird die bisher herrschende Meinung einer Gefährdung der flächendeckenden Gesundheitsversorgung durch die Abkehr vom kollektivvertraglichen System aufgegeben und stattdessen die Möglichkeit selektiver Vertragsschlüsse erörtert.[36]

---

[34] Vgl. Knieps, 2008, S. 11 ff., Bator, 1958, S. 352, 358, 369 f., Fritsch, 2014, S. 72 f., Mackscheidt/Steinhausen, 1977, S. 5.
[35] Vgl. Demsetz, 1969, S. 1, Mackscheidt/Steinhausen, 1977, S. 9.
[36] Die Forderung nach einer Ergänzung des kollektivvertraglichen Systems durch das selektive Kontrahieren findet sich in Rebscher, 2010a, S. 232, Rebscher, 2007, S. 353, Rebscher, 2013, S. 21, Lehmann, 2009, S. 46.

Die dem Untersuchungsgegenstand der vorliegenden Dissertationsschrift zugrundeliegende Hypothese eines Zusammenhangs zwischen der Wettbewerbsintensität und den unternehmerischen Entscheidungen von Krankenhäusern in Bezug auf den Einsatz von Controllinginstrumenten sowie der Bereitstellung von Qualitätsinformationen basiert auf der industrieökonomischen Idee des Struktur-Verhalten-Ergebnis-Paradigmas von Bain (1956). Hiernach kann das Marktverhalten von Unternehmen durch die Marktstruktur beeinflusst werden.[37] Der Fokus der empirischen Untersuchung liegt auf dem Einfluss der Marktkonzentration auf die Controllingaktivitäten von Krankenhäusern sowie auf den Umfang der auf ihren Websites veröffentlichten Qualitätsinformationen als zwei wesentliche Parameter des Marktverhaltens von Krankenhäusern.

Im dritten Kapitel wird einleitend zunächst die grundsätzliche Notwendigkeit eines Controlling für Krankenhäuser erörtert. Das Controlling wird als Instrument zur Anpassung des Unternehmens an die Bedingungen des institutionellen Rahmens und zur kostenbewussten Unternehmensführung dargelegt. Die vom DRG-Festpreissystem implizit vorgegebene Kostenobergrenze erfordert eine gezielte Planung, Steuerung und Kontrolle aller Strukturen und Abläufe in Krankenhäusern.[38] Die Beeinflussung des Kostenniveaus eines Unternehmens kann aus theoretischer Sicht nicht lediglich über den Einsatz von Instrumenten des kurzfristigen Kostenmanagements erreicht werden, sondern bedarf einer Würdigung langfristiger Aspekte der Unternehmensführung.[39] Diese werden im Wesentlichen durch die institutionellen Rahmenbedingungen beschrieben. Die Regelungen zur Krankenhausvergütung, zur Kapazitäts- und Leistungsmengenplanung wirken sich langfristig auf die Krankenhäusern zur Verfügung stehenden Planungsmöglichkeiten und darüber wiederum auf das Kostenniveau aus.

Der theoretischen Vorteilhaftigkeit eines Controllingeinsatzes werden die Ergebnisse einer Befragung unter 411 Krankenhäusern zur Verbreitung des institutionellen und des funktionalen Controlling gegenübergestellt. Der zur Datenerhebung verwandte Fragebogen wurde zwischen Juli und Oktober 2012 an alle deutschen Plankrankenhäuser und Universitätskliniken versandt. Aufbauend auf den deskriptiven Ergebnissen wird ein Modell zur Untersuchung der von der Wettbewerbsintensität auf Krankenhausdienstleistungsmärkten ausgehenden Effekte auf die Controllingaktivitäten von Krankenhäusern angepasst. Unter Verwendung eines IV-Poisson-Modells wird der unterstellte Zusammenhang sowohl für den generellen Controllingeinsatz, für verschiedene Kategorien des Controllingeinsatzes in Abhängigkeit von der mit dem Controlling verfolgten Zielstellung als auch anhand eines IV-Probit-Modells für die einzelnen Instrumente geschätzt.[40]

Die Qualität als weiterer Wettbewerbsparameter ist Gegenstand des vierten Kapitels. Grundsätzlich lässt sich hinsichtlich der Beziehung zwischen Krankenhäusern und Patienten eine

---

[37] Vgl. Bain, 1956, S. 1 ff., Bain, 1968, S. 462 f.
[38] Vgl. Bednarek, 2009, S. 29 ff., BDU, 2006, S. 245, Heß, 2005, S. 8.
[39] Vgl. Drucker, 1954, S. 56.
[40] Grundlegend zu Probitmodellen vgl. Hilmer/Hilmer, 2014, S. 364 ff.

asymmetrische Informationsverteilung zulasten von Patienten annehmen. Patienten verfügen in der Regel im Vorfeld der Inanspruchnahme von Krankenhausdienstleistungen über qualitativ schlechtere und/oder quantitativ geringere Informationen über die Qualität eines Leistungserbringers als dieser selbst. Ausweislich § 137 SGB V sind Krankenhäuser seit dem Jahr 2005 zur Erstellung und Veröffentlichung eines strukturierteren Qualitätsberichts verpflichtet. Unter Befolgung der inhaltlichen Vorgaben des Gesetzgebers sind diese Berichte aufgrund ihres Umfangs und der für ihr Verständnis zumeist erforderlichen medizinischen Kenntnisse zum Abbau der Informationsasymmetrien nur bedingt geeignet. Im Gegenzug ermöglichen krankenhauseigene Internetauftritte die übersichtliche und leicht verständliche Darstellung der Qualitätsinformationen. Die konkrete Ausgestaltung der Websites unterliegt keinen gesetzlichen Normen, sondern kann von den jeweiligen Kliniken frei gewählt werden.

Die Analyse der diesbezüglichen Ausgestaltung von Krankenhauswebsites basiert auf der Studie von Dewenter/Kuchinke (2014). Diese untersuchten die Informationsbereitstellung der orthopädischen Kliniken Deutschlands auf der Basis von Daten aus dem Jahr 2010.[41] Zwar wird in der Studie von Dewenter/Kuchinke für die Marktkonzentration kontrolliert, eine umfassende Analyse der Beeinflussung der Informationsbereitstellung durch den Wettbewerb zwischen Krankenhäusern findet allerdings nicht statt. In der vorliegenden Schrift wird die grundsätzliche Überlegung aufgegriffen und auf die Entwicklung des Umfangs der bereitgestellten Qualitätsinformationen zwischen 2010 und 2014 ausgedehnt.

Der Qualitätsbegriff kann nach Donabedian in die Teilqualitäten Struktur-, Prozess- und Ergebnisqualität differenziert werden.[42] Dieser Untergliederung wird sowohl im Rahmen der deskriptiven Analyse als auch für die Schätzung des Zusammenhangs zwischen dem Umfang der Informationsbereitstellung und der Marktkonzentration gefolgt. Die Schätzung erfolgt anhand eines Zähldatenmodells mit Fixed-Effect für die zeitliche Entwicklung. Der Vorteil dieser Vorgehensweise besteht in der Möglichkeit der Analyse sowohl der Varianz zwischen als auch der innerhalb von Merkmalsträgern. Im Anschluss daran wird die Beschränkung der Studie von Dewenter/Kuchinke auf orthopädische Kliniken aufgegeben und stattdessen die Gesamtheit der deutschen Plankrankenhäuser und Universitätskliniken in die Untersuchung einbezogen. Zur Gewinnung der erforderlichen Daten wurden deren Internetseiten im Mai 2014 systematisch auf die im Bewertungskatalog von Dewenter/Kuchinke enthaltenen Qualitätsparameter untersucht. Im Mittelpunkt steht wiederum die Frage nach der Bedeutung des Wettbewerbs für den Umfang der veröffentlichten Qualitätsinformationen.

Während sich die Ausführungen in den Kapiteln zwei bis vier ausschließlich auf die deutschen Krankenhausdienstleistungsmärkte beschränken, wird im fünften Kapitel eine abweichende Abgrenzung des räumlichen Markts vorgenommen. Betrachtet werden die Märkte für Krankenhausdienstleistungen in Österreich und der deutschsprachigen Schweiz. Sowohl in Österreich als auch in der Schweiz zeichnet sich der Staat verantwortlich für die Gesundheits-

---

[41] Vgl. Dewenter/Kuchinke, 2014, S. 15.
[42] Vgl. Donabedian, 1966, S. 167 ff., Donabedian, 1980, S.79 ff.

versorgung der Bevölkerung. Bettenkapazitäten, Leistungsmengen und Preise sind auch in Österreich und in der Schweiz das Ergebnis staatlich-administrativer Planung. Vor diesem Hintergrund werden in der vorliegenden Schrift das Marktverhalten der österreichischen und der Schweizer Krankenhäuser in Bezug auf den Einsatz von Controllinginstrumenten sowie die Bereitstellung von Qualitätsinformationen analysiert. Zur Wahrung der Vergleichbarkeit mit den für Deutschland erhaltenen Resultaten wird die gleiche für die Kapitel 3 und 4 erläuterte Schätzmethodik verwandt.

Das Kapitel 6 dient der Zusammenfassung der gewonnenen Erkenntnisse und der Schlussbetrachtung. Dargestellt werden ein Überblick über die Resultate der vorgenommenen Analyse sowie mögliche Implikationen für die Ausgestaltung des Ordnungsrahmens.

2 Grundcharakteristika der Märkte für Krankenhausdienstleistungen

2.1 Motivation

Mit steigenden Kosten des Krankenhaussektors wurden Forderungen nach Wettbewerb auf den Märken für Krankenhausdienstleistungen seit Jahren sowohl seitens des Gesetzgebers als auch seitens der Wissenschaft bekundet.[43] Die Forderungen reichen dabei von einem reinen Kassenwettbewerb[44] bis hin zu einem freien Wettbewerb[45]. Während ersterer lediglich den Wettbewerb zwischen Krankenkassen um Patienten beschreibt,[46] ist unter einem freien Wettbewerb die Abwesenheit von staatlichen Beschränkungen der Handlungsfreiheiten der Marktakteure im Sinne von Hoppmann zu verstehen.[47]

Dem Wunsch nach Wettbewerb steht eine zunehmende Regulierungsdichte gegenüber.[48] Eine Erhöhung der unternehmerischen Handlungsspielräume von Krankenhäusern ist nicht zu erkennen. Die in den vergangenen Jahren vorgenommenen Gesetzesänderungen lassen keine Verringerung der Eingriffsintensität erkennen. Die derzeitige Ausgestaltung des Regulierungsrahmens sieht noch immer planwirtschaftliche Vorgaben von Krankenhausstandorten, Kapazitäten, Leistungsmengen sowie Preisen vor.[49] Im Zuge der bisherigen Reformversuche wurde insofern das Fortbestehen des angenommenen Marktversagens implizit unterstellt.[50] Die Möglichkeit der Liberalisierung der Krankenhausdienstleistungsmärkte wird in keiner der Gesetzesbegründungen zumindest diskutiert.[51] Auch die aktuellen Reformbemühungen enthalten keine diesbezüglichen Änderungen.[52]

Wettbewerb im wohlfahrtsökonomischen Sinne kann jedoch nur auf Märkten initiiert werden, welche die grundlegenden Bedingungen des Funktionierens von Märkten erfüllen.[53] Vor diesem Hintergrund besteht das Ziel dieses Kapitels in der Analyse der Funktionsfähigkeit der Märkte für Krankenhausdienstleistungen als Voraussetzung für den Übergang zu einem freien Wettbewerb zwischen Krankenhäusern. Die Untersuchung gliedert sich wie folgt: Der eigent-

---

[43] Vgl. Oberender, 1985, S. 33, Oberender, 1989, S. 64, Klusen, 2006, S. 295, Blau, 1996, S. 33, Kaltefeiter, 1994, S. 34, Cassel/Knappe/Oberender, 1997, S. 30, Koalitionsvertrag zwischen CDU, CSU und SPD, 2005, S. 87 f., Knieps, 2014, S. 23 ff.
[44] Vgl. Rath, 1998, S. 37, Berthold, 1987, S. 52, Neubauer, 1996, S. 95.
[45] Vgl. Berthold, 1987, S. 149, Engels et al., 1987, S. 27, Kuchinke, 2004, S. 218, Kuchinke, 2005, S. 27, Dranove/Shanley/White, 1993, S. 183 f., Neubauer/Beivers/Paffrath, 2011, S. 156.
[46] Ausführlicher zum Kassenwettbewerb vgl. Cassel, 2005, S. 254, Ebsen et al., 2003, S. 38, Cassel, 2003, S. 13.
[47] Vgl. Hoppmann, 1966, S. 289, 303.
[48] So auch Cassel/Knappe/Oberender, 1997, S. 29, Rebscher, 2006, S. 12.
[49] Die Bezeichnung einer planwirtschaftlichen Ausgestaltung der Märkte für Krankenhausdienstleistungen findet sich auch in Oberender/Ecker, 2001, S. 65.
[50] Die Annahme der Gewährleistung einer flächendeckenden Versorgung alleinig über die staatliche Planung der Krankenhausversorgung wird weiterhin aufrechterhalten. Vgl. hierzu exemplarisch Deutscher Bundestag, 2015a, S. 1.
[51] Vgl. dazu exemplarisch Deutscher Bundestag, 2001, S. 26, Deutscher Bundestag, 2006, S. 2.
[52] Vgl. Deutscher Bundestag, 2015b, passim.
[53] Vgl. Baumol, 1977a, S. 511, Mackscheidt/Steinhausen, 1977, S. 5. Zu den Zielen des Wettbewerbs im Gesundheitswesen vgl. Cassel et al., 2008a, S. 30 f.

lichen Analyse vorangestellt ist eine überblicksartige Beschreibung des derzeitigen institutionellen Rahmens für deutsche Krankenhäuser (Kapitel 2.2). Kapitel 2.3 dient der Beschreibung der Nachfrageseite. Unter Kapitel 2.4 erfolgt die Untersuchung eines eventuellen Marktversagens unter Diskussion der einzelnen Marktversagenstatbestände. Die Fähigkeit der regulierenden Instanz zur Verbesserung des Marktergebnisses wird anhand der Ausgestaltung des Systems zur Betriebskostenerstattung (Kapitel 2.5) sowie anhand der aktuellen Gesetzesänderungen zum Krankenhausstrukturgesetz (Kapitel 2.6) diskutiert. Als wettbewerbliche Alternative zum derzeitigen Regulierungsszenario wird das selektive Kontrahieren in Kapitel 2.7 vorgestellt. Das Kapitel schließt mit einer zusammenfassenden Betrachtung in Kapitel 2.8.

2.2 Angebot von Krankenhausdienstleistungen

2.2.1 Grundlagen

Märkte bezeichnen einen Ort, an dem zu einem bestimmten Zeitpunkt Angebot und Nachfrage nach Waren oder Dienstleistungen zusammentreffen.[54] Sie sind wesentlichen durch den Austausch von Gütern, die in hohem Maße geeignet sind, die Bedürfnisse der beteiligten Marktteilnehmer zu befriedigen, charakterisiert.[55] Demzufolge ist jeweils zwischen Angebots- und Nachfrageseite zu unterscheiden. Auf dem Markt für Krankenhausdienstleistungen stehen sich Krankenhäuser als Anbieter und Patienten als Nachfrager von Krankenhausdienstleistungen gegenüber. Der Markt für Krankenhausdienstleistungen kann folglich grundlegend als der Markt, auf dem Krankenhäuser Krankenhausdienstleistungen offerieren, definiert werden.

Wie eingangs beschrieben, ist die Bundesrepublik Deutschland nach Maßgabe des Art. 20 Abs. 1 GG ein sozialer Bundesstaat. Ausdruck dieses Solidaritätsprinzips ist u. a. die Gewährleistung gegenseitiger Hilfe im Krankheitsfall[56] sowie die Ausgestaltung der Krankenversicherung als Pflichtversicherung.[57] Für die Mitgliedschaft in der gesetzlichen Krankenversicherung hat ein Versicherter einen Mitgliedsbeitrag an die Krankenkasse zu entrichten. Hieraus erwächst ihm das Recht auf Krankenhausbehandlung nach § 39 Abs. 1 SGB V.[58] Benötigt er eine bestimmte medizinische Leistung, die in den Leistungskatalog der Versicherung fällt, kann der Versicherungsnehmer gegen Vorlage seiner Mitgliedskarte (Krankenhausdienst-)Leistungen in Anspruch nehmen.[59] Die entsprechenden Diagnose- und Therapiemaß-

---

[54] Vgl. Fritsch, 2014, S. 6.
[55] Vgl. Shepherd/Shepherd, 2004, S. 62.
[56] Dies erfolgt auf dem Wege des Solidarausgleichs zwischen Gesunden und Kranken sowie zwischen höheren und niedrigeren Einkommen. Die solidarische Finanzierung ist normiert in § 3 SGB V. Ausführlicher hierzu Wassener, 1995, S. 31.
[57] Versicherungsfreiheit besteht nach den §§ 5 Abs. 5, 6 Abs. 1 Nr. 1 SGB V im Wesentlichen für Individuen, die hauptberuflich selbständig tätig sind, sowie für Arbeitnehmer und Arbeitgeber, deren Jahresarbeitsentgelt der in § 6 Abs. 5, 6 genannten Grenze überschreitet. Ausführlicher hierzu vgl. Oberender, 1987, S. 29.
[58] Der generelle Leistungsanspruch auf Behandlung ergibt sich aus § 27 Abs. 1 SGB V.
[59] Vgl. § 15 Abs. 2 SGB V. Die Pflicht zur vorherigen Konsultation eines niedergelassenen Arztes sei an dieser Stelle vernachlässigt, als dies in diesem Zusammenhang keine Auswirkungen auf die Schilderung der Beziehung zwischen den Akteuren hat.

nahmen werden vom Krankenhaus, dem Leistungserbringer, in dessen Räumlichkeiten erbracht. Mit der Vorlage der Versicherungskarte sind für den Leistungsnehmer, ungeachtet etwaiger Zuzahlungen und Wahlleistungen, alle Zahlungsverpflichtungen abgegolten. Für die Erstattung der entstandenen Aufwendungen muss die Krankenversicherung des Leistungsnehmers einstehen.[60]

Die Krankenversicherung kann gesetzlich oder privat sein.[61] Die Leistungen der gesetzlichen Krankenkasse sind im Wesentlichen durch das Sachleistungsprinzip gekennzeichnet.[62] Lediglich ein geringer Teil wird in Geldform, beispielsweise als Zahlung von Krankengeld, erbracht.[63] Im Gegensatz hierzu steht das Kostendeckungsprinzip der privaten Krankenkassen, das zu von dem Fall der gesetzlichen Krankenkassen abweichenden Beziehungen zwischen den einzelnen Marktteilnehmern führt. Zwar entrichten die Privatpatienten ebenfalls zunächst einen Mitgliedsbeitrag an die Krankenversicherung, jedoch erhalten sie dafür keine Versichertenkarte, über die sie Leistungen entgeltlos beanspruchen können.[64] Kommt es zu einem Krankheitsfall, werden Diagnose und Behandlungen ebenfalls vom Leistungserbringer in dessen Räumlichkeiten vorgenommen, die Vergütung hat dabei jedoch durch den Leistungsnehmer zu erfolgen.[65] Im Falle der Behandlung eines Privatpatienten fallen demzufolge Leistungsnehmer und Leistungsträger zunächst in einer Person zusammen. Durch die Mitgliedschaft in der Krankenversicherung erhält der Versicherte jedoch einen Anspruch auf Rückerstattung der gesamten oder eines vorab vertraglich fixierten Teils der angefallenen Kosten durch die private Krankenversicherung. Kongruenz zwischen Leistungsnehmer und Leistungsträger ist auch bei der privaten Krankenversicherung nicht mehr (gänzlich) gegeben.[66] Ein Leistungsaustausch zwischen den Krankenhäusern und den Versicherungsunternehmen findet nicht statt.

Die Übernahme der Behandlungskosten durch die Krankenversicherung führt somit zu einem Auseinanderfallen von Leistungsnehmer und Leistungsträger.[67] Der Markt für Krankenhausdienstleistungen ist demnach durch eine Dreieckskonstellation charakterisiert,[68] die aus dem Leistungsnehmer[69], dem Leistungserbringer[70] und dem Leistungsträger[71] konstituiert wird.[72] Dieses Verhältnis lässt sich wie in Abbildung 1 darstellen:

---

[60] Dies folgt aus den §§ 2 Abs. 1, 15 SGB V.
[61] Vgl. Alber, 1992, S. 77, Boetius, 2010, S. 6.
[62] Nach § 2 Abs. 2 SGB V erhalten die Versicherungsnehmer Sach- oder Dienstleistungen. Zum Sachleistungsprinzip vgl. Alber, 1992, S. 33, Herder-Dorneich, 1980, S. 37 f.
[63] Zu diesem vgl. §§ 44 ff. SGB V.
[64] Vgl. Herder-Dorneich, 1994, S. 892 f., Boetius, 2010, S. 24 f., Schulenburg/Greiner, 2013, S. 27.
[65] Vgl. Boetius, 2010, S. 6 f., 24 f., Herder-Dorneich, 1994, S. 892 f., Schulenburg/Greiner, 2013, S. 27.
[66] Vgl. Schulenburg/Greiner, 2013, S. 27, Herder-Dorneich, 1994, S. 892 f., Boetius, 2010, S. 6 f., 24 f.
[67] Vgl. Herder-Dorneich, 1983, S. 57.
[68] Mitunter wird der Ausdruck versicherungsökonomisches Dreieck verwandt. Vgl. Bodemar/Zimmermann, 2009, S. 427.
[69] Das versicherte Individuum, welches im Krankheitsfall Krankenhausdienstleistungen in Anspruch nimmt und aufgrund seines Versicherungsschutzes hierfür kein Entgelt, welches über seine Versicherungszahlungen hinausgeht, entrichten muss. Vgl. Neubauer, 2003, S. 92.

Abbildung 1: Versicherungsökonomisches Dreieck

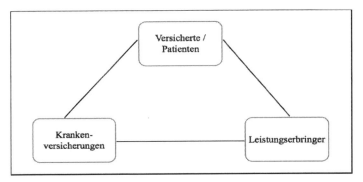

Quelle: Cassel, 2002, S. 16, Ebsen, 2003, S. 37.

Aufgrund der Trennung zwischen Leistungsempfänger und Leistungsträger kann im Krankenhaussektor zwischen Behandlungs-, Leistungs- und Versicherungsmärkten differenziert werden.[73] Abbildung 2 stellt dies grafisch dar:

---

[70] Der Begriff der Leistungserbringer wird im Rahmen der vorliegenden Arbeit auf die Erbringer von Krankenhausdienstleistungen begrenzt. Von einem Einbezug sämtlicher Akteure im Gesundheitswesen, welche medizinische Leistungen für Nachfrager erbringen, wird verzichtet. Bei den Leistungserbringern handelt es sich daher um Krankenhäuser im akut-stationären Bereich.
[71] Auch Ausgabenträger. Vgl. Neubauer, 2003, S. 92. Der ebenfalls verwandte Begriff des Kostenträgers (Vgl. hierzu Pouvourville, 2003, S. 183 ff.) wird im Rahmen dieser Arbeit nicht als Synonym verwendet, um eine Abgrenzung zum kostenrechnerischen Begriff des Kostenträgers zu ermöglichen.
[72] Vgl. Oberender et al., 2012, S. 67, Cassel, 2003, S. 13. Auf die durch die Trennung von Leistungsempfänger und Leistungsträger entstehende Gefahr der Überbeanspruchung von medizinischen Leistungen soll an dieser Stelle nicht eingegangen werden.
[73] Vgl. Cassel, 2005, S. 254, Cassel/Jacobs, 2006, S. 283, Cassel, 2003, S. 12 f., Kuchinke/Kallfass, 2007, S. 321.

Abbildung 2: Märkte und Wettbewerbsfelder im Gesundheitswesen

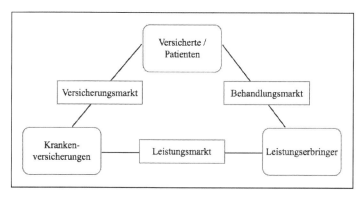

Quelle: Cassel, 2002, S. 16, Ebsen et al. 2003, S. 37.

Die Inanspruchnahme von Krankenhausdienstleistungen durch Versicherte vollzieht sich auf dem Behandlungsmarkt.[74] Hier treten Krankenhäuser in Wettbewerb um Patienten. Die für die Krankenhausbehandlung zu entrichtenden Entgelte sind ausschließlich im Falle einer privaten Krankenversicherung unmittelbar von den Patienten zu entrichten. Handelt es sich um gesetzliche Versicherte, erfolgt die Abrechnung über die Krankenkasse des Patienten.[75] Aufgrund der Kostenübernahme durch die Krankenversicherung kann der Wettbewerb nicht wie auf anderen Märkten über den Preis, sondern primär über die Art und die Qualität der angebotenen Dienstleistungen laufen.[76]

Die Erstattung der für die Behandlung gesetzlich versicherter Patienten angefallenen Kosten erfolgt auf dem sog. Leistungsmarkt.[77] Dieser ist wesentlich durch das unter Punkt 2.2.2 ausführlicher dargelegte Kollektivvertragssystem gekennzeichnet. Verhandlungen zwischen einzelnen Krankenhäusern und einzelnen Krankenkassen über Preise, Mengen und eventuell auch über Qualitäten sind ausgeschlossen. Versorgungsverträge werden stattdessen zwischen den Sozialversicherungsträgern und den Krankenhausträgern abgeschlossen (§ 11 Abs. 1 KHEntgG i. V. m § 18 Abs. 2 KHG). Ein Wettbewerb um Versorgungsverträge kann im gegenwärtigen Regulierungsszenario daher nicht stattfinden.[78]

Auf dem Versicherungsmarkt stehen sich Krankenversicherungen als Leistungsträger und Versicherte/Patienten gegenüber. Durch die Einführung der freien Krankenkassenwahl durch die Versicherungsnehmer im Zuge des Gesundheitsstrukturgesetzes ist grundsätzlich ein sog.

---

[74] Vgl. Ebsen et al., 2003, S. 37, Cassel/Jacobs, 2006, S. 283.
[75] So auch Neubauer, 2002, S. 3.
[76] Vgl. Cassel, 2003, S. 12, Ebsen et al., 2003, S. 37, Cassel/Jacobs, 2006, S. 283.
[77] Vgl. Ebsen et al., 2003, S. 37, Cassel/Jacobs, 2006, S. 283.
[78] Vgl. Cassel/Jacobs, 2006, S. 283 f., Ebsen et al., 2003, S. 39. Eine institutionelle Alternative zum Kollektivvertrag wird unter Gliederungspunkt 2.7 mit dem selektiven Vertragsschluss zwischen Krankenkassen und Krankenhäusern beschrieben.

Kassenwettbewerb möglich.[79] Der Wettbewerb zwischen den verschiedenen Krankenkassen um Versicherte wird durch die Vorgabe eines einheitlichen Mindestumfangs des Leistungskatalogs der gesetzlichen Krankenversicherung sowie der Vorgabe eines einheitlichen Beitragssatzes als Prozentanteil vom Einkommen der Versicherten allerdings eingeschränkt.[80] Lediglich über die Gewährung zusätzlicher Leistungen, Bonuszahlungen im Falle einer Nichtinanspruchnahme von Versicherungsleistungen oder die Höhe eines nach § 53 Abs. 1 SGB V möglichen Zusatzbeitrags können sich Krankenkassen voneinander unterscheiden. Der Kassenwettbewerb ist folglich auf diese Parameter beschränkt.[81]

Bei Krankenhäusern handelt es sich ausweislich § 2 KHG um „Einrichtungen, in denen durch ärztliche und pflegerische Hilfeleistung, Krankheiten, Leiden oder Körperschäden festgestellt, geheilt oder gelindert werden sollen oder Geburtshilfe geleistet wird und in denen die zu versorgenden Personen untergebracht und verpflegt werden können". Im Mittelpunkt steht dabei die stetige Vorhaltung von ärztlichem Personal, diagnostischen und therapeutischen Maßnahmen entsprechend des zu erfüllenden Versorgungsauftrags sowie die Arbeit nach anerkannten wissenschaftlichen Methoden (§ 107 Abs. 1 SGB V). Als Gesundheitsbetriebe dienen sie der Wahrung oder Wiederherstellung der menschlichen Gesundheit. Gesundheit ist dabei laut Satzung der Weltgesundheitsorganisation definiert als „[…].state of complete physical, mental and social well-being and not merely the absence of disease or infirmity"[82]. Krankenhäuser dienen demnach der medizinischen Versorgung der Bevölkerung zur Wahrung und/oder Wiederherstellung ihres Gesundheitszustandes.[83] Sie sind dem Dienstleistungssektor zuzuordnen und können als „kundenpräsenzbedingte Dienstleistungsbetriebe"[84] bezeichnet werden.[85]

Krankenhäuser können zunächst als Akut-, Fach- oder sonstige Krankenhäuser ausgestaltet sein.[86] Im Hinblick auf die Trägerschaft sind grundlegend öffentliche, freigemeinnützige und private Krankenhäuser zu unterscheiden.[87] Träger öffentlicher Kliniken sind im Wesentlichen Gebietskörperschaften und die Träger der gesetzlichen Sozialversicherung. Freigemeinnützige Krankenhäuser können sowohl von öffentlich-rechtlichen als auch von privatrechtlichen Wohlfahrtsverbänden wie Stiftungen, Orden oder Vereinen mit humanitären, karitativen

---

[79] Ähnlich Cassel/Jacobs, 2006, S. 284.
[80] Der einheitliche Leistungskatalog ergibt sich aus § 12 Abs. 1 SGB V. Ähnlich vgl. Monopolkommission, 2010, S. 365 f. Tz. 1055 ff.
[81] Vgl. Cassel, 2005, S. 254, Ebsen et al., 2003, S. 38, Cassel, 2003, S. 13.
[82] Zweite Erwägung der Präambel der Satzung der Weltgesundheitsorganisation. Zur Bekanntmachung der Satzung der Weltgesundheitsorganisation vgl. BGBl. II 1974, S. 43.
[83] Vgl. Keisers, 1993, S. 49.
[84] Keisers, 1993, S. 8. Ähnlich Reinspach, 2011, S. 190. Aufgrund der Erbringung einer Vielzahl verschiedenartiger (Dienst-)Leistungen können Krankenhäuser als Mehrproduktunternehmen klassifiziert werden. Vgl. Fetter/Freeman, 1986, S. 41 f.
[85] Zur Unterscheidung zwischen Sachleistungs- und Dienstleistungsbetrieben vgl. Gutenberg, 1958, S. 19.
[86] Vgl. Jelastopulu/Arnold, 1994, S. 22. Eine eindeutige und überschneidungsfreie Zuordnung ist dabei nicht in jedem Fall möglich.
[87] Vgl. Keisers, 1993, S. 9.

und/oder religiösen Motiven betrieben werden.[88] Bei den Trägern privater Krankenhäuser handelt es sich entweder um juristische oder natürliche Personen des Privatrechts.[89]

Der Begriff der Krankenhausdienstleistung beschreibt die Gesamtheit der von Krankenhäusern angebotenen Güter und Dienstleistungen, welche zur Befriedigung des menschlichen Bedürfnisses nach Gesundheit und/oder Gesundung dienen.[90] Krankenhausdienstleistungen umfassen damit die Befriedigung des Bedürfnisses nach Linderung, Heilung oder Beseitigung von Schmerzen, Krankheiten und weiteren physischen und psychischen Leiden.[91] Ihr Output wird durch die positive Änderung des Gesundheitszustandes der Patienten und nicht durch die Anzahl der behandelten Patienten beschrieben.[92] Somit ist der Output von Krankenhäusern als immateriell zu charakterisieren.[93] Der Leistungserstellungsprozess in Krankenhäusern wird durch das Zusammenspiel von Behandlungsmaßnahmen des medizinischen und des nicht-medizinischen Personals und dem Patienten als Inputfaktor und Leistungsempfänger konstituiert.[94] Patienten sind daher zwar grundsätzlich der Nachfrageseite zuzuordnen. Zugleich stellen sie einen bedeutenden Inputfaktor dar, ohne welchen eine Erbringung von Dienstleistungen ausgeschlossen ist.[95]

Nach § 39 Abs. 1 SGB V kann zwischen voll-, teil-, vor- und nachstationären sowie ambulanten Leistungen differenziert werden.[96] Die vollstationären Leistungen beinhalten neben den rein medizinischen zugleich nicht-medizinische Leistungen. Erstere umfassen sowohl die ärztlichen als auch die pflegerischen, letztere beispielsweise die Hotelleistungen.[97] Im Gegenzug beschränken sich teilstationäre Leistungen auf einen mehrstündigen Aufenthalt in einer Tages- oder Nachtklinik.[98] Vorstationäre Leistungen können ausweislich § 115a Abs. 1 Nr. 1 SGB V dazu dienen, die Notwendigkeit der vollstationären Aufnahme eines Patienten in ein Krankenhaus zu klären oder diese vorzubereiten. Zur Sicherung des Behandlungserfolgs können Anschlussbehandlungen im Rahmen einer nachstationären Versorgung vorgenommen werden (§ 115a Abs. 1 Nr. 1 SGB V). Ambulante Behandlungen erfolgen nach § 115b Abs. 1 SGB V ohne die Aufnahme des Patienten in ein Krankenhaus.

Krankenhausdienstleistungen sind grundsätzlich nicht lagerfähig.[99] Die fehlende Lagerbarkeit von Dienstleistungen kann im Krankenhaussektor allerdings zu Problemen bei der Deckung

---

[88] Vgl. Fischer, 1988, S. 53, Blum/Porner, 2008, S. 77 Ru. 1, Keisers, 1993, S. 9.
[89] Vgl. Keisers, 1993, S. 9, Plamper/Lüngen, 2006, S. 151 f.
[90] Vgl. Herder-Dorneich, 1980, S. 1 f., Riehl, 2011, S. 96.
[91] Vgl. Depenheuer, 1986, S. 43 f.
[92] Vgl. Eichhorn, 1975, S. 15, Gerdtham et al., 1999, S. 156, Donaldson/Magnussen, 1992, S. 49, Breyer/Zweifel/Kifmann, 2013, S. 375.
[93] Vgl. Carey/Burgess, 1999, S. 509, Gerdtham et al., 1999, S. 156, Eichhorn, 1975, S. 17, Coe/Zamarro, 2011, S. 79, Ptak, 2009, S. 17.
[94] Vgl. Eichhorn, 1975, S. 14.
[95] Vgl. Schulenburg/Greiner, 2013, S. 109 f.
[96] Leistungen im Hinblick auf Aus-, Fort- und Weiterbildung und Forschung zählen ebenfalls hierzu.
[97] Ferner kann zwischen kurativen, präventiven und Rehabilitationsmaßnahmen sowie Pflege differenziert werden. Vgl. Reinspach, 2011, S. 189.
[98] Vgl. § 39 Abs. 1 SGB V i. V. m. Kuchinke, 2004, S. 48.
[99] Vgl. Herder-Dorneich, 1980, S. 5, Ptak, 2009, S. 17.

von Spitzenbedarfen führen. Nachdem aufgrund der besonderen Bedeutung der Gesundheit in jedem Fall eine medizinische Versorgung gewährleistet sein muss, sind Krankenhäuser gezwungen, ungeachtet der tatsächlichen Nachfrage stets Kapazitäten vorzuhalten.[100] Hierunter fallen einerseits die Bereitstellung von Betten und andererseits das Angebot von Leistungen, die aufgrund ihrer Selten- und/oder Besonderheit nicht kostendeckend erbracht werden können.[101] Der Begriff der Kapazität kann im Krankenhaussektor somit als Sammelbegriff verstanden werden, der über das bloße Krankenhausbett hinaus zugleich u. a. die personelle und medizinisch-technische Infrastruktur umfasst.[102] Der Begriff der Krankenhausdienstleistung schließt daher auch Vorhalteleistungen ein.

2.2.2 Institutionelle Rahmenbedingungen

Die Gewährleistung einer flächendeckenden und bedarfsgerechten Versorgung der Bevölkerung mit Krankenhausdienstleistungen obliegt den Bundesländern.[103] Abgeleitet wird der Sicherstellungsauftrag aus Art. 20 Abs. 2 i. V. m. Art. 28 Abs. 2 GG.[104] Ausdruck des Sicherstellungsauftrags ist die wirtschaftliche Sicherung von Krankenhäusern (§ 1 Abs. 1 KHG). Hierzu werden von den einzelnen Ländern gemäß § 6 Abs. 1 KHG Landesbedarfspläne und Investitionsprogramme erstellt.[105] In den Landesbedarfsplänen werden insbesondere die Krankenhausstandorte, die Kapazität und die Fachabteilungen von Krankenhäusern festgelegt.[106]

Um einen Anspruch auf die staatliche Investitionsfinanzierung zu haben, müssen Krankenhäuser in die Bedarfspläne der Länder aufgenommen werden (§ 8 Abs. 1 KHG). Die Übernahme der Investitionskosten kann dabei in Form einer Pauschal- oder über eine Antragsförderung oder als Zuschlag auf die Betriebskostenerstattungen erfolgen.[107] Die Finanzierung der

---

[100] Vgl. Culyer, 1971, S. 201. Die Befriedigung spontaner Nachfrage nach Krankenhausdienstleistungen muss in der Mehrheit der Fälle unmittelbar erfolgen können. Dies besitzt besonders für Notsituationen Gültigkeit.
[101] Für jene Leistungen, die über die DRG-Fallpauschalen aufgrund eines geringen Versorgungsbedarfs nicht kostendeckend erbracht werden können, aber dennoch als bedarfsnotwendig erachtet werden, sieht § 5 Abs. 2 KHEntgG Zuschläge auf die Fallpauschalen vor.
[102] Vgl. Herder-Dorneich, 1980, S. 5 f.
[103] Bedarfsgerecht bedeutet die Orientierung am tatsächlichen Bedarf und definiert sich über die Summe der durch die Krankenkassen anerkannten Fälle. Unter Würdigung der Verweildauer werden aus diesen die erforderlichen Behandlungstage ermittelt. Auf der Grundlage der Behandlungstage und nach Definition eines als angemessen erachteten Auslastungsgrads wird schließlich die Zahl der vorzuhaltenden Betten abgeleitet. Vgl. Bruckenberger, 2006, S. 87. Kritisch zur Möglichkeit der Bedarfsermittlung vgl. Joskow, 1980, S. 433.
[104] Die Gesundheitsfürsorge als Teil der Daseinsfürsorge wird als Ausfluss des Sozialstaatsprinzips verstanden. Vgl. Steiner, 2014, Rn. 5.
[105] Vgl. § 4 KHG. Kritisch zum Versorgungsauftrag des Staates vgl. Münnich, 1984, S. 10, Schreiber, 1963, S. 471. Kritisch zur Landesbedarfsplanung vgl. Meyer, 1993, S. 206, Klusen, 2006, S. 296, Buchholz, 1983, S. 182, Fischer, 1988, S. 60 f., Kuchinke, 2005, S. 21, Herder-Dorneich/Wasem, 1986, S. 325 f., Münnich, 1984, S. 10, Glasmacher, 1996, S. 135, Gerdelmann, 2004, S. 136. Zu den methodischen Problemen der Bedarfsplanung vgl. Clade, 1988, S. 107, Schönbach/Wehner/Malzahn, 2011, S. 185. Die Unerlässlichkeit der staatlichen Bedarfsplanung wird im Gegenzug betont von Simon, 2000, S. o. A.
[106] Die Regelungen zur Ausgestaltung der Krankenhausbedarfsplanung obliegen den Bundesländern. Für Thüringen sind sie bspw. in § 4 Abs. 2 ThürKHG aufgeführt.
[107] Im Zuge des Krankenhausfinanzierungsreformgesetzes wurde den Krankenhäusern die Möglichkeit eröffnet, ab dem 01.01.2012 zwischen der bisherigen Investitionsförderung nach § 9 KHG und leistungsorientierten

Betriebskosten obliegt den gesetzlichen und privaten Krankenkassen.[108] Zur Abrechnung der erbrachten Leistungen sind nur Krankenhäuser berechtigt, die nach § 108 SGB V einen Versorgungsvertrag mit den Krankenkassen geschlossen haben.[109] Versorgungsverträge werden zwischen den Landesverbänden der Krankenkassen, den Ersatzkassen und den Krankenhausträgern geschlossen (§ 109 Abs. 1 SBG V).[110] Für alle nach § 108 Nr. 1 und Nr. 2 SGB V zugelassenen Krankenhäuser besteht ein Kontrahierungszwang für Krankenkassen. Im Gegenzug sind Krankenhäuser zur Behandlung aller Versicherungsnehmer der Krankenkassen verpflichtet (§ 109 Abs. 4 SBG V).

Über die staatliche Vorgabe der Kapazität hinaus unterliegen Krankenhäuser Beschränkungen hinsichtlich ihrer Leistungsmenge. Die Mengenregulierung erfolgt im Wesentlichen über die Vorgabe von Budgets.[111] Nach § 11 Abs. 1 KHEntgG wird für jedes Krankenhaus zwischen den Krankenhausträgern und den Trägern der Sozialversicherung für jedes Kalenderjahr ein Erlösbudget ausgehandelt.[112] Für vollstationär erbrachte Leistungen umfasst das Erlösbudget die Fallpauschalen sowie etwaige Zusatzentgelte (§ 4 Abs. 1 KHEntgG).[113] Maßgeblich für die Höhe des Erlösbudgets sind Art und Menge der voraussichtlich zu erbringenden Leistungen (§ 4 Abs. 2 KHEntgG). Bei Abweichungen vom Erlösbudget im betreffenden Kalenderjahr werden ausweislich § 4 Abs. 3 KHEntgG Mindererlöse zu 20 % und Mehrerlöse zu 65 % ausgeglichen. Die Minder- und Mehrerlöse werden schließlich mit der Höhe der abgerechneten DRG-Fallpauschalen, der Zusatzentgelte und der sonstigen Entgelte verrechnet.

Wie vorstehende Ausführungen zeigen, sind die Märkte für Krankenhausdienstleistungen durch eine hohe Regulierungsdichte im Vergleich zu einem freien Wettbewerb gekennzeichnet. Weder die Standorte, die Kapazität, die Leistungsmenge noch die Leistungsentgelte sind das Ergebnis marktlicher Koordination, sondern stellen vielmehr planwirtschaftliche Vorgaben dar. Unter den gegebenen institutionellen Rahmenbedingungen ist Wettbewerb auf dem Leistungsmarkt ausgeschlossen und auf dem Behandlungsmarkt lediglich in engen Grenzen über die Parameter Menge und Qualität möglich. Sowohl aus betriebswirtschaftlicher als auch aus volkswirtschaftlicher Sicht können eine Reihe von Kritikpunkten daran vorgebracht werden. Zum einen entziehen sich die wesentlichen Einflussgrößen auf den Unternehmenserfolg dem Planungskalkül der Krankenhäuser. Zum anderen werden die Auswirkungen unterneh-

---

Investitionspauschalen zu wählen, § 10 Abs. 1 S. 1 KHG. Die finale Entscheidung über die Form der Investitionsförderung bleibt den Ländern vorbehalten, § 10 Abs. 1 S. 5 KHG.

[108] Kritisch zur dualen Finanzierung vgl. Schreiber, 1963, S. 471, Neubauer, 1997, S. 351, Redeker, 1992, S. 114, Albers, 1993, S. 453, Herder-Dorneich/Wasem, 1986, S. 309 f., Cassel/Knappe/Oberender, 1997, S. 35 f., Monopolkommission, 2008, S. 323 Tz. 827, Glasmacher, 1996, S. 84 f., Clade, 1991, S. 2271, Gerdelmann, 2004, S. 136, Cassel et al., 2008b, S. 177.

[109] Zum Verfahren des Zustandekommens eines Versorgungsvertrags vgl. Cobbers, 2006, S. 86.

[110] Kritisch zum Kollektivvertragssystem vgl. Cassel, 1997, S. 30, Oberender/Zerth, 2014a, S. 178, Oberender/Zerth, 2014b, S. 34, Knieps, 2010, S. 27, Knieps, 2004, S. 121, Ebsen et al., 2003, S. 60, Schönbach/Wehner/Malzahn, 2011, S. 186, Gäfgen, 1987, S. 130.

[111] Vgl. Blum/Offermanns, 2013, S. 12, Visarius/Lehr, 2008, S. 235, Lehmann, 2009, S. 18. Grundlegend zu den Zielen des Budgetierung vgl. Aghte, 1974, S. 145 ff.

[112] Für eine detaillierte Beschreibung der Vertragsparteien vgl. § 18 Abs. 2 KHG.

[113] Für eine Übersicht über die Entgelte für allgemeine Krankenhausdienstleistungen nach § 2 Abs. 2 KHEntgG vgl. § 7 Abs. 1 KHEntgG.

merischer Entscheidungen durch die Regulierung verzerrt. Indem die Kapazität der Krankenhäuser von den Ländern bestimmt wird, können sich Verbesserungen oder Verschlechterungen der Qualität der erbrachten Leistungen nicht unmittelbar auf die Leistungsmenge und somit auf die Kapazität von Krankenhäusern auswirken. Eine Sanktionierung des Verhaltens durch den Markt erfolgt nur in begrenztem Umfang. Ferner begrenzen die Regulierungen zum Mehr- und Mindererlösausgleich die Möglichkeit der Erzielung von Wettbewerbsvorteilen, indem der Ausgleich über das Budget des Folgejahres erfolgt und somit lediglich ein Teil der Mehrerlöse bei den Häusern verbleibt.[114]

Die Regulierung von Märkten ist vor dem Hintergrund eines eventuellen Staatsversagens grundsätzlich kritisch zu hinterfragen.[115] Als Staatsversagen werden dabei durch das staatliche Handeln verursachte Fehlallokationen verstanden.[116] Marktversagen allein bedingt jedoch noch keinen Staatseingriff.[117] Mit dem Eingriff des Staates in den Markt wird implizit unterstellt, die regulierende Instanz verfüge über ausreichend Informationen und handle ausschließlich nach benevolenten Motiven, um eine Verbesserung des Marktergebnisses gegenüber der Wettbewerbslösung herbeiführen zu können.[118] Zudem dürfen die Kosten der Regulierung deren Nutzen nicht übersteigen.[119] Es gilt daher, von Zeit zu Zeit zu prüfen, ob für die Erfüllung des Sicherstellungsauftrags des Staates die Vorgabe eines allgemeinen Ordnungsrahmens ausreichend ist und die Versorgung der Bevölkerung mit Krankenhausdienstleistungen der marktlichen Koordination überlassen werden könnte.[120]

Bevor im Rahmen der Analyse der Änderungen in der Krankenhausfinanzierung abgeleitet werden können, gilt es in einem ersten Schritt, zu untersuchen, ob den Märkten für Krankenhausdienstleistungen ein generelles Marktversagen unterstellt werden muss. In diesem Falle wären die Möglichkeiten zur Ausgestaltung des institutionellen Rahmens für Krankenhäuser

---

[114] Kritisch zum Mehr- und Mindererlösausgleich vgl. Neubauer, 1999, S. 304, Bataille/Coenen, 2009, S. 18, Monopolkommission, 2010, S. 375 Tz. 1115 f. Zu den negativen Auswirkungen der Regulierungen zum Mehr- und Mindererlösausgleich auf die Anreize zu Qualitätsverbesserungen vgl. Kuchinke, 2005, S. 15. Zur Forderung der Herausnahme von Leistungen mit nachweislich hoher Qualität aus dem Mehrerlösausgleich vgl. Bublitz, 2014, S. 318 f.
[115] Vgl. Folland/Goodman/Stano, 2013, S. 403, Watrin, 1986, S. 20, Mackscheidt/Steinhausen, 1977, S. 75, Külp et al., 1984, S. 59 f., Joskow, 1980, S. 446, Joskow, 1984, S. 3, Hamm, 2005, S. 196. Zum Staatsversagen auf den Märkten für Krankenhausdienstleistungen vgl. Sauerland, 1999, S. 281, Sauerland, 2005, S. 265, 281, Hamm, 2005, S. 199. Darüber hinaus weisen einige Autoren auf die von Staatseingriffen ausgehenden Anreizprobleme für die Marktakteure hin. Vgl. Watrin, 1986, S. 21, Mackscheidt/Steinhausen, 1977, S. 75, Fischer, 1988, S. 151. Zu Effizienzproblemen in regulierten Märkten vgl. Watrin, 1986, S. 20. Joskow zeigt anhand von Daten aus 1976 die Gefahr der Verringerung des Wettbewerbs durch staatliche Regulierung vgl. Joskow, 1980, S. 441. Zu durch Regulierung verursachten Wettbewerbsverzerrungen und Fehlallokationen vgl. Kaschny, 1998, S. 122 ff., Blau, 1996, S. 32.
[116] Vgl. Watrin, 1986, S. 20 ff., Hamm, 2005, S. 199 ff. Ähnlich Sauerland, 1999, S. 266.
[117] Vgl. Demsetz, 1969, S. 1, Mackscheidt/Steinhausen, 1977, S. 9.
[118] Vgl. Watrin, 1986, S. 26, Fritsch, 2014, S. 74, Cansier, 1972, S. 426. Kritisch zu den benevolenten Motiven der regulierenden Instanz vgl. Oberender/Fibelkorn, 1997, S. 17.
[119] Vgl. Cansier, 1972, S. 426, Fritsch, 2014, S. 73, Demsetz, 1969, S. 2, 9, Vanberg, 2005, S. 59. Zur grundlegenden Annahme höherer Kosten als Folge staatlicher Regulierung vgl. Melnick/Zwanziger, 1995, S. 1393 f. Im Gegenzug erbringen Kessler/McClellan einen empirischen Beleg für die positiven Wohlfahrtseffekte des Wettbewerbs. Vgl. Kessler/McClellan, 2000, S. 601 ff.
[120] Grundlegend dazu vgl. Bögelein, 1990, S. 113, Bartling, 1983, S. 344 f., Knieps/Müller/Weizsäcker, 1981, S. 345, Mayer, 2014, S. 37.

gegenüber der Situation funktionierender Märkte eingeschränkt. Um eine solche Analyse durchführen zu können, ist es jedoch unerlässlich, zuvor die Nachfrageseite der Krankenhausdienstleistungsmärkte zu betrachten.

2.3 Nachfrage nach Krankenhausdienstleistungen

Unter 2.2.1 wurde das deutsche Gesundheitssystem als Sozialversicherungssystem mit obligatorischer Krankenversicherung beschrieben. Aufgrund der Übernahme der Behandlungskosten durch die Krankenversicherung ist der Preis weder für die Entscheidung über die Inanspruchnahme von Leistungen noch für die Wahl des Klinikums relevant.[121] Ausschließlich mit Blick auf Wahlleistungen, Selbstbehalte oder spezielle Versicherungstarife, die eine teilweise Rückerstattung der Mitgliedsbeträge bei Nichtinanspruchnahme von Leistungen vorsehen, ist eine Beeinflussung der Nachfrage durch den Preis möglich.

Als der Preis als Auswahlkriterium entfällt, sind für die Entscheidung für oder gegen ein Krankenhaus im Wesentlichen Empfehlungen der Ärzte des niedergelassenen Sektors, ggf. die Entfernung zum Wohnort sowie die Qualität der Krankenhäuser entscheidend.[122] Im Rahmen dieser Arbeit wird der Fokus auf die Betrachtung der Qualität als Auswahlfaktor gesetzt. Aus theoretischer Sicht resultiert diese aus dem Einfluss der Qualität auf das Behandlungsergebnis. Da unterschiedliche Qualitäten aufgrund des Versicherungsprinzips für Patienten zu gleichen Preisen angeboten werden, werden Patienten Kliniken mit der höchsten Qualität bevorzugen.[123]

Nachfrager nach Krankenhausdienstleistungen lassen sich zum einen nach ihrer Zugangsform zur beanspruchten Leistung und zum anderen in Abhängigkeit vom Zeitfaktor in verschiedene Nachfrageklassen einteilen. Mögliche Zugangsformen zur Krankenhausbehandlung bestehen in der Überweisung durch einen niedergelassenen Arzt, der Aufnahme im Falle eines Notfalls sowie der Selbsteinweisung.[124] Patienten können durch Einweisung eines niedergelassenen Arztes ins Krankenhaus aufgenommen werden. Der einweisende Arzt erfüllt in diesem Falle eine Gate-Keeper Funktion, d. h. nur jene Patienten werden in ein Krankenhaus eingewiesen, deren Erkrankung tatsächlich einer stationären Behandlung bedarf.[125] Dies entspricht dem Grundsatz „ambulant vor stationär", der in § 13 Abs. 1 SGB V normiert ist. Als Ausdruck des Bestrebens zur Kostenreduktion im Gesundheitssektor sollen lediglich jene Leistungen stationär erbracht werden, die nicht durch den ambulanten Sektor vorgenommen werden können. Im Fall einer Überweisung stellt die Aufnahme eines Patienten in ein Krankenhaus einen zwei-

---

[121] Vgl. Oberender, 1987, S. 22, Herder-Dorneich, 1980, S. 87.
[122] Zu potentiellen Einflussfaktoren auf die Krankenhauswahl vgl. Müller/Simon, 1994, S. 358.
[123] Vgl. Andersen, 2000, S. 49. So auch Kuchinke, 2004, S. 84.
[124] Vgl. Herder-Dorneich/Wasem, 1986, S. 161 ff., Kuchinke, 2004, S. 69 f., Alber, 1992, S. 33.
[125] Vgl. Herder-Dorneich/Wasem, 1986, S. 161 f. Ähnlich Breyer/Zweifel/Kifmann, 2013, S. 461.

stufigen Selektionsprozess dar.[126] Die Entscheidung über die Aufnahme liegt dabei nicht bei den Krankenhäusern, sondern bei den einweisenden Ärzten des ambulanten Sektors.

Ebenso wie bei den Überwiesenen wird die Entscheidung über die Aufnahme in ein Krankenhaus bei Notfällen nicht durch den Patienten oder das Krankenhaus getroffen. Vielmehr erfolgt der Zugang über Notfalldienste, da der jeweilige Patient in der Notfallsituation in der Regel nicht in der Lage ist, eine eigenständige Entscheidung zu treffen. Es findet somit wiederum ein zweistufiger Aufnahmeprozess statt; die Diagnosefindung erfolgt meist im Krankenhaus.[127] Ferner haben Patienten auch die Möglichkeit einer Selbsteinweisung. In Analogie zu den Notfallpatienten wird die Diagnose erst nach Aufnahme ins Krankenhaus erstellt. Eine vorherige Selektion durch den ambulanten Sektor oder Notfalldienste findet nicht statt; sie wird erst im Krankenhaus vorgenommen.[128]

Mit Blick auf den Faktor Zeit lassen sich Nachfrager mit akuten und nicht akuten Erkrankungen unterscheiden. Während erstere einer unverzüglichen Behandlung bedürfen, besteht für nicht akute Fälle in der Regel ein Zeitfenster, innerhalb dessen die Behandlung erbracht werden muss oder kann. Bei Notfällen handelt es sich demnach stets um Akut-Patienten, wohingegen Überwiesene und Selbsteinweiser sowohl akute als auch nicht-akute Erkrankungen aufweisen können.[129]

Die Unterscheidung der beschriebenen Nachfragerklassen ist für die vorliegende Untersuchung insbesondere im Hinblick auf die Möglichkeit zur gezielten Auswahl eines Krankenhauses anhand dessen Qualität von Bedeutung. Infolge der dargelegten Charakteristika der Notfallsituation, die eine unverzügliche medizinische Versorgung erfordert, werden die Möglichkeit einer vorherigen Informationsbeschaffung und gezielte Auswahl eines Klinikums verhindert. Eine eigenverantwortliche Auswahlentscheidung ist dann ausgeschlossen. Im Gegensatz dazu ist es Nachfragern mit nicht-akuten Beschwerden aufgrund ihres nicht sofortigen Behandlungsbedarfs grundsätzlich möglich, sich aufgrund von (Qualitäts-)Informationen zwischen verschiedenen Krankenhäusern zu entscheiden.[130] Diese Möglichkeit ist für die Analyse eines eventuellen Marktversagens auf Krankenhausdienstleistungsmärkten von zentraler Bedeutung, als ein funktionsfähiger Markt nur dann vorliegen kann, wenn sich Nachfrager anhand von Informationen über den Preis und/oder die Qualität für konkrete Anbieter entscheiden können.

Für die nachfolgende Analyse der Funktionsfähigkeit von Krankenhausdienstleistungsmärkten wird die sachliche Marktabgrenzung auf die akut-stationären Krankenhausdienstleistungen beschränkt. Bewusst ausgeschlossen wird die Notfallversorgung. Die Behandlung akuter und nicht akuter Patienten weist aufgrund des unterschiedlichen Zeitbezugs substanziell ver-

---

[126] Vgl. Herder-Dorneich/Wasem, 1986, S. 162 ff., Kuchinke, 2004, S. 69.
[127] Vgl. Kuchinke, 2004, S. 70.
[128] Vgl. Herder-Dorneich/Wasem, 1986, S. 166 ff., Kuchinke, 2004, S. 71.
[129] Vgl. Kuchinke, 2004, S. 71.
[130] Vgl. hierzu auch Kuchinke, 2004, S. 100.

schiedenartige Charakteristika auf. Die Notfallversorgung kann somit als eigenständiges Forschungsgebiet angesehen werden. Des Weiteren beschränken sich die Ausführungen ausschließlich auf die Beziehungen zwischen Krankenhäusern und Patienten sowie zwischen Krankenhäusern und Krankenkassen. Der Versicherungsmarkt wird von der Analyse ausgeschlossen, da auch dieser als eigenständiges Forschungsgebiet angesehen werden kann.[131]

2.4 Analyse der Funktionsfähigkeit der Märkte für Krankenhausdienstleistungen

2.4.1 Marktversagenstatbestände

Wettbewerb stellt das optimale Koordinationsverfahren zur Ressourcenallokation dar.[132] Durch die Anreiz- und Sanktionsmechanismen des Wettbewerbs werden die Marktteilnehmer diszipliniert. Wirtschaftliches Verhalten wird belohnt, unwirtschaftliches Verhalten, im Extremfall sogar mit Marktaustritt, sanktioniert.[133] Unter Wettbewerbsbedingungen führen die Eigeninteressen der Marktakteure zu einer effizienten Ressourcenallokation.[134] Die Wohlfahrt als Summe der Produzenten- und Konsumentenrente wird maximiert.[135] Die Ziele des Wettbewerbs können jedoch lediglich erfüllt werden, wenn die grundlegenden Bedingungen des Funktionierens von Märkten gegeben sind.[136] Ist mindestens eine dieser Bedingungen verletzt, wird dies als Marktversagen bezeichnet.[137] Bei den wesentlichen Marktversagenstatbeständen handelt es sich um asymmetrische Informationen, Subadditivität der Kosten, öffentliche Güter sowie externe Effekte.[138]

2.4.1.1 Asymmetrische Informationen

Asymmetrische Informationen sind durch ein Informationsgefälle zwischen Anbietern und Nachfragern von Gütern und Dienstleistungen bezüglich der gehandelten Güter und/oder bezüglich des Verhaltens der Marktteilnehmer charakterisiert.[139] Liegen ungleich verteilte Informationen zu Lasten der Nachfrager vor, können diese die Qualität von Gütern und Dienst-

---

[131] Grundsätzlich kann im Krankenhaussektor zwischen Behandlungs-, Leistungs- und Versicherungsmärkten differenziert werden. Vgl. Cassel, 2005, S. 254, Cassel/Jacobs, 2006, S. 283, Cassel, 2003, S. 12 f., Kuchinke/Kallfass, 2007, S. 321.
[132] Vgl. Baumol, 1977a, S. 511, Walras, 1954, S. 255. Ähnlich Stigler, 1968, S. 10.
[133] Vgl. Walras, 1954, S. 255, Stiglitz, 1984, S. 34. So auch Monopolkommission, 2010, S. 364 Tz. 1054.
[134] Vgl. Smith, 1993 S. 20, Herdzina, 1999 S. 18 f., Kreps, 1990, S. 265 f. Kritisch zur Anwendung des klassischen Effizienzbegriffs auf Krankenhäuser vgl. Müller, 1988a, S. 285.
[135] Vgl. Fritsch, 2014, S. 44, Sohmen, 1976, S. 69.
[136] Vgl. Baumol, 1977a, S. 511, Mackscheidt/Steinhausen, 1977, S. 5.
[137] Vgl. Bögelein, 1990, S. 4, 7, Bator, 1958, S. 351, Sohmen, 1976, S. 100. Ähnlich Schenk, 1980, S. 194.
[138] Vgl. Knieps, 2008, S. 11 ff., Bator, 1958, S. 352, 358, 369 f., Fritsch, 2014, S. 72 f., Mackscheidt/Steinhausen, 1977, S. 5. Ausführlich zum Marktversagen bei öffentlichen Gütern vgl. Cansier, 1972, S. 429.
[139] Vgl. Akerlof, 1970, S. 488, Fritsch, 2014, S. 247. Zur Differenzierung zwischen Unkenntnis und Unsicherheit vgl. Fritsch, 2014, S. 245. Eine Beschreibung von Hidden Information und Hidden Action kann Arrow, 1985, S. 38 ff. entnommen werden. Die weiteren Ausführungen beschränken sich auf die güterbezogenen Informationsasymmetrien. Opportunistische Verhaltensweisen werden von der Betrachtung ausgenommen.

leistungen vor Vertragsschluss nur mit hohen Such- und Informationskosten oder erst nach Vertragsschluss einschätzen.[140] Ist eine ex-ante Bewertung der Qualität nicht möglich, können unterschiedliche Qualitäten zu unterschiedlichen Preisen angeboten werden.[141] Da Nachfrager zwischen den verschiedenen Qualitätsniveaus vor Vertragsschluss nicht differenzieren können, weisen sie in der Regel lediglich eine durchschnittliche Zahlungsbereitschaft auf.[142] Langfristig werden dadurch die Anbieter hoher Qualität vom Markt verdrängt, bis lediglich Anbieter mit schlechter Qualität ihre Güter und Dienstleistungen anbieten.[143]

Nach Ansicht zahlreicher Autoren sind die Märkte für Krankenhausdienstleistungen durch Informationsasymmetrien zwischen Krankenhäusern als Anbieter und Patienten als Nachfrager von Krankenhausdienstleistungen charakterisiert.[144] Die in diesem Fall schlechter informierte Seite, die Patienten, habe, so die Argumentation, zum einen keinen Zugang zu verlässlichen Informationen bezüglich der Qualität der Dienstleistungen und könne zum anderen die vorhandenen Informationen nicht hinreichend bewerten.[145]

Als ein wesentliches mit Informationsasymmetrien einhergehendes Problem im Bereich der Krankenhausdienstleistungen ist in der Möglichkeit der angebotsinduzierten Nachfrage zu sehen.[146] Aufgrund des geringeren Informationsniveaus der Patienten ist es den Leistungsanbietern theoretisch sowohl in quantitativer als auch in qualitativer Hinsicht möglich, Leistungen über die tatsächliche medizinische Notwendigkeit hinaus auszudehnen.[147] Ein weiteres aus der asymmetrischen Informationsverteilung resultierendes Problem besteht nach Ansicht einiger Autoren in der fehlenden Möglichkeit potenzieller Patienten, die Qualität der Leistungserbringer und somit Qualitätsunterschiede zwischen den Leistungserbringern einzu-

---

[140] Vgl. Knieps, 2008, S. 12., Fritsch, 2014, S. 247. Je nach Grad der asymmetrischen Informationsverteilung können Such-, Erfahrungs- und Vertrauensgüter unterschieden werden. Vgl. Nelson, 1970, S. 312, 318 f., Darby/Karni, 1973, S. 68 f.
[141] Vgl. Knieps, 2008, S. 12.
[142] Vgl. Akerlof, 1970, S. 488.
[143] Vgl. Akerlof, 1970, S. 450. Ähnlich Ginsburg/Hammons, 1988, S. 110.
[144] Vgl. Arrow, 1963, S. 949, 964, Culyer, 1971, S. 194, Feldstein, 1977, S. 1682, Schulenburg/Greiner, 2013, S. 8 f., Folland/Goodman/Stano, 2013, S. 196 f., Noether, 1988, S. 260, Laufer et al., 2010, S. 930, Schneider, 1993, S. 2, Brody, 1981, S. 718, Herder-Dorneich/Wasem, 1986, S. 254, Herder-Dorneich, 1988, S. 210, Birnbaum, 2007, S. 63, Breyer, 2000, S. 169, Wasem/Geraedts, 2011, S. 10, Hurley, 2000, S. 73.
[145] Vgl. Cobbers, 2006, S. 159, Cassel, 2003, S. 4, Brück, 1974, S. 85, Deppe, 1996, S. 51.
[146] Vgl. Darby/Karni, 1973, S. 72 f., Adam, 1983, S. 19, Kuchinke, 2004, S. 99, Hurley, 2000, S. 78, Herder-Dorneich, 1984, S. 6, Herder-Dorneich, 1988, S. 210, Breyer, 2000, S. 169. Grundlegend zur angebotsinduzierten Nachfrage vgl. Evans, 1974, S. 162 ff., Oberender, 1987, S. 22. Auf den Märkten für Krankenhausdienstleistungen ist dies unter dem Prinzip „A bed built is a bed filled is a bed billed" (Roemer, 1961, S. 35.) bekannt. Ein empirischer Beleg der angebotsinduzierten Nachfrage im Krankenhaussektor findet sich bei Roemer, 1961, S. 42, Evans, 1974, S. 170 f. Kritisch zur angebotsinduzierten Nachfrage vgl. Meyer, 1993, S. 24.
[147] Vgl. Feldstein, 1977, S. 1695. Die angebotsinduzierte Nachfrage ist somit eine Folge der Prinzipal-Agenten-Beziehungen zwischen Ärzten und Patienten. Vgl. Evans, 1974, S. 162, Meyer, 1993, S. 24. Ähnlich Feldstein, 1977, S. 1682. Grundlegend zur Agenturtheorie vgl. Isaacs, 1924, S. 265, Jensen/Meckling, 1976, S. 308 ff., Grossman/Hart, 1983, S. 7 f., Pratt/Zeckhauser, 1985, S. 2 ff., Arrow, 1985, S. 37. Für eine Übersicht über die Prinzipal-Agenten-Beziehungen auf Krankenhausdienstleistungsmärkten vgl. Cassel et al., 2008a, S. 35.

schätzen.[148] Entscheidungen könnten daher nicht wie auf anderen Märkten anhand von Präferenzen getroffen werden. Konsumentensouveränität wäre auf den Märkten für Krankenhausdienstleistungen nicht gegeben.[149] Zudem stelle sich die Frage nach der grundsätzlichen Messbarkeit von Qualität.[150]

Das Vorliegen einer asymmetrischen Informationsverteilung als solche erfordert indes noch keine flächendeckende Regulierung.[151] Fraglich ist bereits, ob der vollständige Abbau der Informationsasymmetrien aus normativer Sicht überhaupt zu fordern ist oder ob Patienten Ärzte nicht gerade aufgrund deren Expertenwissens aufsuchen.[152] Sollte dieser Argumentation nicht gefolgt werden, lassen sich Informationsmängel durch eine Reihe von marktlichen Lösungsmöglichkeiten kompensieren. Als solche können insbesondere Signaling und Screening angesehen werden.[153] Signaling kann beispielsweise in Form von Werbung erfolgen.[154] Ein weiteres Mittel sind Zertifikate.[155] Zertifikate bestätigen die Qualität eines Leistungserbringers aus der Sicht einer unabhängigen Institution.[156] Ferner können unabhängige Institutionen zur Reduktion der asymmetrischen Informationsverteilung beitragen.[157] Seitens des Gesetzgebers können darüber hinaus Vorgaben zur Informationsbereitstellung durch die besser informierte Marktseite auferlegt werden.[158] Über die gesetzlich normierte Informationspflicht hinaus können über die freiwillige Informationsbereitstellung Informationsstandards geschaffen und somit bestehende Informationsasymmetrien abgebaut werden.

Einen Beitrag zur Zunahme der Transparenz der Qualität von Krankenhäusern leisten die mit der Einführung der DRG-Fallpauschalen intensivierten Vorschriften zum Qualitätsmanagement.[159] Seit 2005 sind Krankenhäuser ausweislich § 137 SGB V zur Erstellung von strukturierten Qualitätsberichten verpflichtet, die nach § 137 Abs. 3 Nr. 4 SGB V durch die Träger

---

[148] Vgl. Cobbers, 2006, S. 43 f., Schneider, 1993, S. 2, Brody, 1981, S. 718, Herder-Dorneich/Wasem, 1986, S. 254.
[149] Vgl. Schulenburg/Greiner, 2013, S. 110, Arnold/Geisbe, 2003, S. 60, Breyer/Zweifel/Kifmann, 2012, S. 185 f. Kritisch hierzu Oberender, 1985, S. 33, Kaltefeiter, 1994, S. 33, Beske, 1999, S. 220.
[150] Vgl. Mansky, 2011, S. 24. Ähnlich Chalkley/Malcomson, 2000, S. 857. Zu den Problemen der Qualitätsmessung vgl. Lüngen/Lauterbach, 2002, S. 41 f., Oggier, 2014, S. 421 f.
[151] Die Ablehnung der Funktionsfähigkeit der Märkte für Krankenhausdienstleistungen alleinig aufgrund von Informationsmängeln vertreten auch Wiedemann, 1998, S. 149, Kuchinke, 2004, S. 100 ff., Folland/Goodman/Stano, 2013, S. 197.
[152] Vgl. hierzu ausführlicher Kuchinke, 2004, S. 99.
[153] Vgl. Shapiro, 1983a, S. 533, Arrow, 1963, S. 967, Kreps, 1990, S. 629, Fritsch, 2014, S. 260, Spence, 1973, S. 358. Beim Signaling stellt die besser informierte Marktseite der schlechter informierten Marktseite Informationen zur Qualität der offerierten Leistungen zur Verfügung. Vgl. Spence, 1973, S. 358, Kreps, 1990, S. 629. Screening bezeichnet im Gegenzug das gezielte Suchen nach Qualitätsinformationen durch die schlechter informierte Marktseite.
[154] Vgl. Darby/Karni, 1973, S. 81. Kritisch hierzu Frank/Roloff/Widmaier, 1973, S. 3. Der Nutzen der Werbung kann dabei mit dem Grad der bestehenden Informationsasymmetrien variieren. Vgl. Nelson, 1974, S. 730 f., 752.
[155] Vgl. Wiedemann, 1998, S. 153, Folland/Goodman/Stano, 2013, S. 197.
[156] Vgl. Sauerland, 2005, S. 266.
[157] Vgl. Stigler, 1968, S. 17, Arrow, 1963, S. 967.
[158] Vgl. Shapiro, 1983a, S. 537 f. Ferner können durch die Vorgabe von Mindestqualitäten Such- und Informationskosten reduziert werden. Vgl. Shapiro, 1983b, S. 677.
[159] Die gestiegene Qualitätstransparenz wird im Schrifttum diskutiert von Roeder et al., 2004, S. 704, Pfeiffer, 2014, S. 94, Knorr, 2003, S. 680.

der Sozialversicherung zu veröffentlichen sind. Über diese gesetzlich vorgeschriebenen Qualitätsberichte hinaus werden von einer Reihe von Krankenhäusern freiwillige Qualitätsberichte erstellt. Ferner verdeutlichen Organisationen wie die von den Selbstverwaltungspartnern gegründete „Kooperation für Transparenz und Qualität im Krankenhaus" (KTQ) das Eigeninteresse der Krankenhäuser zum einen an der Sicherung der Qualität und zum anderen an der Kommunikation dieser gegenüber (potenziellen) Patienten. Die besser informierte Marktseite stellt der schlechter informierten Marktseite freiwillig Informationen über die Qualität der eigenen Leistungen bereit (Signaling). Mit zunehmender Verbreitung des Internets sind auch die Möglichkeiten der Informationsbereitstellung gestiegen. Im Jahr 2013 verfügten 82 % der deutschen Haushalte über einen Internetanschluss.[160] Krankenhäusern bietet sich somit die Möglichkeit der Informationsbereitstellung auf der eigenen Internetseite, worüber wiederum die Such- und Informationskosten für (potenzielle) Patienten gesenkt werden können.[161]

Die Unterstellung fehlender Konsumentensouveränität ist vor dem Hintergrund der Informationsmöglichkeiten für Konsumenten zumindest fragwürdig.[162] Die sowohl von Seiten des Gesetzgebers als auch von den Marktakteuren selbst initiierten Vorschriften und Bemühungen zur Steigerung der Qualitätstransparenz verdeutlichen die generelle Möglichkeit des Abbaus bestehender Informationsasymmetrien. Patienten wird die Möglichkeit gegeben, die von Krankenhäusern erbrachte Qualität einzuschätzen, zu vergleichen und bewusste Auswahlentscheidungen zwischen verschiedenen Häusern zu treffen.[163] Die über die gesetzlichen Vorgaben hinausgehende Bereitschaft von Krankenhäusern zur Informationsbereitstellung verdeutlicht das grundlegende Interesse der besser informierten Marktseite zur Reduktion der Informationsasymmetrien. Von Signaling im nicht regulierten Markt kann somit ausgegangen werden.

Das Interesse der Krankenhäuser an einer freiwilligen Informationsbereitstellung begründet sich über das zunehmende Bewusstsein der Bevölkerung für die Qualität von Krankenhäusern.[164] Patienten suchen bewusst nach Informationen und entscheiden sich nicht mehr alleinig aufgrund der Wohnortnähe eines Krankenhauses oder der Empfehlung eines Arztes; die

---

[160] Vgl. Statistisches Bundesamt, 2014a, S. 202.
[161] Ausführlicher dazu vgl. Kapitel 4.2. und 4.3.
[162] Ähnlich Rosenbrock, 2001, S. 30 f.
[163] So auch Laufer et al., 2010, S. 921. Kritisch zum Nutzen von Qualitätsinformationen zur Beeinflussung der Auswahlentscheidung von Patienten unter Wettbewerbsbedingungen vgl. Rebscher/Rowohlt, 2010, S. 305.
[164] So auch Menzel, 2006, S. 13. Das Bewusstsein für Qualität folgt aus verschiedenen empirischen Studien zur Veränderung des Marktanteils nach der Veröffentlichung von Qualitätsinformationen. Vgl. hierzu die Ausführungen in Kapitel 4.3. Es wird daher im Rahmen dieser Untersuchung als gegeben angenommen. Das Eigeninteresse von Krankenhäusern an der Bereitstellung von Qualitätsinformationen zur Reduktion der Informationsasymmetrien kann auch theoretisch auf der Basis der Ausführungen Stiglers abgeleitet werden. Stigler diskutierte das Interesse von Anbietern zur Bereitstellung von Informationen zur Identifikation von Anbietern und Preisen. Vgl. Stigler, 1961, S. 220 ff., Stigler, 1968, S. 182 ff. Zur Beeinflussung der Auswahlentscheidung von Patienten durch die Qualität von Krankenhäusern vgl. Joskow, 1980, S. 432.

Qualität und der darauf begründete Ruf von Krankenhäusern gewinnen zunehmend an Bedeutung.[165]

Kritisch diskutiert werden könnten das Problem der Messbarkeit von Qualität, die generelle Möglichkeit der Entwicklung geeigneter Qualitätsindikatoren und somit die Frage, inwieweit sich Qualität sachgemäß und für Patienten verständlich abbilden lässt. Vor allem Komplikations- und Mortalitätsraten bergen die Gefahr der Subjektivität und der Fehlinterpretation durch (potenzielle) Patienten. Zugleich lassen sich insbesondere zur Beschreibung der Struktur- und Prozessqualität eine Reihe von Indikatoren finden,[166] die leicht verständlich und objektivierbar und somit zur Reduktion der Informationsasymmetrien geeignet sind. Als solche sind exemplarisch die medizinisch-technisch und personelle Infrastruktur, die Ausstattung der Patientenzimmer, Serviceleistungen, Zertifikate, Angaben zum Qualitätsmanagement oder die Darstellung von Erfahrungsberichten früherer Patienten denkbar. Zur Beschreibung der Ergebnisqualität können ungeachtet ihres subjektiven Charakters Informationen zur Patientenzufriedenheit dienen. Diese Indikatoren stellen zwar noch immer kein vollumfängliches Bild der Krankenhausqualität dar. Dennoch befähigen sie Patienten zu einem gewissen Grad zu einer qualitätsbasierten Entscheidung zwischen Krankenhäusern und können letztendlich als eine Verbesserung gegenüber der Situation ohne Qualitätsinformationen angesehen werden.[167]

Grundsätzlich sind dabei verschiedene Nachfrageklassen zu unterscheiden: Patienten mit akuten und nicht-akuten Beschwerden. Für elektive Eingriffe besteht für Patienten durchaus die Möglichkeit, sich über die Qualität von Krankenhäusern zu informieren und diese zu vergleichen.[168] Die Annahme des Screening unter Wettbewerbsbedingungen ist realistisch. Treffen Patienten ihre Entscheidung für oder gegen einen Leistungserbringer anhand der wahrgenommenen Qualität, ergibt sich für Krankenhäuser daraus der Anreiz zur freiwilligen Informationsbereitstellung. Veröffentlicht ein Teil der Krankenhäuser keine qualitätsrelevanten Informationen, könnte dies von Patienten als Indikator für mangelhafte Qualität verstanden werden.[169]

Zusammenfassend ist von einem generellen Marktversagen aufgrund von Informationsasymmetrien nicht auszugehen. Märkte sind grundsätzlich durch ein Informationsgefälle zwischen

---

[165] So auch Müller/Simon, 1994, S. 358. Durch den Aufbau eines guten Rufs können Krankenhäuser zur Reduktion von Such- und Informationskosten beitragen. Vgl. Stigler, 1961, S. 224, Stigler, 1968, S. 187 f., Shapiro, 1983a, S. 532, Chalkley/Malcomson, 2000, S. 879. Grundlegend dazu vgl. Shapiro, 1983b, S. 659 f.

[166] Vgl. Menzel, 2006, S. 4. Im Zeitablauf ist mit der Herausbildung von einheitlichen Basisindikatoren zur Qualitätsbeschreibung zu rechnen. Vgl. Ebsen et al., 2003, S. 44 ff. Die Begründung zum KHSG unterstellt sogar die Möglichkeit der Entwicklung von Qualitätsindikatoren, die in die Vergütung von Krankenhäusern einbezogen werden können. Vgl. Deutscher Bundestag, 2015, S. 1 ff.

[167] Vgl. Pfeiffer, 2014, S. 96 f.

[168] Vgl. Breyer/Zweifel/Kifmann, 2012, S. 188 f. Ähnlich Monopolkommission, 2008, S. 320 Tz. 820. Für die Notfallversorgung wird diese hingegen regelmäßig nicht gegeben sein, da Patienten in diesen Fällen in der Regel keine eigenen Entscheidungen treffen können. Die grundlegende Problematik fehlender Handlungsfähigkeit in Notfallsituationen besteht dabei jedoch nicht ausschließlich in nicht regulierten, sondern auch in regulierten Szenarien.

[169] So auch Menzel, 2006, S. 13.

den Marktseiten charakterisiert.[170] Die auf den Märkten für Krankenhausdienstleistungen bestehenden Informationsmängel können zudem durch die beschriebenen Maßnahmen wesentlich reduziert werden, wodurch diese nicht größer sind als auf anderen Dienstleistungsmärkten. Bereits im regulierten Szenario werden Patienten vermehrt freiwillig objektivierte Qualitätsinformationen leicht zugänglich zur Verfügung gestellt. Wie gezeigt werden konnte, haben Krankenhäuser insbesondere unter Wettbewerbsbedingungen ein Eigeninteresse an der Schaffung von Qualitätstransparenz und somit zum Abbau der Informationsasymmetrien.

2.4.1.2 Subadditivität der Kosten

Ein weiterer Marktversagenstatbestand wird durch die Subadditivität der Kosten beschrieben. Natürliche Monopole sind durch Subadditivität der Kosten charakterisiert.[171] Bei Vorliegen von Subadditivität ist im Einproduktfall die Herstellung der nachgefragten Menge in einem Unternehmen kostengünstiger als in zwei oder mehr Unternehmen.[172] Voraussetzung hierfür sind Größenvorteile der Produktion.[173] Bestehen zudem Markteintrittsbarrieren und/oder sind hohe versunkene Kosten gegeben, handelt es sich um ein resistentes natürliches Monopol.[174] Der Monopolist wird dann nicht durch tatsächlichen oder potenziellen Wettbewerb diszipliniert und es kann zur Monopolpreissetzung kommen.[175]

Sollte es sich bei Krankenhäusern generell um natürliche Monopole handeln, würden Kliniken mit einer geringen Bettenkapazität die mindestoptimale Betriebsgröße nicht erreichen.[176] Im Ergebnis würden ihre Produktionskosten die von Krankenhäusern mit einer höheren Bettenkapazität übersteigen, was zu Wettbewerbsnachteilen und somit zu einem Ausscheiden aus den Märkten für Krankenhausdienstleistungen führen könnte.[177] Die Frage nach der empiri-

---

[170] Die Verletzung der Annahme der vollständigen Information als Voraussetzung für einen vollkommenen Markt kann eher als Regelfall denn als Ausnahmetatbestand angesehen werden. Vgl. Knieps, 2008, S. 12, Stigler, 1961, S. 213, Stigler, 1968, S. 171, Stiglitz, 1984, S. 30, Frank/Roloff/Widmaier, 1973, S. 2. So auch Kuchinke, 2004, S. 99, Wiedemann, 1998, S. 145 f., Oberender, 1985, S. 33, Oberender, 1989, S. 65. Einen gegenteiligen Standpunkt vertritt Culyer, 1971, S. 196.
[171] Vgl. Baumol, 1977b, S. 810, Knieps, 2008, S. 13, Fritsch, 2014, S. 160 ff.
[172] Vgl. Kruse, 1985, S. 19 ff., Knieps, 2008, S. 23, Stigler, 1968, S. 18, Baumol/Panzar/Willig, 1988, S. 348 f., Baumol/Panzar/Willig, 1988, S. 170, Baumol, 1982, S. 26.
[173] Vgl. Fritsch, 2014, S. 160 f., Kruse, 1985, S. 24, Baumol, 1977b, S. 810 f. Größenvorteile und das natürliche Monopol können im Mehrproduktfall nicht gleichgesetzt werden. Vgl. Baumol, 1977b, S. 817. Vielmehr müssen im Mehrproduktfall Verbundvorteile vorliegen. Vgl. Knieps, 2008, S. 25. Verbundvorteile liegen vor, wenn die gleichzeitige Produktion mehrerer Güter in einem Unternehmen geringere totale Kosten verursacht als die getrennte Produktion in zwei oder mehr Unternehmen. Vgl. Knieps, 2008, S. 25, Kruse, 1985, S. 22, Baumol/Panzar/Willig, 1988, S. 71, Kallfass, 1990, S. 32.
[174] Vgl. Baumol/Panzar/Willig, 1988, S. 292, Baumol, 1982, S. 24, Bailey/Baumol, 1984, S. 113. Zu Markteintrittsbarrieren vgl. Bain, 1956, S. 6 ff. Zu versunkenen Kosten vgl. Knieps, 2008, S. 32, Baumol/Panzar/Willig, 1988, S. 280. Zur Relevanz von Markteintrittsbarrieren auf Krankenhausdienstleistungsmärkten vgl. Kaschny, 1998, S. 221 ff. Markteintrittsbarrieren werden im Wesentlichen durch die Notwendigkeit der Aufnahme in den Bedarfsplan eines Bundeslandes sowie die kollektivvertraglichen Verhandlungen mit den Leistungsträgern beschrieben.
[175] Vgl. Baumol/Panzar/Willig, 1988, S. 292, Panzar/Willig, 1977, S. 6 f., 16. Zur Disziplinierung des Etablierten durch Newcomer vgl. Kallfass, 1990, S. 107 ff.
[176] Zur mindestoptimalen Betriebsgröße vgl. Kruse, 1985, S. 26, Kallfass, 1990, S. 29.
[177] Grundlegend hierzu vgl. Stigler, 1968, S. 18. Kritisch hierzu vgl. Kruse, 1985, S. 33, Meyer, 1993, S. 26. Nach Kruse sind Kostennachteile von Unternehmen, welche die mindestoptimale Betriebsgröße nicht erreichen, relativ gering. Vgl. Kruse, 1985, S. 33.

schen Relevanz von Größenvorteilen soll an dieser Stelle nicht thematisiert werden. Hierzu wird auf das Schrifttum verwiesen.[178] Selbst wenn Größen- und Verbundvorteile für die Märkte für Krankenhausdienstleistungen angenommen werden, müssen die Eigenschaften des natürlichen Monopols zum einen nicht in allen Regionen und zum anderen nicht für alle Leistungen im relevanten Nachfragebereich vorliegen.[179] Die generelle Eigenschaft von Krankenhäusern als natürliches Monopol ist daher nicht anzunehmen. Die bestehenden Markteintrittsschranken sind nicht struktureller Natur und könnten daher abgebaut werden. Die Disziplinierung durch potenziellen Markteintritt wäre somit theoretisch möglich. Darüber hinaus ist auch die Gefahr der Ausnutzung von entstehenden Monopolstellungen nicht zwingend gegeben, da im Falle von Marktmacht die Regelungen des Gesetzes gegen Wettbewerbsbeschränkungen greifen.[180] Diese zielen auf den Schutz des Wettbewerbs, indem sie die missbräuchliche Ausnutzung einer marktbeherrschenden Stellung untersagen (§ 19 Abs. 1 i. V. m. § 18 Abs. 1 GWB). Eine wettbewerbsgefährdende Ausnutzung von Marktmacht kann demzufolge durch den allgemeinen Ordnungsrahmen verhindert werden.

2.4.1.3 Externe Effekte

Externe Effekte können grundsätzlich pekuniärer[181], technologischer und psychologischer[182] Art sein. Zu Marktversagen führen lediglich technologische externe Effekte.[183] Liegen diese vor, enthalten die Nutzen- oder Produktionsfunktionen von Wirtschaftssubjekten fremdbestimmte Elemente, die sich dem Einfluss der Wirtschaftssubjekte entziehen, sich jedoch zugleich positiv oder negativ auf ihr Handeln auswirken und nicht über das Preissystem erfasst und ausgeglichen werden.[184] Die tatsächlichen Knappheitsrelationen werden von den Markt-

---

[178] Vgl. Frech/Mobley, 1995, S, 292, Masayuki, 2010, S. 9, Kristensen et al., 2008, S. 16 f., Wang/Zhao/Mahmood, 2006, S. 11, Monopolkommission, 2008, S. 330 Tz. 851. Für eine Übersicht über weitere diesbezügliche Studien vgl. Posnett, 2002, S. 100 ff.

[179] Vgl. Kruse, 1985, S. 31, Knieps, 2008, S. 27. Für einen Teil der von Krankenhäusern in monopolitischen Märkten erbrachten Leistungen kann demnach eine kosteneffiziente Leistungserstellung in mehr als einem Unternehmen möglich sein, wenn beispielsweise Substitutionsbeziehungen zum ambulanten Sektor oder zu Medizinischen Versorgungszentren in die Betrachtung einbezogen werden. Regulierung zur Korrektur von Marktversagen kann sich daher auf den zutrittsresistenten Bereich des natürlichen Monopols beschränken. Vgl. Knieps, 2008, S. 95. Ein solcher disaggregierter Ansatz wird beispielsweise im Telekommunikationssektor angewandt. Vgl. Knieps/Müller/Weizsäcker, 1981, S. 353 f. Ferner kann es im Zeitablauf zu Änderungen der Nachfrage- und Kostenfunktionen und somit zu Änderungen bezüglich des Vorliegens von Subadditivität kommen. Vgl. Kruse, 1985, S. 31.

[180] Die Anwendbarkeit der GWB auf Krankenhäuser ist gegeben.

[181] Pekuniäre externe Effekten beschreiben die Veränderung der Knappheitsrelationen, d. h. die Veränderung von Preisen auf den Güter- oder Faktormärkten. Sie lassen sich somit marktlich abbilden und führen daher nicht zu einem Marktversagen. Vgl. Fritsch, 2014, S. 81.

[182] Ebenso wie bei pekuniären externen Effekten stellen psychologische externe Effekte keinen Marktversagenstatbestand dar. Durch sie wird ausschließlich das Konsum- oder Nutzenniveau Dritter beeinflusst, jedoch ohne dabei eine Marktbeziehung entstehen zu lassen. Fritsch, 2014, S. 81.

[183] Vgl. Bator, 1958, S. 365, Sohmen, 1976, S. 221, Fritsch, 2014, S. 81.

[184] Vgl. Knieps, 2008, S. 11, Bartling, 1983, S. 331, Fritsch, 2014, S. 81, Kreps, 1990, S. 202 f., Mackscheidt/Steinhausen, 1977, S. 9.

preisen nicht mehr korrekt abgebildet.[185] Da Individuen beim Vorliegen positiver externer Effekte einen Nutzenzuwachs erfahren, für den aufgrund der Fremdbestimmtheit keine Gegenleistung erbracht werden muss, bleibt der tatsächliche Konsum dieser Güter hinter dem aus objektiver Sicht optimalen Konsum zurück.[186] Liegen externe Effekte vor, entspricht der tatsächliche Konsum nicht dem wohlfahrtsökonomisch optimalen Konsum, da lediglich der private Grenznutzen und die privaten Grenzkosten, nicht jedoch die sozialen Kosten bei der Konsumentscheidung berücksichtigt werden.[187] Es kommt somit zu einer Fehlallokation von Ressourcen.[188]

Das Vorliegen (positiver) technologischer externer Effekte wird den Märkten für Krankenhausdienstleistungen vor allem in Bezug auf die Behandlung ansteckender Krankheiten unterstellt.[189] Bestimmte externe Effekte liegen jedoch unter der Spürbarkeitsschwelle von Wirtschaftssubjekten.[190] Aufgrund der Geringfügigkeit dieser externen Effekte wird das Verhalten von Wirtschaftssubjekten nicht beeinflusst, wodurch es zu keinem Marktversagen kommt.[191] Der Anteil der Behandlung ansteckender Krankheiten an der Gesamtheit aller in Deutschland behandelten Fälle kann als gering bezeichnet werden.[192] Von einem generellen Marktversagen aufgrund des Vorliegens externer Effekte kann daher nicht ausgegangen werden.[193]

2.4.1.4 Öffentliche Güter

Öffentliche Güter sind durch Nichtrivalität im und Nichtausschließbarkeit vom Konsum charakterisiert.[194] Handelt es sich um ein öffentliches Gut, wird der Nutzen eines Individuums aus dem Konsum eines Gutes nicht durch den Konsum dieses Gutes durch andere Individuen beeinträchtigt.[195] Zugleich können Individuen infolge der Nichtexludierbarkeit nicht vom Konsum ausgeschlossen werden.[196] Für sie ist es rational, das öffentliche Gut zu konsumieren, ohne einen Beitrag zu seiner Finanzierung zu leisten.[197] Öffentliche Güter führen somit zur Trittbrettfahrerproblematik.[198] Infolge der zu geringen oder fehlenden Zahlungsbereit-

---

[185] Vgl. Bartling, 1983, S. 331, Fritsch, 2014, S. 82, Baumol, 1977a, S. 517.
[186] Vgl. Baumol, 1977a, S. 520, Külp et al., 1984, S. 37.
[187] Vgl. Bögelein, 1990, S. 26, Fritsch, 2014, S. 82 f., Watrin, 1986, S. 8, Sohmen, 1976, S. 224 f.
[188] Vgl. Bartling, 1983, S. 331, Mackscheidt/Steinhausen, 1977, S. 9, Sohmen, 1976, S. 227.
[189] Vgl. Culyer, 1971, S. 199 f., Schulenburg/Greiner, 2013, S. 10, Folland/Goodman/Stano, 2013, S. 266 f.
[190] Vgl. Bartling, 1983, S. 331, Watrin, 1986, S. 19.
[191] So auch Kuchinke, 2004, S. 111, Monopolkommission, 2008, S. 330 Tz. 851.
[192] Vgl. Statistisches Bundesamt, 2014a, S. 118 ff.
[193] So auch Külp et al., 1984, S. 38, Bögelein, 1990, S. 133, Monopolkommission, 2008, S. 330 Tz. 851.
[194] Vgl. Musgrave, 1959, S. 42 f., Wegehenkel, 1981a, S. 1, Fritsch, 2014, S. 77, Watrin, 1986, S. 8, Sohmen, 1976, S. 286. Für weitere Eigenschaften öffentlicher Güter vgl. Frank/Roloff/Widmaier, 1973, S. 6.
[195] Vgl. Samuelson, 1954, S. 387, Samuelson, 1955, S. 350, Demsetz, 1970, S. 293, Baumol, 1977a, S. 521.
[196] Vgl. Baumol, 1977a, S. 521.
[197] Vgl. Bögelein, 1990, S. 110, Mackscheidt/Steinhausen, 1977, S. 9.
[198] Vgl. Wegehenkel, 1981b, S. 45. Zur Trittbrettfahrerproblematik vgl. Jöhr, 1976, S. 129, Bartling, 1983, S. 332.

schaft ergibt sich für privatwirtschaftliche Anbieter ungeachtet eines bestehenden Bedarfs kein Anreiz zur Bereitstellung öffentlicher Güter.[199]

Sollte es sich bei Krankenhausdienstleistungen um öffentliche Güter handeln, bestünde keine Rivalität um Behandlungen und/oder Diagnosen. Da bestimmte Infrastruktureinrichtungen von Krankenhäusern wie Betten oder Operationssäle zu einem konkreten Zeitpunkt lediglich von einem Patienten genutzt werden können und Patienten auch um humane Ressourcen konkurrieren, kann von einer generellen Nichtrivalität und Nichtausschließbarkeit bei Krankenhausdienstleistungen nicht ausgegangen werden.[200] Wartezeiten für bestimmte Diagnose- und Behandlungsdienstleistungen sind ein Beleg dafür. Wirtschaftssubjekte erfahren jedoch nicht ausschließlich einen Nutzen aus der Inanspruchnahme von Krankenhausdienstleistungen, sondern bereits aus der Existenz von Krankenhäusern als solchen.[201] Da es sich hierbei lediglich um das Wissen über die Möglichkeit einer potenziellen Behandlung ohne die tatsächliche Inanspruchnahme von Ressourcen handelt, sind sowohl die Bedingung der Nichtausschließbarkeit als auch die der Nichtrivalität erfüllt. Bei dem Optionsnutzen von Krankenhausdienstleistungen handelt es sich folglich in der Tat um ein öffentliches Gut.[202]

Das ökonomische Problem bei der Eigenschaft des Optionsnutzens als öffentliches Gut besteht darin, dass der Nutzen aus der Existenz von Krankenhäusern auch denjenigen zukommt, die keinen Beitrag zur Finanzierung der entsprechenden Kapazitäten leisten.[203] In einem nicht regulierten Szenario käme es zu Trittbrettfahrerverhalten. Letztendlich würde das Gut mangels Finanzierbarkeit nicht mehr bereitgestellt werden. Nun sind Reservekapazitäten kein krankenhausspezifisches, sondern vielmehr ein generelles ökonomisches Problem.[204] Zudem haben Krankenhäuser durchaus einen Anreiz zur Bereitstellung von Reservekapazitäten, wenn die Vorhaltung dieser Kapazitäten durch die Leistungsträger abgegolten wird. Die Leistungsträger könnten die dafür erforderlichen Zuschläge wiederum an ihre Versicherungsnehmer weitergeben. Nachdem potenzielle Konsumenten einen Nutzen aus der Existenz von Krankenhäusern erfahren, erscheint es nicht plausibel, weshalb sie keinen Beitrag zur Vorhaltung

---

[199] Vgl. Bator, 1958, S. 377, Musgrave, 1959, S. 43 f., Dögelein, 1990, S. 110 f., Culyer, 1971, S. 206, Wegehenkel, 1981b, S. 45. Kritisch hierzu Demsetz, 1970, S. 306, Baumol, 1977a, S. 517, Hurley, 2000, S. 71. Für Möglichkeiten zur Internationalisierung von externen Effekten vgl. Wegehenkel, 1981a, S. 16 ff., Sohmen, 1976, S. 230 ff.
[200] Vgl. Oberender/Ruckdäschel, 2000, S. 178, Wiedemann, 1998, S. 29, Folland/Goodman/Stano, 2013, S. 393, Herder-Dorneich, 1980, S. 8 f.
[201] Vgl. Gaynor/Anderson, 1995, S. 294 f., Kuchinke, 2004, S. 112, Cobbers, 2006, S. 47, Wiedemann, 1998, S. 28 f., Polei, 2001, S. 191.
[202] So auch Hansmeyer/Henke, 1997, S. 4, Oberender/Zerth, 2005, S. 40, Kopetsch, 1996, S. 209.
[203] Vgl. Culyer, 1971, S. 201, Weisbrod, 1964, S. 474. Zur Problematik des Optionsnutzens bei privatwirtschaftlicher Leistungserstellung vgl. Weisbrod, 1964, S. 472.
[204] Vgl. Schreiber, 1963, S. 471. Dies geht auch aus den Ausführungen von Riebel, 1977, S. 103 hervor. Zu Reservekapazitäten vgl. Joskow, 1980, S. 422 f. Grundsätzlich kann die Optionsnachfrage zu Grenzkosten von Null befriedigt werden. Erst ab der Überschreitung der gegebenen Kapazität verursacht die Vorhaltung zusätzlicher Kapazitäten positive Grenzkosten.

entsprechender Kapazitäten leisten sollten.[205] Die tatsächlich erforderliche Höhe der Reservekapazität kann letztendlich nur unter Wettbewerbsbedingungen getestet werden.

2.4.2 Zusammenfassende Beurteilung

Das den Krankenhausmärkten seit Jahren unterstellte Marktversagen wird inzwischen häufig pauschal ohne weitere Prüfung als gegeben angenommen.[206] Bei genauerer Betrachtung der einzelnen Marktversagenstatbestände konnte im Rahmen dieses Kapitels hingegen kein generelles Marktversagen diagnostiziert werden. Lediglich punktuell kann es zu einem Versagen einzelner Märkte kommen.[207] Aber auch die Möglichkeit eines punktuellen Marktversagens stellt noch keinen hinreichenden Grund für das Eingreifen des Staates, wie es derzeit in Deutschland der Fall ist, dar. Vielmehr muss durch die Regulierung, wie unter Punkt 2.2.2 ausgeführt, eine Verbesserung des Marktergebnisses gegenüber der Situation ohne Regulierung erreicht werden können. Diese wird aus politischer Sicht implizit als gegeben angesehen. Für eine ökonomische Einschätzung dieser Annahme werden nachfolgend die Ausgestaltung der DRG-Fallpauschalen aus kostenrechnerischer Sicht sowie die Gesetzesänderungen im Rahmen für Krankenhausreform 2015 sowie deren potenzielle Auswirkungen auf das Marktergebnis kritisch diskutiert.

2.5 Analyse der konzeptionellen Ausgestaltung der DRG-Fallpauschalen aus kostenrechnerischer Sicht

2.5.1 Einführung

Ausgehend von dem Krankenhausdienstleistungsmärkten häufig unterstellten Marktversagen und der damit einhergehenden Regulierung verfolgt die regulatorische Vorgabe der Vergütungshöhe das Ziel der Verbesserung des Marktergebnisses im Vergleich zur Situation ohne Regulierung. Auf diesem Wege sollen sowohl eine bedarfsgerechte Versorgung der Bevölkerung mit medizinischen Leistungen, die wirtschaftliche Sicherung von Krankenhäusern als auch eine Reduktion des Ausgabenwachstums im Krankenhaussektor erreicht werden.[208]

Mit der staatlichen Vorgabe von Preisen unterstellt der Staat implizit die fehlende Möglichkeit, diese Ziele durch eine marktliche Koordination von Angebot und Nachfrage zu errei-

---

[205] Für weitere Möglichkeiten der Bereitstellung von Reservekapazitäten vgl. Oberender/Zerth, 2005, S. 41 f.
[206] Vgl. Rahmel, 2014, S. 137, Laufer et al., 2010, S. 930.
[207] Die Forderung nach einer Beschränkung der Staatseingriffe auf die Korrektur eines punktuellen Marktversagens im Gesundheitswesen wird auch vertreten von Kuchinke, 2004, S. 211 f., Schneider, 1993, S. 2, Henke/Richter, 2013, S. 20, Oberender et al., 2012, S. 15, Neubauer, 2002, S. 3. Auch im Gesundheitswesen sei der Wettbewerb der Planwirtschaft überlegen. Vgl. Schneider, 1993, S. 2, Neubauer, 2002, S. 3.
[208] Vgl. § 1 Abs. 1 KHG. Zur Steigerung der Wirtschaftlichkeit und Verringerung des Ausgabenwachstums im Krankenhaussektor als ein Ziel der Einführung der DRG-Fallpauschalen vgl. Deutscher Bundestag, 2001, S. 2. Für eine inhaltliche Umschreibung des Wirtschaftlichkeitsbegriffs vgl. Mellerowicz, 1926, S. 6 f.

chen. Eine first-best Lösung ist damit bereits ausgeschlossen. Die Frage, inwiefern anhand der derzeitigen Ausgestaltung der pauschalen Entgelte unter kostentheoretischen Aspekten zumindest eine second-best-Lösung erreicht werden kann, blieb bisher ungewürdigt.

Aus kostenrechnerischer Sicht stellen die Fallpauschalen vollkostenbasierte Istkosten dar, die auf Basis einer einfachen Divisionskalkulation ermittelt werden.[209] Es ist daher kritisch zu hinterfragen, inwiefern diese Ausgestaltung aus theoretisch-konzeptioneller Perspektive zur Erreichung der verfolgten Zielstellung geeignet ist. Zu unterscheiden ist dabei zwischen betriebswirtschaftlichen und volkswirtschaftlichen Zielen. Während erstere im Wesentlichen auf die wirtschaftliche Sicherung von Krankenhäusern gerichtet sind, fokussieren letztere auf die Erreichung technischer Effizienz. Als Beurteilungskriterium der betriebswirtschaftlichen Zielsetzung dient der Unternehmenserfolg der Krankenhäuser,[210] definiert als Differenz zwischen den Erträgen und den Aufwendungen einer Wirtschaftsperiode. Für die volkswirtschaftliche Perspektive wird die technische Effizienz als Zustand, in dem bei gegebener Qualität zu minimalen Stückkosten produziert werden kann, als Bewertungskriterium definiert.[211]

Die Untersuchung gliedert sich wie folgt: Zunächst werden überblicksartig die wesentlichen Grundlagen der DRG-Fallpauschalen, die zur Beurteilung ihrer theoretisch-konzeptionellen Ausgestaltung erforderlich sind, dargelegt (Kapitel 2.5.2), bevor diese anschließend sowohl aus betriebswirtschaftlicher (Kapitel 2.5.3) als auch aus volkswirtschaftlicher Perspektive kritisch hinterfragt werden (Kapitel 2.5.4). Die gewonnenen Erkenntnisse werden im Zwischenfazit (Kapitel 2.5.5) zusammengefasst.

2.5.2 Charakteristika der DRG-Fallpauschalen

Das G-DRG-System stellt die Basis für ein kostenbasiertes, prospektives Vergütungssystem dar.[212] Auf Basis der Hauptdiagnose wird eine erste Einordnung der Behandlungsfälle zu einer Major Diagnosis Category (MDC) vorgenommen. Innerhalb dieser erfolgt eine Differenzierung nach patientenspezifischen Merkmalen sowie erbrachten Prozeduren in die sogenann-

---

[209] Vgl. § 2 Abs. 1, 2 der Vereinbarung über die Einführung eines pauschalisierenden Entgeltsystems nach § 17b KHG, 27.06.2000. Vollkosten umfassen grundsätzlich alle variablen und fixen Kostenbestandteile. Aufgrund der dualen Krankenhausfinanzierung weicht der Begriff der Vollkosten in diesem Fall von dem klassischen Vollkostenbegriff der Kostenrechnung ab, indem insbesondere Abschreibungen nicht berücksichtigt werden. Da jedoch nicht alle Fixkosten von der öffentlichen Hand getragen werden, erscheint eine Unterscheidung zwischen Voll- und Teilkosten dennoch gerechtfertigt.
[210] Zum Unternehmensgewinn als Maß des wirtschaftlichen Erfolgs vgl. Mellerowicz, 1926, S. 6 f.
[211] Zur technischen Effizienz vgl. Kruse, 1985, S. 97, Carlton/Perloff, 2000, S. 12, Donaldson/Magnussen, 1992, S. 49. Als sich der Preis für Krankenhausdienstleistungen innerhalb des DRG-Systems nicht durch Angebot und Nachfrage bildet, ist eine Untersuchung der Auswirkungen auf die allokative Effizienz nicht zielführend. Aufgrund der Loslösung der Preisbildung von den Präferenzen der Nachfrager wird die qualitative Effizienz als Beurteilungskriterium ebenfalls ausgeschlossen. Zur allokativen Effizienz vgl. Waldman/Jensen, 2014, S. 3, Kruse, 1985, S. 73 ff. Für eine Definition der qualitativen Effizienz vgl. Kruse, 1985, 117 f., Kallfass, 1990, S. 9 ff.
[212] Vgl. Neubauer, 2007, S. 371.

ten Basis-DRG.[213] Zur Erreichung von Kostenhomogenität erfolgt eine Gewichtung der Basis-DRG aufgrund des patientenspezifischen Schweregrads.[214] Dieser bestimmt sich im Wesentlichen über die Nebendiagnosen sowie über eventuelle Komplikationen.[215] Im Ergebnis sollen diejenigen Behandlungsfälle, die vergleichbare Kosten verursachen, einer Gruppe zugeordnet werden.[216] Die so generierten DRGs werden mit Hilfe des Fallpauschalenkatalogs einer Bewertungsrelation zugeordnet, § 4 Abs. 2 S. 2 KHEntgG. Diese stellen ein relatives Kostengewicht dar und zeigen den spezifischen Kostenverlauf einer DRG im Vergleich zu einer anderen auf.[217] Sie gewährleisten somit die Beachtung des Grundsatzes der Kostenhomogenität, indem gleich verlaufende Kosten eines Behandlungsprozesses von den divergierenden Verläufen anderer Prozesse abgegrenzt werden.[218] Die Berechnung der Bewertungsrelationen erfolgt dabei auf Istkosten-Basis, d.h. anhand der tatsächlich angefallenen Kosten.[219]

Die letztendlich zu ermittelnden durchschnittlichen Fallkosten resultieren aus einer einfachen Divisionskalkulation, im Rahmen derer die Gesamtheit der erhobenen Kosten durch die Anzahl der Fälle im Zeitraum der Datenerhebung geteilt wird. Die Relativgewichte der verschiedenen DRGs ergeben sich, indem die durchschnittlichen Fallkosten einer DRG ins Verhältnis zu den durchschnittlichen Kosten der betrachteten Periode gesetzt werden.[220] Durch Multiplikation mit einem Basisfallwert wird letztendlich die abrechenbare Fallpauschale ermittelt.[221]

2.5.3 Betriebswirtschaftliche Betrachtung

2.5.3.1 Zeitbezug und Verrechnungsumfang der Kosten

Grundlegend stellen sowohl die in die Fallpauschalen als auch die in die Bewertungsrelationen einfließenden Kosten Istkosten auf Vollkostenbasis dar.[222] Die Gewinnung der Kostendaten erfolgt dabei durch sich freiwillig an der Berechnung beteiligende Krankenhäuser. Die finalen Pauschalen entsprechen demzufolge der mittleren tatsächlichen Kostenhöhe der sich beteiligenden Häuser. Bei historischen Vollkosten handelt es sich um in der Vergangenheit

---

[213] Vgl. Hilgers, 2011, S. 32 f., Baker, 2002, S. 1, Breßlein, 2001, S. 148.
[214] Vgl. Frese et al., 2004, S. 737 f., Fritze/Pullheim, 2001, S. 479.
[215] Vgl. Hilgers, 2011, S. 33 f., Baker, 2002, S. 3.
[216] Vgl. Scheller-Kreinsen/Geissler/Busse, 2009, S. 2, Güntert/Klein/Kriegel, 2005, S. 515, Landauer/Schleppers, 2002, S. 5, Roeder/Rochell/Glocker, 2002, S. 704, Neubauer/Nowy, 2000, S. 11. Kritisch zur tatsächlichen Realisation einheitlicher Gruppen vgl. Horn, 1983, S. 25, 27 ff., Schmidt, 1994, S. 48.
[217] Vgl. Hilgers, 2011, S. 34, Schmitz/Platzköster, 2004, S. 22. Ermittelt wurden die Relativgewichte anhand der Kosten- und Leistungsdaten der an der DRG-Kalkulation teilnehmenden Krankenhäuser. Vgl. Schmitz/Platzköster, 2004, S. 23.
[218] Vgl. Scheller-Kreinsen/Geissler/Busse, 2009, S. 3, Breßlein, 2001, S. 148.
[219] Vgl. § 2 Abs. 1, 2 der Vereinbarung über die Einführung eines pauschalisierenden Entgeltsystems nach § 17b KHG, 27.06.2000.
[220] Vgl. InEK, 2013, S. 34.
[221] Vgl. Hilgers, 2011, S. 34.
[222] Vgl. § 2 Abs. 1, 2 der Vereinbarung über die Einführung eines pauschalisierenden Entgeltsystems nach § 17b KHG.

angefallene variable und fixe Kostenbestandteile.[223] Für Krankenhäuser bedeutet dies zumindest eine gewisse Würdigung ihrer tatsächlichen Kosten, indem beispielsweise nicht auf Planwerte zurückgegriffen wird. Grundsätzlich sind Krankenhäuser als Marktakteure dabei an hohen Vergütungen bei konstantem Kostenniveau mit dem Ziel der Steigerung von Gewinnen und/oder internen Renten interessiert.

Für die Höhe der Erlöse ist über den Zeitbezug und den Verrechnungsumfang der Kosten hinaus die Höhe des Landesbasisfallwerts entscheidend. Mit Blick auf die potenziellen Auswirkungen auf den Unternehmensgewinn und den Substanzerhalt von Krankenhäusern kann eine generelle Vorteilhaftigkeit der Istkostenverwendung für die einzelnen Hospitäler indes ungeachtet der Einflussnahme des Landesbasisfallwertes konstatiert werden.

2.5.3.2 Kalkulatorische Kosten

Der für Krankenhäuser relevante Kostenbegriff wird durch die Krankenhausbuchführungsverordnung bestimmt und entspricht im Wesentlichen dem pagatorischen Begriffsverständnis.[224] Kalkulatorische Kosten finden demzufolge keinen Eingang in die Kalkulation der Fallkosten, als diese ausschließlich die laufenden Kosten des Leistungserstellungsprozesses decken sollen und insbesondere Investitionen von den Ländern zu tragen sind.[225] Kalkulatorische Kosten stellen Zusatz- oder Anderskosten dar.[226] Ihnen liegt der Gedanke der Berücksichtigung von Opportunitätskosten zugrunde.[227] Ihre Nichtberücksichtigung ist aus Unternehmenssicht grundsätzlich als negativer Aspekt zu werten. Vernachlässigt die Preisbildung kalkulatorische Kosten, decken die Preise lediglich die Grund- und zum Teil Anderskosten, die zu tatsächlichen Ausgaben geführt haben, erlauben darüber hinaus jedoch keine Verzinsung des eingesetzten Kapitals und leisten im Ergebnis keinen Beitrag zur Substanzerhaltung.[228]

Kritisch diskutiert werden könnte die generelle Bedeutung kalkulatorischer Kosten für Krankenhäuser. Investitionen werden überwiegend separat von den Betriebskosten finanziert. Kalkulatorische Abschreibungen sind somit für Krankenhäuser in der Regel nicht relevant. In Anbetracht der Finanzierungsprobleme der Länder und der daraus resultierenden Notwendigkeit der Krankenhäuser zur eigenständigen Finanzierung ihrer Investitionen sowie der Möglichkeit der Wahl der pauschalen Investitionszuschläge auf die Fallpauschalen gewinnen kalkulatorische Abschreibungen wiederum an Bedeutung, als der Anteil investierter Eigenmittel

---

[223] Vgl. Layer, 1976, S. 108.
[224] Vgl. Graumann/Schmidt-Graumann, 2011, S. 319.
[225] Für eine Übersicht über die Arten der kalkulatorischen Kosten vgl. Ferrero, 1982, S. 3, Mellerowicz, 1974, S. 45.
[226] Vgl. Schmalenbach, 1934, S. 116, Mellerowicz, 1974, S. 45, Ferrero, 1982, S. 3.
[227] Vgl. Mellerowicz, 1974, S. 45 f., Koch, 2004, S. 28. Grundlegend zu Opportunitätskosten vgl. Perloff, 2012, S. 208.
[228] Vgl. Franke, 1976, S. 186. So auch Sturm, 2005, S. 11, Koch, 2004, S. 29.

c. p. steigt.[229] Darüber hinaus lässt sich trotz der Sachzieldominanz insbesondere bei privaten Kliniken ein Interesse an der Verzinsung des eingesetzten Kapitals vermuten,[230] wodurch zugleich der kalkulatorische Unternehmerlohn sowie die kalkulatorischen Kapitalkosten Relevanz aufweisen.

Aus Sicht des einzelnen Krankenhauses ist die Nichtberücksichtigung kalkulatorischer Kosten negativ zu bewerten, nicht ausschließlich, um eine Gleichstellung mit erwerbswirtschaftlichen Unternehmen[231] zu erzielen. Diesen ist über die Würdigung nicht zahlungswirksamer Aufwendungen die Einpreisung von Gewinnbestandteilen gestattet. Aus betriebswirtschaftlichen Überlegungen heraus sollten kalkulatorische Kosten daher in die Berechnung der Fallpauschalen einbezogen werden,[232] um neben der bloßen Erstattung der Betriebskosten eine Verzinsung des eingesetzten Kapitals zuzulassen und einen Beitrag zur Substanzerhaltung des Krankenhauses zu leisten. Auf diesem Wege könnte der steigenden Bedeutung kalkulatorischer Abschreibungen und kalkulatorischer Zinsen für Betriebsmittel- oder Investitionskredite sowie dem Interesse, über eine reine Kostendeckung hinaus einen gewissen Unternehmerlohn erzielen zu können, Rechnung getragen werden. All jene Ziele können ausschließlich über die Erstattungen der Leistungsträger verwirklicht werden, nachdem diese die wesentliche Einnahmequelle für Krankenhäuser darstellen. Von einer positiven Wirkung auf den Unternehmensgewinn sowie den Substanzerhalt von Krankenhäusern kann c .p. ausgegangen werden.

2.5.3.3 Durchschnittsprinzip

Historische Vollkosten suggerieren zunächst die Deckung der anfallenden Kosten in voller Höhe. Bei genauerer Betrachtung der Ausgestaltung des Vergütungssystems stellt sich dies jedoch als theoretischer Grenzfall dar. Vielmehr repräsentieren die Fallpauschalen die Kosten für eine Fallgruppe, die bei einem an der Ermittlung teilnehmenden Krankenhaus im Mittel angefallen sind.[233] Grundsätzlich ist der Durchschnittscharakter der Preisbildung kritisch zu hinterfragen. Aus betriebswirtschaftlicher Sicht ist es nicht ersichtlich, weshalb Krankenhäuser für ihre erbrachten Leistungen lediglich eine durchschnittliche Vergütung erhalten sollten. Vielmehr haben sie grundsätzlich ein Interesse daran, nach ihren tatsächlichen Kosten vergütet zu werden. Eine pauschale Vergütung unterstellt einheitliche Ressourcenverbräuche für die Patientenbehandlung. Ungeachtet des Krankenhausstandorts soll für jede Krankenhausdienstleistung innerhalb einer Fallgruppe der gleiche Aufwand anfallen.[234] Bei der Ermittlung

---

[229] Für eine Übersicht über die Entwicklung der Krankenhausinvestitionsquote vgl. DKG, 2010 S. 63.
[230] Vgl. Strehl, 2003, S. 128, Bönsch, 2009, S. 24, 27.
[231] Begrifflich wird zwischen erwerbs- und bedarfswirtschaftlichen Unternehmen differenziert. Vgl. Stackelberg, 1938, S. 94 ff., Stackelberg, 1951, S. 108. Krankenhäuser werden dabei ungeachtet der Trägerschaft den bedarfswirtschaftlichen Unternehmen zugeordnet.
[232] Zur Berücksichtigung kalkulatorischer Kosten für die Ermittlung der Vergütungshöhe vgl. Buchholz, 1983, S. 69.
[233] Vgl. InEK, 2013, S. 34.
[234] Kritisch hierzu vgl. Lynk, 2001, S. 112.

der Fallpauschalen werden dabei neben Hauptdiagnose, Nebendiagnose(n) und vorgenommenen Prozeduren eventuelle Komplikationen sowie personenspezifische Merkmale wie Alter und Geschlecht berücksichtigt. Tendenziell werden jedoch wenige Kliniken tatsächlich die durchschnittlichen Kosten aufweisen. Der dem DRG zugrundeliegende Einheitsgedanke ignoriert die spezifischen Gegebenheiten eines Krankenhauses. Abweichungen von den mittleren Werten können bei einem ungünstigen Case-Mix einen negativen Einfluss auf die wirtschaftliche Lage eines Krankenhauses ausüben. Bei rein betriebswirtschaftlicher Betrachtung kann die Pauschalvergütung letztendlich einen negativen Einfluss auf den Unternehmensgewinn ausüben.

Der Übergang vom Landesfallwert auf einen Bundesfallwert stellt dann eine Herausforderung für das einzelne Krankenhaus dar, wenn der bundesweit einheitliche Basisfallwert unter dem bis dahin angewandten Landesfallwert liegt, und es dadurch zu einem Absenken der Wertigkeit der behandelten Fälle kommt. Alleinig im spiegelbildlichen Fall kann ein Vorteil für Krankenhäuser erwachsen. Bereits der Übergang von einem krankenhausindividuellen auf einen landesweit uniformen Fallwert war für die Häuser, denen die geforderte Konvergenz der Ressourcenverbräuche nicht in hinreichendem Umfang gelang, mit finanziellen Nachteilen verbunden.[235] Wird der Basisfallwert auf Landesebene fixiert, kann stärker auf die regionalen Unterschiede zwischen den einzelnen Bundesländern eingegangen werden, als dies bei bundesweit uniformer Bildung möglich ist.[236] Die Abbildungsgenauigkeit und Leistungsgerechtigkeit können durch den geplanten Wechsel somit c. p. verschlechtert werden. Eine allgemeine Vorteilhaftigkeit der Fixierung sowohl eines landes- als auch eines bundesweit einheitlichen Basisfallwertes kann demzufolge nicht konstatiert werden. Aus Sicht des einzelnen Krankenhauses ist hingegen der Übergang von einer Kopplung der Steigerungsrate des Basisfallwertes an die Entwicklung der Grundlohnsumme an den vom Statistischen Bundesamt ermittelten Orientierungswert[237] prinzipiell als positiv zu bewerten, als die Vergütungen hierdurch tendenziell steigen werden und somit positive Auswirkungen auf Unternehmensgewinn und Substanzerhalt zu erwarten sind.[238]

2.5.3.4 Kalkulationsmethodik

Die Wahl des Kalkulationsverfahrens beeinflusst die Abbildungsqualität der ermittelten Fallpauschalen. Gelangt ein Verfahren zum Einsatz, welches für den vorgesehenen Zweck nicht hinreichend geeignet ist, kann dies zu verzerrten Ergebnissen führen. Die derzeitige Vorgehensweise entspricht dem theoretischen Konzept der einfachen Divisionskalkulation. Dabei

---

[235] Ein krankenhausindividueller Basisfallwert kann gewissermaßen als Maß für die Höhe der Kosten eines Krankenhauses zu Beginn der DRG-Einführung angesehen werden.
[236] Mit dem Übergang von einem landesweit auf einen bundesweit einheitlichen Basisfallwert wird dem Basisfallwert seine Preisfunktion weitgehend entzogen. Vgl. Neubauer/Beivers/Paffrath, 2011, S. 154.
[237] Für dessen Ermittlung vgl. Böhm et al., 2012, S. 784.
[238] Schlussfolgernd aus Böhm et al., 2012, S. 796.

werden die nach Vorgaben des Kalkulationshandbuches der Selbstverwaltungspartner[239] ermittelten und an das InEK transferierten Kostenträgerkosten über alle Krankenhäuser hinweg aufsummiert und durch die Anzahl der Häuser dividiert.[240] Eine Gewichtung einzelnen Faktoren wird nicht vorgenommen.[241]

Einen Einflussfaktor auf die Höhe der Kosten pro Behandlungsfall stellt die Anzahl der insgesamt behandelten Fälle innerhalb der jeweiligen Diagnosegruppe dar. Nach dem Gesetz der Massenproduktion führt eine steigende Ausbringungsmenge zu sinkenden Durchschnittskosten, als sich die Fixkosten auf eine größere Stückzahl verteilen.[242] Wird folglich eine größere Zahl an Patienten innerhalb derselben Diagnosegruppe behandelt, führt dies c. p. zu sinkenden Stückkosten.[243]

Kann nun ein Teil der an der Fallkostenkalkulation partizipierenden Häuser sinkende Durchschnittskosten realisieren, werden die Kosten pro Behandlungsfall innerhalb dieser Gruppe tendenziell niedriger sein als in einer Gruppe von Kliniken mit einer geringeren Fallzahl innerhalb der gleichen Diagnosegruppe. Das Ergebnis einer einfachen Divisionskalkulation ist hingegen ein durchschnittlicher Wert, welcher den Degressionseffekten keine Rechnung trägt. Dies kann sich wiederum negativ auf die Abbildungsgenauigkeit auswirken. Jene Kliniken, welche aufgrund ihrer Größe nicht in der Lage sind, entsprechende Degressionseffekte zu realisieren, erhalten für die betreffenden DRGs nichtsdestotrotz eine Vergütung, in welche die Degressionseffekte anderer Krankenhäuser eingeflossen sind.[244]

Die Würdigung von Degressionseffekten soll im derzeitigen System über Mehr- und Mindererlösausgleiche erfolgen. Aus kostenrechnerischer Sicht können sie als ex-post Korrektur einer ex-ante ungenauen Kalkulation angesehen werden.[245] Zudem erschweren sie die Erzielung von Wettbewerbsvorteilen gegenüber Konkurrenten. Führen Nachfragesteigerungen, beispielsweise durch Qualitätssteigerung, zu einer Überschreitung des Erlösbudgets, sind 65 % der erzielten Mehrerlöse an die Kostenträger abzuführen. Sinkt die Fallzahl infolge mangelnder Qualität, erhalten Krankenhäuser 20 % der Mindererlöse von den Kostenträgern.

Die Höhe des Mehr- und Mindererlösausgleichs muss nicht zwingend kongruent mit der Höhe der Degressionseffekte sein. Grundsätzlich führt eine steigende Leistungsmenge zu sinkenden

---

[239] Vgl. DKG/GKV/PKV, 2007, passim.
[240] Vgl. DKG/GKV/PKV, 2007, S. 188. Kritisch zur Anwendung der Divisionskalkulation zur Berechnung von Leistungsentgelten für Krankenhäuser vgl. Fischer, 1988, S. 87.
[241] Vgl. Hofmann, 1967, S. 263, Kalenberg, 2013, S. 112 ff.
[242] Vgl. Gutenberg, 1958, S. 75.
[243] Vgl. Lee/Chun/Lee, 2008, S. 47, Dranove, 1987, S. 418, Staat, 1998, S. 151, Terrahe, 2010, S. 50, Hilbert/Evans/Windisch, 2011, S. 10, Bandemer/Salewski/Schwanitz, 2011, S. 34.
[244] Zugleich erhalten Krankenhäuser mit einer hohen Fallzahl eine Fallpauschale, in welche die höheren Durchschnittskosten jener Krankenhäuser, die keine oder lediglich geringe Fixkostendegressionseffekte realisieren können, eingeflossen sind. Im Rahmen des Systems der tagesgleichen Pflegesätze waren derartige Überlegungen nicht von Relevanz, da hierbei die tatsächlich angefallenen Kosten erstattet wurden. Erst die Pauschalisierung innerhalb des DRG-Systems begründet die Notwendigkeit der Würdigung eventueller Degressionseffekte. Im Rahmen einer einfachen Divisionskalkulation ist dies jedoch nicht hinreichend möglich.
[245] Fallzahlen werden zwar nicht im Rahmen der Kalkulation, sondern erst ex post über den Mehr- und Mindererlösausgleich berücksichtigt.

Durchschnittskosten, als sich die fixen Kosten auf eine größere Fallzahl verteilen. Die Degressionseffekte werden vom Gesetzgeber mit der Vorgabe eines Mehrerlösausgleichs i. H. v. 65 % jedoch für alle das Erlösbudget überschreitenden Fälle in gleicher Höhe pauschal für alle Krankenhäuser angenommen. Diese Vorgehensweise entspricht dem pauschalisierenden Charakter der DRG-Vergütung, indem für alle Krankenhäuser einheitliche Kostensenkungen durch eine Fallzahlausweitung und einheitliche Kostensteigerungen durch Fallzahlsenkungen unterstellt werden. Aus betriebswirtschaftlicher Sicht ist diese Vorgehensweise allerdings kritisch zu bewerten, da das Ausmaß der Fixkostendegression von der krankenhausindividuellen Kostenfunktion bestimmt wird. Eine Überschätzung der Degressionseffekte könnte sich negativ auf das Unternehmensergebnis auswirken. In Bezug auf die Berechnung der Fallpauschalen ist es fraglich, inwieweit die angewandte Verfahrensweise den betriebswirtschaftlichen Interessen von Krankenhäusern gerecht werden kann.

Alternativ könnte auf eine Bezugsgrößenkalkulation, auch Verrechnungssatzkalkulation, zurückgegriffen werden, bei derer die Zahl der innerhalb der betreffenden DRG erbrachten Behandlungsfälle als Verrechnungssatz dient. Der Verrechnungssatz ist definiert als das Verhältnis der Leistung einer Kostenstelle zu deren Kosten, womit ein Bezug zwischen Leistungserstellung und Kostenverursachung hergestellt wird.[246] Auf diesem Wege können die Auswirkungen der unterschiedlichen Fallzahlen auf die Höhe der anfallenden Kosten in die Berechnungen einbezogen werden. Für die letztendliche Vergütungshöhe ist dann eine Staffelung der DRG-Erlöse nach Größenklassen denkbar: Krankenhäuser, deren Durchschnittskosten aufgrund hoher Fallzahlen niedriger ausfallen, würden eine geringere Fallpauschale erhalten als Häuser mit einer entsprechend geringeren Zahl an Behandlungsfällen innerhalb der betrachteten Diagnosegruppe.

Der höhere Kalkulationsaufwand kann aus unternehmensinterner Sicht über die aus der gesteigerten Abbildungsgenauigkeit hervorgehenden positiven Auswirkungen auf das Unternehmensergebnis kompensiert werden. Er steht der Anwendung einer Verrechnungssatzkalkulation demzufolge nicht entgegen.

2.5.3.5 Zusammenfassende Beurteilung

Aus betriebswirtschaftlicher Sicht besteht ein wesentliches Ziel der regulatorischen Vorgabe der Leistungsentgelte in der wirtschaftlichen Sicherung von Krankenhäusern. Dabei sind die Vorgaben des Kalkulationshandbuches der Selbstverwaltungspartner nur in Ansätzen kongruent mit den Interessen der Kliniken. Der Nichteinbezug kalkulatorischer Kosten ist unter kostenrechnerischen Gesichtspunkten als Kritikpunkt zu werten. Aufgrund der fehlenden Ausgabenwirksamkeit nimmt er zwar keinen unmittelbaren Einfluss auf die wirtschaftliche Lage, kann diese jedoch indirekt beeinflussen, indem insbesondere kalkulatorische Abschreibungen

---

[246] Vgl. Hofmann, 1967, S. 264, Götze, 2010, S. 119, Hentze/Kehres, 2008, S. 97.

keinen Eingang in die Preiskalkulation finden. Ebenfalls kritisch zu bewerten ist die fehlende Würdigung von Degressionseffekten bei der Berechnung der Fallpauschalen. Diese könnten zu Nachteilen für Krankenhäuser mit geringen Fallzahlen innerhalb der jeweils relevanten Diagnosegruppen führen. Des Weiteren kann auch das Durchschnittsprinzip aus betriebswirtschaftlicher Sicht kritisiert werden, da es dem grundsätzlichen Interesse von Unternehmen zur Deckung der Gesamtheit der anfallenden Kosten entgegenläuft. Krankenhäuser, deren Kostenniveau oberhalb der DRG-Vergütung liegt, sind daher zur Anpassung der internen Abläufe an die geänderten Systembedingungen gezwungen, um eine Gefährdung ihres Bestands zu vermeiden. Aufgrund der beschriebenen Regulierungsdichte sind die Möglichkeiten zur Beeinflussung des Kostenniveaus indes stark eingeschränkt. Allein die Verwendung von historischen Vollkosten entspricht den unternehmerischen Interessen der Krankenhäuser. Eine aus kostenrechnerischer Sicht optimale Ausgestaltung kann den DRG-Fallpauschalen letztlich nicht attestiert werden. Aus Unternehmenssicht müssten dazu die angefallenen Kosten in ihrer tatsächlichen Höhe einschließlich kalkulatorischer Kosten erstattet werden.

2.5.4 Volkswirtschaftliche Betrachtung

2.5.4.1 Zeitbezug und Verrechnungsumfang der Kosten

Istkosten stellen die tatsächlich in einer Periode entstandenen Kosten einer Wirtschaftseinheit dar und beinhalten demzufolge zugleich Kosten für organisatorische und andere, Ineffizienzen bewirkende, Mängel im Leistungserstellungsprozess.[247] Letztendlich bergen sie daher die Gefahr der Entgeltfixierung auf einem insgesamt zu hohen Niveau, welches den Krankenhäusern zwar Kostendeckung ermöglicht, jedoch keinen nennenswerten Beitrag zur Förderung des Wirtschaftlichkeitsgedankens leistet.[248] Dieser kann jedoch als Voraussetzung für eine nachhaltige Kostensenkung im akut-stationären Krankenhausbereich angesehen werden. Ein Unterschied zu dem System der tagesgleichen Pflegesätze besteht in dieser Hinsicht nicht.[249] Vor Einführung der DRG-Fallpauschalen bestimmten sich die Betriebskostenerstattungen der Kliniken über die Anzahl der Tage des stationären Aufenthalts von Patienten. Kalkulationsgrundlage waren ebenfalls die Istkosten der Krankenhäuser.[250] Beide Systeme knüpfen für die Vergütung von Krankenhausdienstleistungen demnach an die in der Vergangenheit tatsächlich angefallenen Kosten an. Die Anreize zur technisch effizienten Produktion sind bei einer Betriebskostenerstattung anhand historischer Vollkosten demzufolge gering, als eine Kosten-

---

[247] Vgl. Brink, 1970, S. 794, Mellerowicz, 1980, S. 195 ff. Zur Ablehnung der Verwendung von Istkosten als Basis für die Vergütung von Krankenhäusern vgl. Adam, 1985, S. 23.
[248] So auch Sieben/Philippi, 1988, S. 387 f. Die disziplinierende Wirkung der Fallpauschalen wird somit durch die Verwendung von Istkosten eingeschränkt. „Die übliche Preisregulierung nach Maßgabe der aktuellen Kosten beseitigt die letzten Anreize zur Kostensenkung." Kruse, 1985, S. 107. Ähnlich Münnich, 1987, S. 8.
[249] Zu den Anreizen zur technischen Effizienz unter dem System der tagesgleichen Pflegesätze vgl. Fischer, 1988, S. 132, Kuchinke, 2001, S. 12, Kuchinke, 2004, S. 137, Keisers, 1993, S. 28, Herder-Dorneich/Wasem, 1986, S. 320, Glasmacher, 1996, S. 42, Münzel/Zeiler, 2010, S. 118.
[250] Vgl. § 10 BPflV in der Fassung der Bekanntmachung vom 26. September 1994.

minimierung unter Zugrundelegung der tatsächlich angefallenen Kosten nicht erforderlich ist.[251] Die Disziplinierung soll offensichtlich ausschließlich über den Durchschnittscharakter der Vergütungssätze erreicht werden.

Zur Kompensation der beschriebenen Mängel des Istkostenansatzes könnte auf Plankosten zurückgegriffen werden.[252] Hierbei werden aufgrund von geplanten Preisen und Mengenverbräuchen die Kosten für eine vorab zu bestimmende Planbeschäftigung ermittelt.[253] Diese dienen sodann als Obergrenze für die laufende Periode. Die Überprüfung ihrer Einhaltung im Rahmen der operativen Kontrolle sollte in regelmäßigen Abständen vorgenommen werden, um eventuelle Abweichungen rechtzeitig erkennen und geeignete Gegensteuerungsmaßnahmen ergreifen zu können.[254] Unwirtschaftlichkeiten können aufgedeckt und auf ihre Ursachen untersucht werden. Im Ergebnis ist daher eine Verbesserung der Ressourcenallokation zu erwarten, die wiederum eine Senkung der Kosten der Leistungserstellung ermöglicht.[255]

Vor diesem Hintergrund erscheint der Einsatz von Plankosten für die Kalkulation der pauschalisierten Entgelte im Krankenhaussektor geeignet. Allein sie erfüllen eine Planungs- und Kontrollfunktion und können somit für eine zukunftsorientierte Kalkulation Verwendung finden. Voraussetzung für die kosteneffiziente Steuerungswirkung der Plankosten ist allerdings eine dem Wirtschaftlichkeitsgedanken entsprechende Kalkulation der Plankosten, um ein bewusstes Ausdehnen der zu erstattenden Entgelte zu vermeiden.[256] Hierüber könnten gezielte Anreize zur technisch effizienten Leistungserstellung gesetzt werden. Die derzeitige Praxis

---

[251] Aus theoretischer Sicht könnten Krankenhäuser auch bei Kostenerstattungen auf Basis von Istkosten Anreize zur Senkung der eigenen Kosten unter die Höhe der pauschalen Entgelte haben. Da die Entgelte für Krankenhausdienstleistungen anhand der tatsächlich angefallenen Kosten ermittelt werden, würde eine Kostensenkung, ob bewusst oder unbewusst, mit diesem Ziel konfligieren. Ausschließlich dann, wenn die Kosten auf einem hohen Niveau gehalten werden, können hohe Erlöse erzielt werden. Die Kosten einzelner Häuser nehmen letztendlich mittelbaren Einfluss auf die Erlöse anderer Häuser. Aus Sicht eines einzelnen Krankenhauses könnte indes argumentiert werden, kann jenes Haus einen strategischen Vorteil gegenüber Konkurrenten erlangen, welches bei gegebener Fallpauschale die Kosten unter die oktroyierte Vergütungshöhe senken kann, während die verbleibenden Kliniken weiterhin konstante Kosten aufweisen, der erzielbare Erlös demgemäß konstant bleibt. Theoretisch könnte somit für das einzelne Krankenhaus ein Anreiz zur Kostensenkung ergeben. Ein derartiges Verhalten ließ sich bisher indes nicht beobachten. Insgesamt erscheinen diese Überlegungen somit wenig überzeugend.
[252] Diese Forderung wird auch vertreten von Adam, 1985, S. 23, 49 ff. Für eine kritische Diskussion der Vor- und Nachteile einer Plankostenrechnung im Krankenhaus vgl. Sieben/Philippi, 1988, S. 387 f. Zur Bedeutung der Plankostenrechnung vgl. Vörös, 1971, S. 146, Kölbel, 1974, S. 595, Kilger, 1976, S. 13 f., Mellerowicz, 1980, S. 221 f.
[253] Vgl. Brink, 1970, S. 794, Layer, 1976, S. 110, Kilger, 1976, S. 13 f., Plützer, 1974, S. 71. Aus kostenrechnerischer Sicht sind ausschließlich Plankosten zur Vorauskalkulation geeignet. Vgl. Mellerowicz, 1980, S. 221 f. Die Kostenwerte der Istkostenkalkulation dienen hingegen lediglich als Grundlage der Plankostenkalkulation. Vgl. Schmalenbach, 1934, S. 179.
[254] Vgl. Mellerowicz, 1979, S. 29 f.
[255] Vgl. Mellerowicz, 1979, S. 16 f. Zur Notwendigkeit einer Plankostenrechnung für Krankenhäuser vgl. Buchholz, 1983, S. 207.
[256] Beispielsweise könnten die Plankostensätze durch einen Abschlag von den Istkostensätzen errechnet werden, der sich unter der Prämisse der Wirtschaftlichkeitssteigerung ergibt, um eine Festsetzung der Plankosten auf Basis der tatsächlich angefallenen Kosten zu verhindern. Anderenfalls könnten die Plankosten bewusst auf einem hohen Niveau angesetzt werden, welches mindestens dem Istkosten der vorangegangenen Periode oder der prognostizierten Istkosten für die Folgeperiode entspricht, um eine Vergütung in Höhe der tatsächlichen Kosten zu erreichen. Was wiederum der Notwendigkeit der Ergreifung kostensenkender Maßnahmen entgegenwirken würde.

der Berechnung von Fallpauschalen auf Istkostenbasis, die zu einer Fortschreibung existierender Ineffizienzen führt, ist unter Effizienzgesichtspunkten hingegen abzulehnen. Zumal die Fallpauschalen infolge der bisherigen Ermittlung auf Istkostenbasis und der impliziten Einpreisung von Ineffizienzen aus gesamtwirtschaftlicher Sicht bereits seit ihrer Einführung zu hoch ausgefallen sind und Kosten einer ineffizienten Leistungserstellung auch nach dem Systemwechsel weiterhin vergütet wurden.[257] Über die Begrenzung der Kostenerstattungen auf die Plankosten kann c. p. mittel- bis langfristig eine Senkung des allgemeinen Kostenniveaus im Krankenhaussektor erzielt werden, wenn jene Häuser, deren Kosten bisher über den Plankosten lagen, entweder Wirtschaftlichkeitsreserven ausnutzen können oder aus den Märkten für Krankenhausdienstleistungen ausscheiden müssen.[258]

Die Einführung einer Plankostenrechnung ist zunächst mit einem gewissen Verfahrensaufwand verbunden, da jene Krankenhäuser, welche bisher über keine entsprechende Plankostenrechnung verfügen, diese in ihre interne Unternehmensrechnung integrieren müssen. Die dargelegten Vorteile überwiegen die kurzfristigen Kosten jedoch auf mittel- bis langfristige Sicht und können den Aufwand des Systemwechsels rechtfertigen.[259]

Die Verwendung von Vollkosten trägt dem Interesse der Krankenhäuser auf Kostendeckung Rechnung. Ein Teilkostenansatz führt stets zu einem Defizit in Höhe der fixen Kosten und ist demzufolge ausschließlich für einen kurzen Zeitraum praktikabel.[260] Infolge der Fixkostendominanz[261] würde eine bloße Erstattung der variablen Kosten mit dem in § 1 Abs. 1 KHG fixierten Ziel der wirtschaftlichen Sicherung von Krankenhäusern konfligieren, weshalb sich ein Vollkostenansatz unumgänglich gestaltet. Zugleich ergeben sich negative Auswirkungen auf die Anreize zur technisch effizienten Produktion. Zur Kompensation der negativen Anreizwirkungen erscheint es unerlässlich, nicht die tatsächlich angefallenen Kosten in voller Höhe der Berechnung zugrunde zu legen, sondern auf Plankosten abzustellen und auf diesem Wege der Vollkostenproblematik Abhilfe zu schaffen. Somit kann bei technisch effizienter Leistungserstellung zum einen Kostendeckung erlangt werden und zum anderen wird tatsächlich ein Anreiz zur effizienten Ressourcenallokation gegeben. Während diese bei Erstattung von historischen Vollkosten gering sind, könnten sie durch den Übergang auf vollkostenbasierte Plankosten erhöht werden.

---

[257] Ähnlich Glasmacher, 1996, S. 101 f.
[258] So auch Adam, 1985, S. 50, Münnich, 1984, S. 9.
[259] Der Einfluss des Landesbasisfallwertes auf die Vergütungshöhe soll unter Punkt 2.5.4.3 isoliert analysiert werden. Ungeachtet der Ausgestaltung des Landesfallwertes führt ein Übergang von der Verwendung istkostenbasierter auf plankostenbasierte Fallpauschalen stets zu einer Verbesserung der von den Fallpauschalen ausgehenden Anreizwirkungen zur wirtschaftlichen Leistungserstellung.
[260] Vgl. Hofmann, 1967, S. 265.
[261] Im Jahre 2013 beliefen sich die Gesamtkosten der deutschen Krankenhäuser auf 78.004.821.000 €. Davon entfielen 53.825.553.000 € auf Personalkosten und 33.760.283.000 € auf Sachkosten, welche i. d. R. fixen und gemeinen Charakter aufweisen. Vgl. Statistisches Bundesamt, 2014c, S. 10.

2.5.4.2 Kalkulatorische Kosten

Vor dem Hintergrund der vorstehenden Argumentation gilt es, die Frage nach der Berücksichtigung kalkulatorischer Kosten für die Höhe der Fallpauschalen kritisch zu hinterfragen. Auf der einen Seite würde der Einbezug kalkulatorischer Kosten einen Schritt in Richtung Gleichstellung von Krankenhäusern mit erwerbswirtschaftlichen Unternehmen bedeuten. Die Zahlungen der Leistungsträger dienen ausschließlich der Erstattung der Betriebskosten. Allerdings ist es erwerbswirtschaftlichen Unternehmen ebenfalls möglich, kalkulatorische Kosten in ihre Angebotspreise einzukalkulieren. Auf der anderen Seite erhöht ihr Einbezug die Zahlungen der Leistungsträger und mindert c. p. den Anreiz zur Senkung der Kosten. Zudem besteht das primäre Ziel von Krankenhäusern nicht in der Gewinnerzielung, sondern in der Versorgung der Bevölkerung mit Krankenhausdienstleistungen.[262] Erfolgsziele nehmen eine untergeordnete Position ein.[263] Werden nun über die zahlungswirksamen Aufwendungen hinaus kalkulatorische Kosten erstattet, stellt dies in gewisser Form den Einbezug von Gewinnen in die Betriebskostenerstattungen dar,[264] was wiederum problematisch in Bezug auf die Anreize zum wirtschaftlichen Agieren ist und sich negativ auf die Erreichung technischer Effizienz auswirken kann. Die Herleitung eines Anspruches auf Integration kalkulatorischer Kosten erscheint auf diesem Wege daher nicht begründet.

Fraglich ist, inwieweit der Begriff der Leistungsgerechtigkeit kalkulatorische Kosten umfasst. Mit Hilfe leistungsgerechter Erlöse sollen Krankenhäuser wirtschaftlich gesichert werden. Da kalkulatorische Kosten nicht zahlungswirksame Zusatz- oder Anderskosten darstellen, müssen die erhaltenen Entgelte nicht zwingend kalkulatorische Kosten beinhalten, um dem Kriterium der Leistungsgerechtigkeit gerecht zu werden. Indes ist es fraglich, inwieweit die Erzielung von Kostendeckung einen Anreiz für private Investoren zur Investition in gesundheitswirtschaftliche Unternehmen oder zum Eintritt in die Märkte für Krankenhausdienstleistungen begründet. In begrenztem Umfang könnte daher eine über die Kostendeckung hinausgehende Verzinsung des eingesetzten Kapitals in Erwägung gezogen werden. Ein gewisser Unternehmerlohn erscheint bei Beachtung des Wirtschaftlichkeitsgebots durchaus legitim. Können die vorgegebenen Kosten aufgrund ineffizienter Ressourcenallokation nicht eingehalten werden, wird dies in Form eines fehlenden Unternehmerlohns sanktioniert.

Resümierend spricht aus gesamtwirtschaftlicher Sicht einiges gegen den vollumfänglichen Einbezug kalkulatorischer Kosten in die Leistungsentgelte. Die Höhe der Entgelte sollte viel-

---

[262] Vgl. Eichhorn, 1976, S. 16, 24.
[263] Zwar nimmt die Gewinnorientierung in dem Zielsystem der privaten Krankenhäuser tendenziell eine bedeutendere Position als bei öffentlichen und freigemeinnützigen Krankenhäusern ein (vgl. Fischer, 1988, S. 54.), jedoch führt dies zu keiner Reduktion der Bedeutung der Bedarfsdeckung als oberstes Unternehmensziel. Indem private Krankenhäuser ebenfalls der Versorgung der Bevölkerung mit Krankenhausdienstleistungen dienen, dominiert ungeachtet der Gewinnerzielungsabsichten dennoch das Sach- über das Formalziel. Vgl. Blum/Perner, 2008, S.92, Rn. 37. Eine Charakterisierung der Gesamtheit der Krankenhäuser als bedarfswirtschaftliche Unternehmen erscheint vor diesem Hintergrund gerechtfertigt.
[264] Insofern, als kalkulatorische Kosten nicht zahlungswirksam sind. Bei Einbezug würden somit kalkulatorische Kosten monetär vergütet.

mehr derart bemessen sein, bei technisch effizienter Leistungserstellung die Realisation der vorauskalkulierten Plankosten zu ermöglichen. Lediglich ein geringer Unternehmerlohn sollte den Häusern bei kosteneffizienter Leistungserstellung nicht verwehrt werden.

2.5.4.3 Durchschnittsprinzip

Wie eingangs dargestellt, wird den Märkten für Krankenhausdienstleistungen fehlende Funktionsfähigkeit unterstellt. An die Stelle einer freien Preisbildung tritt eine regulatorische Vorgabe der Vergütungshöhe. Deren Orientierung an den tatsächlichen Kosten ist aufgrund des damit einhergehenden fehlenden Anreizes zur wirtschaftlichen Leistungserstellung abzulehnen.

Würden den Krankenhäusern ihre individuellen Kosten erstattet, bestünde in Analogie zum System der tagesgleichen Pflegesätze die Gefahr der bewussten Ausdehnung der Kosten. Eine Kompensation dieses Problems könnte auch durch einen Übergang zur Verwendung von Plankosten nicht erzielt werden, als die bestehenden Informationsasymmetrien zwischen den Leistungserbringern und den Leistungsträgern eine Kontrolle der Häuser auf Einhaltung des Wirtschaftlichkeitsprinzips erschweren.[265] Im Ergebnis könnten die ermittelten Plankosten zwar unterhalb der Istkosten angesetzt werden, das betreffende Krankenhaus könnte dessen ungeachtet weiterhin über unausgeschöpfte Wirtschaftlichkeitsreserven verfügen. Ein Anreiz zur technischen Effizienz geht von dieser Ausgestaltung der Entgelte nicht hinreichend aus.

Für die Beurteilung der Höhe der individuellen Plankosten müsste wiederum ein Bewertungsmaßstab vorgegeben werden. Ein solcher würde sich mit hoher Wahrscheinlichkeit an den durchschnittlich für den jeweiligen Behandlungsfall aufzuwenden Kosten orientieren. Womit letztendlich wiederum eine Vergütung anhand der durchschnittlich in Deutschland für die betreffenden Indikationen anfallenden Kosten im Sinne des derzeitig zur Anwendung gelangenden Durchschnittsprinzips erfolgen würde.

Während dieses aus Sicht des einzelnen Krankenhauses problematisch ist, weist es gesamtwirtschaftlich Vorteile gegenüber der Würdigung der individuellen Kosten auf, solange die Kosten der sich an der Kostenermittlung beteiligenden Häuser marginal unterhalb des Mittels der Kosten aller deutschen Krankenhäuser liegen. Die Abbildungsgenauigkeit der Leistungsentgelte wird demzufolge wesentlich durch die Repräsentativität der an der Kostenermittlung teilnehmenden Kliniken für das gesamte Bundesgebiet bestimmt. Kann diese als gegeben angesehen werden, ergibt sich für jene Häuser, deren Kosten oberhalb der Vergütungshöhe liegen, ein Anreiz zur technischen Effizienz. Kliniken, welche langfristig nicht in der Lage sind, ihre Leistungen zu den in Deutschland durchschnittlich anfallenden Kosten zu erbringen, müssen dann aus den Märkten für Krankenhausdienstleistungen ausscheiden. Durch die

---

[265] Konkret dürfte es den Krankenkassen nicht möglich sein, anhand der Kostenhöhe von Krankenhäusern zu beurteilen, inwiefern das Wirtschaftlichkeitsgebot befolgt oder nicht befolgt wurde.

Schließung unwirtschaftlich arbeitender Krankenhäuser kann ein Beitrag zur Senkung der Steigerungsrate der Gesundheitsausgaben geleistet werden, als c. p. das allgemeine Kostenniveau über alle deutschen Krankenhäuser hinweg sinkt.

Ebenfalls Ausdruck des Durchschnittsprinzips ist die Gewichtung der durchschnittlichen Kosten mit Hilfe eines Basisfallwerts. Der angestrebte Übergang von Landesfallwerten auf einen einheitlichen Bundesbasisfallwert ist gesamtwirtschaftlich lediglich dann mit Vorteilen verbunden, wenn dieser unter dem gewichteten Mittel der Ausgangsbasisfallwerte auf Länderebene liegt[266] und es demzufolge zu einer relativen Absenkung der Vergütungshöhe kommt. Ausschließlich dann, wenn über die angestrebte Konvergenz der Basisfallwerte tatsächlich eine Homogenisierung der Ressourcenverbräuche initiiert werden kann, sind Krankenhäuser zu einer Optimierung ihrer innerbetrieblichen Strukturen gezwungen, wenn Kostendeckung erreicht werden soll. Langfristig könnte auf diesem Wege theoretisch die Implementierung einheitlicher Behandlungsabläufe, wie sie beispielsweise durch Clinical Pathways beschrieben sind,[267] in allen deutschen Krankenhäusern erreicht werden. Hemmnisse stellen dabei die unter Punkt 2.5.3.3 beschriebenen Einflüsse der Individualität des einzelnen Behandlungsfalls dar, welche sich negativ auf die Erreichung des beschriebenen Ziels auswirken. Nichtsdestotrotz wird durch die Vorgabe eines uniformen bundesweiten Basisfallwertes ein Anreiz zur Homogenisierung des Ressourceneinsatzes und somit zur Optimierung der Diagnose- und Behandlungsprozesse gesetzt. Allein davon können bereits positive Auswirkungen auf die Höhe der insgesamt anfallenden Kosten und die Erreichung technischer Effizienz ausgehen.[268]

Solange eine freie Preisbildung für Krankenhausdienstleistungen abgelehnt wird, ist die Anwendung des Durchschnittsprinzips gesamtwirtschaftlich der Erstattung der individuellen Kosten vorzuziehen, sofern hierdurch die intendierte Konvergenz der Ressourcenverbräuche tatsächlich erzielt werden kann und Krankenhäuser dadurch zur wirtschaftlichen Leistungserstellung veranlasst werden.

2.5.4.4 Kalkulationsmethodik

Aus volkswirtschaftlicher Sicht ist die Geeignetheit des Kalkulationsverfahrens insoweit von Bedeutung, wie durch sie die Abbildungsgenauigkeit der zu ermittelnden Leistungsentgelte

---

[266] Durch die Gewichtung erfährt die Größe der einzelnen Bundesländer Berücksichtigung. Wird diese vernachlässigt, kommt es zu Verzerrungen, als es innerhalb eines bevölkerungsreichen Landes tendenziell zu einer höheren Anzahl an Behandlungsfällen kommt, auf welche schließlich der Landesfallwert Anwendung findet.
[267] Für eine Definition und Beschreibung dieser vgl. Roeder/Küttner, 2006, S. 684, Plamper/Lüngen, 2006, S. 164.
[268] Der in Kapitel 2.5.3.3 beschriebene Übergang zu einer Bestimmung der Veränderungsrate des Landesbasisfallwertes durch das Statistische Bundesamt führt zwar in der Regel zu einer höheren Vergütung als die bisherige Vorgehensweise und steht damit grundsätzlich einer auf Ausgabenbegrenzung gerichteten Politik entgegen. Da der Verfahrenswechsel jedoch zugleich eine Verbesserung der Leistungsgerechtigkeit des DRG-Systems bewirkt, ist diesem auch aus volkswirtschaftlicher Perspektive nicht zu widersprechen.

und zugleich die Anreize zu wirtschaftlichem Verhalten tangiert werden. Wie unter Punkt 2.5.3.4 ausgeführt, kann die Divisionskalkulation als Ausdruck des Grundgedankens der DRG-Vergütung angesehen werden. Von der Pauschalisierung sollen grundsätzlich Anreize zur wirtschaftlichen Leistungserstellung ausgehen. Die Kosten werden in allen an der Kalkulation teilnehmenden Krankenhäusern durch Division der anfallenden Kosten durch die Zahl behandelter Patienten dividiert. Für die letztendliche Berechnung der Fallpauschale ist die Krankenhausgröße irrelevant. Grundsätzlich könnten somit kleinere Häuser einen Anreiz zu wettbewerblichem Verhalten haben, um über eine Mengenausweitung sinkende durchschnittliche Fallkosten zu realisieren. Zugleich würden die Erstattungen für größere Kliniken zu hoch ausfallen, da Degressionseffekte nicht gewürdigt werden.[269]

Zugleich würde der Einbezug der Krankenhausgröße, beispielsweise unter Verwendung einer Bezugsgrößenkalkulation tendenziell zu höheren Vergütungen für kleinere und sinkende Vergütungen für größere Krankenhäuser führen. Die eingangs beschriebenen sich für kleine Kliniken ergebenden Anreize zu wettbewerblichem Handeln würden hierdurch c. p. gesenkt. Aus volkswirtschaftlicher Sicht ist es daher grundsätzlich fraglich, inwieweit innerhalb des bestehenden Systems ein Wechsel der Kalkulationsmethodik zu einem effizienten Marktergebnis beitragen kann, solange die grundsätzliche Konzeption der Krankenhausvergütung unverändert bleibt. In der derzeitigen Ausgestaltung erscheint eine second-best-Lösung zumindest unwahrscheinlich.

2.5.4.5 Zusammenfassende Beurteilung

Nach den Grundsätzen der entscheidungsorientierten Kostenrechnung sind historische Vollkosten weder zur Vorabkalkulation noch zur Steigerung des Wirtschaftlichkeitsgedankens geeignet. Ferner können die Defizite in der Abbildungsgenauigkeit des gewählten Kalkulationsverfahrens zu nicht ausgeschöpftem Optimierungspotenzial beitragen.[270] Die Wirkung des Durchschnittsprinzips hängt letztendlich von dem Niveau ab, auf welchem die Entgelte fixiert werden. Zur Kostendämpfung kann es lediglich dann beitragen, wenn sein Einfluss auf die Höhe der finalen Entgelte zwar dem Grundsatz der Leistungsgerechtigkeit entspricht, zugleich jedoch Anreize zur Wirtschaftlichkeitssteigerung setzt und die fehlende Homogenisierung der Ressourcenverbräuche sanktioniert. Resümierend orientieren sich die derzeitigen Fallpauschalen noch zu stark an den betriebswirtschaftlichen Interessen der Krankenhäuser, um einer aus volkswirtschaftlicher Sicht optimalen Ausgestaltung zu entsprechen. Insbeson-

---

[269] An dieser Stelle tritt der Konflikt zwischen Abbildungsgenauigkeit und Anreizwirkungen hervor. Je stärker sich die Fallpauschalen an dem Interesse der Krankenhäuser der Würdigung der tatsächlich angefallenen Kosten orientieren, desto geringer sind c. p. die von den Vergütungssätzen ausgehenden Anreize zur technisch effizienten Produktion. Diese steigen mit zunehmendem Pauschalisierungsgrad. Zugleich verringert sich hierdurch jedoch die Abbildungsgenauigkeit und kann sich somit negativ auf den Unternehmenserfolg auswirken, wenn wesentliche Einflussfaktoren auf die Kostenhöhe dadurch ungewürdigt bleiben.

[270] Indem Degressionseffekte keine adäquate Berücksichtigung erfahren, werden Spezialisierungseffekte und -vorteile mitunter nicht hinlänglich genutzt.

dere von der Verwendung von Istkosten gehen keine Anreize zur effizienten Ressourcenallokation aus. Eine second-best-Lösung kann auf diesem Wege nicht erreicht werden.

2.5.5 Zwischenfazit

Im Rahmen dieser Untersuchung wurde die theoretisch-konzeptionelle Ausgestaltung der DRG-basierten Fallpauschalen sowohl aus betriebs- als auch aus volkswirtschaftlicher Sicht untersucht. Weder aus der einen noch aus der anderen Perspektive konnte eine idealtypische Ausgestaltung im Sinne der verfolgten Zielstellungen diagnostiziert werden. Dabei sind die als solche identifizierten Defizite nicht ausschließlich auf den Versuch der Kombination beider Perspektiven zurückzuführen, sondern bestehen zum Teil über beide Betrachtungswinkel hinweg. Fraglich ist, inwiefern aufgrund der diametralen Interessen generell ein Kompromiss zu einer adäquaten Lösung führen kann: Während Krankenhäuser primär auf den Erhalt hoher Vergütungen zur Deckung der anfallenden Kosten zielen, liegt der Fokus der Gesamtwirtschaft auf der Ausgabenbegrenzung. Der Versuch der Kompensation der mangelnden Kongruenz kann letztendlich der Verwirklichung der Zielstellungen beider Gruppen entgegenstehen. Dies zeigt zugleich die Unmöglichkeit, durch planwirtschaftliche Vorgaben eine first-best-Lösung erreichen zu können.

Abschließend soll nun der Frage nachgegangen werden, auf welcher der beschriebenen Perspektiven der Fokus liegen sollte, um zumindest eine second-best Lösung zu ermöglichen. Wie im Zuge dieses Kapitels herausgearbeitet wurde, wäre für ein second-best Szenario ein Übergang zur Verwendung von Plankosten zu empfehlen. Kalkulatorische Kosten sollten diese lediglich insofern enthalten, als sie bei wirtschaftlicher Leistungserstellung eine gewisse über die Kostendeckung hinausgehende Verzinsung des eingesetzten Kapitals ermöglichen. Tendenziell wird der wirtschaftliche Druck auf Krankenhäuser dadurch steigen, wodurch diese angehalten sind, auf die getroffenen Maßnahmen entsprechend zu reagieren. Die Änderungen sollten dabei nicht langfristig, sondern kurz- bis mittelfristig angestrebt werden. Prinzipiell handelt es sich bei dem Übergang von Ist- auf Plankosten um eine Änderung des Zeitbezugs der in die Kalkulation einfließenden Kostenwerte. Diese wird aufgrund des ihr zugrundeliegenden Wirtschaftlichkeitsgedankens zwar zugleich Änderungen der innerbetrieblichen Strukturen und Prozesse erforderlich machen. Allerdings handelt es sich dabei vielmehr um einen kontinuierlichen Prozess, der nicht bereits bei Einführung einer Plankostenrechnung abgeschlossen sein muss.

Das Ausscheiden von Kliniken, welchen die Implementierung entsprechender Anpassungsmaßnahmen nicht oder nicht in einem ausreichenden Umfang gelingt, ist keinesfalls als Systemfehler, sondern vielmehr als Sanktion für unwirtschaftliches Verhalten zu sehen.[271] In wettbewerblich organisierten Märken müssen Unternehmen, denen eine Leistungserstellung

---

[271] Ähnlich Fischer, 1988, S. 153.

zu den Bedingungen des Markts nicht möglich ist, aus diesem ausscheiden. Auf diesem Wege kann die Leistungsfähigkeit des Gesamtmarkts gesteigert werden. Insofern führt das den Interessen der Krankenhäuser entgegenlaufende Durchschnittsprinzip zu einer Bereinigung des Markts um nicht leistungsfähige Anbieter, die für den Gesamtmarkt wiederum positiv zu bewerten ist.[272] Aber auch unter Verwendung von Plankosten kann lediglich eine second- oder third-best Lösung erreicht werden. Wie gezeigt wurde, bestehen in der derzeitigen Ausgestaltung des DRG-Systems hieran allerdings bereits Zweifel.

2.6 Das Krankenhausstrukturgesetz 2015

2.6.1 Eckpunkte der Reform und Ziele der Neuregelungen

Aus wettbewerbsökonomischer Sicht bestehen die wesentlichen Neuerungen des Krankenhausstrukturgesetzes in der Versorgung deutscher Krankenhäuser mit finanziellen Mitteln anhand eines von Bund und Ländern einzurichtenden Strukturfonds sowie in der stärkeren Betonung der Bedeutung der Krankenhausqualität. Über den Strukturfonds wird für die Krankenhäuser einmalig ein Betrag i. H. v. 1 Mrd. € (§ 12 Abs. 1 KHG) bereitgestellt, der u. a. dem Abbau des „Investitionsstaus" dienen soll. Ferner wird den Ländern die Verpflichtung der tatsächlichen Zahlung der in den Haushaltsplänen der Länder vorgesehenen Investitionsmittel auferlegt (§ 12 Abs. 2 Nr. 3 lit. a KHG). Hintergrund dessen ist, dass im Krankenhaussektor im Rahmen der dualen Finanzierung die Betriebs- und Investitionskosten der Krankenhäuser getrennt voneinander finanziert werden. Während die Betriebskostenerstattung durch die Träger der Sozialversicherung (und privaten Krankenversicherungen) erfolgt, zeichnen sich die Bundesländer für die Investitionskosten verantwortlich.[273] Die Investitionszahlungen der Länder bleiben jedoch seit Jahren hinter dem tatsächlichen Bedarf der Häuser zurück.[274] Zumindest ein Teil der erforderlichen Liquidität wird den Krankenhäusern nun im Zuge der Reform zugeführt.

Zusätzliche Gelder erhalten Krankenhäuser auch über die sog. „Mehrkostenzuschläge". Hierüber sollen den Kliniken jene Kosten erstattet werden, die ihnen durch die Umsetzung der vom Gemeinsamen Bundesausschuss (G-BA) erlassenen Vorgaben entstehen. Da die Abrechnung der Betriebskosten grundsätzlich über leistungsbasierte Pauschalen pro Behandlungsfall erfolgt, werden diese Zuschläge zunächst auf die DRG-Fallpauschalen gewährt, bevor sie schließlich unmittelbar in die Kalkulation der Leistungsentgelte einfließen (§ 5 Abs. 3c KHEntgG). Durch das KHSG verursachte Mehrkosten sollen zukünftig Eingang in die Kalkulation erhalten. Die Fallkostenkalkulation soll zudem auf eine repräsentative Kalkulations-

---

[272] Zu einem ähnlichen Schluss gelangen Malzahn/Wehner, 2013, S. 231.
[273] Dies geht aus § 2 Nr. 2, 4 KHG hervor.
[274] Die weiteren vom Gesetzgeber benannten Ziele des Strukturfonds bestehen im Abbau von Überkapazitäten, in der Konzentration stationärer Versorgungsangebote und Standorten sowie die Umwandlung von akutstationären in nicht akut-stationäre Einrichtungen. Vgl. § 12 Abs. 1 KHG.

grundlage gestellt werden. Das Institut für das Entgeltsystem im Krankenhaus (InEK) wird verpflichtet, bis zum 31.12.2016 ein Konzept zur Umsetzung dieser Zielstellung auszuarbeiten (§ 17b Abs. 3 KHG). Mit einer erstmaligen Repräsentativität der Fallkostenermittlung soll im Jahr 2017 zu rechnen sein.[275] Dazu wird den Selbstverwaltungspartnern, bestehend aus Krankenkassen und Krankenhäusern, die Möglichkeit zugestanden, ausgewählte Krankenhäuser, die nach Trägerschaft und Größenklasse bisher unterrepräsentiert sind, zur Teilnahme an der Kalkulation zu verpflichten. Im Falle der Weigerung eines Hauses sind Sanktionsmaßnahmen vorgesehen.[276] Zudem soll die bisherige Überfinanzierung von Sachkosten durch eine Überarbeitung der Bewertungsrelationen abgebaut werden (§ 17b Abs. 1 KHG).

Die Anhebung des Stellenwerts der Qualität soll erreicht werden, indem die Qualitätsergebnisse von Krankenhäusern fortan in die Leistungsentgelte sowie in die Landesbedarfsplanung einbezogen werden. Krankenhäuser mit einer außerordentlich hohen Qualität erhalten Zuschläge auf die Fallpauschalen, wohingegen Kliniken, deren Qualität als unzureichend zu bewerten ist, Abschläge hinnehmen müssen (§ 5 Abs. 3a KHEntgG). Basieren sollen die Zu- und Abschläge auf vom G-BA bis zum 31.12.2016 zu entwickelnden Qualitätsindikatoren (§ 136c Abs. 1 SGB V). Die Entscheidung über die Zu- und Abschläge liegt bei den Vertragsparteien vor Ort und hat auf der Grundlage der vom G-BA entwickelten Bewertungsmaßstäbe zu erfolgen. Die Qualitätsergebnisse sollen sich zudem nicht ausschließlich auf die Leistungsentgelte, sondern darüber hinaus auf die Bedarfsplanung der Länder auswirken. Mit Umsetzung der Reform wird dann die Herausnahme von Krankenhäusern aus den Bedarfsplänen möglich sein, wenn Krankenhäuser dauerhaft unzureichende Qualitätsergebnisse aufweisen (§ 8 Abs. 1b KHG). Diese liegen nach Definition des Gesetzgebers vor, wenn für die gleichen Leistungen oder Leistungsbereiche eines Klinikums in zwei aufeinander folgenden Perioden Abschläge festgesetzt wurden. Die finale Entscheidung über den Ausschluss verbleibt bei den Ländern.[277]

Zur Messung der Krankenhausqualität wird i. d. R. eine Differenzierung in Struktur-, Prozess- und Ergebnisqualität vorgenommen.[278] Der vom Gesetzgeber verwandte Qualitätsbegriff beschränkt sich nicht auf diese Qualitätsdefinition, sondern schließt darüber hinaus die Kriterien der Patientengerechtigkeit und der Wohnortnähe ein. Aus formaler Sicht wird diesem Ziel durch die Ergänzung des § 1 Abs. 1 KHG um die Forderung nach einer „patientengerechten sowie qualitativ hochwertigen" (§ 1 Abs. 1 KHG) Krankenversorgung Rechnung getragen. Inhaltlich werden zur Erreichung dieses Ziels neben der qualitätsbasierten Vergütung Sicherstellungszuschläge an Krankenhäuser, deren Leistungen ungeachtet eines geringen Versor-

---

[275] Vgl. Deutscher Bundestag, 2015b, S. 60.
[276] Vgl. Deutscher Bundestag, 2015b, S. 60.
[277] Vgl. Deutscher Bundestag, 2015b, S. 55.
[278] Vgl. Donabedian, 1966, S. 167 ff., Donabedian, 1980, S. 79 ff. Zur Strukturqualität zählen u. a. die Anzahl der vorhandenen Ärzte, die technischen Geräte sowie die Ausstattung der Patientenzimmer. Der Prozessqualität zuzuordnen sind die Zertifikate und das Qualitätsmanagement. Die wesentlichen Elemente der Ergebnisqualität sind objektive und subjektive Ergebniskennzahlen wie Mortalitäts- oder die Komplikationsrate sowie die Patientenzufriedenheit.

gungsbedarfs für bedarfsnotwendig erachtet werden, die zugleich jedoch in Konsequenz ihrer geringen Fallzahl Verluste ausweisen, gezahlt (§ 5 Abs. 2 KHEntgG). Sicherstellungszuschläge dienen im Wesentlichen dem Erhalt einer flächendeckenden und wohnortnahen Versorgung der Bevölkerung mit Krankenhausdienstleistungen. Der Begriff der Wohnortnähe ist dabei vom G-BA über die Vorgabe von Minutenwerten für die Entfernung zu einem Krankenhaus zu definieren. Auch die inhaltliche Beschreibung eines geringen Versorgungsbedarfs sowie der Bedarfsnotwendigkeit wird vom G-BA übernommen (§136c Abs. 3 SGB V). Der Anwendungsbereich der Sicherstellungszuschläge wird durch das KHSG auf alle Kliniken, deren Kapazitäten aufgrund eines geringer Versorgungsbedarfs zwar nicht kostendeckend vorgehalten werden können, gleichwohl aber für bedarfsnotwendig erachtet werden und die darüber hinaus einen Verlust ausweisen, ausgeweitet (§ 5 Abs. 2 KHEntgG). In der derzeitigen Fassung erfolgt die Gewährung der Sicherstellungszuschläge unabhängig von der Qualität der bedarfsnotwendigen Kliniken. Die Höhe der Sicherstellungszuschläge bestimmt sich nach krankenhausindividuellen Faktoren.[279]

Eine Reihe von Behandlungen kann erst ab einer gewissen Mindestmenge mit der erforderlichen Qualität erbracht werden. Dieser Tatsache trägt der Gesetzgeber mit der Mindestmengenregelung Rechnung.[280] Die davon betroffenen Eingriffe dürfen lediglich von Häusern mit der entsprechenden Zahl an Eingriffen pro Jahr vorgenommen werden. Das KHSG sieht die Konkretisierung sowie die rechtssichere Ausgestaltung der Mindestmengenvorgaben vor. Zudem wird die patientenfreundlichere Ausgestaltung der Qualitätsberichte angestrebt. Davon umfasst sein sollen sowohl eine Zusammenfassung der wesentlichen Inhalte als auch eine verständliche Formulierung der Berichte. Die Veröffentlichung hat leicht auffindbar auf der Internetseite der Krankenhäuser zu erfolgen (§ 136b Abs. 7 SGB V).

Der Landesbasisfallwert ist gewissermaßen ein Maß für die Wertigkeit der behandelten Fälle eines Krankenhauses. Zur Abrechnung der von ihnen erbrachten Leistungen verhandeln Krankenhäuser mit den Krankenkassen ein sog. Erlösbudget. Wird dieses überschritten, muss ein Teil der erzielten Mehrerlöse an die Kassen abgeführt werden (§ 4 Abs. 3 KHEntgG). Mehrerlöse werden derzeit absenkend im Landbasisfallwert berücksichtigt. Somit sinkt der Wert der behandelten Fälle nicht nur für das betreffende Krankenhaus, sondern für alle Häuser des betreffenden Landes. Diese aus ökonomischer Sicht zu kritisierende Wirkung des Mehrerlösausgleichs wird mit dem KHSG aufgehoben. Aufrechterhalten bleiben allerdings die Abschläge für durch die Fallzahlausweitung bewirkte Fixkostendegressionen. Ausweislich § 4 Abs. 2b S. 2 KHEntgG sind bei anhaltender Überschreitung zudem höhere oder längere Abschläge vorgesehen.

---

[279] Vgl. Deutscher Bundestag, 2015b, S. 68.
[280] Im derzeitigen Regulierungsrahmen sieht § 137 Abs. 3 Nr. 2 SGB V die Vorgabe von Mindestmengen vor. Aufgeführt sind die davon betroffenen Leistungen in den Regelungen des Gemeinsamen Bundesausschusses gemäß § 137 Abs. 3 Satz 1 Nr. 2 SGB V für nach § 108 SGB V zugelassene Krankenhäuser (Mindestmengelregelungen, Mm-R).

Wie die Zusammenfassung der Reforminhalte zeigt, werden vom KHSG zwar keine unmittelbar wettbewerbsökonomischen Zielstellungen verfolgt, gleichwohl können von den getroffenen Maßnahmen durchaus Auswirkungen auf den Wettbewerb zwischen Krankenhäusern ausgehen. Diese gilt es, nachfolgend genauer zu betrachten.

2.6.2 Ökonomische Einordnung der Gesetzesänderungen

Bereits bei der ersten Betrachtung der Reforminhalte wird deutlich, dass vom Krankenhausstrukturgesetz ungeachtet seines Titels keine strukturellen Änderungen vorgenommen und die zentralen Aspekte des Regulierungsrahmens beibehalten werden. Damit bleiben aber auch bestehende Probleme, wie die seit Jahren hinter dem eigentlichen Bedarf zurück bleibenden Investitionszahlungen der Länder, ungelöst.[281] Zwar sollen den deutschen Kliniken über den Strukturfonds finanzielle Mittel zugeführt werden, jedoch ist dies weder zum vollständigen Abbau des Investitionsstaus ausreichend noch werden dadurch die Ursachen der bisher zu geringen Investitionszahlungen behoben. Der Investitionsstau wird derzeit auf 102,6 Mrd. € beziffert und übersteigt somit das Volumen des Strukturfonds um ein Vielfaches.[282]

Eine wesentliche Ursache des Investitionsstaus ist in der dualen Finanzierung zu sehen. An dieser wird aber auch nach Umsetzung der Reform festgehalten. Eine langfristig tragbare Finanzierung der Investitionskosten wird durch den Strukturfonds somit nicht bewirkt. Durch die weiterhin getrennte Finanzierung von Investitions- und Betriebskosten sind auch in Zukunft, nach Auslaufen des Fonds, verzerrte Investitionsentscheidungen, überhöhte Betriebskosten und Fehlinvestitionen wahrscheinlich. Da lediglich einmalige Zahlungen innerhalb eines Mängel aufweisenden Systems geleistet werden, kann von keiner dauerhaften Verbesserung der Investitionskostenfinanzierung ausgegangen werden. Mittel- bis langfristig werden Krankenhäuser ihre Investitionen u. a. in Qualitätssicherungsmaßnahmen weiterhin aus eigenen Mitteln finanzieren müssen. Eine Verbesserung gegenüber dem derzeitigen Stand wird durch das KHSG nicht geschaffen.

Strukturfonds

Bereits die grundsätzliche Einrichtung des Strukturfonds kann kritisch diskutiert werden. Mit der Zuführung zusätzlicher Liquidität unterstellt der Gesetzgeber eine in der Vergangenheit zu gering ausgefallene Mittelausstattung deutscher Krankenhäuser. Zwar erhalten deutsche Kliniken, wie bereits ausgeführt, seit Jahren zu geringe Investitionszuwendungen, im Gegenzug hat die Verwendung von historischen Vollkosten zur Fallkostenkalkulation seit der Einführung der DRG-Fallpauschalen zu c. p. zu hohen Betriebskostenerstattungen geführt. Nicht zuletzt wurden so alle zum Zeitpunkt der erstmaligen Fallkostenermittlung bestehenden Ineffizienzen in die zukünftigen Leistungsentgelte eingepreist. Dies wirkt wiederum den tenden-

---

[281] Für eine Übersicht über die Entwicklung der Krankenhausinvestitionsquote vgl. DKG, 2010, S. 63.
[282] Vgl. dchp/ocp, 2013, S. 17 ff.

ziell zu geringen Investitionszahlungen entgegen. Die Effekte der zu geringen Investitionszahlungen und der zu hohen Betriebskostenerstattungen heben sich gegenseitig auf. Eine bisherige Unterfinanzierung erscheint daher unwahrscheinlich.

Weist ein Teil der Kliniken unter ansonsten gleichen Rahmenbedingungen ungeachtet dessen Verluste aus, lassen sich als Ursache hierfür vielmehr Defizite im Krankenhausmanagement vermuten. Diese können durch den Strukturfonds jedoch ebenso wenig gelöst werden wie die Probleme der dualen Finanzierung. Stattdessen erhalten Kliniken unabhängig von ihrer Wirtschaftlichkeit und/oder Qualität zusätzliche Gelder, was wiederum die generelle Bereitschaft des Gesetzgebers zur Finanzmittelzufuhr im Bedarfsfall signalisiert. Hierdurch können die Anreize zur wirtschaftlichen Leistungserstellung gesenkt werden.

Mehrkostenzuschläge

Einen vergleichbaren Effekt können die in § 5 Abs. 3c KHEntgG vorgesehenen Mehrkostenzuschläge haben. Diese sollen zur Kompensation der durch das KHSG verursachten Kostensteigerungen gezahlt werden. Woher die Kostensteigerungen rühren sollen, ist weder dem Gesetz noch der Gesetzbegründung zu entnehmen. Vermuten ließen sich Ausgaben für zusätzliche Qualitätssicherungsmaßnahmen. Kurzfristig sind dazu Zuschläge auf die DRG-Entgelte vorgesehen. Mittel- bis langfristig werden die Mehrkosten schließlich in die Fallpauschalen einkalkuliert. Zudem sind die Kostensteigerungen erhöhend im Landesbasisfallwert zu berücksichtigen (§ 10 Abs. 4 KHEntgG). Nach Umsetzung der Reform stehen den Krankenhäusern demnach flächendeckend höhere Leistungsentgelte zur Verfügung. Dabei ist bereits die Annahme von durch das KHSG bewirkten Kostensteigerungen nicht unmittelbar einleuchtend. Die einzigen Regelungen, die zu einer Verringerung der finanziellen Mittel führen können, sind die eingangs beschriebenen Abschläge bei unzureichender Qualität eines Klinikums. Weitere Kürzungen sind nicht vorgesehen. Mehrkosten können folglich lediglich entstehen, wenn ein Krankenhaus aufgrund seiner derzeitigen Qualität Abschläge befürchten muss und sich zur Vermeidung von negativen Gewinnwirkungen zur Investition in Qualität veranlasst sieht. Steigende Kosten sind daher ausschließlich für jene Kliniken zu erwarten, die gegenwärtig Qualitätsprobleme aufweisen. Da aber eine qualitativ hochwertige Patientenversorgung bereits heute vom Versorgungsauftrag umfasst ist, leuchtet es nicht ein, weshalb qualitativ ineffizienten Kliniken zur Beseitigung ihrer Qualitätsdefizite zusätzliche Gelder gewährt werden sollten, noch bevor sich ihre bisher unzureichende Qualität negativ auf das Unternehmensergebnis oder gar den Bestand am Markt auswirken kann. Die Mehrkostenzuschläge bergen im Ergebnis die Gefahr, Ineffizienzen zu fördern und den sanktionierenden Charakter von qualitätsbasierten Abschlägen zu unterlaufen. Zumal die Höhe durch die Vertragsparteien vor Ort individuell festzulegen ist.[283] Die Anreize zum wirtschaftlichen und wettbewerblichen Handeln werden hierdurch wiederum reduziert, da Kliniken die zur Verbes-

---

[283] Vgl. Deutscher Bundestag, 2015b, S. 70.

serung ihrer Qualität erforderlichen Mittel nicht durch eigene Leistungen im Wettbewerb mit anderen Kliniken erwirtschaften müssen, sondern über staatliche Zuschüsse erhalten.

Repräsentativität

Diese negativen Anreizwirkungen können auch nicht dadurch kompensiert werden, dass für die Kalkulation der DRG-Fallpauschalen zwölf Jahre nach ihrer obligatorischen Einführung eine repräsentative Grundlage geschaffen werden soll. Zwar führt eine Beteiligung von Kliniken aller Träger und Größenkategorien zu einer Erhöhung der Abbildungsgenauigkeit der ermittelten Entgelte, allerdings bleiben die konzeptionellen Mängel der Fallpauschalenberechnung bestehen. Das Kalkulationsbuch der Selbstverwaltungspartner sieht weiterhin eine Verwendung von historischen Vollkosten vor. Diese sind aus kostenrechnerischer Sicht weder zur Vorauskalkulation geeignet noch gehen von ihnen Anreize zur wirtschaftlichen Leistungserstellung aus,[284] da über die Verwendung von Istkosten alle in der Vergangenheit durch Ineffizienzen entstandenen Kosten in die Kalkulation einfließen und die Leistungsentgelte daher seit jeher zu hoch ausfallen. Da auch das Ziel der Verhinderung einer Überfinanzierung von Sachkosten keine Änderungen am Zeitbezug der zugrunde gelegten Kosten vornimmt, ist davon ebenfalls kein positiver Effekt auf die Anreizwirkungen der pauschalen Entgelte zu erwarten. Die Tatsache, dass die Kalkulation der DRG-Fallpauschalen im Jahre 2017 erstmalig seit ihrer Einführung 2004 auf eine repräsentative Kalkulationsgrundlage gestellt werden sollen, kann zudem als ein weiteres Indiz für die strukturellen Defizite im Regulierungsszenario angesehen werden.

Neben der Zuführung von Liquidität erstrecken sich die Reformmaßnahmen im Wesentlichen auf die stärkere Betonung der Bedeutung der Krankenhausqualität. Im Mittelpunkt stehen dabei qualitätsbedingte Zu- und Abschläge auf die DRG-Fallpauschalen. Außerordentlich gute Qualität soll honoriert, unzureichende Qualität entsprechend sanktioniert werden. Innerhalb des staatlich-administrativ geprägten Systems soll ein hohes Qualitätsniveau folglich nicht über den Wettbewerb zwischen Kliniken um Patienten, sondern staatlich geregelt über finanzielle Anreize erreicht werden.

Qualitätsindikatoren

Um diese Aufgabe erfüllen zu können, müssen die Zu- und Abschläge auf einer verlässlichen Grundlage festgelegt werden. Voraussetzung hierfür ist die exakte Abbildung der Qualität von Krankenhäusern. Bis zum 31.12.2016 ist vom G-BA zu diesem Zweck ein Katalog von Qualitätsindikatoren zu entwickeln, anhand dessen die Bewertung der Krankenhäuser verlässlich möglich sein soll. Um nicht der Gefahr der Willkür zu unterliegen, muss es sich dabei um rechtssichere Indikatoren handeln.

---

[284] So auch Sieben/Philippi, 1988, S. 387 f. Die disziplinierende Wirkung der Fallpauschalen wird somit durch die Verwendung von Istkosten eingeschränkt. Zur Kritik der Istkostenverwendung vgl. Kruse, 1985, S. 107. Ähnlich Münnich, 1987, S. 8.

Rechtssichere Indikatoren setzen die grundsätzliche Messbarkeit der Qualität voraus. Die Qualitätsindikatoren des G-BA müssten den Kriterien der Objektivität und der Vergleichbarkeit genügen. Vor allem mit Blick auf Ergebnismaße wie Komplikations- und Mortalitätsraten, die subjektiven Einflüssen unterliegen können, ist diese Möglichkeit kritisch zu hinterfragen. Es besteht die Gefahr einer verzerrten Darstellung der Krankenhausqualität. Die Qualität muss zudem nicht nur adäquat gemessen werden, sondern darüber hinaus einen objektiven Vergleich zwischen verschiedenen Häusern zulassen. Für eine leistungsgerechte Qualitätsermittlung muss dem G-BA folglich die Entwicklung relevanter und verlässlicher Qualitätsindikatoren, die eine angemessene Würdigung krankenhausindividueller Einflüsse ermöglichen, gelingen. Beispielsweise zu klären sind Fragen nach der Risikoadjustierung. Die betrachteten Qualitätsparameter müssen letztendlich eine objektive Einschätzung der Qualität gewährleisten, um in die Vergütung von Krankenhausdienstleistungen einbezogen werden zu können. Vor dem Hintergrund der umfassenden wissenschaftlichen Diskussion um die Messbarkeit der Qualität erscheint dies durchaus fraglich.[285] Rechtssicher können die Qualitätsmessungen auch nur dann sein, wenn die Ergebnisse eindeutig einem konkreten Krankenhausstandort zugerechnet werden können. Das KHSG knüpft hierzu an die Betriebsstätte an. Für den Begriff der Betriebsstätte existiert derzeit jedoch keine einheitliche Definition. Auch im KHSG ist eine solche nicht vorgegeben. Folglich wird vom Gesetz nicht eindeutig geklärt, welcher Einheit eines Krankenhauses welche Ergebnisse zugeordnet werden können. Eine sichere und verlässliche Grundlage für die Vergütung und die Bedarfsplanung können die vom G-BA zu entwickelnden Indikatoren dann jedoch nicht darstellen.

Qualitätsbedingte Zu- und Abschläge

Darüber hinaus lassen sich weitere Probleme anführen, die Zweifel an der Geeignetheit der gewählten Instrumente zur Umsetzung des Qualitätsziels aufkommen lassen. Unzureichende Qualität führt nach § 5 Abs. 3a KHEntgG zu finanziellen Sanktionen. Die qualitätsbedingten Abschläge sind von Krankenhäusern zu zahlen, wenn die nachgewiesenen Qualitätsmängel nicht innerhalb eines Jahres behoben wurden. Die Abschläge reduzieren die Betriebskostenerstattungen. Bei gleichbleibenden Kosten sinkt der Überschuss und somit zugleich die Möglichkeit zur Qualitätsverbesserung durch gezielte Investitionen in die Struktur-, Prozess- und/oder Ergebnisqualität, was sich wiederum negativ auf die Qualität des betreffenden Hauses auswirken kann.

Besondere Relevanz weist diese Gefahr einer Abwärtsspirale für Kliniken in ländlichen Regionen mit geringer Bevölkerungsdichte auf. Infolge der geringen Fallzahl können diese Kliniken i. d. R. lediglich geringe Fixkostendegressionen realisieren und weisen daher c. p. höhere Durchschnittskosten als Kliniken in urbanen Regionen auf, erhalten zugleich jedoch die gleichen pauschalen Leistungsentgelte und können somit c. p. in geringem Umfang in Qualität investieren. Zudem können sich die geringen Lernkurveneffekte negativ auf die Qualität der

---

[285] Vgl. Mansky, 2011, S. 24. Ähnlich Chalkley/Malcomson, 2000, S. 857. Zu den Problemen der Qualitätsmessung vgl. Lüngen/Lauterbach, 2002, S. 41 f., Oggier, 2014, S. 421 f.

Häuser auswirken. Qualitätsabschläge bewirken dann eine weitere Verringerung der Überschüsse und damit zugleich der Möglichkeiten für Qualitätsverbesserungen durch gezielte Investitionen in die Struktur-, Prozess- und Ergebnisqualität. Im Ergebnis könnten dann weitere Qualitätsverschlechterungen die Konsequenz sein.

Versorgungsverträge

Zu einer Herausnahme eines Krankenhauses aus der Landesbedarfsplanung kommt es immer dann, wenn für ein Krankenhaus in zwei aufeinander folgenden Perioden für die gleiche Leistung oder den gleichen Leistungsbereich Abschläge vereinbart werden.[286] Der nunmehr mögliche Ausschluss qualitativ ineffizienter Krankenhäuser ist aus theoretischer Sicht zu befürworten, da hiermit ein Sanktionselement eingeführt wird, welches einen ersten Schritt in Richtung des selektiven Kontrahierens darstellen könnte. Beim selektiven Kontrahieren handelt es sich um die auf anderen Märkten übliche freie Wahl der Vertragspartner. Im Krankenhaussektor werden Versorgungsverträge kollektiv für alle Kliniken geschlossen. Selektives Kontrahieren hingegen ermöglicht individuelle Verhandlungen zwischen einzelnen Kliniken und einzelnen Krankenkassen.[287] Den Leistungsträgern ist es auf diesem Wege möglich, einzelne Kliniken, deren Qualität zu gering und/oder deren Kostenniveau zu hoch ist, von der Versorgung auszuschließen. Krankenhäusern wird dadurch der Anreiz zur qualitativ und technisch effizienten Leistungserstellung gesetzt. Zwar lassen sich durch unterlassene Qualitätssicherungsmaßnahmen zunächst Kosten- und somit Wettbewerbsvorteile gegenüber Konkurrenten generieren, jedoch sinkt dadurch c. p. die Qualität des Krankenhauses und im Zeitablauf zugleich die Nachfrage nach diesem Haus, wenn das Qualitätsniveau anderer Kliniken unterschritten wird. Sinkt hierdurch wiederum der Jahresüberschuss, verringern sich dadurch jene Mittel, die in Qualitätssteigerungen investiert werden könnten. Sobald das Qualitätsniveau das anderer Krankenhäuser unterschreitet, besteht für das betreffende Klinikum die Gefahr, im Rahmen des selektiven Vertragsschlusses keine weiteren Versorgungsverträge mit den Krankenkassen zu erhalten. Die disziplinierende Wirkung geht somit von den Vertragsverhandlungen mit den Krankenkassen aus, die in ihren Entscheidungen wiederum über die Auswahlentscheidungen der Versicherten auf dem Versicherungsmarkt diszipliniert werden und daher lediglich mit jenen Krankenhäusern, die das beste Qualitäts-Kosten-Verhältnis aufweisen, kontrahieren werden.

An die Stelle des Marktprozesses treten bei den Vorgaben des KHSG die Entscheidungen der beteiligten Gremien. Bei dem vorgesehenen Ausscheiden aus der Planung der Länder handelt es sich um keinen automatischen und formalisierten Prozess, sondern um ein Entscheidungsverfahren, welches sich über mehrere Stufen vollzieht, die wiederum der Gefahr des staatlich-administrativen Einflusses unterliegen. Dieser Einfluss manifestiert sich bereits darüber, dass die Definition dessen, was unter einem unzureichenden Qualitätsniveau zu verstehen ist, dem G-BA übertragen und ihm damit ein nicht unerheblicher Ermessensspielraum zugestanden

---

[286] Vgl. Deutscher Bundestag, 2015b, S. 55, 88.
[287] Vgl. Sodann, 2004, S. 45, Ebsen, 2004, S. 60, Monopolkommission, 2010, S. 366 Tz. 1064.

wird. Im nächsten Schritt fallen sowohl die Ausarbeitung der relevanten Qualitätsindikatoren als auch die Vorgabe von Bewertungsmaßstäben und deren regelmäßige Überarbeitung in seinen Aufgabenbereich.

Machtkonzentration

Darüber hinaus ist der G-BA nunmehr verantwortlich für die Vorgaben zur Ausgestaltung der Qualitätsberichte, die Festlegung jener Leistungen und Leistungsbereiche, die in die Krankenhausvergütung und die Bedarfsplanung einbezogen, und jener Leistungen und Leistungsbereiche, für die Qualitätsverträge abgeschlossen werden sollen (§ 136b SGB V). Ebenso obliegt ihm die Kontrolle der Befolgung der Qualitätsvorgaben nach § 136 Abs. 1 SGB V. Es zeigt sich somit eine deutliche Befugnis- bzw. Machtkonzentration beim G-BA. Da er sowohl an der Planung, Durchführung als auch an der Kontrolle wesentlicher Aspekte der Krankenhausvergütung und -planung beteiligt ist oder zumindest die dafür erforderlichen Kriterien vorgibt, kann die Unabhängigkeit der einzelnen Prozessschritte und damit zugleich die Wirksamkeit der einzelnen Maßnahmen in Frage gestellt werden.

Disziplinierung über § 8 Abs. 1 KHG

Im Falle wiederholter Qualitätsdefizite, die jedoch wechselnde Leistungen oder Leistungsbereiche betreffen, werden zwar Abschläge vereinbart. Diese haben jedoch keine Konsequenz für die Bedarfsplanung. Über mehrere Perioden bestehende nachweisliche Qualitätsmängel führen somit zu keinerlei planungsrelevanten Sanktionen, obgleich sie einen Hinweis auf grundlegende Qualitätsprobleme geben können. Ungeachtet der bestehenden Qualitätsdefizite wird dem betreffenden Klinikum die Zulassung zur Patientenversorgung nicht entzogen. Ein dem selektiven Kontrahieren vergleichbarer Sanktionsmechanismus ist von den Regelungen des § 8 Abs. 1b KHG nicht zu erwarten. Während Krankenkassen mit dem Ausschluss nicht leistungsfähiger Anbieter eigene unternehmerische Interessen verfolgen, kann davon beim G-BA nicht ausgegangen werden.

Die disziplinierende Wirkung des § 8 Abs. 1b KHG kann weiterhin durch Eigeninteressen auf Landesebene reduziert werden. Die Entscheidung über die Kündigung eines Versorgungsauftrags stellt immer auch eine politische Entscheidung dar, die es nicht zuletzt in Wahlperioden gegenüber der Bevölkerung zu rechtfertigen gilt und die einer konsequenten Umsetzung des Qualitätsziels entgegenstehen kann. Dies gilt insbesondere, da die finale Entscheidung über den Verbleib eines Krankenhauses in den Landesbedarfsplänen bei dem jeweiligen Land verbleibt.[288] Den Ländern wird folglich auch nach Umsetzung der Reform die Möglichkeit gegeben, Krankenhäuser mit schlechter Qualität in die Bedarfsplanung einzubeziehen. Die Regelungen des § 8 Abs. 1b KHG laufen daher Gefahr, zu einem Muster ohne Wert zu verkommen.

---

[288] Vgl. Deutscher Bundestag, 2015b, S. 55.

Die fehlende Stringenz der Kündigung bestehender Versorgungsverträge spiegelt sich ferner in der Möglichkeit der Länder, den Einbezug der Qualität in ihre Planung gänzlich auszuschließen oder auf ausgewählte Indikatoren zu begrenzen (§ 6 Abs. 1a S. 2 KHG), wider. In einzelnen Ländern können demnach unterschiedliche Parameter planungsrelevant werden. Hierdurch würde es nicht nur zu Verzerrungen zwischen den verschiedenen Bundesländern kommen. Gleichzeitig kann der Fokus auf einzelne Qualitätsindikatoren die Abbildungsgenauigkeit der Qualitätsmessung und die Vergleichbarkeit der Ergebnisse deutlich reduzieren. Zumal bereits die bessere fachliche Kompetenz der Länder zur Entscheidung über die Relevanz einzelner Indikatoren im Vergleich zu Krankenkassen bezweifelt werden kann.

Sicherstellungszuschläge

Über die Möglichkeit des Verzichts auf die Würdigung von Qualitätsaspekten im Rahmen der Landesbedarfsplanung hinaus können sich auch die Sicherstellungszuschläge negativ auf die Erreichung des Qualitätsziels auswirken. Wird dem Ziel der wohnortnahen flächendeckenden Versorgung Vorrang vor dem Qualitätsziel gegeben, kann dies mitunter eine Gefahr für die Qualität der Krankenversorgung darstellen. Denkbar ist dann ein Szenario, in dem ein Krankenaus über mehrere Perioden qualitätsbedingte Abschläge auf jeweils verschiedene Leistungen erhält, sich dadurch seine für Qualitätsinvestitionen verfügbaren Mittel reduzieren und es zu einem weiteren Absinken der Behandlungsqualität mit der Folge einer sinkenden Auslastung kommt. Die hiermit c. p. steigenden Durchschnittskosten können letztendlich zu Verlusten des Krankenhauses führen. Im System des selektiven Kontrahierens müsste dieses Klinikum befürchten, keine Versorgungsverträge mit den Krankenkassen abschließen zu können oder aus dem Bedarfsplan herauszufallen. Mittel- bis langfristig käme es auf diesem Wege zu einer Bereinigung des Marktes um qualitativ ineffiziente Leistungserbringer.

Unter den gegebenen institutionellen Rahmenbedingungen ist die Kündigung eines Versorgungsvertrages nicht vorgesehen, wenn das betreffende Klinikum für bedarfsnotwendig im beschriebenen Sinn erachtet wird. In diesem Fall hat es Anspruch auf den Sicherstellungszuschlag. Für jene Krankenhäuser, für die in der Vergangenheit bereits qualitätsbedingte Abschläge vereinbart wurden und ein Ausschluss aus den Landesbedarfsplänen droht, ist es in diesem Szenario rational, durch bewusste Kostensteigerungen Verluste zu generieren, um so unter die Sicherstellungszuschläge zu fallen; sofern sie das Kriterium der Bedarfsnotwendigkeit erfüllen.

Das Festhalten an einer wohnortnahen Versorgung kann somit die Gefahr der Aushöhlung der qualitätsbasierten Krankenhausplanung und zugleich für die Glaubwürdigkeit der Sanktionierung schlechter Qualitätsergebnisse bergen, wenn Kliniken mit Qualitätsmängeln Zuschläge erhalten, anstatt von der Patientenversorgung ausgenommen zu werden. Zumal die grundsätzliche Bedeutung der Wohnortnähe vom Gesetzgeber ohne kritische Auseinandersetzung als gegeben angenommen wird. Tatsächlich tritt diese bei der Auswahlentscheidung zunehmend hinter anderen Faktoren zurück.[289] Für eine qualitativ hochwertige Versorgung sind Patienten durchaus bereit, in ein weiter entferntes Krankenhaus zu reisen.[290] In diesem Kontext ist es auch nicht ersichtlich, inwiefern die ebenfalls über den Strukturfonds zu finanzierende Umwandlung akut-stationärer in nicht akut-stationäre Einrichtungen zu einer Strukturverbesserung im akut-stationären Sektor beitragen soll, wenn aufgrund des Festhaltens an einer wohnortnahen Versorgung ein konsequenter Abbau von Überkapazitäten verhindert wird.

Aufgrund der Breite des Anwendungsbereichs der Sicherstellungszuschläge in Verbindung mit dem Ziel der Wohnortnähe werden letztendlich nicht nur defizitäre Krankenhäuser mit einem geringen Versorgungsbedarfs, sondern auch solche, deren Defizite auf ein schlechtes Qualitätsmanagement oder eine schlechte Unternehmensführung zurückzuführen sind, unter Bestandsschutz gestellt. Insgesamt wird durch die Regelungen des KHSG ein beträchtlicher Spielraum zur finanziellen Unterstützung defizitärer Kliniken geschaffen. Laut Gesetzesbegründung soll genau dies durch die Forderung eines Verlustes des Krankenhauses als Ganzes und nicht lediglich auf der Ebene der betreffenden Abteilung vermieden werden, da ansonsten Kosten bewusst in die betreffende Abteilung verlagert werden könnten.[291] Damit werden jedoch Situationen ermöglicht, in denen lediglich eine Abteilung eines Krankenhauses dem Kriterium der Bedarfsnotwendigkeit genügt, um das gesamte Krankenhaus unter einen Bestandsschutz zu stellen, wobei die bedarfsnotwendige Leistung als solche eigentlich kostendeckend erbracht werden kann, das Krankenhaus zugleich aber aufgrund anderer Ursachen Verluste erwirtschaftet. Mit der Ausweitung der Sicherstellungszuschläge geht folglich die Gefahr einer nahezu unbegrenzten Defizitfinanzierung einher. Zwar werden die betreffenden Häuser durch die Gesetzesänderung zum Abbau ihrer Unwirtschaftlichkeit angehalten.[292] Jedoch lässt sich auch hiervon eine tendenziell geringe Disziplinierungswirkung erwarten, wenn zwar eine effiziente Ressourcenallokation gefordert wird, zugleich jedoch ungeachtet eventueller Mängel in der Unternehmensführung die Zuführung von Liquidität erfolgt.

Die Sicherstellungszuschläge können somit nicht nur das Qualitätsziel der Krankenhausreform unterlaufen, sondern darüber hinaus die intendierte Wirkung der qualitätsbasierten Abschläge herabsetzen. Ein dem Wettbewerb gleichkommender Anreiz- und Sanktionsmechanismus wird durch das KHSG nicht geschaffen. Während bei freiem Vertragsschluss zwischen Krankenhäusern und Krankenkassen unzureichende Qualität mit dem Nichtabschluss von Versorgungsverträgen einhergeht, können qualitativ ineffiziente Kliniken nach Umsetzung der Reform mit zusätzlichen Geldern rechnen. Die Anreize zur qualitativ und technisch effizienten Leistungserstellung werden hierdurch c. p. weiter gesenkt. Auch an dieser Stelle

---

[289] Vgl. Kuchinke/Kallfass, 2007, S. 325, Koppe/Bethge/Mühlbacher, 2012, S. 138.
[290] Das Bundeskartellamt geht zur Abgrenzung des räumlich relevanten Markts bei der Überprüfung von Zusammenschlussfällen mitunter sogar von einem Einzugsgebiet von bis zu 80 km aus. Vgl. Bundeskartellamt, 2009a, S. 24. In weiteren Fällen legt das Bundeskartellamt seinen Untersuchungen eine räumliche Marktangrenzung von 50 km zugrunde. Vgl. Bundeskartellamt, 2013, S. 10, Bundeskartellamt, 2009b, S. 15, Bundeskartellamt, 2012, S. 12.
[291] Vgl. Deutscher Bundestag, 2015b, S. 68.
[292] Vgl. Deutscher Bundestag, 2015b, S. 98.

muss dem KHSG eine geringe Ziel-Mittel-Kongruenz attestiert werden. Der mitunter bestehende Zielkonflikt zwischen einem hohen Qualitätsniveau und der Wohnortnähe wird vom Gesetzgeber weitgehend ignoriert. Der Gesetzesbegründung ist lediglich ein Verweis auf die Klärung des Verhältnisses zwischen dem Sicherstellungs- und dem Qualitätsziel im Anschluss an die Erarbeitung der Qualitätsindikatoren durch den G-BA zu entnehmen.[293] Die für eine langfristig qualitativ hochwertige Krankenhausversorgung erforderlichen Strukturen werden durch das KHSG nicht geschaffen. Stattdessen ist in Zukunft mit weiteren Reformen und der Notwendigkeit zusätzlicher Liquidität für den Krankenhaussektor zu rechnen.

Mindestmengenregelung

Wie aus den bisherigen Ausführungen hervorgeht, fehlt dem Reformgesetz in einigen Teilen die erforderliche Konsequenz bei der Umsetzung der angestrebten Ziele. Deutlich wird dies auch bei Betrachtung der Regelungen zur Mindestmengenvorgabe. Diese soll konkretisiert und rechtssicher ausgestaltet werden.[294] Zur Erreichung des Qualitätsziels der Reform ist dieser Schritt zunächst zu begrüßen. Diesem positiven Effekt kann indes die in § 136 Abs. 5 SGB V vorgesehene Ausnahmeregelung entgegenwirken. Durch sie wird den Ländern die Möglichkeit gegeben, einzelne Kliniken auf deren Antrag von der Mindestmengenregelung auszunehmen. Wird dem Antrag stattgegeben, sind die betreffenden Häuser befugt, Leistungen zu erbringen, für die sie infolge der Unterschreitung der erforderlichen Mindestmengen keine ausreichend hohe Qualität gewährleisten können. Auch an diesem Punkt wird dem Ziel der flächendeckenden und wohnortnahen Versorgung Vorrang vor der Behandlungsqualität gegeben. Die Reform krankt folglich auch daran, ihrem Qualitätsziel keine eindeutige, klar abgegrenzte Qualitätsdefinition zugrunde zu legen, welche Ober- und Unterziele mit eindeutigen Zielhierarchien erkennen lässt.

Qualitätsverträge

Mit dem Krankenhausstrukturgesetz werden ferner sog. Qualitätsverträge eingeführt (§ 110a SGB V). Deren eigentliches Ziel ist nicht unmittelbar ersichtlich. Laut Gesetzesbegründung soll der Gegenstand dieser zwischen Krankenkassen und Krankenhäusern geschlossenen Verträge darin bestehen, die Möglichkeit, über gezielte Leistungsanreize Qualitätsverbesserungen zu initiieren, zu erproben.[295] Hierzu sind vom G-BA vier Leistungen oder Leistungsbereiche, für die eine solche Erprobung angestrebt wird, zu definieren (§ 136b Abs. 1 Nr. 4 SGB V). Konkrete Anreize zu tatsächlichen Qualitätsverbesserungen werden jedoch nicht gesetzt. Da es sich bei den Qualitätsverträgen zudem nicht um ein dem selektiven Kontrahieren gleichkommendes Steuerungsinstrument handelt, bleibt der konkrete Nutzen dieses Reformvorhabens unklar. Primär scheinen Qualitätsverträge eine Art Zusammenarbeit zwischen Leistungsträgern und Leistungserbringern mit dem gemeinsamen Ziel der Qualitätsverbesserung darzustellen.

---

[293] Vgl. Deutscher Bundestag, 2015b, S. 98.
[294] Vgl. Deutscher Bundestag, 2015b, S. 38.
[295] Vgl. Deutscher Bundestag, 2015b, S. 89.

Qualitätstransparenz

Ein weiteres Ziel der Reform besteht in der Erhöhung der Qualitätstransparenz. Als ein wesentliches Instrument der Informationsbereitstellung über die Krankenhausqualität werden vom Gesetzgeber Qualitätsberichte angesehen. Diese sollen die für Patienten wesentlichen Informationen übersichtlich und verständlich zusammenfassen (§ 136b Abs. 6 SGB V) und leicht auffindbar auf den Internetseiten der Krankenhäuser veröffentlicht werden (§ 136b Abs. 7 SGB V). Des Weiteren müssen die Qualitätsberichte fortan Angaben dazu enthalten, ob und in welchem Umfang Krankenhäuser den in § 137 Abs. 1 SGB V auferlegten Qualitätssicherungsmaßnahmen nachkommen.[296] Bereitgestellt werden sollen die Informationen auf der Ebene der einzelnen Betriebsstätten. Patienten soll auf diesem Wege die Möglichkeit eröffnet werden, die Qualität von Krankenhäusern in ihre Auswahlentscheidung einzubeziehen. Patienten können sich allerdings nur dann an Qualitätsinformationen orientieren, wenn eine eindeutige Zuordnung der Qualitätsergebnisse zu einem konkreten Krankenhausstandort zweifelsfrei möglich ist. Aufgrund der bisher fehlenden einheitlichen Definition der Betriebsstätte wird dies jedoch häufig nicht der Fall sein. Die Bestrebungen zur patientenfreundlicheren Ausgestaltung der Qualitätsberichte laufen indes ins Leere, wenn sie keine verlässlichen standortbezogenen Informationen beinhalten.

Wird die eindeutige Zuordnung der Qualitätsergebnisse zu einem Klinikum (wie vom Gesetzgeber) implizit unterstellt, wird (potenziellen) Patienten mit den Qualitätsberichten eine Möglichkeit zur Bewertung und zum Vergleich der Qualität verschiedener Krankenhäuser gegeben. Wenn die Qualitätsberichte als verlässliche Entscheidungsgrundlage dienen sollen, entfällt damit das zentrale gegen einen freien Wettbewerb vorgebrachte Argument der asymmetrischen Informationsverteilung zwischen Patienten und Krankenhäusern.[297] Schließlich stellen Qualitätsberichte eine Form des Signaling dar, indem die besser informierte Marktseite durch die Bereitstellung von Qualitätsinformationen die Informationsmängel der schlechter informierten Marktseite reduziert.[298] Die sich somit ergebende Möglichkeit einer Reduzierung der Regulierungsintensität wird jedoch nicht thematisiert. Auch an dieser Stelle tritt der strukturerhaltende Charakter der Regulierung deutlich hervor.

Mehrerlösausgleich

Die Überschreitung des mit den Leistungsträgern vereinbarten Erlösbudgets führt auch nach Inkrafttreten des KHSG zu einem Mehrerlösausgleich. Einzig die absenkende Wirkung auf den Landesbasisfallwert wird aufgehoben.[299] Dies stellt insofern eine Verbesserung gegenüber der gegenwärtigen Rechtslage dar, als dadurch die finanziellen Konsequenzen der Mehrerlöse lediglich von dem betreffenden Krankenhaus und nicht mehr von allen Kliniken eines Bundeslandes zu tragen sind. Der sanktionierende Charakter der Fallzahlsteigerung auf der

---

[296] Vgl. Deutscher Bundestag, 2015b, S. 90.
[297] Ähnlich Rebscher, 2011, S. 357.
[298] Vgl. Spence, 1973, S. 358, Kreps, 1990, S. 629.
[299] Vgl. Deutscher Bundestag, 2015b, S. 64.

Ebene eines einzelnen Krankenhauses wird indes aufrechterhalten. Die über eine Leistungsausweitung erreichten Degressionseffekte dürfen offensichtlich aus Sicht des Gesetzgebers zu keinen finanziellen Vorteilen führen. Im Gegenzug sind sogar höhere oder zeitlich länger andauernde Abschläge zu vereinbaren, wenn es sich nach Ansicht der Vertragsparteien vor Ort um Leistungen handelt, die zu einer höheren Fixkostendegression als andere Leistungen führen.[300] Gelingt es einem Krankenhaus beispielsweise, durch eine Verbesserung seiner Qualität zugleich die Nachfrage nach seinem Haus zu steigern und wird dadurch das vereinbarte Erlösbudget überschritten, verbleiben die auf diesem Wege erzielten Kostenvorteile nicht bei dem Klinikum. Wirtschaftliches und wettbewerbliches Verhalten führen folglich zu keinen finanziellen Vorteilen. Auch an dieser Stelle gehen von der Reform negative Anreize auf die wirtschaftliche Betriebsführung aus.

Kosten der Reform

Die Kosten der Reform werden vom Gesetzgeber mit 6,2 Mrd. € beziffert.[301] Davon umfasst sind u. a. Mehrkosten i. H. v. 54 Mio. € für die qualitätsbedingten Zuschläge und weitere 90 Mio. € zur Finanzierung der Mehrkostenzuschläge nach § 5 Abs. 3c KHEntgG sowie die 1 Mrd. € des Strukturfonds.[302] Dem sollen „[...] erhebliche Einsparpotenziale in voraussichtlich dreistelliger Millionenhöhe [...]"[303] gegenüberstehen. Erreicht werden sollen diese vor allem durch die neuen Regelungen zur Mengensteuerung sowie durch den Strukturfonds.[304] Konkrete Angaben, wie es zu den Einsparungen kommen soll, sind der Gesetzbegründung nicht zu entnehmen. In Anbetracht der geschilderten Mittelzuführung sowie der durch die Reform c. p. sinkenden Anreize zur wirtschaftlichen Leistungserstellung ist vielmehr mit einem über die geplanten Mehrkosten hinausgehenden Anstieg der Ausgaben für den Krankenhaussektor zu rechnen.

Zusammenfassend bestehen die wesentlichen Kritikpunkte an den Entwürfen zum KHSG darin, dass damit keine strukturellen Reformen angegangen werden und sich deutliche Zweifel bezüglich der Geeignetheit der zur Erreichung der vom Gesetzgeber verfolgten Zielstellung gewählten Instrumente ergeben. Zudem werden den deutschen Krankenhäusern auf verschiedenen Wegen finanzielle Mittel gewährt, die völlig losgelöst von ihrer Qualität und/oder Wirtschaftlichkeit sind. Dadurch werden weder Strukturen für eine auch in Zukunft qualitativ hochwertige Versorgung geschaffen noch Anreize zu wirtschaftlichem oder gar wettbewerblichem Verhalten gesetzt.

---

[300] Vgl. Deutscher Bundestag, 2015b, S. 64.
[301] Diese setzen sich zusammen aus Mehrausgaben i. H. v. 0,6 Mrd. € in 2016, 1 Mrd. € in 2017, 1,4 Mrd. € in 2017 und weiteren 1,5 Mrd. € im Jahr 2018. Vgl. Deutscher Bundestag, 2015b, S. 43.
[302] Vgl. § 12 Abs. 1 KHG, Deutscher Bundestag, 2015b, S. 44.
[303] Deutscher Bundestag, 2015b, S. 43.
[304] Vgl. Deutscher Bundestag, 2015b, S. 43.

2.6.3 Zusammenfassende Beurteilung

Zusammenfassend ist den Gesetzesänderungen aus ökonomischer Sicht eine Reihe von Unzulänglichkeiten zu attestieren. Mit der angestrebten Reform werden die staatlich-administrativen Einflussmöglichkeiten ausgeweitet. Fortan würde den Planungsinstanzen über die Definition der Qualitätskriterien, der Wohnortnähe und der Bedarfsnotwendigkeit ein nahezu uneingeschränkter Ermessensspielraum bei der Gewährung von Zuschlägen für defizitäre Krankenhäuser eingeräumt. Unter dem Deckmantel der Gewährleistung einer flächendeckenden Versorgung werden technisch und qualitativ ineffiziente Leistungsanbieter im Markt behalten. Verluste verlieren ihre existenzbedrohende Wirkung.[305] Das Unternehmensergebnis würde in noch geringerem Umfang durch Leistung, sondern weitgehend durch planwirtschaftliche Vorgaben bestimmt. Die Erreichung der Zielstellung der Qualitätssteigerung und Kostensenkung erscheint auf diesem Wege unwahrscheinlich. Stattdessen fördert die Reform Ineffizienzen.

2.7 Selektives Kontrahieren als institutionelle Alternative

Wie die Ausführungen in Kapitel 2.4 gezeigt haben, ist eine wettbewerbliche Ausgestaltung der Krankenhausdienstleistungsmärkte aus theoretischer Sicht grundsätzlich möglich. Im Zusammenhang mit der Forderung nach Wettbewerb auf den Märkten für Krankenhausdienstleistungen wird häufig selektives Kontrahieren genannt.[306] Nachfolgend wird daher das selektive Kontrahieren als eine potenzielle Form einer Wettbewerbslösung und somit eines first-best Szenarios für den akut-stationären deutschen Krankenhaussektor diskutiert.[307]

Grundsätzliches

Selektives Kontrahieren beschreibt das individuelle Aushandeln von Versorgungsverträgen zwischen Krankenhäusern und Krankenkassen.[308] Mit dem Übergang von einem Kollektivvertragssystem zum selektiven Kontrahieren wird das Ziel einer effizienten Ressourcenallokation verfolgt.[309] Kostensenkungen sollen erreicht werden.[310] Selektives Kontrahieren ist dabei nach herrschender Meinung lediglich im Bereich elektiver Leistungen realisierbar, während

---

[305] Die Forderung der Existenzbedrohung durch die Erwirtschaftung von Verlusten wird auch vertreten von Glasmacher, 1996, S. 101.
[306] Vgl. Meyer, 1993, S. 207 f., Rüter, 1988, S. 117, Cassel, 1997, S. 35, Cassel, 2005, S. 255 f., Cassel et al., 2008a, S. 27, Wiechmann, 2003, S. 103, Rebscher, 2010b, S. 36, Rebscher, 2013, S. 17, Coenen/Haucap, 2014, S. 278, Baake/Kuchinke/Wey, 2010, S. 15, Sauerland, 2005, S. 270, Lehmann, 2009, S. 45, Roeder et al., 2004, S. 708, Sodann, 2004, S. 45, Oberender/Zerth, 2014b, S. 34.
[307] Für eine Übersicht über die Leistungsbereiche, in denen bereits selektive Vertragsschlüsse möglich sind vgl. Cassel et al., 2008a, S. 56. Aufgrund der gewählten sachlichen Marktabgrenzungen beziehen sich die Ausführungen ausschließlich auf den akut-stationären Krankenhausdienstleistungen.
[308] Vgl. Sodann, 2004, S. 45, Ebsen, 2004, S. 60, Monopolkommission, 2010, S. 366 Tz. 1064.
[309] Vgl. Lehmann, 2009, S. 27, Meyer, 1993, S. 209.
[310] Vgl. Wiechmann, 2003, S. 57. Ähnlich Melnick/Zwanziger, 1988, S. 2670.

seine Anwendung auf die Notfallversorgung grundsätzlich ausgeschlossen ist.[311] Dies scheint insofern gerechtfertigt, als Notfallbehandlungen in der Regel aufgrund ihrer Dringlichkeit weder eine Prüfung der Zugehörigkeit eines Patienten zu einer bestimmten Krankenversicherung noch einen Transport des Patienten in ein weiter entferntes Krankenhaus alleinig aufgrund seiner Krankenversicherung zulassen. Ein Grund für die Ablehnung eines Übergangs vom derzeitigen kollektivvertraglichen System hin zum selektiven Kontrahieren ist darin allerdings nicht zu sehen. Für die Notfallversorgung wären entsprechend zusätzliche Vereinbarungen erforderlich.

Können Vertragspartner frei gewählt werden, ist es nur folgerichtig, wenn sich Preise für Krankenhausdienstleistungen ebenfalls aus den Verhandlungen zwischen den Vertragsparteien ergeben. Über diese Entgelte sollten Krankenhäuser sowohl die Betriebskosten als auch ihre Investitionskosten finanzieren. Eine duale Finanzierung, in der die Betriebskosten von den Leistungsträgern, Investitionskosten jedoch von der öffentlichen Hand getragen werden, würde dem Wesen und den Zielen eines freien Wettbewerbs entgegenlaufen.[312] Aus betriebswirtschaftlicher Perspektive verhindert die staatliche Investitionsfinanzierung ferner die gemeinsame Optimierung von Investitions- und Betriebskosten.[313]

Durch einen Übergang zur marktlichen Preisbildung könnten aus theoretischer Sicht Kostensenkungen erreicht werden. Aufgrund der seit der DRG-Einführung durchgehenden Ermittlung der Betriebskostenerstattungen anhand von historischen Kosten und der somit eingepreisten Ineffizienzen ist eine Senkung des allgemeinen Kostenniveaus unter Wettbewerbsbedingungen möglich.[314] Bei freien Verhandlungen kann jenes Krankenhaus einen Vorteil gegenüber Konkurrenten erzielen, welches bei mindestens gleicher Qualität seiner Leistungen diese zu geringeren Kosten anbieten kann. Der Wegfall staatlicher Eingriffe in unternehmerische Entscheidungen ermöglicht zudem die konsequente betriebswirtschaftliche Optimierung über alle Leistungsparameter hinweg, was wiederum positive Auswirkungen auf die Kostenhöhe haben kann. Im Gegensatz zum gegenwärtigen System wären die Bettenkapazitäten nicht mehr das Ergebnis staatlicher Planung, sondern des Marktverhaltens von Krankenhäusern und der Auswahlentscheidungen von Patienten. Eine Bedarfsplanung durch die Länder wäre im beschriebenen Szenario ebenso wenig erforderlich wie Mehr- und Mindererlösaus-

---

[311] Vgl. Rebscher, 2010a, S. 220, Rebscher, 2011b, S. 352. Für den ambulanten Sektor vgl. Monopolkommission, 2010, S. 379 Tz. 1136. Die Möglichkeit der Differenzierung zwischen elektiven und nicht elektiven Krankenhausdienstleistungen wird dabei als gegeben angenommen. Kritisch hierzu Laufer et al., 2010, S. 922.

[312] Vgl. Adam, 1985, S. 47 f., Coenen/Haucap, 2014, S. 275 f., Bataille/Coenen, 2009, S. 11. Zu den Wettbewerbsverzerrungen durch die duale Finanzierung vgl. Clade, 1988, S. 108.

[313] Vgl. Abshoff, 1982, S. 370, Monopolkommission, 2008, S. 323 Tz. 829, Glasmacher, 1996, S. 85, Müller, 1988b, S. 289. Grundlegend dazu vgl. Hunger, 1974, S. 295. Kritisch zur Monistik vgl. Bruckenberger, 2006, S. 99.

[314] Zwar zeigen Studien aus den USA mitunter höhere Kosten von im Wettbewerb befindlichen Krankenhäusern gegenüber Krankenhäusern mit Monopolstellung. Diese höheren Kosten werden von den Autoren indes auf einen ausschließlich über die Qualität laufenden Wettbewerb zurückgeführt. Vgl. exemplarisch Thorpe, 1988, S. 829 f. Diesem Problem könnte im beschriebenen Szenario durch die Zulassung einer freien Preisbildung entgegengewirkt werden.

gleiche.³¹⁵ Institutionelle Ungleichbehandlungen wie Steuerbegünstigungen gemeinnütziger Krankenhäuser stellen eine Besserstellung einzelner Marktakteure und folglich Wettbewerbsverzerrungen dar. Regelungen wie die derzeitige steuerliche Begünstigung gemeinnütziger Krankenhäuser wären für einen freien Wettbewerb demnach aufzuheben.³¹⁶

Wettbewerb

Im Ergebnis ermöglicht selektives Kontrahieren Wettbewerb auf dem Behandlungsmarkt, dem Leistungsmarkt und dem Versicherungsmarkt.³¹⁷ Krankenhäuser stehen auf dem Behandlungsmarkt im Wettbewerb um Patienten und auf dem Leistungsmarkt im Wettbewerb um den Abschluss von Versorgungsverträgen.³¹⁸ Während der Wettbewerb auf dem Behandlungsmarkt ausschließlich über die Qualität der Leistungen läuft, stellen auf dem Leistungsmarkt sowohl die Qualität als auch der Preis von Krankenhausdienstleistungen Wettbewerbsparameter dar. Auf dem Versicherungsmarkt konkurrieren Krankenversicherungen über die Höhe ihrer Beiträge und ihr Leistungsangebot um Mitglieder.³¹⁹

Unterversorgung

Nachdem das selektive Kontrahieren den Ausschluss von Krankenhäusern von der Versorgung ermöglicht, wird mitunter die Gefahr der Unterversorgung, vor allem im ländlichen Raum gesehen.³²⁰ Unterversorgung bedeutet eine das Angebot an Krankenhausdienstleistungen übersteigende Nachfrage. Aus ökonomischer Sicht leuchtet es allerding nicht ein, weshalb eine bestehende Nachfrage nicht bedient werden sollte. Vielmehr werden sich unter Wettbewerbsbedingungen jene Leistungen durchsetzen, die für eine bedarfsgerechte Versorgung erforderlich sind.³²¹ Wenn es Krankenhäusern erlaubt ist, Preise gemäß ihrer tatsächlichen Kosten zu setzen und für die Versorgung bestimmter Regionen höhere Kosten anfallen als in anderen Regionen, werden diese Kosten auch gegenüber den Leistungsträgern durch-

---

[315] Zu diesem Schluss gelangen auch Ebsen et al., 2003, S. 40.
[316] Diese Forderung der Aufhebung der Ungleichbehandlung von gemeinnützigen und nicht gemeinnützigen Krankenhäusern vertreten auch Clade, 1991, S. 2272, Henke/Berhanu/Mackenthun, 2003, S. 38 f. Ähnlich Cassel et al., 2008a, S. 135. Krankenhäuser sind nach § 5 Abs. 1 Nr. 9 S. 1 KStG von der Körperschaftsteuer und nach § 3 Nr. 6 S. 1 GewStG von der Gewerbesteuer befreit, sofern kein wirtschaftlicher Geschäftsbetrieb vorliegt. Folglich erstrecken sich die Steuervergünstigungen ausschließlich auf gemeinnützige Krankenhäuser.
[317] Vgl. Cassel, 2005, S. 258, Cassel/Jacobs, 2006, S. 283, Cassel et al., 2008a, S. 37, Lehmann, 2009, S. 26, Ebsen, 2004, S. 62.
[318] Vgl. Ebsen, 2004, S. 62, Ebsen et al., 2003, S. 29, Cassel et al., 2008a S. 37 f., Baake/Kuchinke/Wey, 2010, S. 16, Monopolkommission, 2010, S. 366 Tz. 1064.
[319] Vgl. Ebsen et al., 2003, S. 17, Cassel/Jacobs, 2006, S. 283, Cassel et al., 2008a, S. 38 f., Lehmann, 2009, S. 5 f., Rebscher, 2006, S. 11, Nebling, 2012, S. 174, Ebsen, 2004, S. 62. Ähnlich Pimpertz, 2007, S. 30 f., Monopolkommission, 2008, S. 333 Tz. 860. Auf den Wettbewerb auf dem Versicherungsmarkt wird nachfolgend nicht eingegangen. Dieser ist aufgrund der gewählten Marktabgrenzung nicht Gegenstand der Untersuchung.
[320] Vgl. Lehmann, 2009, S. 46, Laufer et al., 2010, S. 922, Birnbaum, 2007, S. 73. Kritisch hierzu vgl. Bataille/Coenen, 2009, S. 15.
[321] So auch Oberender/Ecker, 2001, S. 73. Kritisch hierzu vgl. Brück, 1974, S. 86.

setzbar sein, da die Leistungsträger wiederum durch den Wettbewerb auf dem Versicherungsmarkt diszipliniert werden und auch mit diesen Häusern Versorgungsverträge abschließen.[322] Wird ein Krankenhaus in einer Region mit mindestens einem weiteren Krankenhaus von dem Leistungsangebot einer Krankenkasse ausgeschlossen, besteht zugleich aber Nachfrage nach dem Krankenhaus, werden die betroffenen Patienten bestrebt sein, ihre Krankenversicherung zugunsten einer Versicherung zu wechseln, deren Leistungskatalog die Behandlung in dem betreffenden Krankenhaus umfasst. Von einem gänzlichen Ausschluss eines Krankenhauses, das bei technisch effizienter Produktion alleinig aufgrund seiner Lage in einer dünn besiedelten Region höhere Kosten aufweist als Krankenhäuser in dichter besiedelten Regionen, ist letztendlich nicht auszugehen.

Sollte es in Ausnahmefällen unter Wettbewerbsbedingungen dennoch zu Unterversorgungsproblemen kommen, könnten diese punktuell durch gezielte Eingriffe des Staates korrigiert werden.[323] Zudem ist fraglich, ob ein Bestandsschutz von Krankenhäusern durch einen Sicherstellungszuschlag tatsächlich eine qualitativ hochwertige Behandlung ermöglicht oder nicht vielmehr das Ausscheiden von Krankenhäusern mit mangelhafter Qualität künstlich verhindert wird.

Auf monopolistischen Märkten agierende Krankenhäuser werden im Schrifttum zur Vermeidung von Unterversorgung häufig aus dem Anwendungsbereich des selektiven Kontrahierens herausgenommen.[324] Dagegen lassen sich jedoch folgende Argumente vorbringen: Zunächst können Substitutionsbeziehungen zum ambulanten Sektor bestehen, wodurch ein Krankenhaus nicht für alle offerierten Leistungen zwingend eine Monopolstellung haben muss. Für die Leistungsträger ergäbe sich zumindest bezüglich einzelner Abteilungen eines Krankenhauses ein gewisser Verhandlungsspielraum.[325] Für die Leistungen, die nicht durch den ambulanten Sektor erbracht werden können, ist der Abschluss eines Versorgungsvertrags mit dem Monopolisten unumgänglich, um eine Versorgung der Bevölkerung sicherzustellen.[326] Bei konsequenter Anwendung des Wettbewerbsrechts wird das Setzen von Monopolpreisen dennoch verhindert. Zudem können sich Patienten bei Unzufriedenheit mit der Qualität eines monopolistischen Krankenhauses trotz bestehenden Versorgungsvertrags für elektive Eingriffe gegen dieses Krankenhaus entscheiden und für eine höhere Qualität die Behandlung in einem weiter entfernten Krankenhaus auf sich nehmen. In diesem Fall wird die Auswahlent-

---

[322] Ähnlich Glasmacher, 1996, S. 99 f.
[323] So auch Kuchinke, 2004, S. 111, Kuchinke/Schubert, 2002a, S. 529, Kuchinke/Schubert, 2002b, S. 718.
[324] Vgl. Cobbers, 2006, S. 154, Götze/Cacace/Rothgang, 2009, S. 154, Coenen/Haucap, 2014, S. 280, Schmid, 2012, S. 54. Würde selektives Kontrahieren dennoch auf Monopolmärkte angewandt, wird argumentiert, hätten Krankenhäuser keinen Anreiz zur kosteneffizienten Leistungserstellung, da sie nicht von der Versorgung ausgeschlossen werden können. Vgl. Lehmann, 2009, S. 31, Rebscher/Rowohlt, 2010, S. 308.
[325] Grundlegend hierzu vgl. Kruse, 1985, S. 91. Zu den Substitutionsmöglichkeiten zum ambulanten Sektor im Zusammenhang mit der Versorgungssicherheit in einem selektivvertraglichen System vgl. Mohrmann/Koch, 2011, S. 76.
[326] Zur Gewährleistung der Versorgungssicherheit empfehlen Ebsen et al. die Verwendung von sog. Mängelindikatoren, um eventuelle Versorgungslücken identifizieren und schließen zu können. Vgl. Ebsen et al., 2003, S. 41 f.

scheidung nicht durch die Vertragsbeziehungen zwischen Leistungsträgern und Leistungserbringern, sondern durch die Qualitätspräferenzen der Patienten getroffen. Die Disziplinierung des Monopolisten erfolgt dann durch den Wettbewerb um Patienten und nicht durch den Wettbewerb um Versorgungsverträge. Monopolistische Märkte für Krankenhausdienstleistungen stellen demzufolge kein Hindernis für die grundsätzliche Anwendung des selektiven Kontrahierens dar.

Wettbewerbsparameter

Im Gegensatz zum derzeitigen System ist es den Leistungsträgern erlaubt, eine Auswahl der Vertragspartner vorzunehmen und demnach einzelne Leistungserbringer aus ihrem Leistungskatalog auszuschließen. Krankenkassen erhalten somit Einfluss auf Preis und Qualität der von ihnen finanzierten Leistungen.[327] Für Krankenhäuser stellt der Wettbewerb auf dem Leistungs- und dem Behandlungsmarkt wiederum einen Anreiz zur wirtschaftlichen Leistungserstellung sowie zur Qualitätssteigerung dar. Läuft der Wettbewerb nicht ausschließlich über den Preis, sondern über Preis und Qualität, können sich Krankenhäuser gegenüber anderen Häusern über die Zahl bestehender Versorgungsverträge differenzieren.[328] Mit der Anzahl bestehender Versorgungsverträge wird Patienten ein weiterer Indikator für die Qualität eines Krankenhauses gegeben. Die asymmetrische Informationsverteilung zwischen den Leistungserbringern und den Patienten kann somit reduziert werden. Ein Anreiz zur freiwilligen Bereitstellung dieser Informationen für (potenzielle) Patienten kann zumindest für die Krankenhäuser mit einer hohen Anzahl an Versorgungsverträgen angenommen werden.[329] Erfolgen kann die Informationsbereitstellung, wie unter Punkt 2.4.1.1 ausgeführt, beispielsweise auf der Internetseite der Krankenhäuser.

Qualität

Entgegen der beschriebenen Annahme des Einbezugs der Qualität in die Verhandlungen zwischen Leistungserbringern und Leistungsträgern befürchten Kritiker des selektiven Kontrahierend die Initiierung eines reinen Preiswettbewerbs zulasten der Qualität der zu erbringenden Krankenhausdienstleistungen.[330] Gegen diese Kritik lassen sich einige Argumente anführen. Zum einen können Qualitätssicherungsmaßnahmen weiterhin für alle Leistungserbringer gesetzlich vorgeschrieben werden. Aber zum anderen werden durch das selektive Kontrahieren

---

[327] Im Wettbewerb um Versorgungsverträge werden unterschiedliche Qualitäten zu unterschiedlichen Preisen angeboten. Besteht kein Kontrahierungszwang, können Krankenversicherungen zwischen verschiedenen Qualitätsniveaus und Preisen wählen. Zur grundsätzlichen Überlegung unterschiedlicher Preise für unterschiedliche Qualitäten vgl. Arrow, 1963, S. 953.
[328] Vgl. Rebscher, 2010a, S. 228.
[329] Stellt ein Krankenhaus diese Informationen nicht zur Verfügung, kann dies auf eine geringe Zahl an Vertragsabschlüssen und somit mittelbar auf eine relativ betrachtet geringere Qualität hinweisen.
[330] Vgl. Laufer et. al., 2010, S. 930. Ähnlich Rahmel, 2014, S. 144. Kritisch hierzu vgl. Kumpmann, 2008, S. 8. Ähnlich Albrecht, 2009, S. 24, Ebsen et al., 2003, S. 19.

selbst Anreize zur Einhaltung der Mindestvorgaben und ferner zur Erhöhung der Qualität über das legal vorgegebene Niveau hinaus gesetzt.[331]

Zwar lassen sich über eine Verringerung der Qualität kurzfristige Kostensenkungen erreichen, jedoch handelt es sich dabei lediglich um eine myopische Optimierung.[332] Zunächst können in Verhandlungen mit den Krankenkassen niedrigere Preise als von Krankenhäusern mit einem höheren Qualitätsniveau geboten werden. Krankenhäuser mit geringeren Kosten hätten somit einen Vorteil gegenüber Häusern mit höheren Kosten im Wettbewerb um Versorgungsverträge und somit um Patienten. Sinkt das Qualitätsniveau allerdings unter das anderer Krankenhäuser, werden sich zunehmend weniger Patienten für eine Behandlung in diesem Haus entscheiden, was sich negativ auf die Erlössituation des Hauses auswirkt. Sinkende Erlöse bewirken sinkende Überschüsse.[333] Hierdurch verringern sich wiederum die für Ersatz- und/oder Erweiterungsinvestitionen zur Verfügung stehenden finanziellen Mittel, wodurch sich die Qualität des Krankenhauses im Vergleich zu anderen Häusern weiter verschlechtern wird und sich im Ergebnis noch mehr Patienten gegen eine Behandlung in dem betreffenden Haus entscheiden und das Krankenhaus seitens der Leistungsträger letztendlich gänzlich von der Versorgung ausgeschlossen wird.[334] Im einheitlichen Festpreissystem der DRG-Fallpauschalen ist dies derzeit nicht möglich.[335] Hier müssen auch Krankenhäuser mit unterdurchschnittlicher Qualität kontrahiert werden, sobald sie in die Landesbedarfspläne aufgenommen wurden.[336] Folglich verbleiben auch Krankenhäuser mit niedriger Qualität im Markt. Unter Wettbewerbsbedingungen wäre ein Marktaustritt mittel- bis langfristig unvermeidbar. Krankenhäuser hätten demzufolge ein Eigeninteresse an Qualitätsverbesserungen.[337] Ein reiner Preiswettbewerb erscheint vor dem Hintergrund dieser Argumentation nicht wahrscheinlich. Vielmehr bietet selektives Kontrahieren die Möglichkeit des Einbezugs der Qualität in die Preisbildung.

Freie Krankenhauswahl

Ein weiterer Nachteil des selektiven Kontrahierens wird in der Abkehr von der freien Krankenhauswahl für die Versicherungsnehmer sowie der Gefahr der Risikoselektion gesehen.[338] Durch den Wegfall des Kontrahierungszwangs umfasst der Leistungskatalog der Krankenversicherungen dann nicht mehr die Gesamtheit der deutschen Krankenhäuser, sondern lediglich

---

[331] Zu positiven Anreizen zur Qualitätssteigerung bei selektiven Vertragsschlüssen zwischen Leistungserbringern und Leistungsträgern vgl. Ebsen et al., 2003, S. 18, Kumpmann, 2008, S. 9, Nebling, 2012, S. 214 f., Gerdelmann, 2004, S. 140. Ähnlich Monopolkommission, 2010, S. 377 Tz. 1123.
[332] Überlegungen zur lediglich kurzfristigen Vorteilhaftigkeit des Absenkens der Qualität finden sich ebenfalls in Kuchinke, 2001, S. 15 f. Zur Sanktionierung sinkender Qualität vgl. Sauerland, 2003, S. 268.
[333] Kostensenkungen durch Qualitätsreduktion sind nur in einem begrenzten Umfang möglich, wodurch letztendlich die Erlöse stärker sinken werden, als Kosten reduziert werden können.
[334] Ähnlich Ebsen et al., 2003, S. 18.
[335] Kritik an der fehlenden Ausschlussmöglichkeit findet sich in Mohrmann/Koch, 2011, S. 73 f.
[336] Dies folgt aus § 109 Abs. 1 SGB V i. V. m. § 8 Abs. 1 KHG. So auch Ebsen et al., 2003, S. 19. Kritisch hierzu vgl. Rath, 1998, S. 36.
[337] So auch Reher, 1993, S. 27, Ebsen et al., 2003, S. 42.
[338] Vgl. Rebscher, 2010a, S. 227, Rebscher, 2013, S. 79, Kumpmann, 2008, S. 21 f., Laufer et al., 2010, S. 922, Lehmann, 2009, S. 33. Zur Risikoselektion und zum Risikostrukturausgleich vgl. Monopolkommission, 2010, S. 389 ff. Tz. 1172 ff., Ebsen et al., 2003, S. 16 f., Pimpertz, 2007, S. 23 f., Cassel, 2003, S. 169, Ecker, 2000, S. 72 ff., Engels et al., 1987, S. 33 f., Glaeske, 1998, S. 108 ff., Wasem, 2014, S. 39 f.

jene, mit denen Versorgungsverträge abgeschlossen wurden. Diese seitens der Krankenversicherung getroffene Auswahl muss nicht in jedem Fall mit den Präferenzen der Konsumenten übereinstimmen.[339] Die Vorselektion der kontrahierten Leistungsanbieter durch die Leistungsträger kann für die Versicherungsnehmer jedoch auch mit Vorteilen verbunden sein, wenn mit Krankenhäusern, deren Qualität unterhalb des Qualitätsniveaus anderer Krankenhäuser liegt, keine Versorgungsverträge abgeschlossen werden.[340] Durch den Ausschluss von Leistungsanbietern mit einer geringeren Qualität steigt das allgemeine Qualitätsniveau. Ferner könnten somit c. p. die Kosten für Folgebehandlungen in Konsequenz mangelhafter Diagnose- und/oder Behandlungsqualität reduziert werden.

Die Diskussion bezüglich der Notwendigkeit eines Risikostrukturausgleichs soll an dieser Stelle nicht aufgegriffen werden. Gezeigt werden soll nur, dass auch dieser, sofern er als Ausdruck des Sozialstaatsprinzips verstanden und daher als unerlässlich erachtet wird, mit dem Selektivvertragssystem vereinbar wäre. Selektives Kontrahieren kann dann keine Risikoselektion für die Krankenversicherung ermöglichen, wenn sich die durch die freie Wahl der Vertragspartner ergebenden Unterschiede zwischen den Krankenversicherungen lediglich auf die Anzahl der im Leistungsangebot enthaltenen Krankenhäuser, nicht jedoch auf die vom Versicherungsschutz abgedeckten Krankheitsrisiken beziehen.[341] Solange folglich die Aufnahmepflicht aller Patienten in die gesetzliche Krankenversicherung besteht und alle Krankheitsrisiken von allen gesetzlichen Krankenversicherungen abgedeckt sind, ist Risikoselektion für Krankenkassen ausgeschlossen.

Wohnortnahe Versorgung

Eng verbunden mit der Diskussion um die Auswahlfreiheit von Patienten ist die Frage, inwiefern unter Anwendung des selektiven Kontrahierens eine wohnortnahe Versorgung gewährleistet werden kann.[342] Eine wohnortnahe Versorgung ist solange unproblematisch, wie den Versicherungsnehmern die jederzeitige Möglichkeit des Versicherungswechsels gegeben ist. Durch den Wechsel können Patienten eine Versicherung wählen, in deren Leistungskatalog das betreffende Krankenhaus enthalten ist. Des Weiteren haben Krankenkassen, wie gezeigt werden konnte, keinen Anreiz, bestimmte Regionen von der Versorgung auszuschließen. Eine wohnortnahe Versorgung ist unter dem System der selektiven Vertragsschlüsse demzufolge grundsätzlich möglich. Ferner bleibt die Bedeutung der Wohnortnähe zunehmend hinter den Qualitätspräferenzen von Patienten zurück.[343] Das Bundeskartellamt geht zur Abgrenzung des räumlich relevanten Markts bei der Überprüfung von Zusammenschlussfällen mitunter sogar

---

[339] Vgl. Rebscher, 2010a, S. 229, Rebscher, 2010b, S. 37.
[340] Vgl. Rebscher, 2010a, S. 227. Ähnlich Götze/Cacace/Rothgang, 2009, S. 154, Rebscher/Rowohlt, 2010, S. 306.
[341] Vgl. Cobbers, 2006, S. 158. Ähnlich Ebsen et al., 2003, S. 21.
[342] Vgl. Rebscher, 2011b, S. 360, Rebscher, 2010a, S. 230.
[343] Vgl. Kuchinke/Kallfass, 2007, S. 325, Koppe/Bethge/Mühlbacher, 2012, S. 138, Leister, 2014, S. 273 f., Oberender/Zerth, 2010, S. 15. Die Annahme wachsender Patientenmobilität findet sich ferner in Robra/Swart/Felder, 2003, S. 47. Einen gegensätzlichen Standpunkt vertreten Schmitz/Emmerich, 2011, S. 69, Heß, 2005, S. 3.

von einem Einzugsgebiet von bis zu 80 km aus.[344] Betrachtet werden dabei tatsächliche Patientenströme.[345] Dies verdeutlicht die Bereitschaft, für wahrgenommene Qualitätsunterschiede auf eine wohnortnahe Behandlung zu verzichten. Daher ist eine generelle Ablehnung des selektiven Kontrahierens aufgrund der eingeschränkten Auswahlfreiheit oder der Erhöhung der Distanz zum nächstgelegenen Krankenhaus nicht zu erwarten.[346]

Angebotskontinuität und Spezialisierung

Über die Einschränkung der Auswahlfreiheit der Versicherungsnehmer hinaus werden mit dem selektiven Kontrahieren negative Auswirkungen auf die Kontinuität des Leistungsangebots von Krankenhäusern assoziiert. Freie Verhandlungen zwischen Krankenkassen und Krankenhäusern würden einen steten Wandel in den von Krankenhäusern angebotenen Diagnose- und Behandlungsdienstleistungen bewirken.[347] Die Folge seien unterausgelastete Kapazitäten.[348] Die sich daraus ergebende Unsicherheit hinsichtlich des Abschlusses von Folgeversorgungsverträgen würde sich ferner negativ auf die Investitionstätigkeit auswirken.[349] Grundsätzlich sind Kosten- und/oder Qualitätsvorsprünge von Unternehmen sowie Aufholprozesse anderer Unternehmen Ausdruck des Wettbewerbs und deuten nicht auf die Ungeeignetheit eines Koordinationsverfahrens, sondern vielmehr auf einen funktionierenden Preis- und/oder Qualitätswettbewerb zwischen den beteiligten Marktakteuren hin. Wechsel im Leistungsspektrum entstehen immer dann, wenn ein Krankenhaus in einem Jahr mit (mindestens) einem Leistungsträger einen Versorgungsvertrag für bestimmte Leistungen abschließt und in den darauf folgenden Verhandlungen weder mit demselben noch mit einem anderen Leistungsträger einen Vertragsabschluss erzielen kann. Ursächlich hierfür ist jedoch kein Systemfehler, sondern vielmehr die den Leistungsträgern durch das selektive Kontrahieren gegebene Möglichkeit der Reaktion auf Änderungen in Preis und Qualität der Leistungserbringer. Solange der Wettbewerb nicht ausschließlich über den Preis, sondern über Preis und Qualität läuft, kann ein wechselndes Leistungsspektrum eher als ein Indikator für höhere Kosten und/oder geringere Qualität eines Krankenhauses im Vergleich zu anderen Häusern betrachtet werden.[350] Kann ein in der aktuellen Periode kontrahiertes Krankenhaus seine Leistungen noch immer bei gleicher oder verbesserter Qualität zu gleichen Preisen wie die Wettbewerber

---

[344] Vgl. Bundeskartellamt, 2009a, S. 24. In weiteren Fällen legt das Bundeskartellamt seinen Untersuchungen eine räumliche Marktabgrenzung von 50 km zugrunde. Vgl. Bundeskartellamt, 2013b, S. 10, Bundeskartellamt, 2009b, S. 15, Bundeskartellamt, 2012, S. 12.

[345] Vgl. exemplarisch Bundeskartellamt, 2009b, S. 72, Bundeskartellamt, 2013a, S. 22, Bundeskartellamt, 2009a, S. 29.

[346] Eine gegenteilige Ansicht findet sich bei Rebscher/Rowohlt, 2010, S. 299, Rebscher, 2011a, S. 180, Rebscher, 2011b, S. 359, Rebscher, 2007, S. 354.

[347] Vgl. Laufer et al., 2010, S. 926.

[348] Vgl. Laufer et al., 2010, S. 926. Die in diesem Zusammenhang diskutierte Problematik unausgelasteter Kapazitäten ist keine Besonderheit des selektiven Kontrahierens. Im derzeitigen Kollektivvertragssystem lag die durchschnittliche Bettenauslastung 1991 bei 84,10 % und 2010 bei 77,40 %. Vgl. Bölt/Graf, 2012, S. 132. 2013 belief sich die durchschnittliche Bettenauslastung auf 77,3 %. Vgl. Statistisches Bundesamt, 2014b, S. 19. Zu den Kosten unausgelasteter Bettenkapazitäten vgl. Gaynor/Anderson, 1995, S. 308 f., Pauly/Wilson, 1986, S. 419 ff.

[349] Vgl. Laufer et al., 2010, S. 926.

[350] Ähnlich Rebscher, 2011b, S. 357.

anbieten, besteht für Krankenkassen kein Anreiz, dieses Krankenhaus von der Versorgung auszuschließen.

Auch Krankenkassen haben ein Interesse an einem konstanten Leistungsangebot für ihre Versicherungsnehmer, da bei Wettbewerb auf dem Versicherungsmarkt sonst Abwanderungen der Mitglieder zu erwarten sind.[351] Die Elastizität ihrer Nachfrage ist somit bei lediglich geringen Unterschieden im Preis-Qualitäts-Verhältnis zwischen verschiedenen Krankenhäusern tendenziell als gering einzuschätzen. Zeigen sich indes ein steter Wandel im Kernbereich des Leistungsspektrums eines Krankenhauses sowie ein geringer Auslastungsgrad der Kapazitäten, deutet dies vielmehr auf Schwankungen in der offerierten Qualität und/oder den Kosten und demzufolge auf eine mangelnde Anpassung an den Wettbewerb hin.

Anstelle eines häufig wechselnden Leistungsspektrums lassen sich Spezialisierungen von Krankenhäusern vermuten. Innerhalb dieser Kernkompetenzen kann auch unter selektivem Kontrahieren von einem konstanten Leistungsangebot für Patienten ausgegangen werden. Zu ebenfalls befürchteten Abteilungsschließungen kann es beim selektiven Kontrahieren durchaus kommen.[352] Im Zuge von Spezialisierungsprozessen werden Krankenhäuser Abteilungen aufgeben, die bereits vor dem Systemwechsel nicht wirtschaftlich betrieben werden konnten. Im Ergebnis kann hierüber die Wirtschaftlichkeit des Hauses verbessert werden, was wiederum zu Verbesserungen im Bereich der Spezialisierung beitragen kann. Aus Patientensicht stellt die Kontinuität des Leistungsspektrums eines Krankenhauses innerhalb seiner Spezialisierung einen Qualitätsindikator dar. Gelingt es einem Haus, über mehre Perioden Versorgungsverträge mit Leistungsträgern abzuschließen, deutet dies auf eine mindestens gleichbleibende Qualität hin.[353] Zugleich lassen sich über das Erfordernis zur Erreichung einer mindestens konstanten Qualität keine negativen Effekte des selektiven Kontrahierens auf die Investitionsbereitschaft vermuten.[354] Vielmehr sind Investitionen in Qualität zu erwarten, um den Abschluss weiterer Versorgungsverträge zu sichern. Ein Absinken der Qualität durch unterlassene Investitionen ist daher nicht wahrscheinlich.[355]

Mindestfallzahl

---

[351] Zu diesem Schluss gelangt auch Nebling, 2012, S. 186.
[352] Zur Schließung von Abteilungen als Folge des selektiven Kontrahierens vgl. Laufer et al., 2010, S. 926.
[353] Diese Kontinuität kann beispielsweise durch den Einsatz betriebswirtschaftlicher Instrumente wie dem Controlling und Qualitätssicherungsmaßnahmen bewirkt werden.
[354] Zur Wirkung des Wettbewerbs auf die Qualität von Krankenhäusern wurden zahlreiche empirische Studien durchgeführt. Anhand von UK-Daten aus den Jahren 1995 bis 1998 fanden Propper/Burgess/Green höhere Mortalitätsraten bei im Wettbewerb befindlichen Krankenhäusern als bei Kliniken in wettbewerbsarmen Märkten. Vgl. Propper/Burgess/Green, 2004, S. 1255, 1261 f. Zu analogen Resultaten gelangen Propper/Burgess/Gossage anhand von UK-Daten von 1991 bis 1999. Vgl. Propper/Burgess/Gossage, 2008, S. 146, 159 ff. Ohne die Würdigung der jeweiligen institutionellen Rahmens, unter dem die Daten erhoben wurden, ist eine Vergleichbarkeit der Ergebnisse, wenn überhaupt, nur in Ansätzen gewährleistet.
[355] Zur Befürchtung des Absinkens der Qualität infolge unterlassener Investitionen vgl. Laufer et al., 2010, S. 926.

Im Zusammenhang mit eventuellen negativen Auswirkungen des selektiven Kontrahierens auf die Qualität von Krankenhäusern wird die Problematik der Mindestfallzahlen diskutiert.[356] Um bestimmte Leistungen mit der erforderlichen Qualität erbringen zu können, ist eine gewisse Mindestfallzahl erforderlich.[357] Wie unter Punkt 2.4.1.2 ausgeführt, besteht für Krankenhäuser im Wettbewerb stets die Notwendigkeit, eine gewisse Zahl an Patienten zu behandeln, um Degressionseffekte erzielen zu können. Die Erreichung von Mindestfallzahlen liegt somit im Eigeninteresse der Krankenhäuser, zum einen um ihre Leistungen zu minimalen Kosten erstellen und zum anderen um eine optimale Versorgungsqualität gewährleisten zu können.[358] Zur Erreichung einer mindestoptimalen Betriebsgröße lassen sich wiederum Spezialisierungen der Krankenhäuser vermuten.

Transaktionskosten

Über die beschriebenen Kritikpunkte hinaus geht das selektive Kontrahieren nach Ansicht der Kritiker mit einem massiven Anstieg der Transaktionskosten einher.[359] Die Abkehr von Kollektivverträgen begründet die Notwendigkeit der Vertragsverhandlungen mit einer Vielzahl an Leistungsträgern. Hierbei müssen Kosten und Qualitäten verglichen und letztendlich Preise ausgehandelt werden, was zu deutlich höheren Kosten als im gegenwärtigen System führen würde. Vernachlässigt werden bei dieser Argumentation der Aufwand, der mit der erstmaligen Ermittlung der DRG-Pauschalen einherging sowie der Aufwand für ihre jährliche Anpassung.[360] Die dazu erforderlichen Kostendaten werden von allen sich an der Kalkulation beteiligenden Krankenhäusern nach den Vorgaben des Kalkulationshandbuchs erfasst und an das für die Berechnung der Fallpauschalen zuständige InEK übermittelt.[361] Über die Fallpauschalen hinaus gibt es die Möglichkeit der Abrechnung von Zu- und Abschlägen (§ 5 KHEntgG) sowie von sonstigen Entgelten (§ 6 KHEntgG). Zudem müssen Krankenhauskapazitäten von den Ländern geplant (§ 6 Abs. 1 KHG) und Leistungsmengen zwischen den Krankenhausträgern und den Krankenkassen ausgehandelt werden (§ 4 KHEntgG). Auch das derzeitige System ist folglich durch hohe Transaktionskosten gekennzeichnet.

---

[356] Vgl. Laufer et al., 2010 S. 927. Empirische Belege für einen Zusammenhang zwischen der Fallzahl innerhalb einer Indikation und dem Behandlungsergebnis finden sich in Luft/Bunker/Enthoven, 1979, S. 1365, Flood/Scott/Ewy, 1984, S. 117 ff., Luft/Hunt/Maerki, 1986, S. 176 f., Hughes/Hunt/Luft, 1987, S. 498 f. Für eine Übersicht über weitere Studien vgl. Posnett, 2002, S. 107 ff.

[357] Vgl. Laufer et al., 2010, S. 927.

[358] Aus theoretischer Sicht kann ferner argumentiert werden, dass bei gegebenem Durchschnittspreis bei geringer Produktionsmenge lediglich die Produktion zu geringer Qualität möglich ist, da nach Abzug der durchschnittlichen fixen Kosten lediglich ein geringer Teil der durchschnittlichen variablen Kosten verbleibt, der für die Qualität der zu erstellenden Güter und/oder Dienstleistungen verwendet werden kann. Vgl. Kuhlo, 1956, S. 225 f.

[359] Vgl. Laufer et al., 2010, S. 926, Lehmann, 2009, S. 31, Rebscher, 2011a, S. 188, Rebscher, 2007, S. 354. Zur Definition von Transaktionskosten vgl. Williamson, 1975, S. 20 ff., Williamson, 1985, S. 18 ff., Williamson, 1996, S. 5 f.

[360] Ähnlich Monopolkommission, 2008, S. 326 Tz. 840.

[361] Zum Kalkulationshandbuch der Fallkosten vgl. DKG/GKV/PKV, 2007, passim.

Zudem lässt sich ein Absinken der Transaktionskosten des selektiven Kontrahierens im Zeitablauf vermuten. Zum einen ergibt sich eine gewisse Routine bei den Verhandlungen.[362] Zum anderen kann mit einer Verringerung der Zahl der gesetzlichen Krankenkassen durch Marktbereinigung und Zusammenschlüsse gerechnet werden.[363] Des Weiteren ließen sich höhere Transaktionskosten über die Erhöhung der Leistungsgerechtigkeit rechtfertigen. Krankenhäusern würde es zugestanden werden, Preise gemäß ihrer tatsächlichen Kostensituation zu setzen. Die bisherigen Pauschalen entsprechen den durchschnittlich für die jeweilig zu erbringende Krankenhausdienstleistung anfallenden Kosten, wobei die Repräsentativität dieser Werte unter Würdigung der unter 2.5 beschriebenen Mängel in der Ausgestaltung sowie der generellen planwirtschaftlichen Vorgabe von Preise kritisch hinterfragt werden sollte.

Resümierend kann das selektive Kontrahieren als eine potenzielle institutionelle Alternative für die Märkte für Krankenhausdienstleistungen angesehen werden.[364] Dieses wird von einigen Autoren bisher weitgehend als Ergänzung zum Kollektivvertragssystem und nicht als dessen Ersatz betrachtet.[365] Das Problem bei diesen Ausführungen ist allerdings die Diskussion der Vor- und Nachteile innerhalb des bestehenden Ordnungsrahmens.[366] Die Aufrechterhaltung der Landesbedarfsplanung, der Regelungen zum Mehr- und Mindererlösausgleich und die staatliche Investitionsfinanzierung widersprechen dem Charakter des selektiven Kontrahierens. Sollen seine Potenziale genutzt werden, sind Änderungen der regulatorischen Rahmenbedingungen unerlässlich. Wie gezeigt werden konnte, bietet die Abkehr vom Kollektivvertragssystem die Möglichkeit eines freien Wettbewerbs sowohl auf dem Behandlungs- als auch auf dem Leistungsmarkt. Mengen und Preise sind dann nicht mehr Gegenstand staatlich-administrativer Planung, sondern eines Wettbewerbs zwischen Krankenhäusern um den Abschluss von Versorgungsverträgen auf der einen und um Patienten auf der anderen Seite. Von einem reinen Preiswettbewerb, der zum Absinken der Qualität der offerierten Leistungen führt, ist dabei nicht auszugehen. Vielmehr konnte das Eigeninteresse der Krankenhäuser an einem hohen Qualitätsniveau gezeigt werden. Würden sich Preise und Mengen im Wettbewerb ergeben, wäre das Unternehmensergebnis von Krankenhäusern das Resultat ihres unternehmerischen Handelns am Markt. Krankenhäuser wären nicht nur für ihren Erfolg verantwortlich, sondern könnten die dafür entscheidenden Parameter selbst beeinflussen. Entgegen dem derzeitigen System würden generierte Wettbewerbsvorteile bei den Häusern verbleiben.

---

[362] Stigler bezeichnet diesen Effekt als „economies of scale in dealing" (Stigler, 1961, S. 217, Stigler, 1968, S. 178). Mit steigender Häufigkeit der Vertragsverhandlungen würden sich hiernach die unterschiedlichen Qualitätsniveaus der Krankenhäuser angleichen. Dies würde wiederum zu einer Reduktion der Such- und Informationskosten der Leistungsträger und somit zu einem Absinken der Transaktionskosten führen.
[363] Vgl. Klusen, 2006, S. 297, Lehmann, 2009, S. 31. Bei eventuellen Marktmachtproblemen greifen dann wiederum die Regelungen des GWB.
[364] Die Abkehr vom kollektivvertraglichen System zugunsten eines rein selektivvertraglichen Systems wird mitunter als unwahrscheinlich erachtet. Vgl. Wasem/Geraedts, 2011, S. 9.
[365] Vgl. Rebscher, 2010a, S. 232, Rebscher, 2007, S. 353, Rebscher, 2013, S. 21, Lehmann, 2009, S. 46. Cassel/Jacobs argumentieren, dass, solange selektives Kontrahieren lediglich als Ergänzung zum Kollektivvertragssystem angewandt wird, bestünde für die Vertragspartner kein Anreiz zur freiwilligen Inanspruchnahme dieser Option. Vgl. Cassel/Jacobs, 2006, S. 286. Ähnlich Coenen/Haucap, 2014, S. 277.
[366] So insbesondere in Laufer et al., 2010, S. 928.

In Konsequenz dessen wäre mit einer Verbesserung der wirtschaftlichen Lage wirtschaftlich arbeitender Krankenhäuser zu rechnen. Im Gegenzug müssten Kliniken mit technischen und/oder qualitativen Ineffizienzen mittel- bis langfristig aus dem Markt ausscheiden. Die Marktbereinigung um nicht leistungsfähige Anbieter würde wiederum einen Beitrag zur Verringerung der gesamtwirtschaftlichen Ausgaben für Krankenhausdienstleistungen leisten. Würde das selektive Kontrahieren konsequent umgesetzt, wären über die Ausgabenreduktion bei gleichzeitigen Qualitätssteigerungen demnach positive Wohlfahrtseffekte zu erwarten.[367]

2.8 Zwischenfazit

Die Forderungen nach Wettbewerb im Krankenhaussektor reichen bis in die 1980er Jahre zurück. Seither wurden zahlreiche Gesetze zur Reformierung der Krankenhausvergütung verabschiedet. Aber auch die umfassende Neugestaltung des Systems zur Betriebskostenerstattung durch den Übergang von tagesgleichen Pflegesätzen auf die DRG-Fallpauschalen erfolgte innerhalb des bestehenden Regulierungsrahmens. Die Grundzüge der staatlichen Einflussnahme wurden aufrechterhalten; weder die Kapazität, die Leistungsmengen noch die Preise sind das Ergebnis marktlicher Koordinationsprozesse. Im vorstehenden Kapitel wurde die beschriebene Regulierung auf ihre ökonomische Legitimation überprüft. Im Ergebnis konnte kein generelles Marktversagen für die Märkte für Krankenhausdienstleistungen identifiziert werden. Sollte es dennoch punktuell zu Marktversagen kommen, stellt dies noch keinen hinlänglichen Grund für eine flächendeckende Regulierung dar. Vielmehr muss der Staat tatsächlich in der Lage sein, durch sein Tätigwerden eine Verbesserung des Marktergebnisses zu erzielen.

Wie in den Punkten 2.5 und 2.6 exemplarisch für die Konzeption der Fallpauschalen und die Krankenhausreform aufgezeigt wurde, ist diese Fähigkeit jedoch zu bezweifeln. Eine ökonomische Legitimation der staatlichen Regulierung über eine Verbesserung des Marktergebnisses kann hierüber nicht erreicht werden. Zur Überwindung eines partiellen Marktversagens konnten stattdessen marktliche Lösungsmöglichkeiten aufgezeigt werden. Insbesondere mit Blick auf die häufig angeführte asymmetrische Informationsverteilung zwischen Krankenhäusern und Patienten zeigte sich eine Vielzahl an Möglichkeiten zur Information der Patienten durch die besser informierte Marktseite. Unter Wettbewerbsbedingungen hat diese zudem einen Anreiz, die für Patienten relevanten Informationen freiwillig bereitzustellen.

Als wettbewerbliche Alternative zum bestehenden Regulierungsszenario wurde das selektive Kontrahieren diskutiert. Wie gezeigt werden konnte, ergeben sich bei dessen konsequenter Umsetzung positive Auswirkungen auf die Qualität von Krankenhausdienstleistungen und sinkende Kosten der Krankenhäuser. Negative Auswirkungen auf die Versorgung der Bevöl-

---

[367] Zu einem ähnlichen Schluss gelangen Meyer, 1993, S. 209, Baake/Kuchinke/Wey, 2010, S. 19. Für einen empirischen Beleg des Sinkens von Krankenhauskosten unter Wettbewerbsbedingungen vgl. White, 1987, S. 390. Ähnlich Melnick/Zwanziger, 1988, S. 2673 f., Melnick/Zwanziger, 1995, S. 1393 f.

kerung mit Krankenhausdienstleistungen sind aus volkswirtschaftlicher Sicht nicht zu erwarten.

Resümierend lassen sich auf Basis der vorstehenden Analyse die Forderungen nach einer Initiierung von Wettbewerb auf den Märkten für Krankenhausdienstleistungen bestätigen. Anstatt einer flächendeckenden Regulierung kann auf die „Selbstheilungskräfte"[368] des Markts abgestellt werden. Die Erfüllung des staatlichen Sicherstellungsauftrags kann sich daher auf die Schaffung eines Ordnungsrahmens beschränken.[369] Demzufolge sind weder die Landesbedarfsplanung, die getrennte Finanzierung von Investitionen und Betriebskosten noch die regulatorische Vorgabe der Preise für Krankenhausdienstleistungen aus volkswirtschaftlicher Sicht zu rechtfertigen. Konsequenterweise sollte Krankenhäusern die Möglichkeit der autonomen Festlegung des Leistungsspektrums, der Kapazität, der Leistungsmenge sowie der Preise für die von ihnen erbrachten Dienstleistungen gegeben werden. Eine monistische Krankenhausfinanzierung ist unter Wettbewerbsbedingungen ebenfalls unerlässlich.[370] Für einen freien Wettbewerb zwischen Krankenhäusern müssen letztendlich alle institutionellen Ungleichbehandlungen aufgehoben werden.[371] Die Notwendigkeit der derzeitigen flächendeckenden Regulierung des Krankenhaussektors konnte aus volkswirtschaftlicher Sicht nicht bestätigt werden. Sie stellt vielmehr ein Hindernis für die Optimierung der Leistungserstellung nach betriebswirtschaftlichen Grundsätzen dar.

---

[368] Schenk, 1980, S. 193.
[369] So auch Cassel/Knappe/Oberender, 1997, S. 35 f.
[370] So auch Hansmeyer/Henke, 1997, S. 13. Ähnlich Rath/Heuser, 1996, S. 46, Blau, 1996, S. 34.
[371] So auch Berthold, 1987, S. 148.

3 Krankenhausdienstleistungen und Controlling

3.1 Einführende Bemerkungen

Auf deutschen Märkten für Krankenhausdienstleistungen existiert keine freie Preisbildung. Die Entgelte für die zu erbringenden Dienstleistungen werden Krankenhäusern regulatorisch vorgegeben.[372] Aus betriebswirtschaftlicher Sicht stellen sie somit eine implizite Obergrenze für die anfallenden Kosten der Leistungserstellung dar.[373] Durch Überschreitung dieses Kostenniveaus entstehen Defizite, die langfristig eine Bestandsgefährdung für das betreffende Haus darstellen.[374] Grundsätzlich haben Kliniken in diesem Szenario den Anreiz, ihre Kosten zumindest auf das vorgegebene Niveau zu senken bzw. zu minimieren.

Zudem stehen Krankenhäuser im Wettbewerb um Patienten mit positivem Deckungsbeitrag. Da dieser Wettbewerb nach Ausschluss der freien Preisbildung primär über die Qualität der angebotenen Leistungen erfolgt[375] und Qualität der Investition in die ärztliche und medizinisch-technische Infrastruktur bedarf, sind hierfür wiederum ausreichend finanzielle Mittel erforderlich,[376] denn je höher die Qualität ist, desto mehr Patienten dürften sich für eine Klinik entscheiden.[377] Damit steigen die Einnahmen und unter der Voraussetzung positiver Deckungsbeiträge pro Patient steigt zugleich der Gewinn, der wiederum in Maßnahmen zur Qualitätssteigerung investiert werden kann.[378] Die gezielte, kostenbewusste Steuerung aller Unternehmensaktivitäten ist daher unerlässlich. Ein Instrument zur wirtschaftlichen Sicherung von Unternehmen stellt das Controlling dar. Über die Erfüllung einer Planungs-, Steuerungs-, Kontroll- und Informationsfunktion ermöglicht es eine gezielte Beeinflussung des Kostenniveaus und vereint dabei sowohl operative als auch strategische Aspekte der Unternehmensführung.[379]

---

[372] Die Regelungen fasst § 17b KHG zusammen.
[373] Vgl. Chalkley/Malcomson, 2000, S. 853, BDU, 2006, S. 245, Kuchinke, 2001, S. 18.
[374] So auch Imdahl, 1993, S. 111 f.
[375] Vgl. Joskow, 1980, S. 432, Bolles, 1994, S. 65, Calem/Rizzo, 1995, S. 1182, Kuchinke, 2001, S. 14 f., Kuchinke/Kallfass, 2006, S. 997, Noether, 1988, S. 259. Ähnlich Redeker, 1992, S. 114, Selbmann, 2003, S. 686. Monopolkommission, 2008, S. 316 Tz. 807, Lüngen, 2010, 3. 147. Zu den Voraussetzungen des Qualitätswettbewerbs vgl. Abbott, 1955, S. 152 ff.
[376] Alle Qualitätskriterien können grundsätzlich in die Kategorien Struktur-, Prozess- und Ergebnisqualität eingeordnet werden. Vgl. Donabedian, 1966, S. 167 ff., Donabedian, 1980, S. 79 ff. Für eine Definition und inhaltliche Umschreibung der einzelnen Teilqualitäten vgl. Donabedian, 1980, S. 79 ff. Eine weiterführende Qualitätsdefinition findet sich in Kaltenbach, 1991, S. 446 f. Für eine empirische Untersuchung zum Zusammenhang zwischen Prozess-, Struktur- und Ergebnisqualität vgl. Wübker, 2007, S. 77 f.
[377] Dies gilt unter der Voraussetzung, dass die Patienten die Qualität erkennen können. Hierzu vgl. Wübker/Sauerland/Wübker, 2010, S. 481 f.
[378] Dementsprechend würde umgekehrt bei negativen Deckungsbeiträgen das Defizit steigen und der finanzielle Spielraum zur Investition in qualitätssteigernde Maßnahmen potenziell sinken. Investitionen können ebenso dazu dienen, Kostenreduktionen zu realisieren. Grundsätzlich müssen positive patientenspezifische Deckungsbeiträge zunächst der Deckung von abteilungs- und/oder unternehmensbezogenen Fixkosten. Erst darüber hinausgehende Deckungsbeiträge erhöhen schließlich den Gewinn.
[379] Vgl. Horváth, 1987, S. 37, BDU, 2006, S. 245, Weber, 2009, S. 11, Horváth, 2009, S. 21.

Seit der Einführung der DRG-Fallpauschalen sind dem gesundheitsökonomischen Schrifttum vermehrt Ausführungen über die Notwendigkeit eines Krankenhauscontrolling zu entnehmen.[380] Ferner konstatieren einige Autoren eine bereits vollzogene Einführung eines Controlling in deutschen Krankenhäusern.[381] Den theoretischen Ausführungen steht allerdings lediglich eine geringe Anzahl an empirischen Untersuchungen zur Ausgestaltung des Controlling in Krankenhäusern sowie zu potenziellen Einflussfaktoren gegenüber.[382] Ebenso sind bislang keine empirischen Untersuchungen zum Zusammenhang zwischen der Wettbewerbsintensität und dem Einsatz des Controlling in Krankenhäusern durchgeführt worden.[383] Diese Forschungslücke soll nachfolgend auf Basis der Ergebnisse einer zwischen Juli und Oktober 2012 durchgeführten Befragung von 411 Akutkrankenhäusern geschlossen werden.

Die Untersuchung gliedert sich wie folgt: Der Analyse vorangestellt sind eine Beschreibung des institutionellen Rahmens (Kapitel 3.2) sowie eine Einführung in die Thematik des Krankenhauscontrolling (Kapitel 3.3). Das Controlling in deutschen Krankenhäusern ist schließlich Gegenstand des Kapitels 3.4. Nach einer Beschreibung des Forschungsstands (Kapitel 3.4.1) sowie des Forschungsdesigns (Kapitel 3.4.2) enthält Kapitel 3.4.3 einen Überblick über die deskriptiven Ergebnisse der Umfrage. Im Zuge des Kapitels 3.5 wird schließlich der Einfluss des Wettbewerbs auf die Controllingaktivitäten von Krankenhäusern untersucht.

3.2 Institutioneller Rahmen

Im Jahre 2012 haben auf deutschen Krankenhausdienstleistungsmärkten 1.608 Plankrankenhäuser und 34 Universitätskliniken akut-stationäre Krankenhausdienstleistungen angeboten.[384] Plankrankenhäuser sind solche Kliniken, die in die Bedarfspläne der Bundesländer aufgenommenen sind. Diese Kliniken dürfen damit ebenso wie Universitätskliniken mit den gesetzlichen (und privaten) Krankenversicherungen abrechnen.[385] Zugleich haben diese Häuser einen Anspruch auf die Finanzierung ihrer Investitionen durch die Länder (§ 9 KHG).

Krankenhäuser werden in Deutschland, wie in Kapitel 2.2.2 ausgeführt, nach einem sogenannten dualen System finanziert.[386] Die Erstattungen für die im Rahmen der erbrachten Diagnose- und Behandlungsdienstleistungen angefallenen Betriebskosten werden von den Trägern der Sozialversicherung übernommen.[387] Für die Höhe der Vergütungssätze ist die Höhe der tatsächlich anfallenden individuellen Kosten der Krankenhäuser irrelevant, wodurch der wirtschaftliche Erfolg nunmehr weitgehend im Verantwortungsbereich der Krankenhäuser

---

[380] Vgl. Bednarek, 2009, S. 29 ff., BDU, 2006, S. 245, Heß, 2005, S. 8, Weber et al., 2012, S. 13.
[381] Vgl. Ptak, 2009, S. 51, 231, Imdahl, 1994, S. 91, Eichhorn/Greiling, 2003, S. 38, Bär, 2011, S. 31, Kühlem, 2013, S. 94, Schirmer, 2010, S. 11.
[382] Vgl. hierzu die Ausführungen unter Punkt 3.4.1.
[383] Alleinig die theoretische Betonung des Controlling als Wettbewerbsfaktor findet sich bei Gary, 2013, S. 258.
[384] Vgl. Statistisches Bundesamt, 2014d, passim.
[385] Vgl. Statistisches Bundesamt, 2014c, S. 3.
[386] Dies geht aus § 2 Nr. 2, 4 KHG hervor.
[387] Hierzu und zur konkreten Ausgestaltung der Betriebskostenerstattung vgl. § 17b KHG.

liegt.[388] Investitionen werden ausweislich § 9 KHG von den Bundesländern getragen. Seit 2012 besteht die Möglichkeit der Wahl zwischen einer Pauschal- und/oder Antragsförderung (§ 10 Abs. 1 S. 5 KHG) und einer pauschalen Investitionsfinanzierung in Form von Zuschlägen auf die Fallpauschalen. Infolge des seit Jahren hinter dem erforderlichen Bedarf zurückbleibenden Investitionsvolumens besteht für Krankenhäuser ungeachtet der dualen Finanzierung das Erfordernis der eigenständigen Investitionsfinanzierung.[389] Ein Unterlassen von Ersatz- und/oder Erweiterungsinvestitionen kann über eine Veraltung der Technik zum einen negative Auswirkungen auf die Qualität haben und zum anderen über eine Erhöhung der Kosten den Erfolg von Krankenhäusern negativ beeinflussen.[390]

Weiterhin sind die Märkte für Krankenhausdienstleistungen durch ein Auseinanderfallen von Leistungsempfänger und Leistungsträger charakterisiert.[391] Indem Preise kein Auswahlkriterium für Patienten darstellen und sich die Höhe der Kostenerstattungen dem unmittelbaren Einfluss der Kliniken entzieht, entfällt der Preis als Wettbewerbsparameter.[392] Stattdessen erfolgt der Wettbewerb im Wesentlichen über die Qualität der Krankenhausdienstleistungen,[393] die wiederum in Form von Investitionen in Personal, die technische Infrastruktur sowie die Hotellerie des Krankenhauses finanziert werden muss. Über die Qualität der Diagnose- und Behandlungsprozesse sollen insbesondere Patienten mit hohen Deckungsbeiträgen gewonnenen werden.

Im Hinblick auf die Trägerschaft können in Deutschland öffentliche, freigemeinnützige und private Krankenhäuser unterschieden werden. Während sich das Formalziel öffentlicher und freigemeinnütziger Kliniken in der Regel auf Kostendeckungsziele beschränkt, verfolgen private Kliniken Gewinnerzielungsabsichten.[394] Nach Angaben des deutschen Krankenhausverzeichnisses des Statistischen Bundesamts sind 2012 unter den deutschen Plankrankenhäusern 575 öffentliche (35,20 %), 686 freigemeinnützige (41,78 %) und 381 private (23,20 %) Krankenhäuser gewesen.[395] Gemessen an der Anzahl vorgehaltener Planbetten sind private Kliniken mit durchschnittlich 205,78 Planbetten kleiner als die freigemeinnützigen, die mit 243,53 Betten wiederum kleiner sind als die öffentlichen Krankenhäuser mit 408,16 Planbetten.[396] Indem die Betriebs- und die Investitionskostenfinanzierung in Deutschland nicht von der Trägerschaft der Krankenhäuser beeinflusst wird, sind öffentliche, freigemeinnützige sowie pri-

---

[388] So auch Penter/Arnold, 2009, S. 24. Eine Ausnahme davon stellen die Sicherstellungszuschläge nach § 5 Abs. 2 KHEntgG dar, die Zuschläge auf die Fallpauschalen vorsehen, wenn Leistungen zur Krankenversorgung als unerlässlich erachtet werden, über die DRG-Pauschalen indes nicht kostendeckend erbracht werden können.
[389] Vgl. hierzu die Ausführungen unter Punkt 2.5.3.2.
[390] Vgl. Fischer, 1988, S. 135, Eichhorn, 1976, S. 152, Kuchinke, 2004, S. 34 f., Schmitz/Emmerich, 2011, S. 69. Zum Zusammenhang zwischen Qualität und Kosten vgl. Carey/Stefos, 2011, S. 126.
[391] Dies geht aus den §§ 1 und 2 SGB V hervor.
[392] So auch Coenen/Haucap/Herr, 2011, S. 3.
[393] Vgl. Tay, 2003, S. 787, Kuchinke/Kallfass, 2006, S. 997.
[394] Vgl. Fischer, 1988, S. 52 ff.
[395] Vgl. Statistisches Bundesamt, 2014d, passim.
[396] Vgl. Statistisches Bundesamt, 2014d, passim. Unterschiede in der Finanzierung der Häuser in Abhängigkeit der Trägerschaft existieren in Deutschland nicht.

vate Krankenhäuser von den beschriebenen Wirkungen der Krankenhausfinanzierung grundsätzlich gleichermaßen betroffen.[397] Die Notwendigkeit des Einsatzes betriebswirtschaftlicher Instrumente zur Anpassung des Unternehmens an die institutionellen Rahmenbedingungen wird aus theoretischer Sicht somit nicht von der Trägerschaft eines Krankenhauses beeinflusst. Indem alle Kliniken der gleichen Regulierung unterliegen, bedeutet dies einen vergleichbaren Kostendruck für alle Krankenhäuser ungeachtet ihrer Trägerschaft. Vermuten lassen sich daher ein vergleichbarer Einsatz der zur Unternehmenssicherung dienenden Instrumente sowie unterschiedlich umfangreiche Controllingaktivitäten von Krankenhäusern mit und ohne Gewinnerzielungsabsicht.

3.3   Zur Notwendigkeit eines Krankenhauscontrolling

Der institutionelle Rahmen, innerhalb dessen Krankenhäuser agieren, begründet eine Reihe von Herausforderungen für Krankenhäuser. Der Ausschluss der freien Preisbildung in Verbindung mit der von den individuellen Istkosten losgelösten Betriebskostenerstattung und dem bereits seit 1993 aufgehobenen Selbstkostendeckungsprinzip überträgt die Verantwortung für den wirtschaftlichen Erfolg auf die Krankenhäuser.[398] Den gedeckelten Kosten steht die Notwendigkeit von Investitionen in die Struktur-, Prozess- und Ergebnisqualität im Wettbewerb um Patienten gegenüber. Ein Verzicht auf die Analyse und Anpassung der strategischen Ausrichtung des Hauses unter Berücksichtigung der Konkurrenten sowie der Verzicht auf die Kenntnis, Planung, Steuerung und Kontrolle der Höhe der anfallenden Kosten führt c. p. kurzfristig zu negativen Auswirkungen auf die Erfolgssituation eines Klinikums und kann auf lange Sicht eine Gefährdung seines Bestands darstellen. Ein Instrument zur gezielten, kostenbewussten Steuerung des betrieblichen Leistungserstellungsprozesses stellt das Controlling dar.[399]

Der Fokus der Controllingtätigkeiten liegt im Bereich der Unterstützung des Managements im Hinblick auf die Planung und Koordination innerbetrieblicher Abläufe sowie den Steuerungs- und Entscheidungsprozess.[400] Die wesentlichen Aufgaben und Ziele sind insbesondere in der Erfüllung einer Planungs-, Steuerungs-,[401] Kontroll-[402] und Informationsversorgungsfunktion mit dem Zweck der tatsächlichen Realisation der Zielsetzungen des Unternehmens zu se-

---

[397] So auch Multerer, 2008, S. 21. Zum Controllingeinsatz unabhängig von der Trägerschaft der Krankenhäuser vgl. Eichhorn/Greiling, 2003, S. 38. Einen empirischen Beleg für nicht signifikant verschiedene Reaktionen von gewinn- und nicht gewinnorientierten Krankenhäusern in den USA auf die Einführung der DRG-Fallpauschalen vgl. Pauly, 1988, S. 20.
[398] Vgl. Schirmer, 2010, S. 13, Gerlinger, 2002, S. 127. Das Selbstkostendeckungsprinzip hat die Krankenversicherungen verpflichtet, die anfallenden Kosten ungeachtet ihrer Höhe zu übernehmen.
[399] Ähnlich Horváth/Seidenschwarz, 1990, S. 127. Zur Notwendigkeit eines Krankenhauscontrolling vgl. BDU, 2006, S. 245, Heß, 2005, S. 8.
[400] Vgl. Horváth, 1987, S. 37, Weber, 2009, S. 11, Horváth, 2009, S. 21, Horváth, 1979, S. 34.
[401] Der Begriff der Steuerung umschreibt nach Reichmann/Lachnit „[...] die materielle Vorbereitung für die Durchführung der Entscheidungen [...]". Reichmann/Lachnit, 1976, S. 705.
[402] Kontrolle kann als die Gegenüberstellung eines ermittelten Istwertes mit dessen Sollzustand umschrieben werden. Vgl. Reichmann/Lachnit, 1976, S. 705.

hen.[403] Der nachfolgenden Untersuchung wird somit bewusst ein breites Controllingverständnis und nicht lediglich eine spezifische Konzeption zugrunde gelegt, um alle Aktivitäten, die von Krankenhäusern dem Controlling zugeordnet werden, abbilden zu können.

Nach der Organisation des Controlling kann zwischen einem institutionellen und einem funktionalen Controlling unterschieden werden.[404] Während das institutionelle Controlling lediglich an die Existenz einer organisatorischen Einheit „Controlling" anknüpft, beschreibt das funktionale Controlling die tatsächliche Ausübung von Controllingaktivitäten.[405] Eine Kongruenz beider Gruppen ist möglich, jedoch nicht zwingend.[406]

Ferner lässt sich mit Blick auf den Zeitbezug das strategische von dem operativen Controlling abgrenzen.[407] Die strategische Analyse und Planung als Kernelemente des strategischen Controlling weisen einen langfristigen Bezugsrahmen auf.[408] Mit dem Ziel der Identifizierung und Sicherung von Erfolgspotenzialen sollen aufbauend auf der gegenwärtigen Situation sowohl die Potenziale sowie die Stärken und Schwächen des Unternehmens als auch die sich daraus ergebenden Chancen und Risiken analysiert werden.[409] Zudem gilt es, sowohl Kenntnisse über die wichtigsten Konkurrenten zu gewinnen als auch die eigene Position in Relation zu den Wettbewerbern zu betrachten.[410] Gegenstand des strategischen Controlling sind ausgehend von seinem Oberziel der nachhaltigen Existenzsicherung des Unternehmens folglich grundlegende Aspekte der Unternehmensführung, die der Anpassung an die Bedingungen der Märkte, auf denen ein Unternehmen agiert, dienen sollen.[411] Betroffen sind davon nicht zuletzt betriebswirtschaftliche Überlegungen zur Spezialisierung auf bestimmte Leistungen. In den Grenzen des von Krankenhäusern zu erfüllenden Versorgungsauftrags kann aufbauend auf den Ergebnissen des strategischen Controlling eine Ausrichtung des Leistungsangebots an den zu erzielenden Deckungsbeiträgen angestrebt werden.

---

[403] Vgl. Horváth, 1987, S. 37, Horváth/Seidenschwarz, 1990, S. 127, Scheffler, 1984, S. 2149. Zur Bedeutung von Planung, Steuerung und Kontrolle für Krankenhäuser vgl. Hoffmann, 1988, S. 213.
[404] Vgl. Horváth, 1981, S. 402, Horváth, 1987, S. 40, BDU, 2006, S. 33 ff., Pfohl, 1987, S. 148, Horváth/Seidenschwarz, 1990, S. 140 f.
[405] Vgl. Horváth, 1979, S. 29, Horváth, 1981, S. 402, BDU, 2006, S. 33 f., Horváth, 1987, S. 40, Schirmer, 2010, S. 15 f.
[406] Vgl. Horváth, 1979, S. 29.
[407] Vgl. Höhn, 1985, S. 41, BDU, 2006, S. 22 ff., Scheffler, 1984, S. 2149, Kellinghusen/Wübbenhorst, 1989, S. 709, Mann, 1977, S. 34, Mann, 1983, S. 465.
[408] Vgl. Scheffler, 1984, S. 2149, Schirmer, 2010, S. 80.
[409] Vgl. Ansoff/Declerck/Hayes, 1976, S. 48, Höhn, 1985, S. 48, Baum/Coenenberg/Günther, 2013, S. 79, Schirmer, 2010, S. 63 f., Roeder et al., 2004, S. 704. Zur Umwelt- und Umfeldanalyse vgl. Horváth, 1979, S. 42, Graevenitz/Würgler, 1983, S. 107 ff., Buchholz, 1993, S. 21. Die Forderung nach dem Einbezug von unternehmensexternen Informationen in die Unternehmensplanung findet sich auch in Picot/Maier, 1993, S. 40, Wieselhuber, 1983, S. 63 f., Ansoff/Declerck/Hayes, 1976, S. 42.
[410] Vgl. Scheffler, 1984, S. 2149, Höhn, 1985, S. 43, Horváth, 1981, S. 402, Horvath/Seidenschwarz, 1990, S. 127, Baum/Coenenberg/Günther, 2013, S. 79, Buchholz, 1993, S. 21, Klinge, 1967, S. 24, Hensen et al., 2003, S. 384, Becker/Beck, 2006, S. 204, Ritschel/Schulze, 2012, S. 35. Zur Existenzsicherung als Oberziel des strategischen Controlling vgl. Scheffler, 1984, S. 2149, Baum/Coenenberg/Günther, 2013, S. 8, Vagts, 2010, S. 205, Mann, 1977, S. 34, Pfohl, 1987, S. 150 f., Maier, 2014, S. 108.
[411] So auch Greiling/Muszynski, 2008, S. 55, Dumont du Voitel, 1990, S. 124, Multerer, 2008, S. 18. Ähnlich Ansoff/Declerck/Hayes, 1976, S. 44.

Aus den Ergebnissen des strategischen Controlling müssen kurzfristige Ziele und Maßnahmen innerhalb des operativen Controlling abgeleitet werden.[412] Eine alleinige Analyse finanzwirtschaftlicher und/oder medizinischer Kennzahlen oder eine bloße Kosten- und Leistungsrechnung greift daher zu kurz und stellt kein funktionales Controlling dar.[413] Vielmehr müssen Strategien entwickelt, operationalisiert sowie im Rahmen der operativen und strategischen Kontrolle auf ihre Güte überprüft werden. Hierfür sind wiederum eine nach betriebswirtschaftlichen Standards ausgestaltete Kosten- und Leistungsrechnung sowie darauf aufbauende Analysen wie die Deckungsbeitragsrechnung oder die Break-even-Analyse erforderlich. Zudem bedarf es der Analyse finanzwirtschaftlicher Kennzahlen zur kurzfristigen Erfolgskontrolle und der Ermittlung des Zielerreichungsgrads für eine Rückkopplung auf die Ebene der strategischen Planung.[414] Demzufolge kann lediglich eine Integration aus strategischem und operativem Controlling als funktional bezeichnet werden, da alleinig hierüber die Planungs-, Steuerungs- und Kontrollfunktion des Controlling erfüllt werden kann.[415]

Deutlich werden diese Überlegungen vor dem Hintergrund der im vorigen Kapitel beschriebenen Wettbewerbssituation auf den Krankenhausdienstleistungsmärkten.[416] Einen wesentlichen Wettbewerbsparameter stellt die Qualität der Kliniken dar.[417] Die Bedeutung der Qualität als Auswahlkriterium lässt sich über ihren essenziellen Einfluss auf die Erreichung des Behandlungsziels, die Erhaltung oder Verbesserung des Gesundheitszustandes eines Individuums, und die Bedeutung der Gesundheit für das Wohlbefinden und die Fähigkeit zur Einkommenserzielung von Individuen begründen.[418] Im Wettbewerb kann daher jenes Haus einen Vorteil gegenüber Konkurrenten erzielen, welchem es über Investitionen in die Qualität gelingt, die Qualität über das Qualitätsniveau der Konkurrenten zu heben und dadurch die Auswahlentscheidung potenzieller Patienten im Sinne des eigenen Hauses positiv zu beeinflussen. Investitionen müssen von Krankenhäusern jedoch zunehmend aus eigenen Mitteln finanziert werden. Die dazu erforderlichen Überschüsse können im beschriebenen Regulierungsszenario im Wesentlichen über eine Kostensenkung erwirtschaftet werden. Der ausschließliche Einsatz operativer Instrumente zu diesem Zweck greift allerdings zu kurz, da der langfristige Bezugsrahmen vernachlässigt wird.

---

[412] Vgl. Kellinghusen/Wübbenhorst, 1989, S. 709, Horvath/Seidenschwarz, 1990, S. 128.
[413] Vgl. Höhn, 1985, S. 47, Baum/Coenenberg/Günther, 2013, S. 78, Hahn/Hungenberg, 2001, S. 47, Horngren, 1974, S. 4, Mann, 1977, S. 34, Kölbel, 1974, S. 595, Horváth, 1979, S. 48, Hasenack, 1967, S. 172.
[414] Vgl. Vagts, 2010, S. 204, Wieselhuber, 1983, S. 78, Mann, 1983, S. 467. Zur Bedeutung von Soll-Ist-Vergleichen vgl. Horvath/Seidenschwarz, 1990, S. 126, Riebel, 1977, S. 94, Ambos, 1974, S. 525, Asser, 1974, S. 634, Kölbel, 1974, S. 595 f., Mann, 1983, S. 469, Schönfeld, 1933, S. 26.
[415] Die Forderung nach einer Integration aus operativem und strategischem Controlling findet sich auch in Kellinghusen/Wübbenhorst, 1989, S. 709, Scheffler, 1984, S. 2149, Mann, 1977, S. 37, Dumont du Voitel, 1990, S. 128, Horváth, 1990, S. 189.
[416] Zur Betonung der Würdigung des institutionellen Rahmens im Zuge der Unternehmensplanung und -steuerung vgl. Roeder et al., 2004, S. 703 f., Fleßa/Ehmke/Hermann, 2006, S. 585 f., Vera, 2009, S. 15.
[417] Vgl. Schmid, 2007, S. 171, Kölking, 2007, S. 38, Arnold/Geisbe, 2003, S. 56, Pouvourville, 2003, S. 181.
[418] Vgl. Dublin/Lotka, 1946, S. 138 ff., Mushkin/Collings, 1972, S. 394 f., Fischer, 1988, S. 46. Ähnlich Mushkin, 1972, S. 383. Zu den volkswirtschaftlichen Kosten fehlender Gesundheit vgl. Weisbrod, 1961, S. 8, 30.

Alleinig die Ermittlung der Höhe aller anfallenden Kosten ermöglicht weder eine Beeinflussung des Kostenniveaus noch eine langfristige Existenzsicherung. Die Unternehmenssteuerung alleinig anhand kurzfristiger Optimierungen birgt die Gefahr von Fehlentscheidungen.[419] Wird auf ein strategisches Controlling verzichtet, erfahren die essenziellen Aspekte des Wettbewerbsumfelds keine Berücksichtigung. Da sich diese Faktoren jedoch langfristig auf die Bedingungen, unter denen Krankenhäuser agieren, auswirken, können sie zu einer Änderung der Vorteilhaftigkeit einer aus kurzfristiger Perspektive optimalen Entscheidung führen.[420] Zugleich wirken sich nicht zuletzt die institutionellen Rahmenbedingungen auf das Kostenniveau aus. Zur Vermeidung einer myopischen Optimierung ist die Berücksichtigung grundsätzlicher Aspekte des Wettbewerbsumfeldes notwendig.[421] Alle innerbetrieblichen Prozesse müssen an den langfristigen Zielen des Unternehmens unter Würdigung des bestehenden institutionellen Rahmens ausgerichtet werden.[422] Nicht zuletzt müssen Investitionen Bestandteil der langfristigen Planung sein.[423] Investitionsentscheidungen bedürfen sowohl der Kenntnis der Chancen und Risiken des institutionellen Rahmens als auch der eigenen Stärken, Schwächen und Potenziale in Relation zu den bedeutendsten Konkurrenten, wenn durch sie Wettbewerbsvorteile erzielt werden sollen. Ein Controlling kann demzufolge lediglich dann funktional sein, wenn es sowohl strategische als auch operative Controllinginstrumente umfasst.

3.4 Krankenhauscontrolling in Deutschland – Empirische Auswertung

3.4.1 Stand der Forschung

Dem im gesundheitsökonomischen Schrifttum konstatierten Vollzug der Einführung eines Krankenhauscontrolling steht lediglich eine geringe Anzahl an empirischen Studien zur Beschreibung des tatsächlichen Entwicklungsstands gegenüber. Für Deutschland beschränken sich diese im Wesentlichen auf die Arbeiten von Lachmann (2011), Gary (2013), Crasselt/Heitmann/Maier (2014) und Schulze (2014).

Auf Basis einer an 600 Krankenhausdirektoren gerichteten Umfrage im Mai 2009, an der sich 121 Kliniken beteiligten,[424] gelangt Lachmann zu dem Befund eines geringen Verbreitungsgrads sowohl operativer als auch strategischer Controllinginstrumente, wobei der Entwick-

---

[419] Vgl. Brink, 1970, S. 794.
[420] Vgl. BDU, 2006, S. 23. Grundlegend hierzu vgl. Czermin, 1974, S. 817.
[421] Vgl. Drucker, 1954, S. 56. Zur Notwendigkeit eines strategischen Controlling in Krankenhäusern vgl. Horváth, 2009, S. 29, Vagts, 2010, S. 204, Schirmer, 2010, S. 70 f.
[422] Die Notwendigkeit der wirtschaftlichen Leistungserstellung kann nicht nur den privaten, sondern zugleich den öffentlichen und freigemeinnützigen Krankenhäusern unterstellt werden. Sie sind von der Deckelung der Erlöse ebenso betroffen wie private Kliniken. Ferner sind der Möglichkeit der Defizitübernahme sowohl durch die öffentliche Hand als auch durch karitative und kirchliche Träger mittel- bis langfristig Grenzen gesetzt. So auch Multerer, 2008, S. 21.
[423] Vgl. Fischer, 1988, S. 135.
[424] Vgl. Lachmann, 2011, S. 113.

lungsstand des strategischen zudem hinter dem des operativen Controlling zurückbleibt.[425] Im Gegensatz dazu diagnostiziert Gary ein ausgereiftes Controlling.[426] Aufgrund des geringen Stichprobenumfangs von lediglich 64 Krankenhäusern, der Begrenzung auf Krankenhäuser mit einer Mindestbettenzahl von 200 sowie der fehlenden Definition der Formulierung „ausgereiftes Controlling" sind valide Aussagen weder über die institutionelle Ausgestaltung des Controlling noch über Art und Umfang der in deutschen Krankenhäusern zur Anwendung gelangenden Controllinginstrumente möglich.[427]

Die Studie von Crasselt/Heitmann/Maier basiert auf einer Befragung aller deutschen Krankenhäuser, an der sich im Jahre 2014 mit 145 Kliniken lediglich 7 % der deutschen Kliniken beteiligten.[428] Die Repräsentativität der Ergebnisse ist somit stark eingeschränkt. Des Weiteren ist die Studie zwar breit ausgelegt, beispielsweise werden das Berichtswesen, das Investitions- und das Risikocontrolling betrachtet, allerdings beschränken sich die Ausführungen jeweils auf eine überblicksartige Schilderung. Eine detaillierte Analyse der konkret zur Anwendung gelangenden Instrumente findet nicht statt.[429] Eine umfassende Beschreibung des Einsatzes von strategischen und operativen Controllinginstrumenten enthält die Studie von Schulze (2014).[430] Die Beschränkung der Untersuchung auf sächsische Kliniken lässt jedoch keine Verallgemeinerung der Ergebnisse für die Gesamtheit der deutschen Krankenhäuser zu.[431]

Aussagen über die institutionelle Ausgestaltung sowie die Funktionalität des deutschen Krankenhauscontrolling sind auf Basis der bisherigen Untersuchungen ebenso wenig möglich wie Aussagen über die seiner Einführung zugrundeliegenden Ursachen. Diese Forschungslücke soll nachfolgend geschlossen werden.

3.4.2 Daten

Die der Analyse zugrundeliegenden Daten wurden zwischen Juli und Oktober 2012 im Rahmen einer Primärerhebung gewonnen. Der dazu verwandte Fragebogen wurde an alle deutschen Plankrankenhäuser und Universitätskliniken versandt.[432] Gerichtet wurde der Fragebogen an den jeweiligen Leiter der Abteilung für kaufmännisches Controlling.[433] Existierte kei-

---

[425] Vgl. Lachmann, 2011, S. 130. Die Ergebnisse finden sich auch in Berens/Lachmann/Wömpener, 2011, S. 52 ff.
[426] Vgl. Gary, 2013, S. 254.
[427] Die Anzahl der Krankenhäuser mit weniger als 200 Betten belief sich 2012 nach Angaben des Statistischen Bundesamts auf 832. Vgl. Statistisches Bundesamt, 2014d, passim.
[428] Vgl. Crasselt/Heitmann/Maier, 2014, S. 9.
[429] Vgl. Crasselt/Heitmann/Maier, 2014, S. 15 ff.
[430] Vgl. Schulze, 2014, S. 111 ff.
[431] Zu der Untersuchung zugrundeliegenden Stichprobe vgl. Schulze, 2014, S. 96 f.
[432] Die Auswahl der Krankenhäuser basierte auf den Angaben des Statistischen Bundesamts. Vgl. Statistisches Bundesamt, 2014d, passim.
[433] Der Differenzierung zwischen medizinischem und kaufmännischem Controlling wurde auf diesem Wege Rechnung getragen.

ne solche, wurde stattdessen der Leiter der Abteilung für Rechnungswesen oder der kaufmännische Direktor kontaktiert. Über die grundlegenden Fragen zur Größe und Art des Krankenhauses hinaus enthielt der standardisierte Fragebogen Fragen zur institutionellen Ausgestaltung des Controlling sowie zur Anwendung und zur Anwendungshäufigkeit ausgewählter Controllinginstrumente. Für die Instrumente des funktionalen Controlling wurde ein Katalog von Instrumenten erarbeitet. Die Auswahl erfolgte sowohl auf der Grundlage der vorhandenen Literatur als auch anhand der Fragestellung, unter Zuhilfenahme welcher Instrumente die Planungs-, Steuerungs- und Kontrollfunktion des Controlling am effektivsten ausgeführt werden kann.[434] Differenziert nach operativem und strategischem Controlling wurden nachfolgende Instrumente ausgewählt: (1) Kostenarten-, (2) Kostenstellen- und (3) Kostenträgerrechnung, (4) Break-even-Analyse, (5) Deckungsbeitragsrechnung, (6) Prozess- und (7) Zielkostenrechnung[435], (8) Differenzierung zwischen Voll- und Teilkosten im Rahmen der Kostenrechnung,[436] (9) Plankostenrechnung, (10) klinische Behandlungspfade sowie sowohl die krankenhausspezifischen Kennzahlen (11) Patientenzufriedenheit, (12) Einweisungsstruktur, (13) Auslastungsgrad und (14) Verweildauer der aufgenommenen Patienten als auch die betriebswirtschaftlichen Kennzahlen (15) Cashflow, (16) Liquiditätsgrade, (17) Eigenkapitalrentabilität und (18) Marktanteil im Rahmen einer Kennzahlenanalyse für das operative Controlling und die (19) Konkurrenten-, (20) Portfolio-, (21) SWOT-, (22) Potenzial-, (23) Lückenanalyse, die (24) Balanced Scorecard sowie das (25) Benchmarking für das strategische Controlling.

Die 411 erhaltenen vollständig ausgefüllten Fragebögen führen zu einer Rücklaufquote i. H. v. 25,77 %. Eine Gegenüberstellung der Anteile öffentlicher, freigemeinnütziger und privater Krankenhäuser des Samples im Vergleich zur Grundgesamtheit kann Tabelle 1 entnommen werden.[437] Zudem enthält sie eine Übersicht des nach Größenklassen differenzierten

---

[434] Zu den einzelnen Instrumenten vgl. Höhn, 1985, S. 46, Horváth, 1987, S. 38, Scheffler, 1984, S. 2150, Graumann/Schmidt-Graumann, 2011, S. 463 ff., BDU, 2006, S. 249 ff., Maier, 2014, S. 115 ff. Obgleich es sich bei den abgefragten Instrumenten um die wesentlichen traditionellen Controllinginstrumente handelt, ist mit der Auswahl der Instrumente ein gewisses Maß an Subjektivität verbunden. Grundsätzlich können sich bei alternativer Zusammenstellung der Instrumente zu den nachstehenden Ergebnissen abweichende Resultate einstellen. Aussagen zur Ausgestaltung des deutschen Krankenhauscontrolling können daher lediglich bezüglich der grundlegenden und traditionellen Controllinginstrumente, der der Sicherung des Unternehmensbestands und der darüber hinausgehenden Verbesserung des Unternehmensergebnisses dienen, getroffen werden.

[435] Die Anwendbarkeit der Zielkostenrechnung im Krankenhaus könnte kritisch diskutiert werden, als diese originär der Kostenplanung physischer Produkte dient. Ihrem Ziel nach, der Kalkulation von Stückkosten bei gegebenem (Absatz-)Preis entspricht sie jedoch dem Gedanken des DRG-Systems, in dem ein Festpreis gesetzt ist und Krankenhäuser bestrebt sind, ihre Kostenhöhe diesen Wert nicht überschreiten zu lassen.

[436] Bei der nach variablen und fixen Kosten differenzierten Kostenerfassung im Rahmen der Kostenrechnung handelt es sich um kein Controllinginstrument als solches, sondern vielmehr um die Ausgestaltung der Kostenrechnung. Vgl. Johnson, 1968, S. 43. Da Instrumente wie die Deckungsbeitragsrechnung und die Break-even-Analyse aber eine Differenzierung zwischen variablen und fixen Kosten erfordern, wurde diese dennoch in die Liste der Controllinginstrumente aufgenommen.

[437] Die Angaben zur Anzahl der öffentlichen, freigemeinnützigen und privaten Krankenhäuser an der Grundgesamtheit basieren auf den Angaben des deutschen Krankenhausverzeichnisses. Vgl. Statistisches Bundesamt, 2014d, passim. Grundsätzlich kann nicht ausgeschlossen werden, dass sich insbesondere Kliniken mit einer Vielzahl eingesetzter Controllinginstrumente im Sample befinden. Im Ergebnis würde der Entwicklungsstand

Rücklaufs im Vergleich zu den in den einzelnen Klassen in der Grundgesamtheit vorhandenen Krankenhäusern.

Tabelle 1: Rücklauf nach Trägern und Bettenkapazität

Krankenhäuser	Grundgesamtheit n = 1642	Teilnehmende Krankenhäuser n = 411
Anteile der Krankenhäuser nach Trägerschaft		
öffentlich	.350	.380
freigemeinnützig	.418	.438
privat	.232	.183
Anteile der Krankenhäuser nach Bettenkapazität		
bis 99 Betten	.228	.090
100 - 199 Betten	.262	.200
200 - 499 Betten	.377	.438
500 und mehr Betten	.134	.273

Quelle: Eigene Darstellung.

Wie Tabelle 1 entnommen werden kann, sind die öffentlichen und freigemeinnützigen Krankenhäuser unter den Befragten leicht überrepräsentiert, während die privaten leicht unterrepräsentiert sind. Ferner weicht die relative Anzahl der in den einzelnen Größenkategorien vorhandenen Krankenhäuser innerhalb des Samples von denen in der Grundgesamtheit ab. Die beschriebenen Abweichungen können zu verzerrten Ergebnissen führen, wenn diese bei der Verallgemeinerung der Ergebnisse nicht berücksichtigt werden.

Die Angaben zur Anzahl vorgehaltener Planbetten, zur Trägerschaft sowie zur Art des Krankenhauses basieren auf dem deutschen Krankenhausverzeichnis.[438] Die Angaben zum durchschnittlich verfügbaren Einkommen, zur Bevölkerungsdichte sowie zum Altenquotienten des Kreises, in dem sich ein Krankenhaus befindet, entstammen den Angaben des Statistischen Bundesamts.

3.4.3 Deskriptive Analyse

3.4.3.1 Institutionelles Controlling

Der Begriff des institutionellen Controlling knüpft inhaltlich an die Existenz einer organisatorischen Einheit „Controlling" ungeachtet ihrer Ausgestaltung an. Aufgrund der einfachen Abgrenzbarkeit konnte die Einordnung der Krankenhäuser zu einer der Gruppen „Krankenhaus mit institutionellem Controlling" und „Krankenhaus ohne institutionelles Controlling" unmittelbar anhand der Angaben der Befragten im Fragebogen erfolgen. Die Ergebnisse sind in nachfolgender Tabelle 2 zusammengefasst:

---

des deutschen Krankenhauscontrolling dadurch überschätzt werden. Die Problematik der Selbstselektion ist empirischen Untersuchungen anhand von Fragebögen jedoch stets inhärent.
[438] Vgl. Statistisches Bundesamt, 2014d, passim.

Tabelle 2: Verbreitung des institutionellen Controlling nach Trägern

	Institutionelles Controlling	
	Mittelwert	Standardabweichung
öffentlich	.955	.208
freigemeinnützig	.961	.194
privat	.947	.226
Gesamtheit	.956	.205

Quelle: Eigene Darstellung.

Bei dem institutionalisierten Controlling handelt es sich gewissermaßen um einen Standard unter den Krankenhäusern des Samples. Diesbezüglich ergeben sich zwischen Krankenhäusern verschiedener Träger lediglich geringe Unterschiede: Eine Organisationseinheit „Controlling" besteht in 94,67 % der privaten, 95,51 % der öffentlichen und 96,11 % der freigemeinnützigen Krankenhäuser.

Weiterhin von Interesse ist der Zeitpunkt, zu dem das Controlling eingeführt wurde. Differenziert wird dabei zwischen einer Einführung seit dem Jahre 2002 in Antizipation und/oder Reaktion auf den Übergang zum fallpauschalen Entgeltsystem und einer Einführung des institutionellen Controlling vor 2002. Einen Überblick hierüber gibt Tabelle 3:

Tabelle 3: Zeitpunkt der Einführung des institutionellen Controlling nach Trägerschaft

	Institutionelles Controlling			
	Einführung bis 2001		Einführung seit 2002	
	Mittelwert	Standardabweichung	Mittelwert	Standardabweichung
öffentlich	.118	.324	.882	.324
freigemeinnützig	.088	.284	.912	.284
privat	.099	.300	.901	.300
Gesamtheit	.102	.303	.892	.303

Quelle: Eigene Darstellung.

Die Mehrheit der Krankenhäuser (89,20 %), die im Umfragezeitpunkt über ein institutionelles Controlling verfügten, hat dieses nach dem Jahr 2001 eingeführt. Von den privaten Kliniken des Samples verfügten lediglich 9,90 % bereits 2001 über eine Controllingabteilung. Unter den öffentlichen und freigemeinnützigen waren es 11,80 % und 8,80 %. Während ein institutionelles Controlling im Management von Plankrankenhäusern und Universitätskliniken 2012 weit verbreitet war, stellte es bis zum Jahr 2001 noch eine Ausnahme dar.

3.4.3.2 Funktionales Controlling

Das funktionale Controlling knüpft im Gegensatz zum institutionellen Controlling an die Ausübung einer spezifischen Tätigkeit und demzufolge an inhaltliche Aspekte des Controlling an. Die Funktionalität des Controlling bestimmt sich somit über Art und Umfang der eingesetzten Instrumente. Eine Übersicht über die in den Krankenhäusern des vorliegenden Samples angewandten Controllinginstrumente kann Tabelle 4 entnommen werden. Zudem dient Abbildung 3 der graphischen Veranschaulichung der Ergebnisse. Die Ziffern auf der Abszisse entsprechen den der den einzelnen Controllinginstrumenten in Tabelle 4 auf Seite 87 zugeordneten Ziffern und repräsentieren die entsprechenden Instrumente:

Tabelle 4: Instrumente des funktionalen Controlling

	öffentlich		freigemeinnützig		privat		Summe	
	Mittelwert	Standardabweichung	Mittelwert	Standardabweichung	Mittelwert	Standardabweichung	Mittelwert	Standardabweichung
Kostenartenrechnung (1)	.929	.257	.939	.240	.973	.162	.942	.235
Kostenstellenrechnung (2)	.929	.257	.928	.260	.947	.226	.932	.252
Kostenträgerrechnung (3)	.327	.471	.244	.431	.600	.493	.341	.474
Plankostenrechnung (4)	.487	.501	.422	.495	.427	.498	.448	.498
Deckungsbeitragsrechnung (5)	.519	.501	.600	.491	.653	.479	.579	.494
Differenzierung Voll- und Teilkosten (6)	.558	.498	.517	.501	.560	.500	.540	.499
Liquiditätsgrade (7)	.724	.448	.644	.480	.640	.483	.674	.469
Konkurrentenanalyse (8)	.192	.395	.167	.374	.200	.403	.182	.387
SWOT-Analyse (9)	.115	.321	.056	.230	.107	.311	.088	.283
Zielkostenrechnung (10)	.231	.423	.111	.315	.080	.273	.151	.358
Prozesskostenrechnung (11)	.038	.193	.022	.148	.080	.273	.039	.194
Verweildauer (12)	.987	.113	.978	.148	.987	.115	.983	.130
Einweisungsstruktur (13)	.686	.466	.739	.440	.813	.392	.732	.443
Patientenzufriedenheit (14)	.718	.451	.772	.421	.880	.327	.771	.421
Cashflow (15)	.699	.460	.590	.493	.600	.493	.633	.483
Break-even-Analyse (16)	.090	.287	.044	.207	.053	.226	.063	.244
Potenzialanalyse (17)	.128	.335	.122	.328	.213	.412	.141	.349
Portfolioanalyse (18)	.173	.380	.194	.397	.240	.430	.195	.396
Clinical Pathways (19)	.090	.287	.056	.230	.107	.311	.078	.268
Balanced Scorecard (20)	.141	.349	.128	.335	.120	.327	.131	.338
Benchmarking (21)	.686	.466	.633	.483	.760	.430	.676	.468
Eigenkapitalrentabilität (22)	.641	.466	.584	.494	.667	.475	.621	.486
Marktanteil (23)	.224	.419	.233	.424	.333	.475	.248	.432
Auslastungsgrad (24)	1.00	.000	1.00	.000	1.00	.000	1.00	.000
GAP-Analyse (25)	.019	.138	.061	.240	.040	.197	.041	.199

Quelle: Eigene Darstellung.

Über alle Träger hinweg zeigen im vorliegenden Sample ausschließlich die Kostenarten- (94,20 %) und die Kostenstellenrechnung (93,20 %) als Elemente der Kosten- und Leistungsrechnung sowie die Berechnung der Verweildauer (98,30 %) und des Auslastungsgrads (100,00 %) als Teil einer Kennzahlenanalyse einen hohen Anwendungsgrad auf, wobei die Kostenarten- und Kostenstellenrechnung nach § 8 KHBV für alle Krankenhäuser verpflichtend vorgeschrieben sind.[439] Im Gegenzug ist die praktische Relevanz der Kostenträgerrech-

---

[439] Nach § 9 KHBV sind alle Krankenhäuser mit einer maximalen Bettenzahl von 100 sowie Krankenhäuser mit nur einer bettenführenden Abteilung von den Vorgaben in § 8 KHBV befreit. Zur Kostenartenrechnung vgl.

nung mit einem Verbreitungsgrad i. H. v. 32,70 % unter den öffentlichen, 24,40 % unter den freigemeinnützigen und 60,00 % unter den privaten Krankenhäusern deutlich geringer.[440] Eine Analyse der tatsächlich für einen Behandlungsfall entstandenen Kosten scheint in Krankenhäusern derzeit für die Planung, Steuerung und Kontrolle des Behandlungsprozesses von geringer Bedeutung zu sein. Kenntnis der für die Behandlung eines Patienten angefallenen Kosten besitzt somit lediglich ein Drittel (34,10 %) der Krankenhäuser.

Abbildung 3: Instrumente des funktionalen Controlling

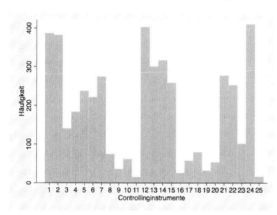

Quelle: Eigene Darstellung.

Die der Planung der anfallenden Kosten und der Wirtschaftlichkeitskontrolle dienende Plankostenrechnung ist in 44,80 % der Krankenhäuser Bestandteil des Controlling.[441] Die Vorgabe von Kostenzielen ist ungeachtet der Begrenzung der Kostenerstattungen auf ein durchschnittliches Kostenniveau für weniger als die Hälfte der Krankenhäuser von Bedeutung. Unter Würdigung der Kostenobergrenze wäre aus theoretischer Sicht eine höhere Verbreitung der Plankostenrechnung zu erwarten gewesen, um über die Vorgabe von Sollkosten in Verbindung mit einer Wirtschaftlichkeitskontrolle eine Überschreitung des DRG-Kostenniveaus zu vermeiden. Die finanzwirtschaftlichen Kennzahlen Cashflow (63,30 %), Liquiditätsgrade (67,40 %) und Eigenkapitalrentabilität (62,10 %) werden in etwa zwei Dritteln der Krankenhäuser angewandt.[442] Die theoretische Notwendigkeit der Überwachung der finanziellen Lage

---

Wahle, 1989, S. 14, Mellerowicz, 1974, S. 234 f., Schmalenbach, 1934, S. 125 f. Zur Kostenstellenrechnung vgl. Schmalenbach, 1934, S. 219 f., Plützer, 1974, S. 69 f., Mellerowicz, 1974, S. 278 f.
[440] Grundsätzlich zur Kostenträgerrechnung vgl. Ossadnik, 2008, S. 53, Wahle, 1989, S. 126. Zu den Vorteilen des Einsatzes einer Kostenträgerrechnung in Krankenhäusern vgl. Larbig/Ackermann, 2008, S. 336, Ptak, 2009, S. 61, Brösel/Köditz/Schmitt, 2004, S. 252, Mansky/Mack, 1996, S. 131, Keun/Prott, 2008, S. 157, Tauch, 2003, S. 22, Laufer, 1988, S. 266 f., Simon, 2000, S. o. A.
[441] Zur Bedeutung der Plankostenrechnung für die Wirtschaftlichkeitskontrolle vgl. Brink, 1970, S. 794, Kölbel, 1974, S. 604, Layer, 1976, S. 99 f.
[442] Eine Schilderung der Notwendigkeit einer Kennzahlenanalyse findet sich in Kölbel, 1974, S. 602. Eine Darstellung der Liquiditätsgrade kann Hunger/Latteyer, 1974, S. 717 entnommen werden. Zur Eigenkapitalrentabilität vgl. Hunger/Latteyer, 1974, S. 718. Grundlegend zur Rentabilität vgl. Mellerowicz, 1926, S. 8.

eines Klinikums wird demnach von den Umfrageergebnissen weitgehend reflektiert. Zugleich jedoch verzichtet ein Drittel der Häuser auf finanzwirtschaftliche Analysen. Eine Deckungsbeitragsrechnung zählt in 57,90 % der Kliniken des Samples zum regelmäßig angewandten Instrumentarium.[443] Im Umkehrschluss sind rund 42,10 % der Krankenhäuser nicht in der Lage, Aussagen darüber zu treffen, ob mit der Behandlung von Patienten einer bestimmten Fallgruppe Gewinne oder Verluste erwirtschaftet werden. Die Anzahl der Patienten innerhalb einer DRG, einer Abteilung oder des Krankenhauses, ab derer Gewinne erzielt werden, wird von weniger als einem Zehntel (6,30 %) der Häuser ermittelt.[444] Wirtschaftlichkeitsanalysen auf der Ebene des Behandlungsfalls stellen bisher keinen Standard im Krankenhauscontrolling dar.

Für die Instrumente des strategischen Controlling muss insgesamt ein geringer Verbreitungsgrad konstatiert werden. Abgesehen vom Benchmarking mit einer Anwendung in 68,60 % der öffentlichen und 63,30 % der freigemeinnützigen sowie 76,00 % der privaten Kliniken wird keines der im Fragebogen enthaltenen strategischen Controllinginstrumente in mehr als 20,00 % der Krankenhäuser eingesetzt. Eine Konkurrentenanalyse gehört in 18,20 % der Häuser zum funktionalen Controlling, eine SWOT-Analyse in 8,80 %, eine Portfolioanalyse in 19,50 % und eine Potenzialanalyse in 14,10 % der Kliniken. Zudem gaben 13,10 % der Krankenhäuser an, eine Balanced Scorecard als Bindeglied zwischen strategischer und operativer Planung zu verwenden. Eine Veränderung der langfristigen Ausrichtung des Unternehmens an die institutionellen Rahmenbedingungen ist offenbar für Krankenhäuser nicht von Bedeutung. Die Analyse der grundlegenden Aspekte der Unternehmensführung, wie die Chancen und Risiken für das Unternehmen, seine wesentlichen Stärken und Schwächen oder das Verhalten der Konkurrenten stellt eher eine Ausnahme als den Regelfall im Krankenhauscontrolling dar. Somit verzichtet die Mehrheit der Kliniken auf die Würdigung jener Faktoren, die sich langfristig auf die Kostensituation und somit nicht zuletzt auf dessen Bestand am Markt auswirken.

Während zwischen öffentlichen, freigemeinnützigen und privaten Krankenhäusern mit Blick auf die Existenz eines institutionellen Controlling lediglich geringe Unterschiede hervortraten, variieren Art und Umfang der eingesetzten Controllinginstrumente mit der Trägerschaft. Für den Großteil der abgefragten Instrumente weisen die privaten Krankenhäuser einen höheren Anwendungsgrad auf als öffentliche und freigemeinnützige. Insbesondere auf operativer Ebene gelangt in Krankenhäusern mit Gewinnerzielungsabsicht eine höhere Anzahl an Controllinginstrumenten zur Anwendung als in Häusern ohne Gewinnerzielungsabsicht. Die Bedeutung strategischer Controllinginstrumente scheint für die privaten Kliniken zwar höher zu sein als für die öffentlichen und freigemeinnützigen. Unter Würdigung der Ergebnisse in Tabelle 4 ist sie bisher dennoch als gering zu bezeichnen.

---

[443] Grundlegend zur Deckungsbeitragsrechnung vgl. Schneider, 1967, S. 70 ff., Vörös, 1971, S. 147, Bobsin, 1974, S. 41 ff., 59 ff., Gabriel, 1974, S. 125 ff., Riebel, 1977, S. 100, Layer, 1976, S. 111.
[444] Zu den theoretischen Grundlagen der Break-even-Analyse vgl. Zastrau, 1974, S. 277 ff., Mellerowicz, 1980, S. 87 ff., Horsch, 2015, S. 221 ff.

Mit dem Controllingeinsatz können in verschiedenen Krankenhäusern unterschiedliche Ziele verfolgt werden, die sich bei Betrachtung des funktionalen Controlling als Summe aller abgefragten Instrumente nicht abbilden lassen. Um dieser Überlegung Rechnung zu tragen, werden die im Fragebogen enthaltenen Instrumente in drei Kategorien eingeteilt: Kategorie 1 beinhaltet die aus betriebswirtschaftlicher Sicht für die Unternehmensführung unerlässlichen Instrumente. Die zweite Kategorie umfasst Instrumente, die aufbauend auf den Instrumenten der Kategorie 1 über die bloße Existenzsicherung hinaus eine Verbesserung des Unternehmensergebnisses ermöglichen sollen. Der Kategorie 3 werden schließlich die Instrumente, welche für das Bestehen am Markt nicht zwingend erforderlich sind, im Management von Krankenhäusern jedoch in Ergänzung zu den Instrumenten der ersten und zweiten Kategorie einen zusätzlichen Nutzen generieren können, zugeordnet.[445] Eine Übersicht über die in den einzelnen Kategorien enthaltenen Instrumente ist in Tabelle 5 dargestellt:

Tabelle 5: Kategorisierung des Controllingeinsatzes

	Controllinginstrumente		
Kategorie 1	Kostenartenrechnung	Kostenstellenrechnung	Kostenträgerrechnung
	Plankostenrechnung	Deckungsbeitragsrechnung	Differenzierung Voll- und Teilkosten
	Liquiditätsgrade	Konkurrentenanalyse	SWOT-Analyse
Kategorie 2	Zielkostenrechnung	Prozesskostenrechnung	Break-even-Analyse
	Verweildauer	Patientenzufriedenheit	Einweisungsstruktur
	Cashflow	Potenzialanalyse	Portfolioanalyse
Kategorie 3	Auslastungsgrad	Eigenkapitalrentabilität	Marktanteil
	Clinical Pathways	Benchmarkung	Balanced Scorecard
	GAP-Analyse		

Quelle: Eigene Darstellung.

Werden die Instrumente wie beschrieben kategorisiert, ergeben sich die in Tabelle 6 zusammengefassten Mittelwerte und Standardabweichungen bezüglich der von öffentlichen, freigemeinnützigen und privaten Krankenhäusern in den einzelnen Kategorien angewandten Controllinginstrumente:

---

[445] Wie bereits die Auswahl der abgefragten Instrumente weist die Zuordnung der Instrumente zu den beschriebenen Kategorien ebenfalls einen subjektiven Charakter auf, wodurch es bei alternativen Kategorisierungen zu abweichenden Ergebnissen kommen kann. Zwar wurde die Kategorisierung anhand theoretischer Überlegungen und unter Würdigung der für Krankenhäuser relevanten institutionellen Rahmenbedingungen vorgenommen, Objektivität der Zuordnung kann dadurch dennoch nicht beansprucht werden. Zumal die zur Erfüllung der jeweiligen Zielstellung erforderlichen Instrumente von Krankenhaus zu Krankenhaus variieren können.

Tabelle 6: Einsatz von Controllinginstrumenten nach Kategorien

	öffentlich		freigemeinnützig		privat		Summe	
	Mittelwert	Standardabweichung	Mittelwert	Standardabweichung	Mittelwert	Standardabweichung	Mittelwert	Standardabweichung
Kategorie 1	4.74	1.63	4.62	1.30	5.28	1.42	4.78	1.47
Kategorie 2	3.37	1.02	3.12	.982	3.29	1.12	3.24	1.03
Kategorie 3	2.50	1.25	2.40	.972	2.87	1.00	2.52	1.10

Quelle: Eigene Darstellung.

Sowohl von den öffentlichen, den freigemeinnützigen als auch von den privaten Krankenhäusern werden relativ mehr Instrumente der ersten Kategorie als aus den Kategorien zwei oder drei angewandt. Während die Hälfte der untersuchten Instrumente der ersten Kategorie zur Anwendung gelangen, beschränkt sich der Controllingeinsatz auf jeweils rund ein Drittel der in die Kategorien 2 und 3 fallenden Instrumente. Die Existenzsicherung des Unternehmens ist anscheinend das wesentliche Motiv für den Controllingeinsatz. Die darüber hinausgehende Verbesserung des Unternehmensergebnisses und die stärkere Differenzierung gegenüber Konkurrenten sind hingegen offenbar nur für einen geringeren Teil der Häuser von Relevanz. Diese Befunde können darauf hindeuten, dass das Controlling erst schrittweise in das Krankenhausmanagement integriert wird und zunächst lediglich die Basisfunktionen des Controlling, die langfristige Bestandssicherung, erfüllen soll.[446]

Trägerspezifische Unterschiede werden im Wesentlichen im Bereich der ersten Kategorie deutlich. Während öffentliche Krankenhäuser im Mittel 4,74 und freigemeinnützige Krankenhäuser durchschnittlich 4,62 der neun Instrumente der ersten Kategorie anwenden, sind es bei den privaten Klinken im Mittel 5,28 Instrumente. Bei rein deskriptiver Betrachtung scheint der Controllingeinsatz zur Existenzsicherung für private von höherer Bedeutung zu sein als für die öffentlichen und freigemeinnützigen Krankenhäuser.

In Analogie zur Vorgehensweise für das institutionelle Controlling findet nachfolgend der Zeitpunkt des erstmaligen Einsatzes von Controllinginstrumenten in den Krankenhäusern des vorliegenden Samples Betrachtung. Differenziert wird wiederum zwischen dem erstmaligen Einsatz vor und seit dem Jahr 2002. Tabelle 7 enthält eine Gegenüberstellung der relativen Anzahl der Krankenhäuser, in denen bereits vor 2002 Controllinginstrumente zum Einsatz gelangten und der relativen Anzahl der Häuser, in denen erst ab 2002 Controllinginstrumente angewandt werden:

---

[446] Zum Teil kann der geringe Entwicklungsstand des Krankenhauscontrolling auch auf den geringen Anteil privater Kliniken im Sample zurückzuführen sein. Zugleich zeigt das Controlling privater Krankenhäuser zwar eine höhere Verbreitung der Großteil der untersuchten Instrumente auf, zugleich bleibt aber auch das Controlling der privaten Kliniken hinter den theoretischen Erwartungen zurück. Somit erscheint eine ausschließliche Erklärung des geringen Entwicklungsstands über die geringe relative Anzahl privater Kliniken im Sample unwahrscheinlich.

Tabelle 7: Zeitpunkt der Einführung des funktionalen Controlling nach Trägerschaft

	Funktionales Controlling			
	Einführung bis 2001		Einführung seit 2002	
	Mittelwert	Standardabweichung	Mittelwert	Standardabweichung
öffentlich	.119	.326	.881	.326
freigemeinnützig	.096	.295	.904	.295
privat	.107	.311	.893	.311
Gesamtheit	.107	.310	.893	.310

Quelle: Eigene Darstellung.

Wie bereits für das institutionelle Controlling lässt sich eine Zunahme der Verbreitung des funktionalen Controlling beobachten. Im Jahr 2001 wandte lediglich ein Zehntel der Krankenhäuser Controllinginstrumente an,[447] wohingegen 2012 keines der im Sample enthaltenen Häuser auf den Einsatz von Controllinginstrumenten verzichtete. Sowohl für das institutionelle als auch das funktionale Controlling lässt sich demnach eine im Zeitablauf steigende Bedeutung beobachten.

3.4.5 Fazit

Ein leistungsbasiertes Vergütungssystem für Krankenhausdienstleistungen überträgt die Verantwortung für den ökonomischen Erfolg auf das Krankenhaus als Unternehmen. Technische Ineffizienzen stellen auf lange Sicht eine Gefährdung seines Bestands dar. Das hierdurch begründete Erfordernis des Einsatzes betriebswirtschaftlicher Instrumente zur gezielten, kostenbewussten Steuerung betrieblicher Leistungserstellungsprozesse wird zum einen im Schrifttum diskutiert und lässt sich zum anderen aus theoretischer Sicht begründen. Empirische Studien zur Ausgestaltung des deutschen Krankenhauscontrolling sind bisher selten. Im vorstehenden Kapitel wurden zur Schließung dieser Forschungslücke daher die Ergebnisse einer Befragung der deutschen Akutkrankenhäuser und Universitätskliniken im Jahre 2012 präsentiert.

Bei rein deskriptiver Betrachtung zeigt sich eine deutliche Zunahme des Controllingeinsatzes. Während sowohl das institutionelle Controlling als auch die Anwendung von Controllinginstrumenten im Jahr 2001 eine Ausnahme im Krankenhausmanagement darstellte, wiesen 2012 95,60 % der teilnehmenden Krankenhäuser ein institutionelles Controlling auf. Darüber hinaus gelangten 2012 in allen Kliniken des Samples Controllinginstrumente zur Anwendung. Private Krankenhäuser zeigten für einen Großteil der untersuchten Instrumente einen höheren Anwendungsgrad auf als öffentliche und freigemeinnützige Kliniken. Insgesamt muss dennoch ein geringer Entwicklungsstand des Einsatzes von Controllinginstrumenten in Kranken-

---

[447] Von dieser Betrachtung ausgenommen sind die nach § 8 KHBV gesetzlich vorgeschriebene Kostenarten- und Kostenstellenrechnung, wenn die Krankenhäuser über mehr als 100 Betten verfügten.

häusern konstatiert werden. Da es sich bei den abgefragten Instrumenten um grundlegende Instrumente handelt, die aus theoretischer Sicht Basisfunktionen erfüllen, ist ungeachtet der Subjektivität der Instrumentenauswahl nicht davon auszugehen, dass sich unter Variation der analysierten Instrumente eine bessere Bewertung für den Entwicklungstand des Krankenhauscontrolling ergeben würde.

Lediglich 47,40 % der Kliniken haben Kenntnis über die Kosten pro Behandlungsfall und 49,40 % können Aussagen darüber treffen, ob mit der Behandlung eines Patienten Gewinne oder Verluste erwirtschaftet werden. Ungeachtet der durch die Fallpauschalen implizit vorgegebenen Kostenobergrenze werden lediglich von 49,80 % der Krankenhäuser Plankosten zur Kostenplanung und Wirtschaftlichkeitskontrolle ermittelt. Defizite zeigen sich somit bereits in der Erfassung, Steuerung und Kontrolle der anfallenden Kosten. Vor allem aber das strategische Controlling weist deutliche Defizite auf. Jene Aspekte, die sich mittel- bis langfristig auf das Kostenniveau auswirken, erfahren in einem Großteil der Krankenhäuser keine Berücksichtigung. Eine Anpassung der grundlegenden Aspekte der Unternehmensführung ist auf diesem Wege nicht möglich. Die angewandten Instrumente deuten vielmehr auf den Versuch hin, mit kurzfristigen Instrumenten langfristige Ziele zu erreichen.

3.5 Wettbewerb und Krankenhauscontrolling: Eine empirische Analyse

3.5.1 Institutioneller Rahmen

Der institutionelle Rahmen wird für deutsche Krankenhäuser wesentlich durch die implizite Vorgabe einer Kostenobergrenze sowie die zunehmend eigenständige Investitionsfinanzierung bei gleichzeitig bestehendem Qualitätswettbewerb um Patienten beschrieben. Die Höhe der anfallenden Kosten und die sich daraus ergebende Möglichkeit zur Investition in Qualität besitzen vor allem für jene Häuser Relevanz, welche die gesamte Nachfrage ihres Einzugsgebiets nicht automatisch in vollem Umfang auf sich ziehen, sondern mit anderen Kliniken im Wettbewerb um lukrative Patienten stehen. Hier können jene Krankenhäuser Wettbewerbsvorteile gegenüber Konkurrenten erzielen, welchen eine bestmögliche Reaktion auf die sich ergebenden Chancen und Risiken gelingt. Die Planung, Steuerung und Kontrolle der innerbetrieblichen Abläufe mit dem Ziel der langfristigen Bestandssicherung des Krankenhauses ist dabei als unerlässlich anzusehen.[448]

Diese Zusammenhänge gelten insbesondere für jene Häuser, die mit anderen Kliniken im Wettbewerb stehen. Während ein Monopolist die gesamte Nachfrage seines Einzugsgebiets automatisch auf sich zieht, treten in wettbewerblichen Märkten mehrere Krankenhäuser in Konkurrenz um (profitable) Patienten. Ein adäquates Krankenhauscontrolling müsste demnach insbesondere in Krankenhäusern auf wettbewerblichen Märkten vorzufinden sein, da

---
[448] Ähnlich Schirmer, 2010, S. 42 f.

diese im Wettbewerb das Abwandern von Patienten zu einem Konkurrenten befürchten müssen. Damit ist ein dementsprechender Einfluss der Wettbewerbsintensität auf das Verhalten von Krankenhäusern in der Weise zu vermuten, dass Kliniken in wettbewerblichen Märkten häufiger Controllinginstrumente einsetzen als Häuser in wettbewerbsarmen Märkten.[449]

Wettbewerbsnachteile entstehen insbesondere, wenn ein Krankenhaus aufgrund mangelhaften Managements und/oder einem zu hohen Kostenniveau in geringerem Maß Investitionen in die Qualität des eigenen Hauses tätigen kann als seine Wettbewerber und sich vor allem Patienten mit hohem Deckungsbeitrag für eine Behandlung in anderen Kliniken entscheiden. Der Anreiz zur effizienten Leistungserstellung müsste c. p. somit unter Wettbewerbsbedingungen höher sein als in monopolistischen Märkten.[450] Die Geeignetheit des Controlling zur Verbesserung der strategischen Positionierung von Krankenhäusern sowie zur Beeinflussung ihres Kostenniveaus unterstellt, ließen sich Wettbewerbsvorteile für Krankenhäuser mit einem funktionalen Controlling gegenüber Häusern ohne funktionales Controlling vermuten.[451] Der nachfolgenden Analyse wird daher die Hypothese eines höheren Einsatzes von Controllinginstrumenten auf gering konzentrierten Märkten als auf monopolistischen Märkten zugrundegelegt.

3.5.2 Stand der Forschung

Im Hinblick auf mögliche Auswirkungen des Wettbewerbs auf das Agieren von Krankenhäusern ist die Studie von Dewenter/Jaschinski/Kuchinke (2013) zu nennen. In ihrem Beitrag untersuchen sie den Zusammenhang zwischen der Konzentration auf den Märkten für Krankenhausdienstleistungen und dem Einfluss des Versicherungsstatus auf die Wartezeit bei elektiven Eingriffen. Im Ergebnis wird ein Zusammenhang zwischen der Marktstruktur und dem Marktverhalten identifiziert: Im Wettbewerb befindliche Krankenhäuser fragen den Versicherungsstatus potenzieller Patienten signifikant häufiger ab als Krankenhäuser in monopolistischen Märkten.[452] Auf Basis einer Befragung von 75 Krankenhäusern im Jahre 2005 beschreibt Warnebier (2007) eine Beeinflussung der Strategiewahl durch die Wettbewerbssituation in rund einem Drittel der befragten Krankenhäuser.[453]

Im Gegensatz dazu konnten Carey/Stefos anhand von Daten aus den Jahren 2001 bis 2007 für die US-amerikanischen Staaten Arizona, Kalifornien, New Jersey, Texas und Wisconsin keine von der Marktkonzentration auf das Marktverhalten von Krankenhäusern ausgehenden Ef-

---

[449] Die These eines Zusammenhangs zwischen dem Wettbewerb und dem Einsatz betriebswirtschaftlicher Instrumente findet sich ferner bei Buchholz, 1983, S. 203.
[450] Zur sanktionierenden Wirkung des Wettbewerbs vgl. Kruse, 1985, S. 103, Knieps, 2008, S. 4 f.
[451] Die Bedeutung des Controlling im Wettbewerb findet Betonung in Horváth, 2002, S. 342, Wieselhuber, 1983, S. 62 f., Mann, 1983, S. 480.
[452] Vgl. Dewenter/Jaschinski/Kuchinke, 2013, S. 363 ff. So auch Dewenter/Jaschinski/Kuchinke, 2011, S. 46.
[453] Vgl. Warnebier, 2007, S. 7 f., 126.

fekte identifizieren.[454] Ebenso wenig zeigte sich in der Studie von Noether (1988) anhand von Daten aus den Jahren 1977 und 1978 für die häufigsten stationär behandelten Indikation im Medicare Programm ein Zusammenhang zwischen der Wettbewerbsintensität und dem Marktverhalten von Krankenhäusern.[455] Empirische Untersuchungen zum Zusammenhang zwischen der Wettbewerbsintensität und dem Einsatz des Controlling in Krankenhäusern sind bislang nicht durchgeführt worden.[456] Diese Forschungslücke soll nachfolgend geschlossen werden.

3.5.3 Marktabgrenzung und Marktkonzentration

Voraussetzung der Analyse eines Zusammenhangs zwischen der Marktkonzentration und der Existenz eines funktionalen Krankenhauscontrolling ist die vorherige Definition des relevanten Markts in sachlicher, räumlicher und zeitlicher Hinsicht.[457] Für die Abgrenzung des sachlichen Markts wird in der Regel auf das Bedarfsmarktkonzept abgestellt.[458] Hiernach werden ausschließlich jene Güter und Dienstleistungen zu einem Markt zusammengefasst, die aus Konsumentensicht zur Befriedigung seiner Bedürfnisse geeignet sind.[459] Im Rahmen dieser Untersuchung wird auf eine breite, vom Bundeskartellamt verwendete Abgrenzung zurückgegriffen, indem alle akut-stationär erbrachten Krankenhausdienstleistungen dem sachlich relevanten Markt zugeordnet werden.[460] Der Grund hierfür ist zentral darin zu sehen, dass Krankenhäuser eine hohe (Umstellungs-)Flexibilität aufweisen und mit der vorhandenen Kapazität

---

[454] Vgl. Carey/Stefos, 2011, S. 130 f.
[455] Vgl. Noether, 1988, S. 270 f.
[456] Alleinig die theoretische Betonung des Controlling als Wettbewerbsfaktor findet sich bei Gary, 2013, S. 258.
[457] Vgl. Shepherd/Shepherd, 2004, S. 62, Motta, 2004, S. 101 ff. Eine zeitliche Marktabgrenzung ist notwendig, wenn zu unterschiedlichen Zeitpunkten divergierende Marktstrukturen und -bedingungen, beispielsweise in Form von temporären Verschiebungen der Marktanteile vorherrschen, vgl. Fuchs/Möschel, 2012, Art. 102 AEUV Rn. 68, Möschel, 2007, § 19 GWB Rn. 39, Götting, 2009, § 19 GWB Rn. 24. Die zeitliche Dimension der Marktabgrenzung wird aufgrund der fehlenden Relevanz für den Analysegegenstand an dieser Stelle nicht vertieft.
[458] Vgl. Monopolkommission, 1984, S. 198 Tz. 616. Das Bundeskartellamt nimmt ebenfalls eine Marktabgrenzung anhand des Bedarfsmarktkonzepts vor. Vgl. exemplarisch Bundeskartellamt, 2009a, S. 21, Bundeskartellamt, 2009b, S. 14. Ausführlich zur sachlichen Marktabgrenzung auf Krankenhausdienstleistungsmärkten vgl. Kuchinke/Kallfass, 2007, S. 322 ff.
[459] Eine vergleichbare Abgrenzung wird nach der NACE Rev. 2. vorgenommen. Vgl. Eurostat, 2008, S. 305 ff. Als Hilfsmittel der Marktabgrenzung gelangt zunehmend der dem US-amerikanischen Antitrust-Law entstammende SSNIP-Test zur Anwendung. Vgl. Fuchs/Möschel, 2014, Rn. 46. Der Fokus liegt hierbei auf der Stärke der Reaktion der Nachfrager auf Preisänderungen. Hierzu und grundlegend zum SSNIP-Test vgl. Europäische Kommission, Bekanntmachung über die Definition des relevanten Marktes im Sinne des Wettbewerbsrechts der Gemeinschaft, ABl. 1997 C 372/5, S. 6. Dessen Relevanz für die Marktabgrenzung auf Krankenhausdienstleistungsmärkten ist aufgrund des Versicherungsprinzips jedoch stark eingeschränkt.
[460] Dies steht im Einklang mit der Rechtsprechung des BGH, vgl. BGH Beschluss vom 16.01.2008 – KVR 26/07, Rn. 49, und der ständigen Beurteilung durch das Bundeskartellamt, nach welcher sowohl ambulante in Arztpraxen als auch stationär erbrachte Gesundheitsdienstleistungen in Rehabilitationseinrichtungen, Privatkliniken, Alten- und Pflegeheimen nicht dem Markt für Krankenhausdienstleistungen zuzuordnen sind. Vgl. Bundeskartellamt, 2009a,S. 8, Bundeskartellamt, 2009b, S. 12.

nahezu jede Behandlung anbieten können,[461] folglich stehe alle Akutkliniken miteinander im Wettbewerb um Patienten.

Die räumliche Abgrenzung dient der Definition des Gebiets, innerhalb dessen die dem sachlichen Markt zugeordneten Produkte aus Konsumentensicht als Substitute erachtet werden.[462] Es werden folglich die Krankenhäuser, die aufgrund der Zugehörigkeit zu einem spezifischen sachlichen Markt in Konkurrenz zueinander treten, zu einem Markt zusammengefasst.[463] Zur räumlichen Marktabgrenzung existieren verschiedene theoretische Konzepte. Einen Ansatz stellt die Definition des Einzugsgebiets anhand von Postleitzahlenbereichen, Städten, Gemeinden oder Kreisen dar.[464] Inhaltlich greift diese Vorgehensweise zu kurz. Nahe beieinander liegende Krankenhäuser bilden aufgrund der Zugehörigkeit zu unterschiedlichen Postleitzahlenbereichen verschiedene räumliche Märkte, während Kliniken, zwischen denen eine größere Entfernung besteht, dem relevanten Markt zugeordnet werden, obgleich sie nicht miteinander in Konkurrenz um Patienten stehen.[465]

Eine weitere Möglichkeit besteht in der Betrachtung von Patientenströmen. Hierbei wird die konkrete Anzahl der aus anderen als der Krankenhausregion kommenden Patienten sowie die der Patienten, welche sich einer Behandlung außerhalb der eigenen Krankenhausregion unterziehen, gemessen.[466] Aufgrund des Datenbedarfs kann auf diesen Ansatz für die vorliegende Untersuchung nicht zurückgegriffen werden. Stattdessen wird der räumliche Markt als Radius um ein Krankenhaus definiert. Dieser kann durch die Reisezeit, die erforderliche Fahrtstrecke oder als linearer Abstand zum Krankenhaus beschrieben werden.[467] Für die Bestimmung des Radius wird nachfolgend weder auf die Reisezeit noch die Fahrtstrecke abgestellt. Stattdessen werden nach dem Konzept der „fixed-radius technique" lineare Abstände angenommen.[468] Dem relevanten Markt werden folglich alle Krankenhäuser zugeordnet, welche sich in einem definierten Radius um ein Krankenhaus befinden. Nachteilig an diesem Vorgehen ist insbesondere die Annahme gleicher Einzugsgebiete für alle Krankenhäuser. Unterschiede in der apparativen und personellen Ausstattung sowie der Qualität der Krankenhäuser sowie individuelle Patientenpräferenzen bleiben außerdem unberücksichtigt.[469] Da das Ziel der Untersuchung indes nicht in der Definition eines exakten räumlichen Markts, sondern in der Analyse des Einflusses der Marktkonzentration auf die Existenz eines funktionalen Controlling be-

---

[461] Vgl. Kuchinke/Kallfass, 2006, S. 995, Dewenter/Jaschinski/Kuchinke, 2013, S. 354.
[462] Vgl. Motta, 2004, S. 102.
[463] Vgl. Bundeskartellamt 2009a, S. 21, Bundeskartellamt, 2009b, S. 14, Motta, 2004, S. 101. In der Praxis wird dabei auf das Nachfragerverhalten, d. h. auf tatsächliche Patientenströme auf der Nachfrageseite und das Einzugsgebiet des jeweiligen Krankenhauses auf der Angebotsseite abgestellt. Vgl. exemplarisch Bundeskartellamt, 2009b, S. 72, Bundeskartellamt, 2013a, S. 22, Bundeskartellamt, 2009a, S. 29. Ausführlich zur räumlichen Marktabgrenzung auf Krankenhausdienstleistungsmärkten vgl. Kuchinke/Kallfass, 2007, S. 331 ff.
[464] Vgl. Basu/Friedmann, 2007, S. 689 f.
[465] Vgl. Basu/Friedmann, 2007, S. 689 f. Für weitere Kritikpunkte an der Verwendung von Patientenströmen vgl. Kuchinke/Kallfass, 2007, S. 334 f.
[466] Vgl. Elzinga/Hogarty, 1973, S. 54 ff. Ähnlich Baker, 2001, S. 231.
[467] Vgl. Siciliani/Martin, 2007, S. 772 f., Robinson/Luft, 1985, S. 337 f.
[468] Zu dieser vgl. Gaynor/Vogt, 2003, S. 770.
[469] Vgl. Gaynor/Vogt, 2003, S. 779.

steht, wird die fixed-radius technique für den vorliegenden Untersuchungsgegenstand dennoch als ein adäquater Ansatz zur räumlichen Marktabgrenzung angesehen.[470]

Zur Messung der Marktkonzentration muss weiterhin ein Konzentrationsmaß definiert werden. Als solches wird nachfolgend die von einem Klinikum vorgehaltene Zahl der Planbetten verwendet. Für die Berechnung der Marktkonzentration wird eine Matrix mit den linearen Entfernungen zwischen den zum relevanten räumlichen Markt gehörenden Krankenhäusern erstellt. Hierüber können schließlich die Marktanteile der einzelnen Krankenhäuser in Abhängigkeit der Größe des relevanten räumlichen Markts berechnet werden.

In der Praxis des Bundeskartellamts wird das Einzugsgebiet eines Krankenhauses in der Regel durch eine Entfernung von 50 km beschrieben.[471] Um die Wirkung der Marktkonzentration nicht zu unterschätzen, wird in der nachfolgenden Analyse ein Radius von 25 km verwendet. Anhand der vorstehenden Überlegungen wird schließlich für den jeweils relevanten Markt der Herfindahl-Index auf Basis der Anzahl der Krankenhäuser und deren Marktanteil ermittelt.[472] Die Berechnung des Herfindahl-Index erfolgt dabei in Übereinstimmung mit der räumlichen Marktdefinition auf der Basis der Planbettenzahl.

3.5.4 Endogenität der Marktstruktur

Die der vorliegenden Analyse zugrundeliegende These eines Einflusses der Marktkonzentration auf das Krankenhauscontrolling unterstellt einen Einfluss der Marktstruktur auf das Marktverhalten. Diese Überlegung stimmt grundsätzlich mit dem Struktur-Verhalten-Ergebnis-Paradigma überein.[473] Die Beziehung zwischen der Marktstruktur und dem Marktverhalten ist jedoch nicht zwangsläufig unidirektional. Vielmehr kann Feedback stattfinden, wodurch das Marktverhalten nicht lediglich von der Marktstruktur beeinflusst wird, sondern diese ebenfalls verändern kann.[474] Die Marktstruktur kann zu einem gewissen Grad als endogen angesehen werden. Bleiben die wechselseitigen Beziehungen in der Schätzung unberücksichtigt, kann dies zu verzerrten Ergebnissen führen.

---

[470] Zu einem analogen Schluss gelangen Dewenter/Jaschinski/Kuchinke, 2013, S. 355. Nach Knieps ist eine objektive Marktabgrenzung grundsätzlich nicht möglich. Vgl. Knieps, 2008, S. 48.
[471] Vgl. Bundeskartellamt, 2009b, S. 15, Bundeskartellamt, 2012, S. 12, Bundeskartellamt, 2013b, S. 10, Bundeskartellamt, 2013a, S. 9.
[472] Vgl. Shy, 1995, S. 173. Anwendung zur Messung der Konzentration auf Krankenhausmärkten findet der Herfindahl-Index auch bei Garnick et al., 1987, S. 74, Baker, 2001, S. 232, Siciliani/Martin, 2007, S. 773, Göbel/Wolff, 2012, S. 141, Joskow, 1980, S. 436, Noether, 1988, S. 271 f., Melnick/Zwanziger, 1988, S. 2671. Zur Verwendung des HHI als Konzentrationsmaß vgl. Schramm/Renn, 1984, S. 873 ff. Mit der Verwendung des HHI zur Beschreibung der Marktkonzentration wird unterstellt, dass sich Krankenhäuser mit anderen Krankenhäusern im Umkreis auch tatsächlich wettbewerblich verhalten. Kritisch hierzu vgl. Schmid, 2012a, S. 58 f., Schmid, 2012b, S. 149 ff., Schmid/Ulrich, 2012, S. 17.
[473] Vgl. Bain, 1956, S. 1 ff., Bain, 1968, S. 462 f.
[474] Vgl. Waldman/Jensen, 2014, S. 16. Zur Beeinflussung des Marktverhaltens von Krankenhäusern durch die Marktkonzentration vgl. Salkever, 1978, S. 154 ff.

Preiswettbewerb und somit eine Simultanität zwischen Preisen und der Marktkonzentration ist auf den Märkten für Krankenhausdienstleistungen zwar ausgeschlossen, jedoch kann es aufgrund des bestehenden Wettbewerbs um die Höhe der anfallenden Kosten und Qualität dennoch zu einer Endogenität der Marktstruktur kommen. Denkbar sind sowohl ein Einfluss der Marktkonzentration auf die Existenz eines Krankenhauscontrolling als auch der umgekehrte Fall. Können durch den Einsatz eines Controlling, wie unterstellt, Wettbewerbsvorteile erzielt werden, wirkt sich dies wiederum auf die Marktstruktur aus. Über eine Senkung der eigenen Kosten unter die von den DRG-Fallpauschalen geschaffene Obergrenze können Überschüsse generiert werden. Diese stehen den Krankenhäusern zur Investition in die Struktur-, Prozess- und Ergebnisqualität zur Verfügung. Qualitätssteigerungen führen c. p. zu einer höheren Nachfrage nach Krankenhausdienstleistungen und zu einer relativen Steigerung der Bettenzahl für das betreffende Krankenhaus, indem die Planbettenzahl der Wettbewerber reduziert wird und die des betreffenden Klinikums mindestens konstant bleibt.[475] Die Beziehung zwischen Marktkonzentration und Controlling ist demnach nicht uni-, sondern bidirektional: Die Marktkonzentration wirkt sich negativ auf die Existenz eines Krankenhauscontrolling aus. Dieser Problematik soll durch die Integration von Instrumentvariablen entgegengewirkt werden.

Entscheidend für den Einsatz von Instrumentvariablen ist die Auswahl geeigneter Instrumente. Diese müssen zum einen eine hohe Korrelation mit dem endogenen Regressor und zum anderen eine geringe Korrelation mit dem Störterm aufweisen. Sie sollen folglich zur Beschreibung der endogenen erklärenden Variablen dienen, jedoch nicht die gleiche Endogenität wie diese aufweisen.[476]

Einen erklärenden Wert für die Marktkonzentration können grundsätzlich die Bevölkerungsdichte, der Altenquotient sowie das verfügbare Einkommen privater Haushalte innerhalb des Landkreises des Krankenhausstandorts aufweisen.[477] Die Bevölkerungsdichte stellt aus theoretischer Sicht einen bedeutenden Einflussfaktor auf die Marktkonzentration dar: Üblicherweise erfordert die medizinische Versorgung einer höheren Bevölkerungszahl innerhalb eines geografischen Raums eine höhere Anzahl an Krankenhäusern, wohingegen ländliche Krankenhausmärkte eher monopolistisch sind. Der Altenquotient beschreibt den Anteil von Einwohnern eines Landkreises über 65 Jahren in Relation zum Anteil der Einwohner bis 65 Jahre. Grundsätzlich zeigt sich eine höhere Nachfrage nach Krankenhausdienstleistungen

---

[475] Die Annahme eines Zusammenhangs zwischen der Versorgungsqualität und der Marktposition eines Krankenhauses findet sich auch bei Nebling, 2012, S. 82. Ausführlicher zum Einfluss von Nachfrageerhöhungen infolge von Qualitätssteigerungen auf die Bettenkapazität und den Unternehmensgewinn vgl. Kuchinke, 2005, S. 17.

[476] Vgl. Reiersøl, 1945, S. 30 ff., Greene, 2012, S. 266 f., Hall/Rudebusch/Wilcox, 1996, S. 283, Proppe, 2009, S. 262.

[477] Vergleichbare Überlegungen finden sich in der Untersuchung von Dewenter/Jaschinski/Kuchinke. Vgl. Dewenter/Jaschinski/Kuchinke, 2013, S. 361 f., Dewenter/Jaschinski/Kuchinke, 2011, S. 45. Ähnlich Bammel, 1988, S. 31. Zur Bedeutung des Einkommens für die Inanspruchnahme von Gesundheitsdienstleistungen vgl. Breyer, 1984, S. 13 f.

von älteren Menschen.[478] Diese wiederum kann Einfluss auf die Krankenhausbedarfsplanung nehmen und zu einer Verschiebung der Anzahl der Krankenhausbetten zugunsten von Regionen mit einem hohen Altenquotienten führen. Weiterhin wird ein Einfluss des durchschnittlich verfügbaren Einkommens der Bevölkerung auf die Marktkonzentration angenommen. Mit steigendem Einkommen steigt sowohl die Möglichkeit von Individuen zur Nachfrage von Diagnose- und Behandlungsdienstleistungen, welche nicht über die gesetzliche Krankenversicherung abgedeckt sind, als auch die Möglichkeit zur privaten Krankenversicherung.[479] Beides kann sich über die Abrechnung ärztlicher und nicht-ärztlicher Wahlleistungen positiv auf den ökonomischen Erfolg von Krankenhäusern auswirken.

Zur Überprüfung des unterstellten Zusammenhangs zwischen den ausgewählten Instrumentvariablen und der Marktkonzentration wird die Beziehung zwischen dem Mittel der einzelnen Instrumente und dem HHI untersucht. Die Resultate können Tabelle 8 entnommen werden. Im Ergebnis zeigen sich eine höhere Bevölkerungsdichte, ein höheres durchschnittlich verfügbares Einkommen sowie ein niedrigerer Altenquotient mit sinkender Marktkonzentration.

Tabelle 8: Beziehung zwischen dem HHI und den Instrumentvariablen

HHI Quartile	Anzahl Krankenhäuser	HHI Minimum	HHI Maximum	Bevölkerungs- dichte	Verfügbares Einkommen	Altenquotient
1	102	153	827	752.2529	1600.569	36.12745
2	103	831	1440	587.7282	1597.612	35.96177
3	101	1451	2474	229.3168	1600.168	35.64356
4	105	2495	10000	190.2667	1621.476	35.19048

Quelle: Eigene Darstellung.

Von einem direkten Einfluss der gewählten Instrumentvariablen auf die Existenz eines funktionalen Controlling wird an dieser Stelle nicht ausgegangen. Die grundlegende Hypothese dieser Untersuchung unterstellt eine Veränderung des Verhaltens von Krankenhäusern durch den Wettbewerb. In monopolistischen Märkten wären Krankenhäuser somit aufgrund des geringeren Kostendrucks nicht in dem Umfang zur Anwendung von Controllinginstrumenten gezwungen wie unter Wettbewerbsbedingungen. Gleichzeitig müssen monopolistische Krankenhäuser keine Abwanderung von Patienten zu einem Konkurrenten (mit einer höheren Qualität) befürchten.[480] Die Beziehung zwischen den Instrumentvariablen und dem Controlling ist demzufolge über die Beeinflussung der Marktkonzentration lediglich indirekter Natur. Für die Überprüfung der getroffenen Annahme wird das angepasste Regressionsmodell auf Über- oder Unteridentifikation getestet. Tabelle 9 gibt einen Überblick über die diesbezüglichen Ergebnisse.

---

[478] Für eine Übersicht über die aus dem Krankenhaus entlassenen vollstationären Patienten im Jahr 2012 differenziert nach Altersklassen vgl. Statistisches Bundesamt, 2014a, S. 118 ff.
[479] Vergleichbare Überlegungen finden sich in Rüefli/Vatter, 2001, S. 71 f.
[480] Eventuelle Substitutionsbeziehungen zum ambulanten Sektor bleiben hierbei unberücksichtigt.

Tabelle 9: Tests auf Über- oder Unteridentifikation der gewählten Modelle

	Ohne Instrumentvariablen		Mit Instrumentvariablen	
	LPM	Poisson	LPM	Poisson
Abhängige Variable	Punktwert = Anzahl angewandter Controllinginstrumente			
R^2/Pseudo R^2	.079	.015	.083	-
Underidentification Test	-	-	23.157	-
(Kleibergen-Paap LM-Statistik)				
Chi-sq(3) P-val	-	-	.000	-
Cragg-Donald Wald F	-	-	7.962	-
Statistik Stock-Yogo Weak ID Test val.				
5% maximal IV relative bias	-	-	13.91	-
10% maximal IV size	-	-	22.30	-
First Stage F-Statistik	-	-	10.54	-
Sargan Statistik (Overidentification Test)	-	-	.925	-
Chi-sq(2) P-val	-	-	.630	-
Wald Test of Exogeneity	-	-	-	11.72 (.020)

Quelle: Eigene Darstellung.[481]

Nach Maßgabe der vorstehenden Tests sind die untersuchten Instrumente nicht mit dem Fehlerterm korreliert. Von einem unmittelbaren Zusammenhang zwischen den Instrumentvariablen und der Existenz eines funktionalen Controlling ist demzufolge nicht auszugehen. Die Tests auf Über- und Unteridentifikation deuten zudem auf die Notwendigkeit der Berücksichtigung der gewählten Instrumente im Modell hin.

3.5.5 Modellierung

Der vermutete Zusammenhang zwischen der Marktkonzentration und der Existenz eines funktionalen Krankenhauscontrolling bildet den Untersuchungsgegenstand der nachfolgenden Untersuchung. Das funktionale Controlling wird als die Anzahl angewandter Controllinginstrumente definiert.[482] Für jedes vorhandene Instrument wurde ein Punkt vergeben (vorhanden (1), nicht vorhanden (0)). Die maximal zu erreichende Punktzahl belief sich demzufolge auf 25. Die abhängige Variable des Modells stellt eine Zählvariable dar. Lineare Regressionsmodelle könnten in diesem Fall zu verzerrten Schätzern führen. Zur Modellschätzung stehen somit grundsätzlich eine Poisson Regression als auch ein Negatives Binomialmodell zur

---

[481] Zu den in Tabelle 9 aufgeführten Tests und weiterführend zur Über- oder Unteridentifikation vgl. Kleibergen/Kleijn/Paap, 2000, S. 3 ff., Kleibergen/Paap, 2003, S. 3 ff., Cragg/Donald, 1993, S. 224 ff., Stock/Yogo, 2002, S. 6 ff., Stock/Yogo, 2005, S. 95 ff., Sargan, 1958, S. 397 ff., Durbin, 1954, S. 26 ff., Staiger/Stock, 1997, 562 ff., Anderson/Rubin, 1949, S. 48 ff., Hall/Rudebusch/Wilcox, 1996, S. 287 ff.

[482] Auf eine Gewichtung einzelner Controllinginstrumente wird verzichtet. Aus theoretischer Sicht kann einer Reihe von Instrumenten zwar eine höhere Relevanz beigemessen werden, da die praktische Relevanz jedoch von der theoretischen abweichen und zudem von jedem Krankenhaus verschieden wahrgenommen werden kann, könnte eine Gewichtung von Instrumenten zu einer Verzerrung der Ergebnisse führen.

Verfügung.[483] Aus theoretischer Sicht ließe sich bei Betrachtung der untersuchten Instrumente eine Korrelation zwischen einem Teil dieser zumindest nicht ausschließen, was wiederum zu Verzerrungen der Schätzergebnisse führen würde. Die Betrachtung der Korrelationsmatrix in Tabelle 35 im Anhang zeigt keine nennenswerte Korrelation zwischen den Instrumenten auf.

Die Notwendigkeit der Integration von Instrumentvariablen wurde über die Anpassung jeweils einer Modellversion unter und ohne Verwendung der Instrumentvariablen getestet. Aufgrund der in Tabelle 9 dargestellten Ergebnisse wird ein IV-Ansatz gewählt. Zur Erklärung der endogenen Marktkonzentration finden die Bevölkerungsdichte, das durchschnittlich verfügbare Einkommen der Bevölkerung sowie der Altenquotient der Landkreise, in denen sich die Krankenhäuser befinden, als Instrumente Verwendung.

Wie unter Punkt 3.4.3.2 ausgeführt, können mit dem Controllingeinsatz unterschiedliche Ziele verfolgt werden, die sich bei Betrachtung des funktionalen Controlling als Summe aller abgefragten Instrumente nicht abbilden lassen. Aus diesem Grund wird zudem ein Modell für den Zusammenhang zwischen der Marktkonzentration und den in Tabelle 6 beschriebenen Kategorien des Controllingeinsatzes angepasst. Die abhängige Variable des jeweiligen Modells für die einzelnen Kategorien wird in Analogie zur Gesamtbetrachtung definiert als die Anzahl der angewandten Controllinginstrumente. Die Schätzung erfolgt anhand eines IV-Poisson-Modells. Die für die Gesamtbetrachtung bestätigte Notwendigkeit des Einsatzes von Instrumentvariablen wird auch für die Analyse der verschiedenen Kategorien als gegeben angesehen.

Da eine Beeinflussung des Controllingeinsatzes durch die Marktstruktur nicht nur mit Blick auf die unterschiedenen Kategorien, sondern auch auf der Ebene einzelner Controllinginstrumente erfolgen kann, wird die Ausgangshypothese abschließend für die einzelnen im Fragebogen enthaltenen Items getestet. Die abhängige Variable dieses Modells ist definiert als die Anwendung des jeweiligen Instruments (vorhanden (1), nicht vorhanden (0)) und stellt demzufolge eine binäre Variable dar.[484] Für die Modellschätzung wird daher ein IV-Probitmodell angepasst. Die Notwendigkeit der Instrumentierung wird wiederum aufgrund der in Tabelle 9 präsentierten Ergebnisse unterstellt.

Als erklärende Variablen berücksichtigt werden die Anzahl der vorgehaltenen Planbetten, der Mitarbeiter und der im Jahr 2011 behandelten Patienten, die Trägerschaft des Krankenhauses sowie dessen Basisfallwert. Der Basisfallwert dient als Indikator für die durchschnittliche Wirtschaftlichkeit der Leistungserstellung der Krankenhäuser eines Bundeslandes.[485]

---

[483] Zur Anwendung der Poisson Regression auf Zähldaten vgl. Cameron/Trivedi, 2005, S. 665 ff., Zelterman, 2006, S. 12. Kritsch diskutiert werden kann dabei die damit verbundene implizite Annahme, dass sich die Funktionalität eines Krankenhauscontrolling mit der Anzahl der eingesetzten Instrumente erhöht, d. h. jedes dem Controlling hinzugefügte Instrument einen positiven Grenznutzen aufweist. Da sich diese These aus theoretischer Sicht jedoch durchaus rechtfertigen lässt, erscheint die gewählte Modellierung dennoch gerechtfertigt zu sein.
[484] Zu binären Variablen vgl. Greene, 2012, 189 ff., Baltagi, 2011, S. 239.
[485] Vgl. Roeder/Rochell/Glocker, 2002, S. 706. Zur Ermittlung des Basisfallwerts vgl. § 10 KHEntgG.

3.5.6 Ergebnisse der Modellschätzung

Der vermutete Einfluss der Marktstruktur auf das Marktverhalten von Krankenhäusern wird nachfolgend anhand eines Poisson Modells unter Würdigung der Endogenität der Marktstruktur empirisch überprüft. Der Likelihood-Ratio Test gibt keinen Hinweis auf Überstreuung. Die Anwendungsvoraussetzungen der Poisson Regression können somit als erfüllt angesehen werden. Die Befunde der Modellschätzung sind in der nachfolgenden Tabelle 10 dargestellt:

Tabelle 10: Ergebnisse der Schätzung des IV-Poisson Modells[486]

	NegBin	Poisson
Abhängige Variable	Punktwert = Anzahl verwendeter Controllinginstrumente	
Planbettenzahl	6.49e-04 (.001)	5.7e-05 (9.69e-05)
Privates Krankenhaus	-.392 (.393)	-.030 (.035)
Freigemeinnütziges Krankenhaus	-.678** (.305)	-.066** (.033)
HHI_25	-5.93e-05 (8.69e-05)	-5.37e-06 (9.64e-06)
Patientenzahl	6.87e-06 (1.17e-05)	5.43e-07 (1.17e-06)
Mitarbeiterzahl	7.22e-06 (4.07e-04)	-1.44e-08 (4.32e-05)
Institutionelles Controlling	3.219*** (.305)	.343*** (.033)
Basisfallwert	-2.06e-05 (2.01e-05)	-1.85e-06 (2.23e-06)
Likelihood-Ratio Test	Prob>=chibar2 > .100	

Quelle: Eigene Darstellung.

Für die eingangs aufgestellte Hypothese eines Einflusses der Marktkonzentration auf den Einsatz von Controllinginstrumenten kann anhand der erhobenen Daten keine empirische Evidenz gewonnen werden. Unter Zugrundelegung eines Radius von 25 km um die Krankenhäuser wird der Einsatz von Controllinginstrumenten nicht nachweislich von der Wettbewerbsintensität, repräsentiert durch den Herfindahl-Index, beeinflusst. Die Anzahl der im funktionalen Controlling eines im Wettbewerb befindlichen Krankenhauses angewandten Controllinginstrumente weicht nicht nachweislich von der Anzahl der von monopolistischen Krankenhäusern eingesetzten Controllinginstrumente ab.

Ferner ist es für die Entscheidung über den Umfang der Controllingaktivitäten unerheblich, ob sich ein Krankenhaus in öffentlicher oder in privater Trägerschaft befindet. Lediglich frei-

---

[486] Bei den Angaben in Klammern handelt es sich um die Standardfehler. Signifikante Ergebnisse sind mit * für $\alpha = 0,1$, ** für $\alpha = 0,05$ und *** für $\alpha = 0,01$ gekennzeichnet.

gemeinnützige Krankenhäuser weisen eine signifikant geringere Anzahl an Controllinginstrumenten auf als öffentliche Krankenhäuser. Zugleich lässt sich kein Zusammenhang zwischen der Anzahl eingesetzter Controllinginstrumente und der Größe eines Krankenhauses, gemessen an seiner Planbettenzahl, seiner Mitarbeiterzahl oder der Zahl der im Jahr 2011 behandelten Patienten beobachten.

Die räumliche Marktabgrenzung wurde zunächst auf der Basis eines Radius von 25 km vorgenommen. Zum Test, inwiefern die Ergebnisse robust gegenüber Veränderungen des linearen Abstands um die Krankenhäuser sind, wird die Modellschätzung im nächsten Schritt für verschiedene räumliche Marktabgrenzungen vorgenommen. Verwendet werden dabei die HHI_j mit j = 5, 10, 15, 20, 25, 30, 35, 40, 45, 50. Die Ergebnisse sind in Tabelle 11 zusammengefasst:

Tabelle 11: Koeffizienten, Standardfehler und p-Wert der verschiedenen Radien des räumlichen Markts

HHI_j	Koeffizient	Standardfehler	p-Wert
HHI_5	-.0000142	.0000172	.407
HHI_10	-.0000097	.0000130	.455
HHI_15	-.0000093	.0000149	.534
HHI_20	-.0000107	.0000205	.602
HHI_25	-.0000223	.0000359	.534
HHI_30	-.0000353	.0000524	.500
HHI_35	-.0000577	.0000783	.461
HHI_40	-.0000624	.0001059	.556
HHI_45	-.0001164	.0001678	.488
HHI_50	-.0001547	.0002489	.534

Quelle: Eigene Darstellung.

Eine Variation der räumlichen Marktabgrenzung führt zu keiner Veränderung der Ergebnisse. Für keine der gewählten Größen des Einzugsgebiets kann empirische Evidenz für die Ausgangshypothese gewonnen werden.

Nachdem bei undifferenzierter Betrachtung der Gesamtheit aller Controllinginstrumente kein Zusammenhang zwischen Marktstruktur und Marktverhalten gefunden werden konnte, wird in einem nächsten Schritt untersucht, inwiefern sich ein solcher Zusammenhang auf der Ebene der unterschiedlichen Kategorien des Controllingeinsatzes beobachten lässt. Von Interesse ist dabei die Frage, ob bestimmte Kategorien von Controllinginstrumenten eher von im Wettbewerb befindlichen Häusern eingesetzt werden als von Krankenhäusern auf monopolistischen Märkten. Tabelle 12 gibt einen Überblick über die entsprechenden Ergebnisse:[487]

---

[487] Eine Variation der Abgrenzung des räumlichen Markts führt zu keiner Veränderung der Insignifikanz der Marktkonzentration. Die Regressionskoeffizienten sowie die Standardabweichungen der verschiedenen Radien des räumlichen Markts für die HHI_j mit j = 5, 10, 15, 20, 25, 30, 35, 40, 45, 50 sind in Tabelle 36 im Anhang dargestellt.

Tabelle 12: Ergebnisse der Modellschätzung differenziert nach unterschiedlichen Kategorien des Controllingeinsatzes

	Klasse 1	Klasse 2	Klasse 3
Abhängige Variable	Punktzahl = Anzahl angewandter Controllinginstrumennte		
Planbettenzahl	4.85e-05 (9.04e-05)	1.03e-04 (9.33e-05)	-2.45e-04 (1.86e-04)
Privates Krankenhaus	.127*** (.045)	-.006 (.047)	.151** (.063)
Freigemeinnütziges Krankenhaus	-.036 (.038)	-.073* (.038)	-.107* (.060)
HHI_25	-1.85e-05 (4.21e-05)	-1.79e-05 (3.62e-05)	-1.27e-04* (7.65e-05)
Patientenzahl	2.42e-07 (7.53e-07)	4.38e-07 (6.66e-07)	1.53e-06 (1.29e-06)
Mitarbeiterzahl	-3.3e-05 (3.53e-05)	-6.00e-05 (3.66e-05)	4.49e-07 (6.75e-05)
Institutionelles Controlling	-.003 (.078)	-.050 (.059)	.051 (.119)
Basisfallwert	2.98e-06 (2.22e-06)	-7.07e-07 (2.25e-06)	3.71e-07 (3.36e-06)

Quelle: Eigene Darstellung.

Während im Zuge der Gesamtbetrachtung kein Zusammenhang zwischen der Marktkonzentration und dem Controllingeinsatz gefunden werden konnte, erlaubt die Differenzierung zwischen den verschiedenen Kategorien eine detailliertere Beschreibung der von der Marktkonzentration ausgehenden Effekte auf das funktionale Controlling. Sowohl für die Kategorie 1 als auch für die Kategorie 2 kann auch in dieser Modellversion kein empirischer Beleg für die Ausgangshypothese identifiziert werden. Weder die Anwendung der zur Existenzsicherung eines Unternehmens als unerlässlich zu erachtenden Instrumente noch jener Instrumente, deren Zweck über die Existenzsicherung hinausgeht, werden vom Wettbewerb zwischen Krankenhäusern beeinflusst. Beide Ziele sind unter Wettbewerbsbedingungen für die Controllingaktivitäten von Krankenhäusern nicht nachweislich bedeutender als im Monopolfall. Die Wettbewerbssituation hat offenbar keinen Einfluss auf das Bestreben zur Generierung von Wettbewerbsvorteilen über den Einsatz von Controllinginstrumenten. Entgegen der Annahme unter Punkt 3.5.1 scheint die Kostenhöhe im Wettbewerb keine höhere Relevanz aufzuweisen als in hochkonzentrierten Märkten. Der beschriebene Zusammenhang zwischen der Kostensituation und den für Investitionen zur Qualitätssteigerung verfügbaren finanziellen Mitteln spiegelt sich in der Ausgestaltung des Controlling nicht wieder.

Ausschließlich für die Instrumente der dritten Kategorie kann der vermutete Zusammenhang zur Marktkonzentration identifiziert werden. Mit anderen Krankenhäusern im Wettbewerb stehende Häuser setzen eine signifikant höhere Anzahl an Controllinginstrumenten der hier definierten Kategorie 3 ein als Häuser in wettbewerbsarmen Märkten. Ihr Einsatz dient weniger der grundlegenden Sicherung eines Unternehmens oder der Verbesserung des Unternehmensergebnisses über die Erzielung von Kostendeckung hinaus. Vielmehr erlauben sie im strategischen Bereich eine stärkere Differenzierung gegenüber Konkurrenten. Auf operativer Ebene umfassen sie beispielweise die Standardisierung der Behandlungsabläufe durch den Einsatz klinischer Behandlungspfade.[488]

Bedeutender für den Einsatz von Controllinginstrumenten als die Marktkonzentration scheint die Trägerschaft von Krankenhäusern zu sein. Im vorliegenden Sample wenden private Krankenhäuser signifikant mehr der in die erste und dritte Kategorie fallenden Instrumente an als die öffentlichen Krankenhäuser. Die auf die Bestandssicherung von Unternehmen zielenden Instrumente scheinen für gewinnorientierte Krankenhäuser von höherer Bedeutung zu sein als für nicht gewinnorientierte Häuser. Ferner lässt der Einsatz eines erweiterten Spektrums an Controllinginstrumenten (Kategorie 3) auf ein höheres Interesse privater Krankenhäuser an einer über die bloße Existenzsicherung hinausgehenden Differenzierung gegenüber Konkurrenten schließen.

Freigemeinnützige Krankenhäuser hingegen zeigen gegenüber öffentlichen Krankenhäusern eine signifikant geringere Anwendung von Controllinginstrumenten der Kategorie 2 und 3 auf. Während sich freigemeinnützige und öffentliche Krankenhäuser demnach mit Blick auf die Anwendung der zur Sicherung des Unternehmensfortbestands dienenden Instrumente nicht nachweislich unterscheiden, zeigen die in Tabelle 12 zusammengefassten Ergebnisse einen geringeren Einsatz der darüber hinausgehenden Instrumente durch freigemeinnützige Kliniken. Die Bedeutung der Ergebnisverbesserung ist für die freigemeinnützigen Krankenhäuser demnach geringer einzuschätzen als für die öffentlichen und privaten Krankenhäuser. Der Einsatz des Controlling soll anscheinend lediglich Kostendeckung ermöglichen, um den Bestand am Markt zu sichern und weiterhin der Versorgung der Bevölkerung mit Krankenhausdienstleistungen dienen zu können. Darüber hinausgehende Ergebnisverbesserungen werden nicht angestrebt. Öffentliche Kliniken scheinen im Gegenzug stärker an der Verbesserung ihrer wirtschaftlichen Lage interessiert zu sein. Vermuten lassen sich Bestrebungen zu Vermeidung einer Schließung oder Privatisierung.

Ein Einfluss der Unternehmensgröße auf den Umfang der angewandten Controllinginstrumente kann weder gemessen an der Bettenkapazität, der Mitarbeiterzahl noch der Patientenzahl als Maß der Leistungsmenge eines Krankenhauses identifiziert werden. Die Größe eines Krankenhauses ist demnach für die mit dem Controllingeinsatz verfolgte Zielstellung nicht relevant.

Bis zur Aufhebung der Selbstkostendeckungsgarantie war der Einsatz betriebswirtschaftlicher Instrumente für die Existenzsicherung faktisch nicht erforderlich.[489] Erst mit Übergang zu festen Budgets und schließlich der Vergütung anhand von DRG-Fallpauschalen wurden erste

---

[488] Zu klinischen Behandlungspfaden vgl. Quint/Greiling, 2010, S. 746, Lelgemann/Ollenschläger, 2006, S. 690 f.
[489] Vgl. Glasmacher, 1996, S. 42, Breyer, 1993, S. 39, Simon, 1998, S. 27, Grupp, 1993, S. 5.

Anreize zur wirtschaftlichen Betriebsführung gesetzt.[490] Es lässt sich somit annehmen, dass nicht alle im Fragebogen enthaltenen Instrumente umgehend in das Krankenhauscontrolling aufgenommen wurden, sondern vielmehr eine schrittweise Integration betriebswirtschaftlicher Überlegungen in die Unternehmensführung erfolgte. Daher werden nachfolgend die einzelnen Instrumente auf den vermuteten Zusammenhang zur Marktkonzentration getestet.[491] Die entsprechenden Ergebnisse sind in Tabelle 13 auf Seite 106 zusammengefasst. Berücksichtigt sind dabei lediglich jene Instrumente, für die signifikante Ergebnisse erhalten werden konnten.[492]

Überblick

Der vermutete negative Effekt der Marktkonzentration auf den Controllingeinsatz kann im operativen Bereich für die Kostenartenrechnung sowie die Analyse der Kennzahlen „Verweildauer" und „Marktanteil" und im strategischen Bereich für die Konkurrentenanalyse empirisch belegt werden. Da die Kostenartenrechnung für alle Krankenhäuser ab einer Bettenzahl von mehr als 100 gesetzlich vorgeschrieben ist, können Variationen in der Anwendung der Kostenartenrechnung lediglich für Krankenhäuser mit einer geringeren Kapazität auftreten. Demnach gelangt in kleinen Krankenhäusern mit einer signifikant höheren Wahrscheinlichkeit eine Kostenartenrechnung zur Anwendung, wenn die kleinen Häuser im Wettbewerb mit anderen Häusern stehen. Ein Zusammenhang zwischen der Marktkonzentration und dem Einsatz der Kostenträgerrechnung lässt sich nicht finden. Die Kenntnis der Höhe der für die Behandlung eines Patienten anfallenden Kosten ist für Krankenhäuser unter Wettbewerbsbedingungen nicht bedeutender als im Monopolfall.

---

[490] Vgl. Grupp, 1993, S. 9, Reher, 1993, S. 22, Breyer, 1993, S. 31,
[491] Entgegen der bisherigen Vorgehensweise wird in dieser Modellversion nicht für das institutionelle Controlling kontrolliert. Aufgrund der hohen Verbreitung des institutionellen Controlling bestünde für eine Reihe von Instrumenten nicht ausreichend Variation in den Daten. Ferner kann das Modell nicht für den Auslastungsgrad geschätzt werden, als die Kennzahl von allen Krankenhäusern des Samples ermittelt wird und dementsprechend wiederum nicht ausreichend Variation innerhalb der Variable vorliegt.
[492] Für eine Übersicht über die Ergebnisse über die verbleibenden Instrumente wird auf den Anhang verwiesen. Vgl. Tabelle 37 im Anhang. Die in Tabelle 13 aufgezeigten signifikanten Ergebnisse für die Marktkonzentration sind robust gegenüber alternativen räumlichen Marktabgrenzungen. Tabelle 38 im Anhang fasst die Regressionskoeffizienten sowie die Standardabweichungen der verschiedenen Radien des räumlichen Markts für die HHI_j mit $j = 5, 10, 15, 20, 25, 30, 35, 40, 45, 50$ zusammen.

Tabelle 13: Ergebnisse der Modellschätzung differenziert nach Controllinginstrumenten

	Planbetten	Privates Krankenhaus	Freigemeinnütziges Krankenhaus	HHI_25	Patientenzahl	Mitarbeiterzahl	Basisfallwert
Kostenartenrechnung	-8.85e-04 (.001)	.482* (.277)	-.123 .205	-4.39e-04** (2.01e-04)	-1.54e-06 (8.22e-06)	4.68e-04 (4.50e-04)	-3.19e-06 (1.18e-05)
Kostenträgerrechnung	4.43e-04 (5.80e-04)	.655*** (.203)	-.182 (1.74)	1.16e-04 (1.86e-04)	-7.65e-06 (1.13e-05)	6.91e-05 (1.95e-04)	-4.01e-06 (9.72e-06)
Plankostenrechnung	5.67e-04 (5.32e-04)	-.271 (.182)	-.051 (.161)	2.75e-04* (1.50e-04)	-7.63e-06 (1.03e-05)	-2.36e-04 (.211)	9.36e-07 (9.05e-06)
Konkurrentenanalyse	4.20e-04 (.001)	.121 (.211)	-.230 (.173)	-2.62e-04* (1.57e-04)	4.83e-07 (9.67e-06)	-2.17e-04 (2.65e-04)	6.08e-06 (1.07e-05)
SWOT-Analyse	-3.04e-04 (.001)	.064 (.252)	-.533** (.218)	-1.82e-04 (2.12e-04)	1.60e-06 (1.20e-05)	-5.17e-05 (2.18e-04)	2.35e-05* (1.27e-05)
Liquiditätsanalyse	-4.38e-04 (5.31e-04)	-.162 (.199)	-.276* (-153)	-1.76e-04 (1.63e-04)	7.78e-06 (1.01e-05)	8.12e-05 (2.01e-04)	-5.97e-06 (9.48e-06)
Verweildauer	-7.86e-04* (4.35e-04)	.220 (.153)	-.267** (.118)	-.001*** (2.96e-05)	7.98e-06 (6.76e-06)	1.93e-04 (2.74e-04)	1.66e-06 (8.03e-06)
Einweisungsstruktur	-.001 (.001)	.490** (.204)	.112 (.174)	-1.47e-04 (1.79e-04)	5.98e-06 (1.24e-05)	2.94e-04 (2.52e-04)	8.02e-07 (9.80e-06)
Patientenzufriedenheit	-4.56e-05 (5.31e-04)	.636*** (.223)	.133 (.176)	-1.03e-04 (1.84e-04)	3.38e-06 (7.57e-06)	-6.17e-05 (2.07e-04)	-1.99e-06 (1.01e-05)
Cashflow	-3.75e-04 (4.68e-04)	-.236 (1.99)	-.373** (.157)	-1.79e-04 (1.74e-04)	4.51e-06 (6.46e-06)	-1.67e-06 (1.89e-04)	-9.49e-06 (9.36e-06)
Break-even-Analyse	3.12e-05 (9.05e-04)	-.248 (.297)	-.435* (.236)	-2.00e-04 (2.23e-04)	-7.88e-06 (1.97e-05)	1.86e-04 (2.43e-04)	-2.08e-05 (1.64e-05)
Potenzialanalyse	3.28e-04 (6.60e-04)	.405* (.215)	-.130 (.194)	-1.63e-04 (1.91e-04)	7.69e-06 (7.83e-06)	-.001 (3.90e-04)	1.72e-05 (1.14e-05)
Portfolioanalyse	.001** (.001)	.109 (.218)	.208 (.172)	2.39e-04 (1.88e-04)	-1.58e-06 (7.50e-06)	-5.09e-04 (2.78e-04)	-1.03e-05 (1.06e-05)
Benchmarking	-.002** (.001)	.239 (.200)	-.265 (.163)	-1.67e-04 (1.79e-04)	-3.22e-05** (1.52e-05)	-1.26e-04 (1.87e-04)	5.31e-06 (9.60e-06)
Marktanteil	-6.92e-04 (5.10e-04)	.418** (.183)	-.130 (.157)	-3.01e-04** (1.24e-04)	-1.01e-06 (8.13e-06)	1.64e-04 (1.94e-04)	1.13e-05 (9.54e-06)
GAP-Analyse	2.96e-04 (.001)	.165 (.389)	.555* (.302)	1.44e-04 (3.43e-04)	-6.98e-07 (1.24e-05)	-2.25e-04 (5.00e-04)	-1.92e-05 (1.85e-05)

Quelle: Eigene Darstellung.

Im Gegenzug zeigt sich ein signifikant positiver Effekt des Wettbewerbs auf die Analyse der Verweildauer. Für Krankenhäuser scheint die Kenntnis der durchschnittlichen Zeit, die ein Patient für eine Behandlung im Krankenhaus verbringt,[493] unter Wettbewerbsbedingungen wichtiger zu sein als im Falle einer geringen Wettbewerbsintensität. Im verweildauerneutralen System der DRG-Fallpauschalen üben die Indikationen und die erbrachten Diagnose- und Behandlungsleistungen einen wesentlichen Einfluss auf die Höhe der Vergütung aus.[494] Mit steigender Aufenthaltsdauer steigen die Kosten für jeden zusätzlichen Tag im Krankenhaus

---

[493] Zur Verweildauer vgl. Eichhorn, 1976, S. 155, Bömermann, 2003, S. 145, Münzel/Zeiler, 2010, S. 137.
[494] Vgl. hierzu die Ausführungen unter Punkt 2.5.2. So auch Münzel/Zeiler, 2010, S. 137.

stärker als die dafür erhaltene Vergütung.[495] Die Verweildauer von Patienten stellt somit einen Einflussfaktor auf die Höhe der Kosten eines Krankenhauses dar und ist im vorliegenden Sample insbesondere für im Wettbewerb befindliche Häuser von Bedeutung.[496]

Konkurrentenanalyse

Die Konkurrentenanalyse dient der Identifikation der für ein Unternehmen bedeutendsten Konkurrenten, deren Stärken und Schwächen sowie der eigenen Wettbewerbsposition im Vergleich zu diesen Konkurrenten.[497] Ihr Einsatz wäre damit insbesondere von im Wettbewerb befindlichen Krankenhäusern zu vermuten gewesen. In Übereinstimmung mit diesen theoretischen Überlegungen zeigt sich ein signifikant negativer Effekt der Marktkonzentration auf die Wahrscheinlichkeit des Einsatzes der Konkurrentenanalyse. Mit anderen Kliniken im Wettbewerb stehende Krankenhäuser haben anscheinend tatsächlich ein höheres Interesse an Kenntnissen bezüglich der Konkurrenten sowie der Bestimmung der eigenen relativen Wettbewerbsposition.

Marktanteil

Korrespondierend mit der Konkurrentenanalyse geht von der Marktkonzentration ein signifikant negativer Effekt auf die Berechnung des Marktanteils aus. Im Wettbewerb stehende Krankenhäuser analysieren demnach nicht nur mit einer höheren Wahrscheinlichkeit ihre strategische Position gegenüber ihren Konkurrenten, sondern ermitteln zudem auf operativer Ebene mit einer höheren Wahrscheinlichkeit ihren Marktanteil als Krankenhäuser in hoch konzentrierten Märkten. Während monopolistische Kliniken automatisch die gesamte Nachfrage ihrer Region, für die es keine Substitute im ambulanten Sektor gibt, auf sich ziehen, ist für Kliniken, die im Wettbewerb mit anderen Häusern stehen, die Kenntnis des auf sie entfallenden Anteils der Marktnachfrage von Relevanz.

Plankostenrechnung

Die Vorgabe von Kostenzielen im Rahmen einer Plankostenrechnung erfolgt häufiger von auf monopolistischen Märkten agierenden als von im Wettbewerb befindlichen Krankenhäusern. Die Plankostenrechnung dient im Wesentlichen der Kontrolle der Wirtschaftlichkeit eines Unternehmens durch die Gegenüberstellung von Soll- und Istwerten am Ende einer Wirtschaftsperiode.[498] Die Planung und Überprüfung des Kostenniveaus sind offenbar für Krankenhäuser mit einem höheren Marktanteil wichtiger als für Häuser mit geringem Marktanteil. Dies erscheint infolge des fehlenden Wettbewerbsdrucks zunächst kontraintuitiv. Ein möglicher Erklärungsansatz kann in der Ausgestaltung der Krankenhausfinanzierung gesehen wer-

---

[495] Vgl. Roeder et al., 2003, S. 283.
[496] Grundlegend dazu vgl. Fischer, 1988, S. 103 f.
[497] Vgl. Hoffmann, 1983, S. 190 ff. Umfasst sein können davon zugleich potenzielle Konkurrenten sowie kleinere Wettbewerber, die jedoch bedeutungsvolle Marktnischen bedienen. Vgl. Hoffmann, 1983, S. 190 ff.
[498] Zur Bedeutung des Einsatzes der Plankostenrechnung für Krankenhäuser wird auf die Ausführungen unter Punkt 2.5.4.1 verwiesen. Detaillierter zum Wesen der Plankostenrechnung vgl. Mellerowicz, 1979, S. 16 f., 29 f., Sturm, 2005, S. 55 f.

den. Monopolistische Krankenhausmärkte sind insbesondere in Regionen mit geringer Bevölkerungsdichte zu finden. Für die Versorgung dieser Gebiete fallen aufgrund der geringeren Fallzahl in der Regel höhere Kosten an als für die Versorgung stärker besiedelter Gebiete, als infolge der geringen Leistungsmenge nur in begrenztem Maße Fixkostendegressionen realisiert werden können.[499] Aufgrund der regulatorischen Vorgabe der Leistungsentgelte können diese höheren Kosten nicht an die Leistungsträger weitergegeben werden.[500] Der Gefahr von negativen Gewinnwirkungen könnten die betreffenden Kliniken durch die Vorgabe von Plankosten bestrebt sein, entgegenzuwirken.

Trägerschaft

Neben der Marktkonzentration übt vor allem die Trägerschaft eines Krankenhauses einen Einfluss auf dessen Controllingaktivitäten aus. Als Element des strategischen Controlling dient die Potenzialanalyse der Identifikation der eigenen spezifischen qualitativen und quantitativen Potenziale eines Unternehmens.[501] Ungeachtet ihrer Wettbewerbssituation wenden private Krankenhäuser die Potenzialanalyse häufiger an als öffentliche Krankenhäuser. Im Bereich der operativen Controllinginstrumente wird der Einsatz der Kostenträgerrechnung positiv von der Zugehörigkeit eines Krankenhauses zu einem privaten Krankenhausträger beeinflusst. Im Gegensatz zur Kostenarten- und Kostenstellenrechnung ist ihre Anwendung für Krankenhäuser nicht gesetzlich vorgeschrieben. Ihre Aufgabe besteht in der Ermittlung der für die Behandlung eines Patienten anfallenden Kosten. Die Gewinnerzielungsabsicht eines Krankenhauses wirkt sich anscheinend positiv auf die empfundene Notwendigkeit der Kenntnis der nach betriebswirtschaftlichen Standards ermittelten Kostenhöhe aus. Die Unternehmensführung privater Krankenhäuser orientiert sich demnach deutlicher an ökonomischen Faktoren als die öffentlicher Kliniken.

Zudem ist für private Krankenhäuser die Analyse der Kennzahlen Einweisungsstruktur, Patientenzufriedenheit[502] und Marktanteil von höherer Bedeutung als für öffentliche Häuser. Die Einweisungsstruktur beschreibt die Art und Zusammensetzung der in einem Krankenhaus behandelten Fälle.[503] Da für unterschiedliche Diagnosen unterschiedliche Ressourcen erfor-

---

[499] Zur Fixkostendegression vgl. Schneider, 1967, S. 51 f.
[500] Das DRG-System sieht in § 5 Abs. 2 KHEntgG einen Sicherstellungszuschlag für jene Leistungen vor, die zur Gesundheitsversorgung der Bevölkerung als notwendig erachtet, aufgrund eines geringen Versorgungsbedarfs indes nicht kostendeckend erbracht werden können. Die Regelungen des Krankenhausentgeltgesetzes beziehen sich lediglich auf Leistungen mit negativem Deckungsbeitrag. Negative Gewinnwirkungen können jedoch nicht nur durch Kostenunterdeckungen, sondern auch durch ein höheres Kostenniveau von Leistungen mit positiven Deckungsbeiträgen entstehen. Sinkende Überschüsse reduzieren dann wiederum die Möglichkeit zur Investition in Qualität. Diesem können Krankenhäuser durch den Einsatz einer Plankostenrechnung bestrebt sein, entgegenzuwirken.
[501] Vgl. Greiling/Muszynski, 2008, S. 63 f. Diese werden beschrieben durch Kenntnisse, Ressourcen und Stärken, die zu einer positiven Entwicklung des Unternehmens beitragen können. Vgl. Greiling/Muszynski, 2008, S. 120.
[502] Grundlegend zur Patientenzufriedenheit vgl. Gill/White, 2009, S. 8 f. Zur Ermittlung der Patientenzufriedenheit vgl. Eckhardt-Abdulla/Bock/Bauer, 2009, S. 275 f.
[503] Vgl. Plomann/Garzino, 1981, S. 859, Watts/Klastorin, 1980, S. 357, Chalkley/Malcomson, 2000, S. 852, Abbey, 2012, S. 58, Roeder et al., 2004, S. 708, Münzel/Zeiler, 2010, S. 136 f., Lüngen/Lauterbach, 2002, S. 18 f., Neumann/Hellwig, 2002, S. 3388.

derlich sind, kann sich die Einweisungsstruktur auf die Höhe der anfallenden Kosten auswirken.[504] Nach Maßgabe der vorliegenden Daten wird die Relevanz der Analyse dieser Zusammenhänge von privaten Kliniken höher eingeschätzt als von öffentlichen. Der positive Effekt der privaten Trägerschaft auf die Ermittlung der Patientenzufriedenheit lässt auf ein bei privaten Krankenhäusern stärker ausgeprägtes Verständnis für die Bedeutung der Zufriedenheit von Patienten für deren Auswahlentscheidung schließen. Ferner wird der Marktanteil signifikant häufiger von privaten als von öffentlichen Kliniken berechnet. Die Kenntnis, welcher Anteil der Nachfrage auf das eigene Haus entfällt, ist demnach für Krankenhäuser mit Gewinnerzielungsabsicht wichtiger als für gemeinnützige Krankenhäuser.

Während sich ein positiver Zusammenhang zwischen der privaten Trägerschaft und der Anwendung einer Reihe von Controllinginstrumenten zeigt, weisen freigemeinnützige Krankenhäuser eine im Vergleich zu den öffentlichen Krankenhäusern geringere Nutzung einiger der abgefragten Instrumente auf. Auf operativer Ebene zeigt sich eine signifikant geringere Verwendung der Kennzahlen Verweildauer, Liquiditätsgrade[505] und Cashflow[506] als bei öffentlichen Krankenhäusern. Neben der selteneren Analyse der durchschnittlichen Aufenthaltszeiten der Patienten im Krankenhaus lässt sich demnach ebenso ein geringeres Interesse an finanzwirtschaftlichen Kennzahlen identifizieren. Fehlende Liquidität stellt einen Insolvenzgrund dar.[507] Liquidität kann somit als oberstes finanzwirtschaftliches Ziel angesehen werden.[508] Der Cashflow umschreibt die in einer Periode generierten betriebsbedingten Einzahlungsüberschüsse und bildet die finanzielle Autonomie eines Unternehmens und damit beispielsweise die für Investitionen in die Struktur-, Prozess- und Ergebnisqualität zur Verfügung stehenden Mittel ab.[509] Für die Unternehmensführung freigemeinnütziger Krankenhäuser scheinen diese Kennziffern von untergeordneter Bedeutung zu sein.

---

[504] Vgl. Breyer et al., 1987, S. 75, Plomann/Garzino, 1981, S. 859, Goldfarb/Coffey, 1992, S. 386, Young/Swinkola/Zorn, 1982, S. 501, Horn/Sharkey/Bertram, 1983, S. 14, Roeder et al., 2004, S. 708, Velasco-Garrido/Busse, 2004, S. 11. Ein empirischer Beleg hierfür findet sich in Watts/Klastorin, 1980, S. 361, Doremus/Michenzi, 1983, S. 1010.
[505] Der Begriff der Liquidität bezeichnet die jederzeitige Fähigkeit, bestehenden Zahlungsverpflichtungen zum Fälligkeitszeitpunkt in voller Höhe nachkommen zu können. Vgl. Coenenberg/Fischer/Günther, 2012, S. 782, Preißler, 2008, S. 112.
[506] Neben dem Begriff des Cashflow werden in der Literatur die Bezeichnungen Mittelzufluss, liquiditätswirksamer Jahresüberschuss, betrieblicher Zahlungsüberschuss oder betriebsbedingter Kapitalrückfluss synonym verwandt. Vgl. Preißler, 2008, S. 37, Hofmann, 1977, S. 270. Der Cashflow bildet das Aggregat der Veränderungen der einzelnen Elemente: dem operativen Cashflow, dem Investitions-Cashflow sowie dem Finanzierungs-Cashflow. Vgl. Coenenberg/Fischer/Günther, 2012, S. 815. Für eine inhaltliche Umschreibung der genannten Größen vgl. Coenenberg/Fischer/Günther, 2012, S. 816.
[507] Vgl. § 17 Abs. 1 InsO.
[508] Vgl. Hofmann, 1977, S. 284, Coenenberg/Fischer/Günther, 2012, S. 782, Schott, 1965, S. 171. Aus theoretischer Sicht ist die Führung eines Unternehmens ohne Würdigung finanzieller Aspekte daher nicht möglich. Vgl. Drucker, 1954, S. 7 f.
[509] Vgl. Reichmann/Lachnit, 1976, S. 718, Preißler, 2008, S. 37, 39, Groll, 1991, S. 131, Preißler, 2008, S. 39, Peemöller, 2005, S. 185 f. Kritisch zum Konzept des Cashflow vgl. Paton, 1963, S. 244 ff.

In Übereinstimmung mit diesem Befund ist die Analyse der Gewinnschwelle, d. h. die Menge behandelter Patienten, ab derer mit dieser Behandlung Gewinne erzielt werden können,[510] für das Controlling freigemeinnütziger Krankenhäuser von geringerer Bedeutung als für das öffentlicher Krankenhäuser. Mit Blick auf das strategische Controlling wird ein negativer Effekt der freigemeinnützigen Trägerschaft auf die Anwendung der SWOT-Analyse gefunden. Demnach ist die Kenntnis der Stärken und Schwächen des eigenen Hauses sowie der wesentlichen Chancen und Risiken, mit denen sich Unternehmen konfrontiert sehen, in freigemeinnützigen Krankenhäusern von geringerer Relevanz als in öffentlichen.[511] Die Einflüsse der institutionellen Rahmenbedingungen werden vom strategischen Controlling in freigemeinnützigen Kliniken demnach weniger reflektiert als in öffentlichen Kliniken, was wiederum als grundsätzliches Defizit in der Unternehmensführung interpretiert werden kann.

Krankenhausgröße

Wie Tabelle 13 entnommen werden kann, zeigt sich ein geringer Einfluss der Krankenhausgröße auf die Ausgestaltung des funktionalen Controlling. Weder die Zahl der Mitarbeiter noch die Zahl behandelter Patienten wirkt sich nachweislich auf den Einsatz von Controllinginstrumenten aus. Lediglich zwischen der Bettenkapazität und der Ermittlung und Analyse der Verweildauer sowie dem Einsatz der Portfolioanalyse und dem Benchmarking bestehen statistisch nachweisliche Beziehungen.[512] Während die Verweildauer und das Benchmarking für kleinere Krankenhäuser bedeutender sind, steigt die Wahrscheinlichkeit des Einsatzes einer Portfolioanalyse mit steigender Planbettenzahl. Die strategische Analyse des Leistungsspektrums ist somit im Wesentlichen für größere Krankenhäuser von Relevanz. Sowohl strategische als auch operative Controllinginstrumente sind für kleine und große Krankenhäuser offenbar gleichsam bedeutend. Weder die Aktivitäten im Bereich der langfristigen Anpassung des Unternehmens an Veränderungen im institutionellen Rahmen noch hinsichtlich der kurzfristigen Erfolgskontrolle werden von der Unternehmensgröße beeinflusst. Die aus theoretischer Sicht bestehenden finanziellen Nachteile aufgrund geringer Degressionseffekte spiegeln sich nicht konsequent in den Controllingaktivitäten von Krankenhäusern wider.

Zusammenfassend kommt dem Wettbewerb zwischen Krankenhäusern eine geringe Bedeutung für deren Controllingaktivitäten zu. Diese werden bisher in stärkerem Umfang von der Trägerschaft der Krankenhäuser als durch deren Wettbewerbssituation beeinflusst. Lediglich für den Einsatz der Instrumente Plankostenrechnung, Konkurrentenanalyse, Verweildaueranalyse und Marktanteil wurde ein Zusammenhang zur Marktkonzentration gefunden.

---

[510] Vgl. Zastrau, 1974, S. 277. Methodisch handelt es sich um eine Variante der einstufigen Deckungsbeitragsrechnung. Vgl. Graumann/Schmidt-Graumann, 2011, S. 480.
[511] Zum Wesen der SWOT-Analyse vgl. Hoffmann, 1983, S. 201 f. Schwächen können dabei als fehlende Ressourcen und Kompetenzen verstanden werden. Vgl. Greiling/Muszynski, 2008, S. 69.
[512] Zur Portfolioanalyse vgl. MacStravic, 1989, S. 26 ff., Greiling/Muszynski, 2008, S. 72, Horstmann/Johnssen, 1983, S. 234 f. Zum Wesen des Benchmarking vgl. Meyer, 1996, S. 7, Camp, 1989, S. 12, Spendolini, 1992, S. 9, McNair/Leibfried, 1992, S. 1 f., Gerberich/Silberg, 1996, S. 132.

3.5.7 Diskussion und Schlussbemerkungen

Die vorstehenden Ergebnisse deuten auf eine bisher geringe Bedeutung des Wettbewerbs zwischen Krankenhäusern für die Ausgestaltung des funktionalen Krankenhauscontrolling hin. Ein genereller Zusammenhang zwischen dem Einsatz des Controlling und der Marktkonzentration konnte nicht identifiziert werden. Wird das funktionale Controlling nach der Zielsetzung der einzelnen Instrumente in verschiedene Kategorien eingeteilt, zeigt sich lediglich im Bereich der weiterführenden Controllinginstrumente eine Beeinflussung durch die Marktstruktur. Erst auf der Ebene einzelner Instrumente kann zumindest für eine Reihe der im Fragenbogen enthaltenen Items empirische Evidenz für die Ausgangshypothese gefunden werden.

Der identifizierte Einfluss des Wettbewerbs zwischen Krankenhäusern auf den Einsatz von Controllinginstrumenten erstreckt sich lediglich auf einzelne Instrumente und nicht, wie vermutet, auf das funktionale Controlling als solches. Die eingangs beschriebene für ein funktionales Controlling erforderliche Kombination von operativen und strategischen Controllinginstrumenten, insbesondere unter Wettbewerbsbedingungen, wird von dem Verhalten deutscher Krankenhäuser nicht reflektiert. Der Wettbewerb zwischen Krankenhäusern stellt bisher keinen Einflussfaktor auf die Funktionalität des Controlling dar. Im Gegenzug zeigen sich Unterschiede zwischen den gewinnorientierten und den gemeinnützigen Krankenhäusern nicht nur im Bereich der kurzfristigen Unternehmenssteuerung, sondern zugleich auf strategischer Ebene. Somit scheinen die Art und der Umfang der angewandten Controllinginstrumente und somit die Funktionalität eines Controlling noch immer stärker durch die Trägerschaft von Krankenhäusern als durch die Wettbewerbssituation beeinflusst zu werden.

Sowohl der Entwicklungsstand des Controlling als auch die Bedeutung des Wettbewerbs für die Controllingaktivitäten entsprechen nicht den theoretischen Erwartungen. Eine Erklärung hierfür könnte in der Subjektivität der Auswahl der Controllinginstrumente gesehen werden. Aus Sicht der einzelnen Krankenhäuser könnten im Wettbewerb andere als die abgefragten Instrumente von Relevanz sein. Als es sich bei den im Fragebogen enthaltenen Instrumenten, wie unter Punkt 3.4.2.1 ausgeführt, allerdings um grundlegende für Unternehmensführung unerlässliche Instrumente handelt, erscheint dieser Erklärungsansatz jedoch fraglich. Vielmehr deuten die Resultate auf generelle Mängel im Krankenhausmanagement hin. Die Vorteilhaftigkeit des Einsatzes betriebswirtschaftlicher Instrumente wurde bisher offenbar nicht vollumfänglich erkannt.

Prinzipiell kann dies als fehlendes betriebswirtschaftliches Verständnis interpretiert werden, indem grundlegende Aspekte der Unternehmensführung bisher keine Berücksichtigung erfahren. Ferner können von der Ausgestaltung des institutionellen Rahmens zusätzlich negative Anreize auf ein nach betriebswirtschaftlichen Grundsätzen ausgestaltetes Krankenhausmanagement ausgehen.⁵¹³ Das Controlling ist ein Instrument zur Planung, Steuerung und Kontrolle. Auf den Märkten für Krankenhausdienstleistungen werden wesentliche unternehmerische Entscheidungsprozesse wie die Preissetzung und die Festlegung der Kapazität auf externe Entscheidungsträger übertragen. Ein wesentlicher Teil der strategischen und operativen Planung wird Krankenhäusern somit entzogen. Dies steht in Widerspruch zu betriebswirtschaftlichen Grundsätzen.⁵¹⁴ Ferner verhindern die planwirtschaftlichen Vorgaben die Nutzung der aus dem Einsatz betriebswirtschaftlicher Instrumente erwachsenden Wettbewerbsvorteile gegenüber Konkurrenten. Gelingt es einem Krankenhaus beispielsweise, seine Leistungsmenge aufgrund einer im Vergleich zu konkurrierenden Krankenhäusern höheren Qualität über das mit den Leistungsträgern vereinbarte Erlösbudget zu steigern, werden diese Mehrerlöse zu 65 % über das Budget der Folgeperiode ausgeglichen. Wirtschaftliches Handeln wird in diesem Fall nicht, wie unter Wettbewerbsbedingungen, honoriert, sondern sanktioniert.⁵¹⁵ Eigenverantwortliches Handeln bedingt Handlungsfreiheit.⁵¹⁶ Unternehmerisches und wettbewerbliches Handeln ist von Krankenhäusern erst dann zu erwarten, wenn ihnen die Möglichkeit der freien Entscheidung über ihr Marktverhalten zugestanden wird.⁵¹⁷

---

⁵¹³ Zu negativen von der Regulierung ausgehenden Auswirkungen auf die Anreize zu wettbewerblichem Verhalten von Krankenhäusern vgl. Wasem/Geraedts, 2011, S. 9.
⁵¹⁴ Eine Beschreibung der eingeschränkten betriebswirtschaftlichen Handlungsmöglichkeiten von Krankenhäusern findet sich auch in Spiegelhalter, 1983, S. 38 f.
⁵¹⁵ Zu den negativen Anreizwirkungen des Budgetausgleichs vgl. Monopolkommission, 2010, S. 375 Tz. 1116. So auch Breyer, 2000, S. 172.
⁵¹⁶ Vgl. Müller-Armack, 1990, S. 11, Rath, 1998, S. 38. Ähnlich Brennenstuhl/Schulz, 2007, S. 309.
⁵¹⁷ Die Forderung nach der Gewährleistung von Handlungsfreiheit vertreten auch Oberender/Fibelkorn, 1997, S. 50, Glasmacher, 1996, S. 43 f., Oberender et al., 2012, S. 71. Ähnlich Cassel, 1997, S. 36. Die Handlungsfreiheit von Krankenhäusern würde dann wiederum zu Effizienz auf Krankenhausdienstleistungsmärkten führen. Vgl. Schmidtchen, 1983, S. 25 f. Die These der durch Regulierung eingeschränkten Möglichkeit der strategischen Unternehmensplanung im Vergleich zu nicht regulierten Unternehmen wird auch vertreten durch Kaschny, 1998, S. 116.

4 Informationsbereitstellung und Wettbewerb

4.1 Einführung

Infolge des Ausschlusses der freien Preisbildung auf den Märkten für Krankenhausdienstleistungen ist eine Differenzierung gegenüber Konkurrenten im Wettbewerb im Wesentlichen über die Qualität der Diagnose- und Behandlungsprozesse sowie die der Hotelkomponente möglich.[518] Krankenhausdienstleistungen stellen jedoch keine neoklassischen Güter, deren Güte bereits vor dem Konsum in vollem Umfang bekannt ist, dar.[519] Vielmehr handelt es sich bei Diagnosestellungen um Vertrauensgüter, deren Qualität auch im Nachhinein weder von Patienten noch von Ärzten vollständig beurteilt werden kann. Behandlungsdienstleistungen weisen sowohl Eigenschaften von Erfahrungsgütern, die eine Einschätzung der Qualität erst im Anschluss an die Inanspruchnahme der Leistung zulassen, als auch Eigenschaften von Vertrauensgütern auf.[520] Die Beziehung zwischen Leistungserbringern und Leistungsempfängern ist durch eine asymmetrische Informationsverteilung charakterisiert.[521] Sollen Patienten ihre Entscheidung für ein Krankenhaus aufgrund von (wahrgenommenen) Qualitätsunterschieden treffen, müssen sie über Zugang zu verständlichen und verlässlichen Qualitätsinformationen verfügen.[522]

Die Erstellung und die Veröffentlichung von strukturierten Qualitätsberichten sind für alle deutschen Plankrankenhäuser seit 2005 gesetzlich vorgeschrieben.[523] Diese setzen jedoch zumeist medizinisches Fachwissen voraus und sind in der Regel sehr umfangreich. Für Patienten sind sie daher mitunter schwer verständlich und können dem Wunsch nach präzisen und überschaubaren Informationen nicht hinlänglich gerecht werden.[524] Eine weitere Möglichkeit der Informationsbereitstellung stellen Krankenhauswebsites dar.[525] 2013 verfügten 82,00 % der deutschen Haushalte über einen Internetanschluss.[526] Zugleich hat sich das Interesse von Patienten an qualitätsrelevanten Informationen erhöht: Während lange Zeit das Bild des unmündigen Patienten dominierte,[527] informieren sich (potenzielle) Patienten zunehmend im

---

[518] Vgl. Joskow, 1980, S. 432, Calem/Rizzo, 1995, S. 1182, Kuchinke, 2001, S. 14 f., Kuchinke/Kallfass, 2006, S. 997 Ähnlich Rudeker, 1992, S. 114.
[519] Zu neoklassischen Gütern vgl. Fritsch, 2014, S. 250 f., Nelson, 1970, S. 312 f.
[520] Vgl. Chalkley/Malcomson, 2000, S. 851 f., Kuchinke, 2000, S. 21.
[521] Ausführlicher hierzu vgl. die Ausführungen unter Punkt 2.3.1.1.
[522] Vgl. Andersen, 2000, S. 54. Die grundsätzliche Betonung der Bedeutung der Bereitstellung von Qualitätsinformationen findet sich in Dietrich/Grapp, 2005, S. 212.
[523] Vgl. § 137 SGB V. Die Veröffentlichung muss dabei nicht auf der eigenen Internetseite des Krankenhauses erfolgen, sondern wird von den Trägern der Sozialversicherung übernommen. Vgl. § 137 Abs. 3 Nr. 4 SGB V.
[524] Vgl. Geraedts, 2006, S. 158 f., Mohrmann/Koch, 2011, S. 62. Ähnlich Monopolkommission, 2008, S. 320 Tz. 821.
[525] Zur Bedeutung des Internets für die Patientenkommunikation vgl. Hildebrand, 1999, S. 342, Rosenbrock, 2001, S. 30, Neudam/Haeske-Seeberg, 2011, S. 87 f. Ähnlich Keßel, 2014, S. 2.
[526] Vgl. Statistisches Bundesamt, 2014a, S. 202.
[527] Vgl. Schulenburg/Greiner, 2013, S. 110, Arnold/Geisbe, 2003, S. 60.

Vorfeld eines Krankenhausaufenthalts über bestimmte Aspekte der Struktur-, Prozess- und Ergebnisqualität.[528]

Untersuchungen der Bedeutung der Bereitstellung von Qualitätsinformationen als Wettbewerbsparameter finden sich im Schrifttum bisher lediglich in geringem Umfang. In einem Beitrag untersuchten Dewenter/Kuchinke (2014) die Ausgestaltung des qualitätsrelevanten Informationsangebots auf den Internetseiten orthopädischer Klinken in Deutschland. Im Ergebnis zeigten sich zwar signifikante Unterschiede zwischen den verschiedenen Krankenhausträgern hinsichtlich des Informationsangebots, ein Einfluss des Wettbewerbs konnte jedoch ausschließlich für die Informationen zur Prozess- und Ergebnisqualität identifiziert werden.[529] In diesem Kapitel wird die grundlegende Idee aufgegriffen und die Analyse auf die Entwicklung des Informationsangebots im Zeitablauf ausgedehnt. Zudem wird die Untersuchung auf die Gesamtheit der deutschen Plankrankenhäuser und Universitätskliniken übertragen. Untersucht werden soll dabei, ob der Wettbewerb zwischen Krankenhäusern einen nachweislichen Einfluss auf das qualitätsbezogene Informationsangebot auf Krankenhauswebseiten hat. Die Analyse gliedert sich wie folgt: Zunächst werden der relevante institutionelle Rahmen (Kapitel 4.2) sowie der Stand der Forschung (Kapitel 4.3) beschrieben. Die Entwicklung des Informationsangebots auf den Websites orthopädischer Kliniken ist Gegenstand des Kapitels 4.4. In Kapitel 4.5 werden die Ergebnisse der Untersuchung für die Plankrankenhäuser und Universitätskliniken dargestellt. Die Ergebnisse werden schließlich in Kapitel 4.6 zusammengefasst.

4.2 Institutioneller Rahmen

Nach Ausschluss einer freien Preisbildung stellt die Qualität, wie im dritten Kapitel herausgearbeitet wurde, einen bedeutenden Wettbewerbsparameter auf Krankenhausdienstleistungsmärkten dar. Bezüglich der Qualität von Krankenhausdienstleistungen besteht zwischen Krankenhäusern und Patienten indes eine asymmetrische Informationsverteilung zulasten der Patienten.[530] Soll die Qualität als Wettbewerbsfaktor genutzt werden, müssen die aus den Informationsasymmetrien resultierenden Such- und Informationskosten der Patienten reduziert werden, indem ihnen vor der Wahl eines Krankenhauses verständliche und verlässliche Informationen über dessen Struktur-, Prozess- und Ergebnisqualität zur Verfügung gestellt werden.[531] Zur Informationsbereitstellung können die Internetauftritte von Krankenhäusern die-

---

[528] Dies folgt aus empirischen Studien zur Veränderung der Auswahlentscheidung von Patienten nach der Veröffentlichung von Informationen zur Krankenhausqualität. Vgl. hierzu die Ausführungen unter 4.3. Aus theoretischer Sicht wird dies auch diskutiert in Knorr, 2003, S. 680, Roeder et al., 2004, S. 704. Kritisch hierzu vgl. Heß, 2005, S. 3.
[529] Vgl. Dewenter/Kuchinke, 2014, S. 9.
[530] Ausführlich hierzu vgl. die Ausführungen unter Gliederungspunkt 2.3.1.1.
[531] Vgl. Ebsen et al., 2003, S. 42, Monopolkommission, 2008, S. 320 Tz. 820, Gerdelmann, 2004, S. 134, Beukers/Kemp/Varkevisser, 2014, S. 927, Leatherman/McCarthy, 1999, S. 93, Wasem/Geraedts, 2011, S. 10, Geraedts/Cruppé, 2011, S. 95, Geraedts, 2006, S. 154.

nen. Dies setzt zunächst die grundsätzliche Verbreitung des Internets voraus. Diese kann in Deutschland grundsätzlich als gegeben angesehen werden.[532] Nach Altersgruppen differenziert zeigt sich zwar eine mit zunehmendem Alter sinkende Internetnutzung. In der Altersgruppe 50 bis 59 Jahre gaben im Jahr 2014 dennoch mindestens 58,60 % der Haushalte an, einen Internetanschluss zu haben. Selbst in der Altersgruppe 60 – 69 Jahre waren es noch immer 47,40 % der Haushalte.[533] Tatsächlich genutzt wurde das Internet 2012 von 79,00 % der deutschen Bevölkerung. Dabei nannten 88,00 % der Befragten die Suche nach Informationen über Waren und Dienstleistungen als Zweck der Internetnutzung.[534]

Unter Würdigung des Verbreitungsgrads des Internets und dem zunehmenden Interesse der (potenziellen) Patienten an qualitätsrelevanten Informationen im Vorfeld eines Krankenhausaufenthalts stellen Websites ein geeignetes Medium zur Informationsbereitstellung dar. Aus unternehmerischer Sicht ermöglicht der Einsatz der eigenen Internetseite die Darstellung relevanter Informationen aus der Perspektive des betreffenden Hauses. Art und Umfang der präsentierten Inhalte können frei gewählt werden.[535] Im Vergleich zu den strukturierten Qualitätsberichten ermöglichen Websites aufgrund ihrer individuellen Ausgestaltbarkeit die kurze und einfach verständliche Darstellung relevanter Informationen. Abgebildet werden können beispielsweise Zertifikate oder Erfolgsgeschichten früherer Patienten. Zertifikate signalisieren die von einer unabhängigen Institution bestätigte Qualität. Erfolgsgeschichten zielen auf die Darstellung von Patientenzufriedenheit und können dazu beitragen, die Unsicherheit über den Krankenhausaufenthalt zu reduzieren. Im Ergebnis können auf diesem Wege ein positives Gesamtbild geschaffen und die Opportunitätskosten der Informationsbeschaffung für (potenzielle) Patienten c. p. gesenkt werden.

Lassen sich durch den Abbau bestehender Informationsasymmetrien die Auswahlentscheidungen von Patienten zugunsten eines Krankenhauses beeinflussen, können hierüber Wettbewerbsvorteile gegenüber anderen Krankenhäusern generiert werden. Insbesondere ein relativer Anstieg von Patienten mit positiven Deckungsbeiträgen kann sich positiv auf den Unternehmenserfolg und letztendlich positiv auf die Qualität auswirken,[536] wenn die c. p. steigenden Überschüsse in die weitere Verbesserung der einzelnen Teilqualitäten investiert werden. Auf den Internetseiten von im Wettbewerb mit anderen Krankenhäusern befindlichen Klini-

---

[532] Vgl. Statistisches Bundesamt, 2011a, S. 202. Für eine Übersicht über die steigende Verbreitung sowie die steigende Nutzung des Internets vgl. Destatis/WZB, 2013, S. 337.
[533] Vgl. Initative D21 e.V., 2014, S. 32. Von den Personen über 64 nutzen 32,00 % das Internet. Vgl. Destatis/WZB, 2013, S. 338. Kritisch zum Nutzen des Internets für ältere Menschen vgl. Schweiger, 2004, S. 45.
[534] Vgl. Destatis/WZB, 2013, S. 338. In der Altersgruppe der Personen über 64 gaben 84,00 % der Internetnutzer an, im Internet nach Informationen zu Waren und Dienstleistungen zu suchen. Vgl. Destatis/WZB, 2013, S. 340.
[535] Die Korrektheit der Inhalte wird dabei vorausgesetzt. Die freie Ausgestaltung bezieht sich ausschließlich auf die Form und den Umfang der dargestellten Informationen.
[536] Der Fokus auf einzelne Fallgruppen hat dabei im Rahmen des gesetzlichen Versorgungsauftrags und den Grenzen der Landesbedarfsplanung zu erfolgen. Die Erreichung vor allem positive Deckungsbeiträge generierender Patienten ist dabei durch eine auf die entsprechenden Indikationen gerichtete Informationsvermittlung auf dem Internetauftritt eines Krankenhauses in gewissem Umfang möglich.

ken wäre demzufolge ein umfangreicheres Informationsangebot zu erwarten als auf den Internetauftritten monopolistischer Krankenhäuser.

Im Ergebnis der Untersuchung von Dewenter/Kuchinke unterlag das qualitätsrelevante Informationsangebot auf den Websites orthopädischer Kliniken lediglich bezüglich der Prozess- und Ergebnisqualität einem signifikanten Einfluss durch die Marktkonzentration.[537] Sowohl für die wiederholte Untersuchung der Internetseiten orthopädischer Kliniken als auch für die Gesamtheit der deutschen Krankenhäuser wird dennoch auf einen Zusammenhang zwischen dem Wettbewerb und der Bereitstellung von Qualitätsinformationen getestet. Wie eingangs ausgeführt, kann über die Darstellung der Qualität des eigenen Hauses versucht werden, Einfluss auf dessen Erfolgssituation zu nehmen. Zusammenfassend wird daher ein negativer Effekt der Marktkonzentration auf die Bereitstellung qualitätsrelevanter Informationen auf den Webseiten von Krankenhäusern vermutet.

4.3 Stand der Forschung

Der Qualitätsbegriff kann nach Donabedian in Struktur-, Prozess- und Ergebnisqualität differenziert werden.[538] Neben der Verbreitung des Internets besteht eine weitere Voraussetzung für die Nutzung von Websites zur Informationsbereitstellung in der Fähigkeit von Patienten, Unterschiede in der Qualität unterschiedlicher Krankenhäuser erkennen zu können.[539] Diese soll an dieser Stelle allerdings nicht thematisiert werden und wird stattdessen als gegeben angesehen. Begründen lässt sich dies anhand von Studien zur Beeinflussung des Auswahlverhaltens von Patienten im Anschluss an die Veröffentlichung von Qualitätsinformationen. Mukamel/Mushlin zeigten einen Zusammenhang zwischen der Veröffentlichung von Sterblichkeitsraten und der Veränderung des Marktanteils von Krankenhäusern in New York zwischen 1989 und 1991.[540] Zu vergleichbaren Ergebnissen kommt die Studie von Cutler/Huckman/Landrum (2004), der Daten aus den Jahren 1991 bis 1999 zugrunde liegen.[541] Für Deutschland fanden Wübker/Sauerland/Wübker (2010) ebenfalls eine Veränderung der Patientenzahl von Krankenhäusern nach der Veröffentlichung von Qualitätsergebnissen.[542] Zudem zeigt Keßel (2014) einen Zusammenhang zwischen der wahrgenommenen Qualität und der Loyalität von Patienten.[543] Die angeführten Studien unterstützen die These des Be-

---

[537] Vgl. Dewenter/Kuchinke, 2014, S. 8 f.
[538] Vgl. Donabedian, 1966, S. 167 ff., Donabedian, 1980, S. 79 ff.
[539] Vgl. Wübker/Sauerland/Wübker, 2010, S. 481 f.
[540] Vgl. Mukamel/Mushlin, 1998, S. 945 ff.
[541] Vgl. Cutler/Huckman/Landrum, 2004, S. 343 f.
[542] Vgl. Wübker/Sauerland/Wübker, 2010, S. 479 ff.
[543] Vgl. Keßel, 2014, S. 225 f. Die Ergebnisse basieren auf einer Befragung von 6.206 Patienten eines Krankenhauses zwischen Oktober 2009 und Januar 2010. Weitere empirische Evidenz für die Beeinflussung der Auswahlentscheidungen von Patienten findet sich in Dafny/Dranove, 2008, S. 798 ff., Schneider/Epstein, 1996, S. 252 f.

wusstseins der Patienten für Qualitätsunterschiede zwischen Krankenhäusern und der daran ausgerichteten Auswahlentscheidung.[544]

Studien zum Zusammenhang zwischen der Wettbewerbsintensität und dem Marktverhalten von Krankenhäusern wurden bisher wenige durchgeführt. Für die US-amerikanischen Staaten Arizona, Kalifornien, New Jersey, Texas und Wisconsin untersuchten Carey/Stefos auf Basis von Daten aus den Jahren 2001 bis 2007 den Einfluss der Marktkonzentration auf das Marktverhalten von Krankenhäusern, u. a. in Bezug auf deren Qualität, konnten einen solchen Zusammenhang indes nicht belegen.[545] Im Gegenzug identifizierten Dewenter/Kuchinke (2014) in ihrer Analyse der Internetauftritte der 398 orthopädischen Kliniken Deutschlands eine Beeinflussung des Informationsangebots zur Prozess- und Ergebnisqualität auf Krankenhauswebsites durch die Marktkonzentration.[546] Betrachtet wurden 53 Parameter der Struktur-, Prozess- und Ergebnisqualität.[547]

Weder eine Untersuchung des Informationsangebots im Zeitablauf noch eine auf einer Vollerhebung für alle Plankrankenhäuser und Universitätskliniken basierende Untersuchung der Bereitstellung von Qualitätsinformationen sowie deren Beeinflussung durch die Wettbewerbsintensität wurden bisher durchgeführt. Diese Forschungslücke soll durch die nachstehende Analyse geschlossen werden.

4.4 Entwicklung des qualitätsrelevanten Informationsangebots auf den Websites orthopädischer Kliniken

4.4.1 Daten

Die der Untersuchung zugrundeliegenden Daten setzen sich aus mehreren Datensätzen zusammen. Die als Vergleichsmaßstab dienenden Daten entstammen der Untersuchung von Dewenter/Kuchinke. Sie wurden zwischen Juli und Oktober 2010 durch wiederholte systematische Analyse der Websites der zu diesem Zeitpunkt in Deutschland existierenden 398 orthopädischen Krankenhäuser gewonnen.[548] Eine Klinik wurde dann dem Sample zugeordnet, wenn sie mindestens über ein orthopädisches Bett verfügte. Die diesbezüglichen Angaben entstammen dem deutschen Krankenhausverzeichnis.[549] Differenziert nach Struktur-, Prozess- und Ergebnisqualität wurden die einzelnen Internetseiten systematisch nach den in der nach-

---

[544] Im Gegenzug zeigt sich in der Studie von Baker et al. (2003) auf Basis von Daten von 1991 bis 1997 in Cleveland kein Zusammenhang zwischen der Qualität von Krankenhäusern und der Veränderung ihres Marktanteils. Vgl. Baker et al., 2003, S. 733 f. Romano/Zhou (2004) identifizieren eine geringe und lediglich vorübergehende Beeinflussung der Auswahlentscheidung von Patienten nach der Veröffentlichung von Qualitätsinformationen. Vgl. Romano/Zhou, 2004, S. 371 ff.
[545] Vgl. Carey/Stefos, 2011, S. 130 f.
[546] Vgl. Dewenter/Kuchinke, 2014, S. 9.
[547] Vgl. Dewenter/Kuchinke, 2014, S. 6.
[548] Vgl. Dewenter/Kuchinke, 2014, S. 5.
[549] Vgl. Statistisches Bundesamt, 2010a, passim.

folgenden Tabelle 14 zusammengefassten Qualitätsparametern untersucht.[550] Ein Item galt dabei als vorhanden, wenn dem Internetauftritt des Krankenhauses Angaben zu diesem Item entnommen werden konnten.

Tabelle 14: Bewertungskatalog

I Qualitätsbericht verfügbar		
II Strukturqualität		
1. Ärzte	**2. Technische Ausstattung**	**3. Service**
Anzahl der Ärzte	Anzahl der Geräte	Cafeteria
Name der Ärzte	Bezeichnung der Geräte	Telefon
Tätigkeitsgebiet	Spezialgeräte	Safe
Kontaktinformationen		Einzelzimmer
Hintergünde		flexible Besuchszeiten
Berufserfahrung		Minibar
		Internet
		Fernseher
		Essensqualität
		Essensauswahl
		Fitness-Ausstattung
		Bäder
		Bibliothek
		Freigetränke
		religiöse Einrichtungen
4. Weiterbildung	**5. Medizinische Produkte**	**6. Operationen und OP-Säle**
Weiterbildung	Werbung für Medizinprodukte	OP-Säle
	Anzahl der Produkte	Operationen
III Prozessqualität		
1. Zertifikate	**2. Qualitätsmanagement**	**3. Organisation**
Zertifikate	Vorschriftenbefolgung	Organigramm
	Qualitätsmanagement	Management
4. Bereitschaftsdienst	**5. Erfolgsgeschichten**	
Statistiken	Bilder	
Name der Ärzte	Veröffentlichungen	
	Namen der Patienten	
	Namen der Ärzte	
IV Ergebnisqualität		
1. Allgemeines	**2. Subjektive Zufriedenheit**	
Komplikationsrate	Patientenkritik erlaubt	
Sterblichkeitsrate	Sympathische Mitarbeiter	
Wiederaufnahmen	Verpflegung	
Haftung	Kompetenz der Ärzte	
Reputation	Gesamteindruck	
Verweildauer		

Quelle: Eigene Darstellung in Anlehnung an Dewenter/Kuchinke, 2014, S. 6.

---

[550] In Analogie zu den Ausführungen zur Auswahl der Controllinginstrumente handelt es sich auch bei der Zusammenstellung der in den Bewertungskatalog aufgenommen Qualitätsparameter um eine subjektive, nicht abschließende Auswahl an Items. Durch die Aufnahme weiterer Items kann es zu Änderungen der Ergebnisse sowohl der deskriptiven Analyse als auch der Modellschätzung kommen. Die von Dewenter/Kuchinke untersuchten Items stellen indes eine umfassende Beschreibung der aus theoretischer Sicht wesentlichen Bestimmungsfaktoren der Krankenhausqualität dar und können somit trotz der beschriebenen Subjektivität als adäquate Grundlage der nachstehenden Untersuchung erachtet werden.

Für die wiederholte Analyse wurden die Internetseiten dieser Kliniken im Mai 2014 abermals mehrfach systematisch auf die vorstehenden Qualitätsaspekte untersucht. Abgestellt wurde dabei auf die von Dewenter/Kuchinke verwandten Bewertungskriterien, um einen Vergleich mit ihren Ergebnissen zu ermöglichen. Ferner wurde die gleiche Vorgehensweise im Rahmen der Datenerfassung angewandt. Die für die Modellschätzung erforderlichen Angaben zur Trägerschaft der Krankenhäuser, der Zahl der Planbetten und Abteilungen sowie ihrer geografischen Lage wurden dem Krankenhausverzeichnis entnommen.[551]

Weiterhin können die wirtschaftliche Lage von Krankenhäusern sowie deren Zugehörigkeit zu einer Klinikkette einen Einfluss auf den Umfang der bereitgestellten Qualitätsinformationen ausüben. Der Anreiz zur Bereitstellung von Qualitätsinformationen kann sich zum einen für defizitäre Krankenhäuser erhöhen. Auf diesem Weg kann versucht werden, insbesondere Wahlleistungen in Anspruch nehmende Patienten zu gewinnen und somit über die DRG-Fallpauschalen hinausgehende Erlöse zu erzielen. Die Jahresabschlüsse liegen allerdings nicht für alle in die Analyse einbezogenen Krankenhäuser vor, wodurch der Erfolg nicht als Kontrollvariable verwendet werden kann. Zum anderen kann die konkrete Ausgestaltung einer Krankenhauswebsite den Vorgaben eines Konzerns unterliegen. Da die Konzernzugehörigkeit im Zuge der ersten Untersuchung nicht erhoben wurde, ist auch ihr Einbezug in die Schätzung nicht möglich.

4.4.2 Methodik

Den Gegenstand der Untersuchung stellt der Zusammenhang zwischen der Marktkonzentration und dem Umfang der von orthopädischen Krankenhäusern veröffentlichten Qualitätsinformationen dar. Dem sachlichen Markt werden somit alle von orthopädischen Kliniken erbrachten akut-stationären Krankenhausdienstleistungen zugeordnet. In Analogie zu der für das Controlling beschriebenen Vorgehensweise (Kapitel 3.5.3) wird der HHI als Maß für die Marktkonzentration verwendet. Zur Berechnung der Marktkonzentration wird eine Matrix mit den linearen Entfernungen zwischen allen Krankenhäusern des relevanten Markts erstellt. Im Ergebnis lassen sich somit die jeweiligen Marktanteile in Abhängigkeit der Größe des jeweils relevanten Markts ermitteln.[552] Für die nachfolgende Untersuchung wird auf die von Dewenter/Kuchinke gewählte räumliche Marktabgrenzung in Form eines 20 km-Radius um die Krankenhäuser zurückgegriffen.[553]

Der vermutete Zusammenhang zwischen Marktstruktur und Marktverhalten kann jedoch nicht nur, wie eingangs unterstellt, unidirektional sein. Vielmehr kann das Marktverhalten wiederum zu einer Veränderung der Marktstruktur führen. Im vorliegenden Fall würde sich somit

---

[551] Vgl. Statistisches Bundesamt, 2014d, passim.
[552] Der räumliche Markt wird dabei als linearer Abstand um ein Krankenhaus nach dem Konzept der „fixed-radius technique" abgegrenzt. Zu dieser vgl. Gaynor/Vogt, 2003, S. 770. Kritisch zu dieser Vorgehensweise vgl. Gaynor/Vogt, 2003, S. 779.
[553] Vgl. Dewenter/Kuchinke, 2014, S. 8 f.

nicht lediglich ein Einfluss der Anzahl der Krankenhäuser innerhalb eines geografischen Raums auf Art und Umfang der von Krankenhäusern veröffentlichten Qualitätsinformationen, sondern zugleich eine Veränderung der Marktanteile als Folge der Informationsbereitstellung beobachten lassen. Da Krankenhäuser in unterschiedlichem Umfang über die Bereitstellung von Qualitätsinformationen zum Abbau von Informationsasymmetrien beitragen, steigt c. p. die Nachfrage nach den Kliniken, deren Informationsangebot das anderer Kliniken übersteigt. Hierdurch würde es dann wiederum zu einer Verschiebung der Bettenzahlen und letztendlich der Marktanteile zugunsten jener Häuser kommen. Im beschriebenen Regulierungsszenario sind dieser Entwicklung allerdings Grenzen gesetzt. Mehrerlöse werden über das Budget des Folgejahres ausgeglichen, eine Anpassung der Kapazität kann lediglich im Rahmen der Landesbedarfsplanung vorgenommen werden. In der Ausgangsstudie von Dewenter/Kuchinke wurde die Marktstruktur als exogen unterstellt.[554] Da eine wechselseitige Beziehung zwischen Marktstruktur und Marktverhalten allerdings nicht gänzlich ausgeschlossen werden kann, wird ein Test auf Endogenität durchgeführt.

Als Instrumente werden die Lebenserwartung der Bevölkerung in der Krankenhausregion sowie die Bruttoeinnahmen der jeweiligen Landkreise verwendet. Ein erklärender Wert der Lebenserwartung der Bevölkerung für die Marktkonzentration lässt sich vermuten, da mit steigender Zahl an Lebensjahren auch die Häufigkeit der Krankenhausbehandlung steigt. Zudem weisen ältere Menschen nach Angaben des Statistischen Bundesamts eine höhere Nachfrage nach Krankenhausdienstleistungen auf als jüngere Menschen.[555] Daher ließe sich in Regionen mit einer höheren Lebenserwartung der Bevölkerung eine höhere Anzahl an Krankenhausbetten vermuten als in Regionen mit einer geringeren Lebenserwartung. Ein Zusammenhang zwischen den Bruttoeinnahmen eines Landkreises und der Zahl der Krankenhausbetten kann sich aufgrund der staatlichen Investitionsfinanzierung ergeben. Mit steigenden Einnahmen eines Landkreises steigen dessen zur Finanzierung von Krankenhausinvestitionen zur Verfügung stehende finanzielle Mittel. Somit wäre eine hohe Planbettenzahl vor allem in jenen Landkreisen gegeben, die hohe Einnahmen aufweisen. Ein direkter Zusammenhang zwischen den gewählten Instrumenten und der Zielvariablen ist nicht ersichtlich.

Die Überprüfung eines Zusammenhangs zwischen den beschriebenen Instrumenten und der Marktkonzentration erfolgt anhand der Ermittlung der Beziehung zwischen dem Mittel der einzelnen Instrumente und dem HHI. Einen Überblick über die Resultate gibt Tabelle 15. Mit sinkender Marktkonzentration zeigen sich im Ergebnis eine höhere Lebenserwartung sowie höhere Bruttoeinnahmen der Landkreise.

---

[554] Vgl. Dewenter/Kuchinke, 2014, S. 6.
[555] Für eine Übersicht über die aus dem Krankenhaus entlassenen vollstationären Patienten im Jahr 2012 differenziert nach Altersklassen vgl. Statistisches Bundesamt, 2014a, S. 118 ff.

Tabelle 15: Beziehung zwischen dem HHI und den Instrumentvariablen

HHI Quartile	Anzahl Krankenhäuser	HHI Minimum	HHI Maximum	Lebenserwartung	Bruttoeinnahmen Landkreis
1	198	100	190	81.32	3.43e+09
2	198	201	798	81.47	3.95e+09
3	198	805	1787	81.76	4.23e+09
4	198	1806	10000	82.16	4.84e+09

Quelle: Eigene Darstellung.

Zur Identifikation eines eventuellen Endogenitätsproblems wird zunächst ein lineares Regressionsmodell unter Verwendung der Lebenserwartung der Bevölkerung in der Krankenhausregion sowie der Bruttoeinnahmen des jeweiligen Landkreises als Instrumentvariablen angepasst. Der zu diesem Zweck durchgeführte Wu-Hausman-Test deutet nicht auf die Endogenität der Marktstruktur hin.[556] In Übereinstimmung mit den Ergebnissen von Dewenter/Kuchinke kann die Marktstruktur im vorliegenden Datensatz als exogen erachtet werden. Ein IV-Ansatz ist daher nicht erforderlich.

Als abhängige Variable des Modells wird die Anzahl der auf den Internetseiten veröffentlichten Qualitätsinformationen definiert. Bei ihr handelt es sich um eine nichtnegative, diskrete Zählvariable. Zur Modellschätzung stehen somit grundsätzlich die Poisson Regression als auch ein Negatives Biniomialmodell zur Verfügung.[557] Im Gegenzug zum ersten Verfahren, welches bei Abweichungen von der Poissonverteilung zu verzerrten Standardfehlern führen kann, lässt letzteres Über- und Unterdispersion zu.[558] Aus diesem Grund werden zunächst sowohl ein Poisson Regressionsmodell als auch ein Negatives Binomialmodell angepasst und auf ihre Geeignetheit für den vorliegenden Datensatz anhand eines Likelihood-Ratio-Tests überprüft. Eine Gewichtung der einzelnen Items wird nicht vorgenommen.[559] Zur Beschreibung der Entwicklung des Informationsangebots werden die aus den beiden Erhebungen gewonnenen Datensätze gepoolt. Für reine Zeiteffekte wird über einen Zeit-Fixed-Effect kontrolliert.[560]

Neben der Marktkonzentration werden die Trägerschaft, die Anzahl der Planbetten, der Status als Plankrankenhaus oder Universitätsklinikum sowie ein Dummy für die Lage in Ost- oder Westdeutschland als weitere erklärende Variablen verwendet.

---

[556] Die Darstellung der konkreten Ergebnisse findet sich in Tabelle 39 im Anhang.
[557] Zur Anwendung der Poisson Regression und des Negativen Binomialmodells auf Zählvariablen vgl. Cameron/Trivedi, 2005, S. 665 ff.
[558] Vgl. Cameron/Trivedi, 2005, S. 676.
[559] Zwar lässt sich die damit unterstellte gleiche Bedeutsamkeit der Informationen zur Beschreibung der Krankenhausqualität kritisieren, zugleich wäre die Unterstellung eines höheren Interesses aller deutschen Patienten an bestimmten Items ebenfalls eine restriktive Annahme, die der Individualität des Informationsbedürfnisses von Patienten keine Rechnung trägt.
[560] Grundsätzlich wäre ebenfalls die Anpassung eines Paneldatenmodells möglich gewesen. Zu Paneldatenmodellen vgl. Hausman, 1978, S. 1261 ff., Hausman/Taylor, 1981, S. 1377 ff., Wooldridge, 2013, S. 388 ff., Greene, 2012, S. 400 ff., Hsiao, 2003, S. 30 f., Hausman/Taylor, 1980, S. 2 ff. Da es sich bei dem vorliegenden Datensatz mit zwei möglichen Panelwellen allerdings um ein kurzes Panel handelt, wird stattdessen auf die beschriebene Modellierung zurückgegriffen.

4.4.3 Deskriptive Darstellung

Zur Beschreibung des Datensatzes wird zunächst ein Überblick über die grundlegende deskriptive Statistik gegeben. Tabelle 16 enthält eine Gegenüberstellung der nach Trägern differenzierten Mittelwerte sowie der Standardabweichung der erzielten Punktwerte in den Untersuchungen 2010 und 2014. Unterschieden wird dabei zwischen den einzelnen Teilqualitäten und der Summe der untersuchten Qualitätsparameter. Für die Strukturqualität wurden 31, für die Prozessqualität und die Ergebnisqualität jeweils 11 Parameter in die Untersuchung einbezogen.

Tabelle 16: Mittlere Anzahl präsentierter Qualitätsinformationen und Standardabweichung differenziert nach Trägerschaft in 2010 und 2014

	Strukturqualität		Prozessqualität		Ergebnisqualität		Summe	
	2010	2014	2010	2014	2010	2014	2010	2014
öffentlich	13.42 (5.70)	13.51 (5.64)	4.11 (2.19)	4.13 (2.15)	1.17 (1.55)	1.17 (1.52)	18.70 (7.80)	18.80 (7.73)
freigemeinnützig	12.82 (5.94)	13.03 (5.76)	3.87 (1.96)	3.95 (1.91)	.858 (1.01)	.910 (1.04)	17.48 (7.50)	17.88 (7.24)
privat	12.05 (5.65)	14.89 (5.82)	3.60 (2.04)	4.86 (1.96)	1.79 (1.98)	2.63 (2.16)	17.54 (7.75)	22.38 (8.14)
Gesamt	12.75 (5.80)	13.70 (5.77)	3.87 (2.07)	4.26 (2.04)	1.21 (1.55)	1.46 (1.73)	17.93 (7.68)	19.41 (7.86)

Quelle: Eigene Darstellung.

Mit Ausnahme des konstanten Informationsangebots öffentlicher Krankenhäuser bezüglich ihrer Ergebnisqualität lässt sich über alle Träger hinweg eine Ausweitung der auf Krankenhauswebsites bereitgestellten Informationen beobachten. Im Jahr 2014 wurden (potenziellen) Patienten sowohl von den öffentlichen, den freigemeinnützigen als auch von den privaten orthopädischen Kliniken mehr Informationen zur Struktur-, Prozess- und Ergebnisqualität zur Verfügung gestellt als 2010. Mit Blick auf die Trägerschaft zeigt sich ein höheres Niveau bereitgestellter Qualitätsinformationen durch private Krankenhäuser als durch öffentliche und freigemeinnützige Häuser. Trotz des insgesamt gestiegenen Informationsangebots wird jedoch auch der weiterhin geringe bis mittlere Entwicklungsstand der Informationsbereitstellung, gemessen an der maximal erreichbaren Punktzahl, deutlich. Im Jahr 2014 wurden (potenziellen) Patienten Informationen zu 13,70 der untersuchten 31 Parameter zur Strukturqualität, 4,26 Items zur Prozess- und 1,46 der 11 möglichen Items zur Ergebnisqualität zur Verfügung gestellt. Insbesondere die Angaben zur Ergebnisqualität weisen bisher offenbar eine geringe praktische Relevanz auf.

Im nächsten Schritt wird die Entwicklung der Informationsbereitstellung seit 2010 ausführlicher betrachtet. In Tabelle 17 ist dargestellt, welcher Anteil der orthopädischen Kliniken im genannten Zeitraum das Informationsangebot auf seiner Website erhöht hat. Die Spalte „Summe" beschreibt dabei die Ausweitung des qualitätsrelevanten Informationsangebots für mindestens eine der drei Teilqualitäten.

Tabelle 17: Anteil der Websites mit gestiegenem Informationsangebot und Standardabweichung differenziert nach Trägerschaft der Krankenhäuser

	Strukturqualität	Prozessqualität	Ergebnisqualität	Summe
öffentlich	.063 (.245)	.035 (.185)	.028 (.166)	.106 (.308)
freigemeinnützig	.088 (.284)	.088 (.284)	.054 (.227)	.203 (.403)
privat	.698 (.461)	.717 (.453)	.547 (.500)	.887 (.318)
Gesamt	.242 (.429)	.237 (.426)	.177 (.382)	.351 (.478)

Quelle: Eigene Darstellung.

Nach Maßgabe der vorliegenden Daten hat zirka ein Drittel der orthopädischen Kliniken (35,10 %) seinen Patienten im Jahr 2014 mehr qualitätsbezogene Informationen auf seiner Website zur Verfügung gestellt als 2010. Insgesamt enthalten 24,20 % aller Webseiten mehr Informationen zur Strukturqualität, 23,70 % mehr Informationen zur Prozessqualität und 17,70 % mehr Informationen zur Ergebnisqualität der betreffenden Kliniken. Das Informationsniveau ist dabei allerdings nicht gleichmäßig über alle Träger hinweg gestiegen. Vielmehr zeigen sich Unterschiede vor allem zwischen den öffentlichen und freigemeinnützigen Krankenhäusern auf der einen und den privaten Häusern auf der anderen Seite: Während lediglich ein Zehntel der öffentlichen und ein Fünftel der freigemeinnützigen Kliniken ihr Informationsangebot ausgeweitet haben, waren es unter den privaten orthopädischen Kliniken 88,70 %. Bei deskriptiver Betrachtung der Ergebnisse lässt sich demzufolge ein Einfluss der Gewinnerzielungsabsicht von Krankenhäusern auf die Ausgestaltung ihrer Internetseite vermuten.

4.4.4 Ergebnisse der Modellschätzung

Die nachfolgende Tabelle 18 enthält eine Übersicht über die Ergebnisse der Modellschätzung. Differenziert wird dabei wiederum zwischen der Gesamtheit der präsentierten Qualitätsinformationen auf der einen Seite und Informationen zu den einzelnen Teilqualitäten auf der anderen Seite. Nachdem der Likelihood-Ratio Test auf eine Abweichung der tatsächlichen Verteilung von der Poisson-Verteilung hindeutet, wird für die Interpretation auf die Ergebnisse des Negativen Binomialmodells abgestellt.

Tabelle 18: Ergebnisse der Modellschätzung für das gesamte qualitätsrelevante Informationsangebot orthopädischer Kliniken

Abhängige Variable	Poisson	NegBin
	Punktwert = Anzahl veröffentlichter Qualitätsinformationen	
Freigemeinnütziges Krankenhaus	-.044** (.021)	-.041 (.044)
Privates Krankenhaus	.049** (.023)	.044 (.048)
HHI_20	-7.47e-07 (4.54e-06)	-9.85e-07 (9.72e-06)
Planbettenzahl	3.23e-04*** (4.10e-05)	3.17e-04*** (8.28e-05)
Planbettenzahl^2	-1.22e-07*** (1.74e-08)	-1.13e-07*** (2.83e-08)
Abteilungen	.003*** (.001)	.003 (.002)
Ostdeutschland	.026 (.027)	.024 (.059)
Zeit	.073*** (.016)	.074** (.035)
Likelihood-Ratio Test	Prob>=chibar2 = .000	

Quelle: Eigene Darstellung.

Marktkonzentration

In der ersten Untersuchung von Dewenter/Kuchinke wurde ein signifikant positiver Einfluss der Marktkonzentration auf die Anzahl der veröffentlichten Informationen zur Prozess- und Ergebnisqualität identifiziert.[561] Im Rahmen der wiederholten Untersuchung lässt sich für diesen Zusammenhang keine empirische Evidenz finden. Für keine der Teilqualitäten zeigt sich eine Beeinflussung des Umfangs der bereitgestellten Informationen durch die Marktkonzentration. Der Abbau von Informationsasymmetrien ist für orthopädische Kliniken in wettbewerblichen Märkten nicht von höherer Relevanz als in wettbewerbsarmen Märkten.[562]

Als potenzielle Ursachen können folgende Aspekte diskutiert werden: Zunächst könnte das grundsätzliche Interesse von (potenziellen) Patienten an Qualitätsinformationen im Vorfeld eines Krankenhausaufenthalts kritisch hinterfragt werden. Ließen sich keine Screening-Bemühungen erkennen oder richteten Patienten die Wahl eines Krankenhauses noch immer im Wesentlichen an ärztlichen Empfehlungen aus, wäre eine Erzielung von Wettbewerbsvorteilen durch den Abbau von Informationsasymmetrien ausgeschlossen. Die unter Punkt 4.3 aufgeführten Studien zur Veränderung der Marktanteile von Krankenhäusern nach Veröffentlichung von Qualitätsinformationen lassen den Schluss eines grundsätzlichen Interesses an

---
[561] Vgl. Dewenter/Kuchinke, 2014, S. 9.
[562] Die Änderung der räumlichen Marktabgrenzung bewirkt keine Änderung dieses Befunds. Ein Zusammenhang zwischen der Marktkonzentration und dem Marktverhalten kann in keinem der betrachteten Fälle für die HHI$_j$ mit j = 5, 10, 15, 20, 25, 30, 35, 40, 45, 50 identifiziert werden. Eine Übersicht über die diesbezüglichen Ergebnisse kann dem Anhang entnommen werden. Vgl. Tabelle 40.

Qualitätsinformationen und deren Beeinflussung der Auswahlentscheidung von Patienten jedoch zu. Vielmehr deuten die Resultate, insbesondere unter Würdigung der deskriptiven Analyse darauf hin, dass Krankenhäuser das Potenzial der Informationsbereitstellung bisher nicht hinlänglich erkannt haben. Wie die Ausführungen zum Controlling gezeigt haben, ist die Unternehmensführung von Krankenhäusern noch immer nicht der erwerbwirtschaftlicher Unternehmen gleichzusetzen. Weder das Controlling noch die Bereitstellung von Qualitätsinformationen entsprechen bisher der aus theoretischer Sicht vorteilhaften Ausgestaltung. Ebenso wenig werden sie bisher als Wettbewerbsparameter genutzt. Zugleich können jedoch die bestehenden Regelungen zum Mehrerlösausgleich einen negativen Anreiz zur Informationsbereitstellung ausüben. Indem eine Überschreitung des Erlösbudgets infolge von Nachfragesteigerungen zu einer Reduktion des Erlösbudgets der Folgeperiode führt, muss ein nicht unerheblicher Teil der generierten Mehrerlöse abgeführt werden. Zugleich können sich Nachfrageverschiebungen zwischen Krankenhäusern nur über den Umweg der Landesbedarfsplanung auf die Planbettenzahl auswirken. Die eingeschränkte Möglichkeit zur Erzielung von Wettbewerbsvorteilen kann somit einen negativen Anreiz zum wettbewerblichen Verhalten ausüben.

Krankenhausgröße

Im Gegensatz zur Marktkonzentration wurde wie bereits in der ersten Untersuchung ein Zusammenhang zwischen der Krankenhausgröße und dem Umfang der Informationsbereitstellung gefunden. Der von der Bettenkapazität ausgehende Einfluss zeigt jedoch keinen linearen, sondern einen parabelförmigen Verlauf auf. Mit steigender Bettenzahl steigt zunächst der Umfang der von orthopädischen Kliniken bereitgestellten Informationen. Häuser mit einer geringen Kapazität veröffentlichen somit weniger Qualitätsinformationen als Kliniken mit einer mittleren Kapazität. Ab einer gewissen Größe kehrt sich dieser Effekt allerdings um; eine höhere Bettenzahl wirkt sich dann negativ auf die Informationsbereitstellung aus. Die Internetauftritte großer Krankenhäuser enthalten folglich weniger Qualitätsinformationen als die Internetauftritte der Krankenhäuser mit einer mittleren Bettenkapazität.

Auch hier sind verschiedene Erklärungsansätze denkbar: Große Krankenhäuser weisen in der Regel eine höhere Fallzahl innerhalb der von ihnen erbrachten Diagnose- und Behandlungsdienstleistungen auf als Häuser mit einer geringeren Fallzahl. Auf den positiven Zusammenhang zwischen der Fallzahl und der Qualität wurde unter Punkt 2.7 hingewiesen. Große Krankenhäuser könnten von Patienten allein aufgrund ihrer Größe mit einer höheren Qualität assoziiert werden. Aus Patientensicht könnten die Informationsasymmetrien daher geringer sein als bei Kliniken mit einer geringeren Kapazität, wodurch wiederum ein geringeres Interesse an Qualitätsinformationen bestünde und Krankenhäuser dementsprechend weniger Informationen bereitstellen müssten. Zugleich werden vor allem von großen Krankenhäusern, insbesondere von Universitätskliniken, hochspezialisierte Leistungen angeboten, für die keine

Substitutionsmöglichkeiten existieren; weder in kleineren Kliniken noch im ambulanten Sektor, und diese Kliniken für diese Indikationen gewissermaßen über eine Monopolstellung verfügen. Die fehlenden Wahlmöglichkeiten der (potenziellen) Patienten könnten sich dann wiederum negativ auf ihre Screening-Aktivitäten und letztendlich negativ auf die Anreize zur Informationsbereitstellung seitens der orthopädischen Kliniken auswirken.

Nicht zuletzt könnte die geringere Informationsbereitstellung großer Krankenhäuser auf X-Ineffizienzen zurückzuführen sein. Unter X-Ineffizienzen können Streben nach Insiderrenten und Prestige, überhöhte Gehälter der Unternehmensleitung oder eine Reduzierung der Arbeitsleistung subsumiert werden.[563] Eine Verringerung der Arbeitsleistung kann sich dann ebenso auf die Bereitstellung von Qualitätsinformationen erstrecken. Zu einem gewissen Grad könnte das geringere Informationsniveau der Internetauftritte größerer Krankenhäuser mitunter auf X-Ineffizienzen zurückzuführen sein.

Zeiteffekte

Neben der Größe als Einflussfaktor für die unter Punkt 4.4.3 beschriebene Entwicklung der Informationsbereitstellung zeigen sich signifikante Zeiteffekte. Die Änderungen im Umfang der präsentierten Qualitätsinformationen lassen sich demnach zum Teil auf die Zunahme der Informationsbereitstellung im Zeitablauf zurückführen.

Gewinnerzielungsabsicht

Der bei deskriptiver Betrachtung vermutete Zusammenhang zwischen der Gewinnerzielungsabsicht von Krankenhäusern und dem Informationsangebot lässt sich anhand der Modellschätzung nicht erkennen. Von der Trägerschaft gehen keine signifikanten Einflüsse auf den Umfang der Qualitätsinformationen aus. Die Gewinnerzielungsabsicht eines Krankenhauses übt offenbar keinen Einfluss auf die Entscheidung über den Umfang der veröffentlichten Qualitätsinformationen aus. Dies kann darauf hindeuten, dass gemeinnützige Krankenhäuser wie die gewinnorientierten gleichermaßen die Notwendigkeit des Abbaus bestehender Informationsasymmetrien erkannt haben. Denkbar wäre ein Bestreben gemeinnütziger Kliniken zur Verbesserung der wirtschaftlichen Lage, um langfristig eine Schließung oder eine Privatisierung zu vermeiden. Beispielsweise könnten zur Erzielung von Erlösen, die in Ergänzung zu den Fallpauschalen treten, gezielt Informationen zu ärztlichen und nicht-ärztlichen Wahlleistungen veröffentlicht werden. Ferner könnten die gemeinnützigen ebenso wie die gewinnorientierten Kliniken bestrebt sein, über die Darstellung von Erfolgsgeschichten früherer Patienten die Unsicherheit bezüglich der Behandlung zu reduzieren und so einen positiven Gesamteindruck zu erzeugen.

Des Weiteren üben der Diversifikationsgrad und die Lage eines Krankenhauses in Ostdeutschland keinen nachweislichen Einfluss auf die qualitätsbezogene Ausgestaltung der Websites orthopädischer Kliniken aus. Wird das Angebot der Qualitätsinformationen nach

---

[563] Vgl. Kruse, 1985, S. 100. Grundsätzlich zur X-Ineffizienz vgl. Leibenstein, 1966, S. 406.

Struktur-, Prozess- und Ergebnisqualität differenziert, ergeben sich die in Tabelle 19 dargestellten Ergebnisse:

Tabelle 19: Ergebnisse der Modellschätzung für das qualitätsrelevante Informationsangebot orthopädischer Kliniken differenziert nach Struktur-, Prozess- und Ergebnisqualität

Abhängige Variable	Strukturqualität	Prozessqualität	Ergebnisqualität
	Punktwert = Anzahl veröffentlichter Qualitätsinformationen		
Freigemeinnütziges Krankenhaus	-.024 (.046)	-0.36 (.045)	-2.71** (.112)
Privates Krankenhaus	.002 (.050)	.002 (.049)	.529*** (.112)
HHI_20	-2.88e-06 (1.01e-05)	8.68e-06 (9.62e-06)	-4.92e-06 (2.28e-05)
Planbettenzahl	3.68e-04*** (8.74e-05)	2.51e-04*** (8.17e-05)	2.40e-04 (2.67e-04)
Planbettenzahl²	-1.37e-07*** (3.18e-08)	-6.73e-08** (2.92e-08)	-2.16e-07 (1.51e-07)
Abteilungen	.003 (.002)	.001 (.002)	.013 (.005)
Ostdeutschland	.018 (.062)	.114 (.057)	-.178 (.145)
Zeit	.062* (.037)	.085** (.035)	.141* (.085)

Quelle: Eigene Darstellung.

Marktkonzentration

Der eingangs vermutete Zusammenhang zwischen der Marktkonzentration und dem Umfang bereitgestellter Qualitätsinformationen kann weder für die Struktur-, die Prozess- noch die Ergebnisqualität identifiziert werden. Für die Hypothese der gezielten Nutzung des Angebots an Qualitätsinformationen als Wettbewerbsfaktor lässt sich keine empirische Evidenz gewinnen.[564] Der Umfang der bereitgestellten Informationen variiert für keine der einzelnen Teilqualitäten nachweislich mit der Wettbewerbsintensität. Unerwartet ist dies aus ökonomischer Sicht insbesondere hinsichtlich der Strukturqualität, als es sich hierbei um jenen Teil der Krankenhausqualität handelt, in den ärztliche und nicht-ärztliche Wahlleistungen fallen. Diese sind nicht Bestandteil der DRG-Fallpauschalen, sondern können Patienten zusätzlich in Rechnung gestellt werden und somit zusätzliche Erlöse generieren.[565] Insbesondere Spezialgeräte sind nicht nur für stationäre Patienten, sondern auch für ambulante in Anspruch genommene Dienstleistungen von Relevanz. Beispielsweise können Krankenhäuser MRT-Leistungen im ambulanten Bereich im Falle einer privaten Krankenversicherung höher abrechnen als im Rahmen der stationären Behandlung von gesetzlich versicherten Patienten.

---

[564] Für die Darstellung der Auswirkung einer alternativen Abgrenzung des räumlichen Markts für die HHI_j mit j = 5, 10, 15, 20, 25, 30, 35, 40, 45, 50 wird auf Tabelle 40 im Anhang verwiesen.
[565] Zur Möglichkeit der Erlösgenerierung über die reguläre Vergütung hinaus durch Wahlleistungen vgl. Imdahl, 1993, S. 114, Simon, 1998, S. 40 f.

Aus theoretischer Sicht wäre daher eine höhere Bereitstellung von Informationen zur Strukturqualität von im Wettbewerb befindlichen Krankenhäusern zu vermuten gewesen. Das tatsächliche Marktverhalten spiegelt diese Überlegungen allerdings nicht wider, was wiederum auf Defizite in der Nutzung von Wettbewerbspotenzialen hindeutet. Krankenhäuser scheinen die sich innerhalb der Grenzen des Regulierungsrahmens ergebenden Möglichkeiten zur Differenzierung gegenüber Konkurrenten bisher nicht erkannt zu haben.

Wie bereits bei der Betrachtung der Gesamtqualität treten signifikante Zeiteffekte hervor. Ein Teil der beschriebenen Zunahme der Informationsbereitstellung ist somit auf die Änderung im Zeitablauf zurückzuführen.

Krankenhausgröße

Mit Blick auf die Struktur- und die Prozessqualität zeigt sich ebenso wie bei der undifferenzierten Betrachtung des Informationsangebots ein signifikanter Einfluss der Krankenhausgröße auf den Umfang der diesbezüglichen Angaben. Der Umfang der Informationen zur technischen und personellen Infrastruktur, zu Serviceleistungen, zum Qualitätsmanagement sowie zur Darstellung von Erfolgsgeschichten früherer Patienten steigt somit mit zunehmender Krankenhausgröße bis zu einer bestimmten Kapazität an und sinkt schließlich bei einer Überschreitung dieser Größe.

Für den beschriebenen Zusammenhang zwischen Größe und Informationsbereitstellung lassen sich folgende Begründungen anführen: Zum einen kann es sich bei (potenziellen) Patienten größerer Krankenhäuser um solche Patienten handeln, die aufgrund der Schwere ihrer Erkrankung oder dem erforderlichen Grad der Spezialisierung des Krankenhauses lediglich über geringe Wahlmöglichkeiten verfügen. Die Entscheidung für oder gegen ein Krankenhaus würde dann vielmehr aufgrund der vorhandenen Behandlungsmöglichkeiten als durch konkrete Angaben zur Qualität des Hauses getroffen werden. Zum anderen könnten die untersuchten Parameter der Struktur- und Prozessqualität, wie bestimmte Serviceleistungen oder das Qualitätsmanagement aus Patientensicht bei großen Krankenhäusern als selbstverständlich erachtet werden. Patienten großer Kliniken würden hierdurch ein geringeres Informationsbedürfnis aufweisen als Patienten kleinerer Häuser und ihnen würden daher auch weniger Qualitätsinformationen zur Verfügung gestellt werden.

Keinen nachweislichen Einfluss nimmt die Krankenhausgröße auf die Ergebnisqualität. Auf den ersten Blick kann dies kontraintuitiv erscheinen, als sich, wie unter Punkt 2.7 beschrieben, in der Regel ein positiver Zusammenhang zwischen der Fallzahl und der Qualität eines Krankenhauses beobachten lässt. Krankenhäuser mit einer hohen Kapazität sollten daher aus theoretischer Sicht eine bessere Ergebnisqualität und somit ebenso ein höheres Interesse an der Veröffentlichung von Ergebnismaßen wie Komplikations- und Mortalitätsraten aufweisen als kleinere Krankenhäuser. Zugleich haben größere Krankenhäuser in der Regel einen höheren Case-Mix-Index als kleinere. Dieser kann sich wiederum negativ auf die Ergebnisqualität auswirken. Im Gegenzug können insbesondere kleine Kliniken ein Interesse an der Veröffentlichung objektivierter und subjektiver Ergebnismaße haben, um beispielsweise über das Aufzeigen geringer Komplikations- und Mortalitätsraten (potenzielle) Patienten von der Qualität ihrer Leistungen zu überzeugen und ihre Fallzahlen zu steigern. Steigende Fallzahlen können sich dann wiederum positiv auf das Kostenniveau und letztendlich auf die Qualität der betreffenden Kliniken auswirken.

Trägerschaft

Die Trägerschaft von Kliniken ist ausschließlich für die Anzahl der zur Ergebnisqualität veröffentlichen Qualitätsinformationen maßgeblich. Während die Zugehörigkeit zu einem privaten Krankenhausträger einen signifikant positiven Einfluss auf die Informationsbereitstellung ausübt, zeigen freigemeinnützige Häuser ein nachweislich geringeres Informationsniveau auf als öffentliche Kliniken. Zur Ergebnisqualität zählen nicht lediglich die bisher thematisierten Komplikations- und Mortalitätsraten, sondern zugleich die Verweildauer sowie die subjektiven Ergebnismaße, die sich unter dem Begriff der Patientenzufriedenheit zusammenfassen lassen. Zwar sind die bezüglich der Ergebnisqualität bestehenden Informationsasymmetrien in der Regel schwerer abzubauen als die Informationsasymmetrien hinsichtlich der Strukturqualität, jedoch können Krankenhäuser vor allem über subjektive Ergebnismaße darauf zielen, die Auswahlentscheidung von (potenziellen) Patienten zu beeinflussen. Die Zufriedenheit früherer Patienten mit der Freundlichkeit des Personals, der Kompetenz der Ärzte oder dem Klinikaufenthalt als Ganzes kann dazu beitragen, die Unsicherheit bezüglich der Ergebnisqualität zu reduzieren. Während Komplikations- und Mortalitätsraten in der Regel von Patienten nicht hinlänglich beurteilt werden können, lassen sich Angaben zur Patientenzufriedenheit verständlich abbilden und bieten Kliniken somit die Möglichkeit, zumindest gewisse Aspekte ihrer Ergebnisqualität darzustellen. Die diesbezüglichen signifikanten trägerspezifischen Unterschiede könnten demzufolge auf eine höhere Bedeutung der Messung und Darstellung der Patientenzufriedenheit für private Krankenhäuser hindeuten. Die sich daraus ergebende Einflussnahme auf die Auswahlentscheidung der (potenziellen) Patienten und damit einhergehende Wettbewerbsvorteile, in den beschriebenen Grenzen, wurden bisher von den gewinnorientierten orthopädischen Kliniken deutlicher erkannt als von den gemeinnützigen.

Diversifikationsgrad

Ebenso wie bei der undifferenzierten Betrachtung der Qualitätsinformationen zeigen sich keine signifikanten Einflüsse des Diversifikationsgrades oder der Lage eines Klinikums in Ostdeutschland. Zusammenfassend konnte keine empirische Evidenz für den Zusammenhang zwischen dem Umfang der veröffentlichten Qualitätsinformationen und der Wettbewerbsintensität gefunden werden. Weder für das gesamte Informationsangebot noch für die einzelnen Teilqualitäten zeigen die vorliegenden Daten eine Beeinflussung der Informationsbereitstellung durch die Marktkonzentration. Im Gegenzug trat wie bereits bei der ersten Untersuchung von Dewenter/Kuchinke ein U-förmiger Zusammenhang zur Bettenkapazität von Krankenhäusern hervor. Ein Zusammenhang zwischen der Trägerschaft und der Informationsbereitstellung konnte im Rahmen dieser Analyse lediglich bezüglich der Ergebnisqualität identifiziert werden.

Nachdem sich die vorstehenden Ausführungen ausschließlich auf orthopädische Kliniken bezogen, wird der Untersuchungsgegenstand im nächsten Schritt auf die Gesamtheit der deutschen Plankrankenhäuser und Universitätskliniken ausgeweitet.

4.5 Empirische Analyse des qualitätsrelevanten Informationsangebots auf den Websites deutscher Krankenhäuser

4.5.1 Daten

In Anlehnung an die Untersuchung im vorigen Kapitel wurden die Angaben zum Umfang der auf den Internetauftritten der Plankrankenhäuser und Universitätskliniken bereitgestellten Informationen durch Analyse ihrer Internetauftritte im Mai 2014 gewonnen. Differenziert nach Struktur-, Prozess- und Ergebnisqualität wurden die einzelnen Internetseiten systematisch nach den in Tabelle 14 zusammengefassten Qualitätsparametern untersucht. Ein Item galt wiederum als vorhanden, wenn den Websites des jeweiligen Krankenhauses diesbezügliche Angaben entnommen werden konnten. Die Auswahl der Kliniken basierte auf den Angaben des Deutschen Krankenhausverzeichnisses des Statistischen Bundesamtes.[566] Ebenfalls auf dem Krankenhausverzeichnis basieren die Angaben zur Trägerschaft, zur Planbettenzahl, zur geografischen Lage sowie zum Status als Plankrankenhaus oder Universitätsklinikum.

4.5.2 Methodik

In Analogie zum bisherigen Vorgehen findet der auf der Planbettenzahl der Krankenhäuser basierende HHI Verwendung als Maß der Marktkonzentration. Der relevante Markt wird nachfolgend definiert als alle akut-stationären Krankenhausdienstleistungen innerhalb eines 20 km-Radius um die jeweiligen Krankenhäuser. Die in Kapitel 4.4.2 beschriebene Möglichkeit der Endogenität der Marktstruktur kann für die nachfolgende Analyse auf theoretischer Ebene ebenfalls nicht ausgeschlossen werden. Da es im Falle von Rückkopplungswirkungen zu verzerrten Schätzergebnissen kommen kann, wird wiederum zunächst ein lineares Regressionsmodell unter Verwendung der Lebenserwartung der Bevölkerung in der Krankenhausregion sowie der Bruttoeinnahmen der jeweiligen Landkreise, in denen sich die einzelnen Krankenhäuser befinden, als Instrumente angepasst. Als Ergebnis des Wu-Hausman-Tests kann die Hypothese der Exogenität der Marktstruktur nicht abgelehnt werden. In Analogie zur

---

[566] Vgl. Statistisches Bundesamt, 2014d, passim.

Analyse des Informationsangebots orthopädischer Kliniken ist eine Instrumentierung demzufolge nicht erforderlich.[567]

Die Zielvariable des anzupassenden Modells wird durch die Anzahl der aus dem in Tabelle 14 dargestellten Bewertungskatalog präsentierten Items definiert. Bei ihr handelt es demnach um eine Zählvariable. Zur Schätzung stehen wiederum eine Poisson Regression und ein Negatives Biniomialmodell zur Verfügung. Die Modellauswahl basiert auf einem Likelihood-Ratio Test. Neben der Marktkonzentration werden die Trägerschaft, die Anzahl der Planbetten, der Status als Plankrankenhaus oder Universitätsklinikum sowie ein Dummy für die Lage in Ost- oder Westdeutschland als weitere erklärende Variablen verwendet. Als Ergänzung zur Studie von Dewenter/Kuchinke wird die Liste der Kontrollvariablen um die Bevölkerungsdichte, das durchschnittlich verfügbare Einkommen der Bevölkerung sowie um den Altenquotienten des Landkreises, indem sich ein Krankenhaus befindet, erweitert.

Ein Zusammenhang zwischen der Bevölkerungsdichte und der Informationsbereitbestellung wird vermutet, da mit steigender Bevölkerungsdichte mehr (potenzielle) Patienten erreicht werden können. Weiterhin kann das durchschnittlich verfügbare Einkommen einen Einfluss auf den Umfang online publizierter Qualitätsinformationen nehmen, da somit die Möglichkeit des Abschlusses einer privaten Krankenversicherung oder einer privaten Zusatzversicherung und der Inanspruchnahme von Wahlleistungen steigt. Eigenbeteiligungen oder Selbstzahlungen können dann wiederum zu einem höheren Interesse an qualitätsrelevanten Informationen führen. Der Altenquotient beschreibt den Anteil von Einwohnern eines Landkreises über 65 Jahre in Relation zum Anteil der Einwohner bis 65 Jahre. Ungeachtet der unter 4.2 beschriebenen wachsenden Internetnutzung älterer Menschen weisen jüngere Menschen noch immer eine höhere Internetznutzung auf. Krankenhäuser in Regionen mit einem niedrigen Altenquotienten könnten mit ihrem Informationsangebot demnach eine höhere Anzahl potenzieller Patienten erreichen als Krankenhäuser in Regionen mit einem hohen Altenquotienten.[568]

4.5.3 Deskriptive Analyse

Für einen Überblick über die Ergebnisse der erhobenen Daten sind in Tabelle 20 differenziert nach Trägerschaft die Mittelwerte der von den Krankenhäusern erreichten Punktzahlen sowie die Standardabweichung für die einzelnen Teilqualitäten und für das gesamte Angebot an

---

[567] Das Ergebnis des Wu-Hausman-Tests ist in Tabelle 41 im Anhang dargestellt.
[568] Die Verwendung von Daten zur Bevölkerungsdichte, dem durchschnittlich verfügbaren Einkommen sowie dem Altenquotienten auf Kreisebene ist vor dem Hintergrund der zunehmenden Wanderbereitschaft von Patienten als restriktiv zu bezeichnen. Zur zunehmenden Wanderbereitschaft von Patienten vgl. Kuchinke/Kallfass, 2007, S. 325, Koppe/Bethge/Mühlbacher, 2012, S. 138, Leister, 2014, S. 273 f., Robra/Swart/Felder, 2003, S. 47. Zur Definition der tatsächlichen Einzugsgebiets wären Daten zu den tatsächlichen Patientenströmen erforderlich. Da diese jedoch für die vorliegende Untersuchung nicht zur Verfügung stehen und auch ein grundsätzliches Interesse potenzieller Patienten an einer wohnortnahen Versorgung nicht gänzlich abgelehnt werden kann, erscheint die Verwendung der auf Kreisebene basierenden Daten dennoch gerechtfertigt.

Qualitätsinformationen zusammengefasst. Die maximal zu erreichende Punktzahl belief sich auf 31 für die Strukturqualität sowie jeweils 11 für die Prozessqualität und die Ergebnisqualität.

Tabelle 20: Mittlere Anzahl präsentierter Qualitätsinformationen und Standardabweichung differenziert nach Trägerschaft

	Strukturqualität	Prozessqualität	Ergebnisqualität	Summe
öffentlich	11.30 (5.51)	3.51 (1.80)	1.25 (2.16)	16.06 (7.70)
freigemeinnützig	11.22 (5.50)	3.40 (1.79)	1.00 (1.88)	15.62 (7.37)
privat	12.66 (6.28)	3.63 (1.97)	1.45 (2.00)	17.73 (8.00)
Gesamt	11.59 (5.72)	3.49 (1.84)	1.19 (2.02)	16.27 (7.70)

Quelle: Eigene Darstellung.

Von den in die Untersuchung einbezogenen 31 Items zur Strukturqualität werden von öffentlichen Krankenhäusern 11,30, von den freigemeinnützigen 11,22 und von den privaten Krankenhäusern 12,66 Items veröffentlicht. Darüber hinaus stellen öffentliche Kliniken ihren Patienten 3,51 der 11 untersuchten Items zur Prozess- und 1,25 zur Ergebnisqualität zur Verfügung. Unter den freigemeinnützigen Krankenhäusern sind es 3,40 zur Prozess- und 1,00 zur Ergebnisqualität. Wohingegen der Internetauftritt eines privaten Krankenhauses 3,63 der 11 untersuchten Items zur Prozess- und 1,45 der 11 Items zur Prozess- und Ergebnisqualität aufweist.

Das Informationsangebot der privaten Krankenhäuser übersteigt für alle Teilqualitäten das der freigemeinnützigen und öffentlichen Krankenhäuser. Private Kliniken stellen ihren (potenziellen) Patienten demnach mehr Informationen über ihre Struktur-, Prozess- und Ergebnisqualität zur Verfügung als die öffentlichen und freigemeinnützigen Krankenhäuser. Ferner zeigt die deskriptive Analyse eine geringe praktische Relevanz von auf die Ergebnisqualität bezogenen Informationen. Ungeachtet ihrer Trägerschaft stellen Krankenhäuser ihren Patienten mehr Informationen zu den im Bewertungskatalog enthaltenen Parametern der Struktur- und Prozessqualität als zu den Items der Ergebnisqualität zur Verfügung.

Eine mögliche Erklärung hierfür kann darin gesehen werden, dass die Informationen zur Struktur- und Prozessqualität für Patienten einfacher verständlich sind als Informationen zur Ergebnisqualität. Vor allem Ergebnismaße wie Mortalitäts- und Komplikationsraten werden zusätzlich von anderen Faktoren als nur der Qualität des Hauses beeinflusst, die sich mitunter dem Einflussbereich der Häuser entziehen und deren Ergebnisse zum Teil medizinischer Kenntnisse bedürfen. Einen Einfluss auf Ergebnismaße übt beispielsweise der Case-Mix eines

Krankenhauses aus.[569] Unterschiede in den Komplikations- und Mortalitätsraten lassen sich zu einem gewissen Grad auch über die Fallschwere der behandelten Patienten erklären. Ohne entsprechende diesbezügliche Informationen könnten (potenzielle) Patienten einen nicht sachgemäßen Eindruck von der Ergebnisqualität eines Krankenhauses gewinnen. Hingegen sind Informationsasymmetrien hinsichtlich Ärzten, Patientenzimmern, Serviceleistungen oder zum Qualitätsmanagement über Signaling leichter abzubauen. Sie werden daher offenbar gezielter zur Beeinflussung der Auswahlentscheidung von (potenziellen) Patienten eingesetzt als Maße der objektivierten und der subjektiven Ergebnisqualität. Inwiefern die Anzahl der veröffentlichen Informationen durch den Wettbewerb zwischen Kliniken beeinflusst wird, ist Gegenstand der nachfolgenden Analyse.

4.5.4 Ergebnisse der Modellschätzung

Die Ergebnisse der Schätzung für das Negative Binomialmodell und der Poisson Regression können Tabelle 21 auf Seite 134 entnommen werden. Ein Test auf Überstreuung deutete auf die tatsächliche Abweichung der vorliegenden Daten von der Poisson-Verteilung hin. Aus diesem Grund wird für die nachfolgende Interpretation auf die Schätzergebnisse des Negativen Binomialmodells zurückgegriffen.

Marktkonzentration

In Übereinstimmung mit den Ergebnisses des dritten Kapitels zu Art und Umfang der von Krankenhäusern verwandten Controllinginstrumente zeigt sich kein signifikanter Einfluss der Marktkonzentration auf das qualitätsrelevante Informationsangebot. Ein wie vom SVE-Paradigma unterstellter Zusammenhang zwischen der Marktstruktur und dem Marktverhalten kann auch in Bezug auf die qualitätsbezogene Ausgestaltung von Krankenhauswebsites empirisch nicht belegt werden. Das Informationsangebot auf den Internetauftritten variiert nicht nachweislich mit der Zahl konkurrierender Krankenhäuser in einem 20 km-Radius.[570] Im Wettbewerb mit anderen Krankenhäusern stehende Kliniken stellen ihren potenziellen Patienten nicht mehr Informationen zur Qualität ihrer Leistungen zur Verfügung als Krankenhäuser mit Monopolstellung. Im Gegensatz zur Marktkonzentration zeigt sich ein signifikant positiver Einfluss der Unternehmensgröße, gemessen an der Planbettenzahl, auf den Umfang der präsentierten Qualitätsinformationen. Auf den Internetauftritten von Krankenhäusern mit einer hohen Planbettenzahl finden Patienten signifikant mehr Angaben zu den untersuchten Qualitätsparametern als auf Internetauftritten der Krankenhäuser mit einer geringeren Bettenzahl.

---

[569] Vgl. hierzu die Ausführungen unter Punkt 3.5.6.
[570] Eine Variation des Radius führt dabei zu keiner Änderung dieses Befunds. Für keine Abgrenzung des räumlichen Markts zwischen 5 und 50 km kann ein Zusammenhang zwischen der Marktkonzentration und dem Marktverhalten identifiziert werden. Für eine Übersicht über die diesbezüglichen Ergebnisse wird auf den Anhang verwiesen. Vgl. Tabelle 42.

Tabelle 21: Ergebnisse der Modellschätzung für das qualitätsrelevante Informationsangebot[571]

Abhängige Variable	NegBin	Poisson
	Anzahl präsentierter Qualitätsinformationen	
Planbettenzahl	1.71e-04*** (5.43e-05)	1.56e-04*** (2.21e-05)
freigemeinnützig	.005 (.034)	.008 (.015)
privat	.141*** (.037)	.142*** (.017)
Universitätsklinikum	.095 (.101)	.102** (.043)
Ostdeutschland	-.136*** (.050)	-.127*** (.024)
HHI_20	-6.59e-07 (7.11e-06)	-3.32e-07 (4.24e-06)
Altenquotient	.004 (.003)	.004*** (.001)
Durchschnittlich verfügbares Einkommen	1.94e-06 (5.63e-06)	5.83e-07 (.015)
Bevölkerungsdichte	7 7.96e-06 (1.48e-04)	-7.41e-06 (2.66e-06)
Likelihood-Ratio Test	Prob>=chibar2 = .000	

Quelle: Eigene Darstellung.

Trägerschaft

Ferner lässt sich ebenso wie in Bezug auf den Controllingeinsatz ein von der privaten Trägerschaft ausgehender positiver Effekt auf Art und Umfang der qualitätsbezogenen Informationsbereitstellung identifizieren. Die Internetauftritte privater Krankenhäuser beinhalten demzufolge nachweislich mehr Angaben zur Qualität ihrer Leistungen als die Webseiten öffentlicher und freigemeinnütziger Krankenhäuser. Signifikante Unterschiede zwischen dem diesbezüglichen Verhalten öffentlicher und freigemeinnütziger Kliniken können nicht identifiziert werden. Die Gewinnerzielungsabsicht eines Krankenhauses scheint einen Einfluss auf dessen Marktverhalten zu nehmen. Die innerhalb der Grenzen des Regulierungsrahmens bestehenden Möglichkeiten zur Erzielung von Wettbewerbsvorteilen werden von gewinnorientierten Krankenhäusern in stärkerem Umfang genutzt als von gemeinnützigen Häusern.

Während der Status eines Krankenhauses als Plankrankenhaus oder Universitätsklinikum für den Umfang der Informationsbereitstellung nicht von Relevanz ist, zeigt sich ein negativer Einfluss der Lage eines Krankenhauses in einem ostdeutschen Bundesland auf die Informationsbereitstellung. Die Websites ostdeutscher Krankenhäuser weisen signifikant weniger Qualitätsinformationen auf als die Internetauftritte der in den westdeutschen Bundesländern gelegenen Kliniken. Begründet werden könnte dies über die generelle Passivität der ostdeutschen

---

[571] Bei den Angaben in Klammern handelt es sich um die Standardfehler. Signifikante Ergebnisse sind mit * für $\alpha = 0{,}1$, ** für $\alpha = 0{,}05$ und *** für $\alpha = 0{,}01$ gekennzeichnet.

Bevölkerung, welche beispielsweise Ausdruck in einer geringeren Wahlbeteiligung in den ostdeutschen als in den westdeutschen Bundesländern findet.[572] Somit könnten sich auch bei der Auswahl eines Krankenhauses geringere Screening-Tendenzen der ostdeutschen Bevölkerung und daher zugleich eine geringere Informationsbereitstellung durch in Ostdeutschland gelegene Kliniken vermuten lassen.

Bevölkerungsdichte und durchschnittlich verfügbaren Einkommen

Das qualitätsbezogene Informationsangebot von Krankenhäusern wird weder nachweislich von der Bevölkerungsdichte noch vom durchschnittlich verfügbaren Einkommen der privaten Haushalte beeinflusst. Die Verwendung der eigenen Internetseite zur Patienteninformation variiert demzufolge nicht mit der Zahl (potenzieller) Patienten oder dem für die Inanspruchnahme von Wahlleistungen oder zum Abschluss einer privaten (Zusatz-)Versicherung zur Verfügung stehenden Budget. Krankenhäuser weiten ihr Informationsangebot auch dann nicht aus, wenn mit den veröffentlichten Informationen eine höhere Anzahl an potenziellen Patienten erreicht werden könnte. Dies kann zum einen darauf hindeuten, dass Krankenhäuser die sich ihnen diesbezüglich bietende Möglichkeit bisher nicht erkannt haben. Zum anderen können die Ergebnisse einen Hinweis auf eine überregionale Wanderbereitschaft von Patienten geben, wodurch sich bei Betrachtung des Einkommens, der Bevölkerungsdichte sowie des Altenquotienten auf Kreisebene keine signifikanten Ergebnisse einstellen.

Altenquotient

Weiterhin ist der Anteil älterer Menschen an der Bevölkerungszahl auf Kreisebene nicht für den Umfang der publizierten Qualitätsangaben entscheidend. Das qualitätsbezogene Informationsangebot wird demzufolge nicht nachweislich davon beeinflusst, ob in dem Landkreis, in dem ein Krankenhauses gelegen ist, ein hoher Anteil älterer Menschen lebt. Die in Kapitel 4.2 beschriebenen Unterschiede in der Internetnutzung jüngerer und älterer Menschen führen demnach nicht zu einer unterschiedlichen Ausgestaltung des qualitätsbezogenen Informationsangebots deutscher Krankenhäuser. Der Umfang der jüngeren und älteren Personen zur Verfügung gestellten Informationen unterscheidet sich nicht nachweislich.

Nach der Betrachtung des gesamten Informationsangebots wird im Weiteren zwischen Struktur-, Prozess- und Ergebnisqualität differenziert. Die Ergebnisse für die einzelnen Teilqualitäten sind in Tabelle 22 auf Seite 136 zusammengefasst.

Marktkonzentration

Grundsätzlich weisen die Regressionsergebnisse auf geringe Unterschiede zwischen den Einflussfaktoren auf die Darstellung der Struktur-, Prozess- und Ergebnisqualität hin. Ein Zusammenhang zwischen der Marktkonzentration und dem Umfang bereitgestellter Qualitätsinformationen kann weder für die Struktur-, die Prozess- noch die Ergebnisqualität identifiziert werden. Für die Hypothese der gezielten Nutzung des Angebots an Qualitätsinformationen

---

[572] Vgl. Statistisches Bundesamt, 2010b, S. 63.

auf der eigenen Website als Wettbewerbsfaktor kann keine empirische Evidenz gefunden werden.[573] Für keine der Teilqualitäten variiert der Umfang der bereitgestellten Informationen nachweislich mit der Wettbewerbsintensität. Hingegen zeigt sich ein signifikant positiver Einfluss der Planbettenzahl auf die Anzahl der auf die Struktur-, Prozess und Ergebnisqualität bezogenen Informationen. Mit steigender Bettenzahl steigt die Zahl der publizierten qualitätsrelevanten Informationen für alle Teilqualitäten.

Tabelle 22: Ergebnisse der Modellschätzung für das qualitätsrelevante Informationsangebot differenziert nach Struktur-, Prozess- und Ergebnisqualität

	NegBin		
Abhängige Variable	Anzahl präsentierter Paramter der Strukturqualität	Anzahl präsentierter Paramter der Prozessqualität	Anzahl präsentierter Paramter der Ergebnisqualität
Planbettenzahl	1.01e-04* (5,67e-05)	1.56e-04*** (4.74e-05)	8.70e-04*** (2.38e-04)
freigemeinnützig	.007 (.035)	-.008 (.033)	.035 (.134)
privat	.138*** (.039)	.073*** (.036)	.415*** (.151)
Universitätsklinikum	.048 (.107)	-.029 (.096)	.513 (.382)
Ostdeutschland	-.176*** (.054)	-.073 (.051)	.130 (.200)
HHI_20	-6.23e-06 (7.42e-06)	-2.22e-06 (7.02e-06)	4.71e-05 (2.83e-05)
Altenquotient	.006* (.003)	-.002 (-.003)	.004 (.012)
Durchschnittlich verfügbares Einkommen	-4.21e-07 (6.33e-06)	-3.67e-06 (5.80e-06)	1.9e-05 (2.24e-05)
Bevölkerungsdichte	-1.29e-05 (1.52e-05)	-6.46e-06 (1.41e-05)	3.44e-05 (5.97e-05)

Quelle: Eigene Darstellung.

Trägerschaft

Ein ebenfalls positiver Einfluss geht von der privaten Trägerschaft aus. Nach Maßgabe der vorliegenden Daten veröffentlichen private Kliniken auf ihren Websites signifikant mehr Informationen zu allen Teilqualitäten als öffentliche Krankenhäuser. Statistisch nachweisbare Unterschiede zwischen öffentlichen und freigemeinnützigen Kliniken können nicht identifiziert werden. Die Befunde deuten somit auf einen Zusammenhang zwischen der Gewinnerzielungsabsicht und der Informationsbereitstellung von Krankenhäusern hin. Die Beeinflussung der Auswahlentscheidung von Patienten des eigenen Hauses wird offensichtlich vor allem von Kliniken mit Gewinnerzielungsabsicht angestrebt.

---

[573] Für die Darstellung der Auswirkung einer alternativen Abgrenzung des räumlichen Markts für die HHI$_j$ mit j = 5, 10, 15, 20, 25, 30, 35, 40, 45, 50 wird auf Tabelle 42 im Anhang verwiesen.

Vergleich zu den orthopädischen Kliniken

Insofern weichen die Resultate von denen der Analyse der orthopädischen Kliniken ab. Die vermuteten Bestrebungen öffentlicher und freigemeinnütziger Kliniken, über die Beeinflussung der Auswahlentscheidung der (potenziellen) Patienten Wettbewerbsvorteile gegenüber anderen Kliniken und somit eine Verbesserung ihrer wirtschaftlichen Lage zu erzielen, lassen sich bei Betrachtung der Gesamtheit der Plankrankenhäuser nicht erkennen. Eine mögliche Erklärung für die unterschiedlichen Wirkungen der Trägerschaft auf das Informationsangebot könnte im Anteil elektiver Leistungen an den gesamten Leistungen gesehen werden. Wahlmöglichkeiten zwischen Krankenhäusern bestehen lediglich für elektive Patienten. In der Regel wird deren Anteil an der Gesamtheit der Behandlungsfälle in orthopädischen Kliniken höher sein als im Mittel der Plankrankenhäuser. Es ließe sich somit vermuten, dass gemeinnützige Krankenhäuser bisher hauptsächlich elektiven Patienten Informationen bereitstellen, wohingegen private Häuser generell umfassende Informationen veröffentlichen. Ursächlich hierfür könnte die Konzernzugehörigkeit eines Klinikums sein. Insbesondere private Kliniken sind häufig Teil eines Krankenhauskonzerns, innerhalb dessen einheitliche Vorgaben für die Ausgestaltung der Internetauftritte bestehen.[574]

Vergleich Ost- und Westdeutschland

Lediglich für die Lage eines Krankenhauses in Ostdeutschland sowie für den Altenquotienten treten bei Differenzierung zwischen den Teilqualitäten unterschiedliche Ergebnisse hervor. Während auf den Internetseiten ostdeutscher Krankenhäuser signifikant weniger Informationen bezüglich der Strukturqualität vorzufinden sind, treten mit Blick auf die Prozess- und Strukturqualität keine signifikanten Unterschiede zu den Internetauftritten westdeutscher Krankenhäuser hervor. Ostdeutsche Patienten scheinen offenbar ein geringeres Interesse an Informationen über die personelle und technische Infrastruktur, die Ausstattung der Patientenzimmer sowie die Serviceleistungen aufzuweisen als westdeutsche. Bezüglich der Angaben zum Qualitätsmanagement oder zu Ergebnismaßen werden keine signifikanten Unterschiede gefunden. Das geringere Informationsangebot erstreckt sich damit im Wesentlichen auf den Bereich der Krankenhausqualität, in den ärztliche und nicht-ärztliche Wahlleistungen fallen. Für ostdeutsche Patienten könnte sich somit ein geringeres Interesse an Wahlleistungen vermuten lassen.

Bevölkerungsdichte und durchschnittlich verfügbares Einkommen

Der vermutete positive Effekt der Bevölkerungsdichte sowie des durchschnittlich verfügbaren Einkommens kann auch bei Differenzierung zwischen Struktur-, Prozess- und Ergebnisqualität nicht empirisch belegt werden. Selbst mit Blick auf die Strukturqualität und somit der

---

[574] Nicht zuletzt zeigt sich dies bei den zu Rhön und Fresenius gehörenden Krankenhäusern. Aber auch die Internetseiten der zu Ameos, Asklepios, Sana und den Paracelsus Kliniken gehörenden Krankenhäuser weisen größtenteils eine konzernweit einheitliche Ausgestaltung auf. Öffentliche und freigemeinnützige Krankenhauskonzerne sind in der Regel kleiner, wodurch die Ausgestaltung der Internetauftritte öffentlicher und freigemeinnütziger Krankenhäuser c. p. seltener Konzernvorgaben unterliegt als im Falle privater Kliniken.

Teilqualität, in deren Bereich ärztliche und nicht-ärztliche Wahlleistungen fallen, lässt sich kein Zusammenhang zum verfügbaren Einkommen von (potenziellen) Patienten erkennen. Die Möglichkeit der Erzielung von in Ergänzung zu den DRG-Pauschalen tretenden Erlösen hat keinen nachweisbaren Effekt auf das qualitätsbezogene Informationsangebot von Krankenhäusern.

Altenquotienten

Für den Altenquotienten wird ein positiver Effekt auf den Umfang der Informationen zur Strukturqualität gefunden. Krankenhäuser in Regionen mit einem hohen Anteil an Menschen über 65 Jahren stellen ihren Patienten signifikant mehr Informationen zur ärztlichen und technischen Infrastruktur sowie zu ihren Hotelleistungen zur Verfügung als Krankenhäuser in Landkreisen mit einem geringen Anteil älterer Menschen an der Gesamtbevölkerung. Die Darstellung der Prozess- und die Ergebnisqualität variiert hingegen nicht mit dem Altenquotienten. Der grundlegende positive Zusammenhang zwischen dem Altenquotienten und der Informationsbereitstellung erscheint vor dem Hintergrund der noch immer, zum Teil deutlich, unter der jüngerer Menschen liegenden Internetnutzung von Menschen über 65 Jahren zunächst kontraintuitiv. Für den Altenquotienten wäre daher zunächst ein negativer Zusammenhang zum qualitätsrelevanten Informationsangebot zu erwarten gewesen. Zugleich jedoch weisen ältere Menschen eine höhere Nachfrage nach Krankenhausdienstleistungen auf.[575] Die Internetnutzung von Menschen über 65 zeigt ferner einen steigenden Verlauf auf. Darüber hinaus lässt sich die Bedeutung der Qualität für den Konsum älterer Menschen empirisch zeigen.[576] Die Unterschiede zu Regionen mit einem niedrigeren Altenquotienten zeigen sich ausschließlich hinsichtlich der Strukturqualität. Ältere Menschen haben offensichtlich vor allem Interesse an einfach verständlichen Informationen zu behandelnden Ärzten, der Zimmerausstattung sowie zu weiteren Serviceleistungen wie beispielsweise flexiblen Besuchszeiten oder Freigetränken. Insbesondere im Gegensatz zur Ergebnisqualität sind zum Verständnis der Angaben zur Strukturqualität in geringerem Umfang medizinische Kenntnisse erforderlich. Die Anzahl beschäftigter Ärzte oder die Ausstattung der Patientenzimmer sind vor allem für ältere Menschen einfacher zu beurteilen als Ergebnismaße. Die bezüglich der Ärzte und der Hotelkomponente bestehenden Informationsasymmetrien können von Krankenhäusern in der Regel einfacher abgebaut werden als beispielsweise im Bereich von Komplikations- und Mortalitätsraten.

Zusammenfassend unterliegt die Ausgestaltung des qualitätsbezogenen Informationsangebots auf den Internetauftritten deutscher Plankrankenhäuser und Universitätskliniken vor allem dem Einfluss der Größe und der Trägerschaft. Sowohl die Zahl der vorgehaltenen Planbetten als auch die private Trägerschaft wirken sich positiv auf den Umfang der (potenziellen) Patienten bereitgestellten Informationen aus. Die Marktkonzentration hat indes keinen Einfluss auf die Darstellung der Qualität. Ferner werden die von der Informationsbereitstellung ausge-

---

[575] Vgl. Statistisches Bundesamt, 2014a, S. 118 ff.
[576] Vgl. Brünner, 1997, S. 196 f.

henden Potenziale von Krankenhäusern bisher nicht hinlänglich genutzt: Beispielsweise werden (potenziellen) Patienten mit einem hohen ihnen zur Verfügung stehenden Budget nicht nachweislich mehr Informationen, vor allem im Bereich der ärztlichen und nicht-ärztlichen Wahlleistungen, bereitgestellt werden, als (potenziellen) Patienten mit geringem Budget.

4.6 Zwischenfazit

Im Rahmen des vorstehenden Kapitels wurde die Nutzung von Krankenhauswebsites als Mittel zur Bereitstellung von Qualitätsinformationen untersucht. Patienten werden zunehmend als mündige Konsumenten betrachtet, die sich bewusst für oder gegen Krankenhäuser entscheiden. Die Bedeutung der Qualität manifestiert sich zum einen über ihren Einfluss auf das Behandlungsergebnis und zum anderen über das Sachleistungsprinzip der Krankenversicherung. Herausgearbeitet wurde ferner die Notwendigkeit der Informationsbereitstellung von Krankenhäusern zum Abbau der zwischen ihnen und den Patienten mit Blick auf die Qualität bestehenden Informationsasymmetrien. Aufgrund der Verbreitung und Nutzung des Internets wurden Krankenhauswebsites als ein geeignetes Medium zur Informationsbereitstellung diskutiert. Vermutet wurde dabei ein Zusammenhang zwischen dem Umfang der Informationsbereitstellung und der Wettbewerbssituation von Krankenhäusern, als über den Abbau von Informationasymetrien die Auswahlentscheidungen insbesondere gewinnbringender Patienten positiv beeinflusst und auf diesem Wege Vorteile gegenüber konkurrierenden Häusern erzielt werden können.

Die Analyse wurde zunächst auf die orthopädischen Kliniken Deutschlands eingegrenzt. Aufbauend auf den Befunden der Untersuchung von Dewenter/Kuchinke (2014) stand dabei die Frage nach der Entwicklung des Qualitätsinformationsangebots zwischen 2010 und 2014 im Mittelpunkt. Im Ergebnis ließ sich keine Beeinflussung der internetbasierten Qualitätskommunikation durch die Marktkonzentration finden. Stattdessen zeigten sich im Wesentlichen Zeiteffekte sowie ein U-förmiger Zusammenhang zwischen der Krankenhausgröße und dem Umfang der Informationsbereitstellung. Die Trägerschaft übte hingegen keinen nachweislichen Einfluss auf die Qualitätsdarstellung aus.

Im nächsten Schritt wurde die Analyse auf die Gesamtheit der Plankrankenhäuser und Universitätskliniken ausgeweitet. Empirische Evidenz für einen Zusammenhang zwischen dem Umfang der veröffentlichten Qualitätsangaben und der Marktkonzentration konnte wiederum für keine der gewählten Marktabgrenzungen gefunden werden. Krankenhäuser in hoch konzentrierten Märkten stellen (potenziellen) Patienten nicht nachweislich weniger Qualitätsinformationen zur Verfügung als Krankenhäuser in gering konzentrierten Märkten. Vielmehr zeigte sich ein Einfluss der Trägerschaft auf das Informationsangebot. Unter den Plankrankenhäusern und Universitätskliniken stellen private Krankenhäuser ihren (potenziellen) Patienten signifikant mehr Informationen zur Verfügung als öffentliche oder freigemeinnützige Kliniken.

Die aus theoretischer Sicht hergeleitete Vorteilhaftigkeit der Bereitstellung von Qualitätsinformationen im Wettbewerb spiegelt sich bisher nicht im Verhalten der Krankenhäuser wieder. Insofern stehen die Ergebnisse im Einklang mit den für die Controllingaktivitäten erhaltenen Befunden. Hindeuten könnte dies auf Mängel in der Unternehmensführung, indem die Möglichkeiten zur Differenzierung gegenüber Konkurrenten nicht genutzt werden. Zugleich ist im bestehenden Regulierungsrahmen jedoch die Erzielung von Wettbewerbsvorteilen nur begrenzt möglich. Durch den Abbau von Informationsasymmetrien können Krankenhäuser zwar versuchen, ihre Fallzahl zu steigern, um so beispielsweise Mindestfallzahlen und/oder Fixkostendegressionen zu erreichen. Wird dadurch indes das mit den Leistungsträgern vereinbarte Erlösbudget überschritten, führt dies zu einem Ausgleich von 65 % der erzielten Mehrerlöse. Ebenso wenig kann sich eine gesteigerte Nachfrage unmittelbar in einer Erhöhung der Bettenzahl des betreffenden Krankenhauses niederschlagen. Die Anreize zu wettbewerblichem Verhalten könnten hierdurch reduziert werden, als dieses nicht hinreichend honoriert, sondern in gewissem Umfang sogar sanktioniert wird.

5 Wettbewerb auf Krankenhausdienstleistungsmärkten in Österreich und der Schweiz

5.1 Einleitung

In den vorigen Kapiteln wurden die Auswirkungen des Wettbewerbs auf das Marktverhalten deutscher Krankenhäuser zum einen in Form des Einsatzes von Controllinginstrumenten und zum anderen in Form der Bereitstellung von qualitätsrelevanten Informationen ausführlich untersucht. Neben grundlegenden Defiziten in der Unternehmensführung wurden negative Auswirkungen der Einschränkung der Handlungsfreiheit durch die bestehenden Regulierung als eine potenzielle Ursache für die fehlende empirische Evidenz für diese Hypothese diskutiert. Es ist fraglich, in welchem Umfang im Rahmen der Bedarfsplanung der Länder, den Regelungen zum Mehr- und Mindererlösausgleich und nicht zuletzt der regulatorischen Vorgabe der Leistungsentgelte durch den Einsatz betriebswirtschaftlicher Instrumente, wie dem Controlling oder der Kommunikationspolitik, Wettbewerbsvorteile generiert werden können und inwiefern wettbewerbliches Verhalten wird hinreichend durch eine Verbesserung des Unternehmensergebnisses honoriert wird.

Nachfolgend werden nun das Controlling und die Bereitstellung von Qualitätsinformation von österreichischen und Schweizer Krankenhäusern betrachtet.[577] Bei dem Gesundheitswesen beider Staaten handelt es sich um ein Sozialversicherungssystem mit zwischen Bund- und Ländern[578] aufgeteilten Planungskompetenzen für das Krankenhauswesen. Ebenso wie in Deutschland sind Bettenkapazitäten, Leistungsmengen und Preise in Österreich und der Schweiz nicht das Ergebnis marktlicher Koordinationsprozesse, sondern einer staatlich-administrativen Planung. Unterschiede zu Deutschland bestehen lediglich in der konkreten Ausgestaltung der Planung. Ließe sich tatsächlich ein negativer Einfluss der regulatorischen Beschränkung der Handlungsfreiheit von Krankenhäusern auf den Anreiz zum unternehmerischen Handeln vermuten, müssten sich in Österreich und der Schweiz zu den deutschen Ergebnissen vergleichbare Verhaltensweisen der Krankenhäuser beobachten lassen.

Die Untersuchung gliedert sich dabei wie folgt: Nachdem ein Überblick über den Stand der Forschung sowie die der Untersuchung zugrundeliegenden Daten gegeben wird, werden die in den Kapiteln 3.5 und 4.5 vorgenommenen Analysen der Beeinflussung des Marktverhaltens von Krankenhäusern durch die Marktkonzentration sowohl für das Controlling als auch für die Bereitstellung von Qualitätsinformationen für die Krankenhäuser in Österreich (Kapitel 5.4) und der Schweiz (Kapitel 5.5) durchgeführt. Die Untersuchung schließt mit einem Zwischenfazit in Kapitel 5.6.

---

[577] Den sachlich relevanten Markt bilden weiterhin alle akut-stationär erbrachten Krankenhausdienstleistungen.
[578] In der Schweiz sind die Kompetenzen zwischen Bund und Kantonen aufgeteilt.

5.2 Institutioneller Rahmen

5.2.1 Österreich

In Österreich haben 2012 126 Akutkrankenanstalten Krankenhausdienstleistungen angeboten. Österreichische Krankenhäuser können gemeinnützig oder nicht gemeinnützig sein und zudem über ein Öffentlichkeitsrecht oder kein solches verfügen.[579] Bei den Akutkrankenanstalten handelt es sich ausschließlich um gemeinnützige Spitäler.[580] Der Anteil der Häuser mit Öffentlichkeitsrecht betrug 2012 89,68%. Im Vergleich zu den öffentlichen Kliniken mit 390,86 Planbetten waren die privaten im Mittel mit 203,38 Betten deutlich kleiner.[581]

Die Gewährleistung von Gesundheit stellt in Österreich eine Aufgabe von öffentlichem Charakter dar.[582] Wie in Deutschland obliegt den Bundesländern die Gewährleistung der Versorgung der Bevölkerung mit Gesundheitsdienstleistungen. Ihnen ist die Planungskompetenz für die öffentlichen Krankenanstalten übertragen.[583] Ausweislich § 3 Abs. 1 KAKuG bedürfen bettenführende Kliniken einer Bewilligung durch die jeweilige Landesregierung.[584]

Die Budgetierung und die Grundsatzplanung einschließlich der Leistungsplanung im Gesundheitswesen obliegen den Landesgesundheitsfonds.[585] Bei diesen handelt es sich um öffentlichrechtliche Fonds, die über eine eigene Rechtspersönlichkeit verfügen.[586] Im Ergebnis soll durch die staatlich-administrative Planung „eine qualitativ hochwertige, effektive und effiziente, allen frei zugängliche und gleichwertige Gesundheitsversorgung"[587] gewährleistet werden. Ebenso wie in Deutschland ist die Beziehung zwischen den Leistungsträgern und den Krankenanstalten kollektivvertraglich ausgestaltet.[588] In den Ländern Burgenland, Niederösterreich und Tirol beschränken sich die Zahlungen an die Krankenanstalten auf die Übernahme der laufenden Kosten sowie der Investitionen. Erwirtschaftet ein Haus Defizite, ist dieses vom Eigentümer zu tragen. In den verbleibenden Bundesländern kommt es zusätzlich zu so-

---

[579] Träger öffentlicher Krankenanstalten sind in der Regel Länder und Gemeinden sowie Städte, wobei Krankenanstalten in allen Bundesländern außer Wien ihr Management in eine Betriebsgesellschaft ausgelagert haben, die privatwirtschaftlich organisiert ist, jedoch wiederum staatliches Eigentum darstellt. Vgl. Schmalzer et al, 2007, S. 14. Die Ausfallhaftung verbleibt letztendlich bei den Ländern. Vgl. Schmalzer et al., 2007, S 14. Zu den Voraussetzungen der Verleihung des Öffentlichkeitsrechts vgl. § 15 KAKuG. Zu privaten Krankenanstalten vgl. § 39 KAKuG.
[580] Vgl. BMG, 2012, passim. Zu den Voraussetzungen für die Gemeinnützigkeit von Krankenhäusern vgl. § 16 KAKuG.
[581] Vgl. BMG, 2012, passim.
[582] Das Sozialstaatsprinzip ist im Gegensatz zu Deutschland nicht in der Bundesverfassung, sondern lediglich in den Landesverfassungen normiert. Vgl. exemplarisch für das Burgenland § 1 Landes-Verfassungsgesetz.
[583] Vgl. Art. 12 Abs. 1 Nr. 1 Bundes-Verfassungsgesetz (B-VG).
[584] Zu den für die Zulassung erforderlichen Kriterien vgl. § 5b Abs. 2 KAKuG. Durch Sozialversicherungsanstalten betriebene Krankenanstalten bedürfen keiner Bewilligung der Landesregierung. Ihre Errichtung ist dieser ausschließlich im Voraus anzuzeigen, § 3 Abs. 5 KAKuG.
[585] Hierzu und für eine vollständige Auflistung der Aufgabenstellungen vgl. Art. 15 Abs. 1 B-VG-Vereinbarung, § 59a Abs. 1 KAKuG. Die konkrete Ausgestaltung der Planung wird durch den Strukturplan Gesundheit vorgegeben. Vgl. Gesundheit Österreich GmbH, 2012, S. 13 ff.
[586] Vgl. Art. 18 Abs. 1 Vereinbarung gemäß Art. 15a B-VG über die Organisation und Finanzierung des Gesundheitswesens.
[587] Art. 15 Abs. 3 B-VG-Vereinbarung.
[588] Dies folgt u. a. aus Art. 25 Vereinbarung gemäß Art. 15a B-VG.

genannten Restabgangsdeckungen.[589] Die Menge sowie die Preise erbrachter Krankenhausdienstleistungen sind ebenso wie in Deutschland nicht Gegenstand freier Verhandlungen zwischen den Vertragsparteien, sondern werden durch regulatorische Vorgaben bestimmt.[590] Das österreichische Gesundheitssystem sieht eine duale Krankenanstaltenfinanzierung vor.[591] Seit dem Jahre 1997 werden die Betriebskosten über das prospektive und pauschale LKF-System (System der Leistungsorientierten Krankenanstaltenfinanzierung) vergütet.[592] Für die Höhe der Vergütungen öffentlicher Krankenanstalten wird zwischen einem Kern- und einem Steuerungsbereich differenziert, wodurch über die Erstattung der für die Diagnose- und Behandlungsmaßnahmen entstandenen Kosten hinaus (Kernbereich) weitere Faktoren Berücksichtigung erfahren (Steuerungsbereich).[593] Während für den Kernbereich für das gesamte Bundesgebiet in § 27b Abs. 2 Nr. 1 KAKuG einheitliche Vorgaben vorgesehen sind, können innerhalb des von den Ländern individuell auszugestaltenden Steuerungsbereichs die Wahrnehmung eines besonderen Versorgungsauftrags sowie divergierende Kostenentwicklungen in den einzelnen Ländern die Vergütungshöhe beeinflussen.[594] Eine österreichweit einheitliche Verteilung der Mittel zwischen Kern- und Steuerungsbereich existiert nicht.[595] Die Differenzierung zwischen Kern- und Leistungsbereich findet auf private Krankenanstalten keine Anwendung, wodurch diese für erbrachte Leistungen eine geringere Vergütung erhalten als öffentliche Krankenanstalten.[596]

Die Kostenerstattungen der Leistungsträger sollen nach § 28 Abs. 1 KAKuG grundsätzlich kostendeckend sein.[597] Erwirtschaften Krankenanstalten dennoch Defizite, werden diese als Betriebsabgang vom Träger, dem Krankenanstaltensprengel, dem Beitragsbezirk und dem Bundesland getragen, was sich c. p. negativ auf die Anreize zur technisch effizienten Leistungserstellung auswirken kann.[598] Für die Krankenanstalten ohne Öffentlichkeitsrecht lässt sich infolge der geringeren Leistungsentgelte ein stärker ausgeprägter Anreiz zur wirtschaftlichen Leistungserstellung vermuten als für die öffentlichen. Welcher Bedeutung dem Wettbe-

---

[589] Als Betriebsabgang wird der Teil der Aufwendungen verstanden, der die Einnahmen übersteigt. Nach § 34 Abs. 1 KAKuG ist der Betriebsabgang durch den Träger, den Krankenanstaltensprengel, den Beitragsbezirk und das Bundesland zu tragen. Indes besteht keine unbegrenzte Defizitübernahme. Vielmehr bedürfen die entstandenen Defizite der Legitimierung durch die Wirtschaftsaufsicht der Länder. Vgl. § 11 Abs. 2 KAKuG. Aufgrund der beschriebenen Probleme des externen Vergleichs der angefallenen Kosten ist eine objektive Beurteilung der Wirtschaftlichkeit der Leistungserstellung nahezu ausgeschlossen. Was wiederum einer Begrenzung der Defizitübernahme entgegensteht.
[590] Vgl. Art. 1 Abs. 1 Vereinbarung gemäß Art. 13a B-VG, Gesundheit Österreich GmbH, 2012, S. 13 ff.
[591] Vgl. BMG, 2010, S. 13. So Fried/Geppert, 1995, S. 39.
[592] Vgl. Art. 27 Abs. 1 Vereinbarung gemäß Art. 15a B-VG. Im Schrifttum diskutieren dies Güntert/Klein/Kriegel, 2005, S. 516, Hofmarcher/Rack, 2006, S. 9.
[593] Vgl. § 27b Abs. 2 KAKuG, Art. 27 Abs. 2, 3 Vereinbarung gemäß Art. 15a B-VG. So auch Schneider et al., 2010, S. 14, BMG, 2010, S. 21, Kobel/Pfeiffer, 2009, S. 7, Offermanns, 2011, S. 46, Güntert/Klein/Kriegel, 2005, S. 516.
[594] Vgl. § 27b Abs. 2 Nr. 2 KAKuG. Im Schrifttum diskutieren dies Offermanns, 2011, S. 46, Güntert/Klein/Kriegel, 2005, S. 516.
[595] Vgl. Schneider et al., 2010, S. 29, Rürup/Albrecht/Loos, 2009, S. 121 ff.
[596] Vgl. Pöttler, 2012, S. 192.
[597] Vgl. Essl, 2011, S. 14.
[598] Vgl. Schneider et al., 2010, S. 31 f.

werb für den Controllingeinsatz und den Umfang der qualitätsbezogenen Informationsbereitstellung zukommt, ist Gegenstand dieses Kapitels.

5.2.2 Schweiz

Im Jahre 2012 verfügte die Schweiz insgesamt über 115 Akutspitäler. Auf die 21 deutschsprachigen Kantone entfielen dabei 86 Akutspitäler, von denen sich 75,58% in öffentlicher und 24,42% in privater Trägerschaft befanden. Mit durchschnittlich 209,25 Betten waren die öffentlichen Spitäler der Schweiz größer als die privaten mit 90,48 Planbetten.[599]

Die Bundesverfassung der Schweiz verpflichtet in Art. 41 Abs. 1 sowohl den Bund als auch die einzelnen Kantone zur Gewährleistung sozialer Sicherheit sowie der zur Wahrung des Gesundheitszustands der Bevölkerung erforderlichen Pflegeleistungen. Gemäß Art. 24 KVG obliegt dem Bund das Recht zur Bestimmung der über die obligatorische Krankenversicherung abrechenbaren Leistungen. Den Kantonen hingegen kommt der Vollzug des Bundesrechts zu.[600] Sie zeichnen sich insbesondere verantwortlich für die Gewährleistung der Grundversorgung in Form von Spitalplanung sowie Bau und Betrieb der öffentlichen Krankenhäuser, die Aufsicht über die Krankenhäuser sowie die Finanzierung bestimmter Einrichtungen des Gesundheitswesens.[601] Die Leistungsplanung obliegt den einzelnen Kantonen. Sie legen fest, in welchem Umfang Gesundheitsdienstleistungen durch die jeweiligen Akteure erbracht werden dürfen.[602] In Analogie zu Deutschland erfolgt somit in der Schweiz ebenfalls eine Mengensteuerung durch staatliche Akteure. Die zur Abrechnung über die obligatorische Krankenversicherung berechtigten Leistungserbringer werden ebenfalls durch die Kantone unter Berücksichtigung des Versorgungsauftrags bestimmt.[603]

Die Finanzierung der Schweizer Krankenhäuser erfolgt seit dem 01.01.2012 bundeseinheitlich anhand der SwissDRG.[604] Für die Ausgestaltung des Entgeltsystems hat sich die Schweiz für die Übernahme der G-DRGs unter Anpassung der Kosten- und Patientendaten an die Spezifika des Schweizer Gesundheitswesens entschieden.[605] Korrekturen erfuhren die Vorgaben für die mittlere Verweildauer, die obere und untere Grenzverweildauer sowie die Bewertungsrelationen.[606] Im Gegenzug zu den deutschen DRG enthalten die SwissDRG automatisch ei-

---

[599] Vgl. Bundesamt für Gesundheit, 2013, passim.
[600] Vgl. Art. 46 Abs. 1 BV.
[601] Die Pflicht zur staatlichen Leistungsplanung kann aus der Formulierung des Art. 39 Abs. 1 KVG hergeleitet werden. Abs. 2 der Norm fordert die Kantone zur Koordination der Planungen auf.
[602] Vgl. Art. 51 Abs. 1 KVG. Art. 51 Abs. 1 stellt dabei eine ordentliche und Art. 54 Abs. 1 KVG eine außerordentliche Maßnahme zur Mengen- und somit zur Kostensteuerung dar. Vgl. Indra/Januth/Cueni, 2010, S. 183. So auch Rütsche, 2011, S. 31.
[603] Vgl. Art. 35 Abs. 2 KVG. So auch Indra/Januth/Cueni, 2010, S. 189.
[604] Vgl. Bundesgesetz über die Krankenversicherung (KVG), Fassung gemäß Ziff. I des BG vom 21. Dez. 2007 (Spitalfinanzierung), in Kraft seit 1. Januar 2009 (AS 2008 2049; BGBl 2004 5551).
[605] Vgl. Heimig, 2006, S. 3.
[606] Vgl. Heimig, 2006, S. 3. So auch Franz et al., 2010a, S. 1075, Franz et al., 2010b, S. 1201.

nen Anteil zur Finanzierung von Investitionskosten.[607] Unterschiede in den Regeln für die Vergütung von öffentlichen und privaten Spitälern bestehen keine.

Ebenso wie deutsche und österreichische sind Schweizer Krankenhausdienstleistungsmärkte durch eine hohe Regulierungsdichte gekennzeichnet. Schweizer Kliniken ist sowohl die Planungskompetenz für ihre Kapazität, ihr Leistungsspektrum, ihre Leistungsmenge als auch die Vergütungshöhe entzogen. Lediglich die simultane Planung von Investitions- und Betriebskosten ist den Schweizer Spitälern infolge der monistischen Finanzierung möglich. Sowohl die operative Kostenplanung, -steuerung und -kontrolle als auch strategische Aspekte der Unternehmensführung gewinnen infolge der eigenverantwortlichen Investitionsfinanzierung an Bedeutung. Zugleich stehen die beschriebenen Restriktionen der staatlich-administrativen Vorgabe von Kapazität, Leistungsmenge und Preis der Erzielung von Wettbewerbsvorteilen weiterhin entgegen.

5.3 Stand der Forschung

Einen Beitrag zur Beschreibung der Ausgestaltung des Controlling in österreichischen Krankenanstalten leisten Holzer/Reich/Hauke, welche vor allem auf die institutionelle Ausgestaltung des Controlling fokussieren. Die der Analyse zugrundeliegenden Daten wurden zwischen Oktober 2007 und Februar 2008 unter Befragung aller Akutkrankenanstalten erhoben. Im Ergebnis konstatieren Holzer/Reich/Hauke insbesondere im Bereich der operativen Kostenplanung einen mittleren Anwendungsgrad der von ihnen abgefragten Controllinginstrumente.[608] Der Studie können erste Hinweise auf die Ausgestaltung des Krankenanstaltencontrolling entnommen werden, eine umfassende Beschreibung bestehender Strukturen sowie vorhandener Controllinginstrumente stellt sie allerdings nicht dar. Vor allem präsentieren Holzer/Reich/Hauke keinerlei Informationen zum Einsatz konkreter Instrumente des strategischen Controlling sowie zu potenziellen Einflussfaktoren auf die Anwendung eines Controlling.

Die Ausführungen zum Krankenhauscontrolling in der Schweiz beschränken sich auf die theoretische Schilderung der Notwendigkeit eines Controlling in Spitälern sowie dessen Besonderheit gegenüber dem Controlling in erwerbswirtschaftlichen Unternehmen. Hierbei handelt es sich im Wesentlichen um das Werk von Bednarek, welche die Auswirkungen der Einführung der DRG-Fallpauschalen auf das Controlling untersucht, ohne jedoch empirische Belege zu präsentieren.[609] Generell kann dem Schrifttum weder eine empirische Beschreibung des Schweizer Spitalcontrolling noch eine Analyse potenzieller Ursachen für dessen Existenz, beispielsweise in Form des Wettbewerbs, entnommen werden.

---

[607] Vgl. SwissDRG, 2010, S. 7.
[608] Vgl. Holzer/Reich/Hauke, 2010, S. 34 ff., Hauke et al., 2009, S. 47 ff.
[609] Vgl. Bednarek, 2009, S. 29 ff.

Empirische Untersuchungen zur generellen Ausgestaltung der Krankenhauswebsites in Bezug auf die Bereitstellung von Qualitätsinformation sowie zur Beeinflussung der Ausgestaltung durch die Wettbewerbssituation von Krankenhäusern wurden bisher weder für Österreich noch für die Schweiz durchgeführt.

5.4 Daten

Die für die Analyse relevanten Daten entstammen einer zwischen Juli und Oktober 2012 unter allen Akutkrankenhäusern Österreichs und den Akutspitälern in den deutschsprachigen Kantonen der Schweiz[610] durchgeführten Primärerhebung.[611] Der dazu verwandte standardisierte Fragenbogen wurde jeweils an den Leiter der Abteilung für kaufmännisches Controlling oder den Leiter des Rechnungswesens versandt, wenn in einem Krankenhaus keine Controllingabteilung existierte. Der Fragebogen enthielt dabei dieselben Items wie der der deutschen Befragung. An der Umfrage beteiligten sich 24,60 % der Befragten in Österreich sowie 34,89 % der Befragten in der Schweiz. Die Anzahl der Krankenanstalten nach Trägerschaft und nach Bettenkapazität innerhalb des Samples und innerhalb der Grundgesamtheit sind in Tabelle 23 für die österreichische Umfrage und in Tabelle 24 für die Umfrage in der Schweiz einander gegenübergestellt:

Tabelle 23: Rücklauf nach Trägern und Bettenkapazität in Österreich

Krankenanstalten	Gesamtmarkt n = 126	Teilnehmende Krankenanstalten n = 31
Anteile der Krankenanstalten nach Trägerschaft		
Mit Öffentlichkeitsrecht	.897	.871
Ohne Öffentlichkeitsrecht	.103	.129
Anteile der Krankenanstalten nach Bettenkapazität		
bis 99 Betten	.079	.000
100 - 199 Betten	.595	.258
200 - 499 Betten	.222	.452
500 und mehr Betten	.222	.290

Quelle: Eigene Darstellung.

---

[610] Konkret handelt es sich dabei um die Kantone Zürich, Bern, Luzern, Uri, Schwyz, Obwalden, Nidwalden, Glarus, Zug, Freiburg, Solothurn, Basel-Stadt, Basel-Landschaft, Schaffhausen, Appenzell Ausserrhoden, Appenzell Innerrhoden, St. Gallen, Graubünden, Aargau, Thurgau und Wallis.
[611] Die Datenerhebung erfolgte somit simultan zur Befragung der deutschen Plankrankenhäuser. Vgl. hierzu die Ausführungen unter Punkt 3.4.2.

Tabelle 24: Rücklauf nach Trägern und Bettenkapazität in der Schweiz

Spitäler	Gesamtmarkt n = 86	Teilnehmende Spitäler n = 30
Anteile der Spitäler nach Trägerschaft		
öffentlich	.756	.633
privat	.244	.367
Anteile der Spitäler nach Bettenkapazität		
bis 99 Betten	.442	.267
100 - 199 Betten	.093	.367
200 - 499 Betten	.279	.133
500 und mehr Betten	.093	.233

Quelle: Eigene Darstellung.

Wie aus Tabelle 23 hervorgeht, entspricht die relative Anzahl der österreichischen Krankenanstalten mit und ohne Öffentlichkeitsrecht innerhalb des Samples der der Grundgesamtheit. Hinsichtlich der Bettenkapazität zeigen sich deutliche Abweichungen zwischen den sich an der Umfrage beteiligen Kliniken und der Gesamtheit der österreichischen Krankenanstalten. In der Schweiz sind die öffentlichen Spitäler im Vergleich zur Grundgesamtheit unter- und die privaten überrepräsentiert (Tabelle 24). Die relative Anzahl der Spitäler der einzelnen Größenklassen spiegelt die tatsächliche Verteilung in der Grundgesamtheit nicht wider. Die Übertragbarkeit der Ergebnisse auf die Grundgesamtheit ist somit eingeschränkt.

Die Angaben zur qualitätsbezogenen Ausgestaltung der Krankenhauswebsites in Österreich und der Schweiz wurden im Mai 2014 durch wiederholte und systematische Analyse der Websites nach den in Tabelle 14 zusammengefassten Qualitätsparametern gewonnen. Die Auswahl der relevanten Kliniken erfolgte anhand der Angaben des österreichischen Statistischen Bundesamts[612] sowie des Schweizer Bundesamts für Gesundheit[613]. Den Krankenhausverzeichnissen Österreichs und der Schweiz wurden ferner die Angaben zur Trägerschaft, zur Bettenzahl sowie zur geografischen Lage der Kliniken entnommen. Die Angaben zum durchschnittlich verfügbaren Einkommen, zur Bevölkerungsdichte sowie zum Altenquotienten der Krankenhausregion basieren auf den Angaben des statistischen Bundesamtes Österreichs sowie des Bundesamts für Statistik in der Schweiz.

---

[612] Vgl. BMG, 2012, passim.
[613] Vgl. Bundesamt für Gesundheit, 2013, passim.

5.5 Österreich

5.5.1 Controlling

5.5.1.1 Deskriptive Auswertung

Für einen Überblick über die grundsätzliche Ausgestaltung des Krankenhauscontrolling in Österreich sind in Tabelle 25 auf Seite 149 die Mittelwerte sowie die Standardabweichung für die untersuchten Controllinginstrumente sowohl für alle österreichischen Akutkrankenhäuser als auch differenziert zwischen Krankenanstalten mit und ohne Öffentlichkeitsrecht abgebildet.

Ein Anwendungsgrad zwischen 90 und 100 % kann lediglich bei der Kostenarten- und der Kostenstellenrechnung sowie bei der Analyse der Verweildauer, der Patientenzufriedenheit und des Auslastungsgrads beobachtet werden.[614] Eine Deckungsbeitragsrechnung wird von 64,50 % der Krankenanstalten angewandt. Immerhin zwei Drittel der Krankenanstalten sind somit in der Lage, Aussagen darüber zu treffen, ob mit der Behandlung eines Patienten Gewinne oder Verluste erwirtschaftet werden. Die Ermittlung von Sollwerten durch eine Plankostenrechnung ist für weniger als die Hälfte (45,20 %) der Kliniken von Relevanz. Der Kostenplanung sowie der Wirtschaftlichkeitskontrolle wird offenbar eine untergeordnete Bedeutung beigemessen. Eine Unterscheidung zwischen Voll- und Teilkosten wird von 54,80 % der Krankenanstalten vorgenommen. Im Gegensatz zur Kostenarten- und Kostenstellenrechnung ist eine Kostenträgerrechnung lediglich in 33,30 % der Krankenanstalten mit Öffentlichkeitsrecht und in keiner ohne Öffentlichkeitsrecht Bestandteil der Kosten- und Leistungsrechnung. Demnach besitzt im Mittel weniger als die Hälfte der gemeinnützigen österreichischen Kliniken Kenntnis über die pro Behandlungsfall anfallenden Kosten.

Liquiditätsgrade werden von 51,60 % der österreichischen Akutkliniken ermittelt. Die grundsätzliche Bedeutung der Liquidität eines Unternehmens wird hiervon nicht widergespiegelt. Ebenso wird eine Analyse der Einweisungsstruktur lediglich von 54,80 % der Kliniken vorgenommen. Innerhalb des LKF-Systems scheint die konkrete Indikation aufgenommener Patienten, gemessen an der Verbreitung der Analyse der betreffenden Kennzahl, keinen wesentlichen Einfluss auf die Kosten- und Ertragslage auszuüben.

---

[614] Der Einsatz der Kostenarten- und die Kostenstellenrechnung ist nach den §§ 7 und 8 der Verordnung der Bundesministerin für Gesundheit und Frauen betreffend die Dokumentation von Kostendaten in Krankenanstalten, die über Landesfonds abgerechnet werden (Kostenrechnungsverordnung) vorgeschrieben.

Tabelle 25: Instrumente des funktionalen Controlling in Österreich

	Krankenanstalt mit Öffentlichkeitsrecht	Krankenanstalt ohne Öffentlichkeitsrecht	Gesamtheit der Krankenanstalten
Kostenartenrechnung	.963 (.192)	.000 (.000)	.839 (.374)
Kostenstellenrechnung	.963 (.192)	1.00 (.000)	.968 (.180)
Kostenträgerrechnung	.333 (.480)	.000 (.000)	.290 (.461)
Plankostenrechnung	.370 (.492)	1.00 (.000)	.452 (.506)
Deckungsbeitragsrechnung	.593 (.501)	1.00 (.000)	.645 (.486)
Differenzierung Voll- und Teilkosten	.630 (.492)	.000 (.000)	.548 (.506)
Liquiditätsgrade	.444 (.506)	1.00 (.000)	.516 (.508)
Konkurrentenanalyse	.185 (.396)	1.00 (.000)	.290 (.461)
SWOT-Analyse	.111 (.320)	.000 (.000)	.097 (.301)
Zielkostenrechnung	.111 (.320)	.000 (.000)	.097 (.301)
Prozesskostenrechnung	.000 (.000)	.000 (.000)	.000 (.000)
Break-even-Analyse	.037 (.192)	.000 (.000)	.032 (.180)
Verweildauer	1.00 (.000)	1.00 (.000)	(1.00) (.000)
Patientenzufriedenheit	.889 (.320)	1.00 (.000)	.903 (.301)
Einweisungsstruktur	.630 (.492)	.000 (.000)	.548 (.506)
Cashflow	.481 (.509)	1.00 (.000)	.548 (.506)
Potenzialanalyse	.037 (.192)	.000 (.000)	.032 (.180)
Portfolioanalyse	.148 (.362)	1.00 (.000)	.258 (.445)
Auslastungsgrad	(1.00) (.000)	1.00 (.000)	(1.00) (.000)
Eigenkapitalrentabilität	.259 (.447)	1.00 (.000)	.355 (.486)
Marktanteil	.333 (.480)	.000 (.000)	.290 (.461)
Clinical Pathways	.074 (.267)	.000 (.000)	.065 (.250)
Benchmarking	.444 (.506)	1.00 (.000)	.516 (.508)
Balanced Scorecard	.185 (.396)	1.00 (.000)	.290 (.461)
GAP-Analyse	.000 (.000)	.000 (.000)	.000 (.000)

Quelle: Eigene Darstellung.

Während die Instrumente des operativen Controlling in der Regel einen mittleren Anwendungsgrad aufweisen, muss für die untersuchten Instrumente des strategischen Controlling insgesamt eine geringe Verbreitung konstatiert werden. Die Konkurrenten- (29,00 %) und die Portfolioanalyse (25,80 %) weisen die höchste Verbreitung auf. Lediglich ein Viertel der Kliniken berücksichtigt im Rahmen der eigenen Planung somit das Marktverhalten seiner Konkurrenten und/oder nimmt eine Analyse des eigenen Leistungsportfolios vor. Insbesondere aber die unter Wettbewerbsbedingungen erforderliche Kenntnis der Stärken und Schwächen des eigenen Hauses sowie der Chancen und Risiken für das Unternehmen sind für die Unternehmensführung österreichischer Krankenanstalten nicht von Relevanz. Keines der Krankenhäuser des Samples gab an, eine SWOT-Analyse durchzuführen.

Mit Blick auf die Unterscheidung zwischen Krankenanstalten mit und ohne Öffentlichkeitsrecht treten zum Teil deutliche Unterschiede hervor. Krankenanstalten ohne Öffentlichkeitsrecht zeigen ein hohes Interesse an den finanzwirtschaftlichen Kennzahlen Eigenkapitalrentabilität, Liquidität und Cashflow. Zudem sind die Ermittlung von Plankosten und Deckungsbeiträgen deutlich bedeutender als in Krankenanstalten ohne Öffentlichkeitsrecht. Eine Kostenträgerrechnung zur Ermittlung der Kosten pro Patient wird von keinem der teilnehmenden Krankenhäuser eingesetzt. Nichtsdestotrotz ist das Controlling der Häuser ohne Öffentlichkeitsrecht zumindest im operativen Bereich umfassender als in Häusern mit Öffentlichkeitsrecht. Mit Ausnahme der Portfolioanalyse spielen strategische Controllinginstrumente allerdings auch für die Unternehmensführung der Krankenanstalten ohne Öffentlichkeitsrecht keine Rolle. Wird zwischen den verschiedenen Kategorien eines Controllingeinsatzes differenziert, ergibt sich das in Tabelle 26 dargestellte Bild:

Tabelle 26: Einsatz von Controllinginstrumenten nach Kategorien in Österreich

	Krankenanstalt mit Öffentlichkeitsrecht	Krankenanstalt ohne Öffentlichkeitsrecht	Gesamtheit der Krankenanstalten
Kategorie 1	4.59 (1.60)	5.00 (.000)	4.65 (1.50)
Kategorie 2	3.33 (1.33)	4.00 (.000)	3.42 (1.26)
Kategorie 3	2.30 (1.02)	4.00 (.000)	2.52 (1.29)
Gesamter Controllingeinsatz	10.22 (2.82)	13.00 (.000)	10.58 (2.79)

Quelle: Eigene Darstellung.

Sowohl für die Gesamtheit aller Controllinginstrumente als auch für die einzelnen Kategorien zeigt sich eine höhere Anzahl angewandter Instrumente durch Krankenhäuser ohne Öffentlichkeitsrecht als durch Kliniken mit Öffentlichkeitsrecht. Gemessen an der Anzahl der in den einzelnen Kategorien zur Anwendung gelangenden Instrumente scheint die zentrale mit dem Controllingeinsatz verfolgte Zielstellung in der Sicherung des Unternehmensfortbestands zu bestehen. Nichtsdestotrotz wenden österreichische Krankenhäuser lediglich rund die Hälfte der Instrumente der ersten Kategorie und jeweils rund ein Drittel der Instrumente der Kategorien 2 und 3 an.

Auf Basis der deskriptiven Betrachtung zeigt sich eine bisher geringe Verbreitung eines funktionalen Krankenanstaltencontrolling in Österreich. Zwar werden von einigen Kliniken durchaus Controllinginstrumente eingesetzt, jedoch beschränkt sich dieser Einsatz zumeist auf vereinzelte Elemente, wie beispielsweise eine Kostenarten- und Kostenstellenrechnung oder die Analyse der Verweildauer von Patienten. Die aus theoretischer Sicht erforderliche Integration aus operativen und strategischen Instrumenten spiegelt sich in der praktischen Anwendung nicht wider.

5.5.1.2 Ergebnisse der Modellschätzung

Für die Überprüfung eines Zusammenhangs zwischen dem Einsatz von Controllinginstrumenten und der Marktkonzentration wird analog zu der für Deutschland gewählten empirischen Strategie ein IV-Poisson-Modell unter der Verwendung der Bevölkerungsdichte, des durchschnittlich verfügbaren Einkommens der Bevölkerung sowie des Altenquotienten der Region, in der sich ein Krankenhaus befindet, als Instrumente für die endogene Marktstruktur angepasst.[615] Die abhängige Variable stellt wiederum die Anzahl der angewandten Controllinginstrumente dar. Eine Zusammenfassung der Ergebnisse enthält Tabelle 27:

Tabelle 27: Schätzergebnisse für das funktionale Controlling in Österreich[616]

	IV Poisson			
	Summe	Kategorie 1	Kategorie 2	Kategorie 3
Abhängige Variable	Punktwert = Anzahl verwendeter Controllinginstrumente			
Planbettenzahl	-1.42e-04	-6.31e-05	-2.26e-05	3.63e-04
	(.001)	(4.04e-04)	(6.90e-05)	(.001)
Öffentlichkeitsrecht	-.276**	-.094	-.149	-1.04*
	(.138)	(.141)	(.112)	(.607)
HHI_25	2.45e-04	7.11e-05	1.10e-04	-6.93e-04
	(3.39e-04)	(.001)	(.001)	(.001)
Patientenzahl	-1.74e-07	-4.96e-07	-9.70e-06	1.63e-05
	(6.94e-06)	(-4.97e-06)	(7.32e-06)	(2.07e-05)
Mitarbeiterzahl	1.41e-04	9.39e-05	2.48e-04	-2.16e-04
	(1.61e-04)	(1.20e-04)	(1.69e-04)	(3.50e-04)
Institutionelles Controlling	-.083	.136	.122	.092
	(.391)	(.871)	(.844)	(.187)
Likelihood-Ratio Test	Prob>=chibar2 > .000			

Quelle: Eigene Darstellung.

In Übereinstimmung mit den für Deutschland erhaltenen Ergebnissen zeigt sich in Österreich keine Beeinflussung des Controllingeinsatzes durch die Marktkonzentration. Österreichische

---

[615] Zur Geeignetheit der gewählten Instrumente vgl. Tabelle 43 im Anhang. Die Ergebnisse des Tests auf Endogenität können Tabelle 44 im Anhang entnommen werden.
[616] Bei den Angaben in Klammern handelt es sich um die Standardfehler. Signifikante Ergebnisse sind mit * für α = 0,1, ** für α = 0,05 und *** für α = 0,01 gekennzeichnet.

Krankenanstalten setzten nicht nachweislich mehr Controllinginstrumente ein, wenn sie im Wettbewerb mit anderen Kliniken stehen, als wenn sie über eine Monopolstellung verfügen. Dies gilt sowohl für den gesamten Controllingeinsatz als auch bei Differenzierung zwischen verschiedenen Kategorien. Dem Einsatz von Controllinginstrumenten zur Sicherung des Unternehmensfortbestands sowie zur Differenzierung gegenüber Konkurrenten wird unter Wettbewerbsbedingungen keine höhere Bedeutung beigemessen als im Monopolfall. Krankenhäuser, die nicht automatisch die gesamte Nachfrage auf sich ziehen und um Patienten konkurrieren, sind somit nicht stärker bestrebt, ihre Existenz sowie ihre Marktstellung durch die Anwendung von Controllinginstrumenten zu sichern als Häuser mit einem hohen Marktanteil oder einer Monopolstellung.[617]

Weder die Kapazität noch die Fallzahl einer Krankenanstalt übt einen nachweislichen Einfluss auf den Umfang der Controllingaktivitäten aus. Dieser ist von der Größe eines Krankenhauses losgelöst. Interessanterweise wird die Anzahl der angewandten Controllinginstrumente nicht davon beeinflusst, ob in einem Krankenhaus eine Controllingabteilung besteht oder nicht. Nach Maßgabe der vorliegenden Daten werden Art und Umfang der von Krankenanstalten angewandten Controllinginstrumente signifikant davon beeinflusst, ob eine Krankenanstalt über ein Öffentlichkeitsrecht oder über kein Öffentlichkeitsrecht verfügt. Kliniken mit Öffentlichkeitsrecht wenden signifikant weniger Controllinginstrumente an als Krankenhäuser mit Öffentlichkeitsrecht. Diese Effekte könnten sich über die eingangs beschriebene geringere Vergütung für die von privaten Kliniken erbrachten Krankenhausdienstleistungen erklären lassen. Die sich daraus ergebenden finanziellen Nachteile gegenüber öffentlichen Kliniken könnten private bestrebt sein, über ein Controlling zu kompensieren.

Wird zwischen den verschiedenen Kategorien des Controllingeinsatzes differenziert, zeig sich ein signifikant negativer Einfluss des Öffentlichkeitsrechts auf die Anzahl der angewandten Instrumente ausschließlich im Bereich der zur stärkeren Differenzierung gegenüber Konkurrenten dienenden Instrumente (Kategorie 3). Kliniken ohne Öffentlichkeitsrecht sind offenbar stärker an einer Differenzierung gegenüber Konkurrenten interessiert als Krankenanstalten mit Öffentlichkeitsrecht. Hinsichtlich des Umfangs der zur Existenzsicherung sowie zur darüber hinausgehenden Ergebnisverbesserung eingesetzten Controllinginstrumente unterscheiden sich Krankenanstalten mit und ohne Öffentlichkeitsrecht nicht nachweislich. Öffentliche und private Kliniken weisen der Existenzsicherung und der Ergebnisverbesserung offensichtlich eine vergleichbare Bedeutung zu.

Zusammenfassend zeigt sich in Österreich zum einen ein bisher geringer Einsatz von Controllinginstrumenten. Defizite treten dabei nicht lediglich auf strategischer Ebene, sondern auch im Bereich der Kostenplanung und -steuerung sowie in der Analyse finanzwirtschaftlicher

---

[617] Die Insignifikanz der Marktkonzentration ist robust gegenüber einer Variation der um die Krankenhäuser gezogenen Radien. Eine Darstellung der Regressionskoeffizienten sowie der Standardfehler der Modellschätzungen unter Verwendung der HHI_j mit $j = 5, 10, 15, 20, 25, 30, 35, 40, 45, 50$ findet sich in Tabelle 45 im Anhang.

Kennzahlen hervor. Zum anderen übt der Wettbewerb zwischen Krankenhäusern, wie auch in Deutschland, keinen Einfluss auf Art und Umfang der von Krankenanstalten angewandten Controllinginstrumente aus.

5.5.2 Qualität

5.5.2.1 Deskriptive Auswertung

Bevor die Ergebnisse der Schätzung präsentiert werden, wird zunächst ein Überblick über die erhobenen Daten gegeben. In Tabelle 28 sind dazu die von den Krankenanstalten erreichten Punktwerte sowie die Standardabweichung für die einzelnen Teilqualitäten und das gesamte Qualitätsangebot differenziert nach Kliniken mit und Kliniken ohne Öffentlichkeitsrecht zusammengefasst. Die maximal zu erreichende Punktzahl belief sich auf 31 für die Strukturqualität und auf jeweils 11 für die Prozess- und die Ergebnisqualität.

Tabelle 28: Mittlere Anzahl präsentierter Qualitätsinformationen und Standardabweichung differenziert nach Trägerschaft in Österreich

	Strukturqualität	Prozessqualität	Ergebnisqualität	Qualität
Krankenanstalt mit Öffentlichkeitsrecht	3.84 (3.18)	1.04 (1.46)	.053 (.479)	4.93 (4.12)
Krankenanstalt ohne Öffentlichkeitsrecht	6.77 (5.02)	1.23 (1.30)	.000 (.000)	8.00 (5.58)
Gesamtheit der Krankenanstalten	4.14 (3.51)	1.06 (1.44)	.048 (.454)	5.25 (4.37)

Quelle: Eigene Darstellung.

Bei Betrachtung der erreichten Punktwerte wird das insgesamt niedrige Niveau, auf dem sich die Bereitstellung qualitätsrelevanter Informationen auf den Internetauftritten österreichischer Krankenanstalten befindet, deutlich. Zu den untersuchten 53 Qualitätsparametern werden von den Kliniken mit Öffentlichkeitsrecht lediglich 4,93 und von den Kliniken ohne Öffentlichkeitsrecht 8,00 Informationen veröffentlicht. Der Internetauftritt eines österreichischen Krankenhauses umfasst demnach knapp ein Zehntel der untersuchten Items zur Struktur-, Prozess- und Ergebnisqualität. Mit 4,14 von 31 Items stellen die Kliniken relativ betrachtet die meisten Informationen zur technischen und personellen Infrastruktur sowie zu den Hotelleistungen zur Verfügung. Die geringste Bedeutung kommt der Darstellung der Ergebnisqualität zu. Lediglich jedes zweite Akutkrankenhaus veröffentlicht Informationen zu einem einzelnen Parameter seiner Ergebnisqualität.

Die Differenzierung zwischen Krankenanstalten mit und ohne Öffentlichkeitsrecht zeigt grundsätzlich eine höhere Bedeutung der Bereitstellung von Qualitätsinformationen für Krankenanstalten ohne Öffentlichkeitsrecht. Zumindest im Bereich der Strukturqualität werden (potenziellen) Patienten im Mittel Informationen zu 6,77 Qualitätsparametern zu Verfügung gestellt. Mit insgesamt acht der 53 relevanten Items muss aber auch ihr Informationsangebot als gering bezeichnet werden. Eine Nutzung der Bereitstellung von Qualitätsinformationen auf Krankenhauswebsites als Wettbewerbsfaktor erscheint somit bereits bei deskriptiver Betrachtung unwahrscheinlich.

5.5.2.2 Ergebnisse der Modellschätzung

Ein potenzieller Zusammenhang zwischen Art und Umfang der präsentierten Qualitätsinformation und der Wettbewerbssituation wird nachfolgend anhand der erhobenen Daten empirisch getestet. Zur Vergleichbarkeit der Ergebnisse mit den für Deutschland erhaltenen Resultaten wird für die Schätzung auf die unter Punkt 4.5.2 beschriebene Modellierung zurückgegriffen. Es wird daher ein Negatives Binomialmodell unter Verwendung der Planbettenzahl und der Trägerschaft der Krankenanstalten, des durchschnittlich verfügbaren Einkommens der Bevölkerung, der Bevölkerungsdichte und des Altenquotienten der Krankenhausregion als Kontrollvariablen angepasst.[618] Die Ergebnisse sind in Tabelle 29 zusammengefasst:

Tabelle 29: Ergebnisse der Modellschätzung für das gesamte qualitätsrelevante Informationsangebot sowie differenziert nach Struktur-, Prozess- und Ergebnisqualität in Österreich

	Strukturqualität	Prozessqualität	Ergebnisqualität	Gesamtheit der Qualitätsinformationen
Abhängige Variable	\multicolumn{4}{c}{Anzahl präsentierter Qualitätsparameter}			
Planbettenzahl	-2.51e-05 (2.79e-04)	-.001* (4.82e-04)	-.031 (.036)	-2.01e-04 (2.95e-04)
Öffentlichkeitsrecht	-.795** (.323)	-.046 (.476)	15.94 (7768.85)	-.619* (.336)
HHI_20	6.13e-06 (3.58e-05)	-3.12e-05 (5.57e-05)	2.03e-05 (.001)	-2.51e-06 (3.79e-05)
Einkommen	-1.03e-04 (8.21e-05)	-1.27e-04 (1.45e-04)	-.002 (.003)	-1.05e-04 (8.70e-05)
Bevölkerungsdichte	-4.24e-05 (7.63e-05)	1.06e-04 (1.17e-04)	-.001 (.002)	-1.62e-05 (7.94e-05)
Altenquotient	.064 (.047)	.185** (.073)	-.165 (.700)	.084* (.049)
Likelihood-Ratio Test	Prob>=chibar2 = .000			

Quelle: Eigene Darstellung.

Der vermutete Zusammenhang zwischen der Marktkonzentration und dem Umfang der Patienten bereitgestellten qualitätsbezogenen Informationen lässt sich empirisch nicht belegen. Im Wettbewerb mit anderen Häusern stehende Krankenhäuser publizieren nicht nachweislich mehr oder weniger Qualitätsinformationen als Krankenhäuser, die über eine Monopolstellung

---

[618] Zur Geeignetheit der Instrumente vgl. Tabelle 46 im Anhang. Ein Test auf Endogenität deutete auf die Exogenität der Marktstruktur hin. Vgl. Tabelle 47 im Anhang.

verfügen. Dies gilt sowohl für das gesamte Qualitätsangebot als auch mit Blick auf die einzelnen Teilqualitäten.[619] Hingegen zeigt sich ein signifikant negativer Einfluss des Öffentlichkeitsrechts auf den Umfang der Qualitätsinformationen. Insbesondere im Bereich der Strukturqualität bleibt das Informationsangebot von Krankenanstalten mit Öffentlichkeitsrecht signifikant hinter dem der Krankenhäuser ohne Öffentlichkeitsrecht zurück. Private Kliniken veröffentlichen mehr Informationen zu behandelnden Ärzten, der technischen Infrastruktur sowie zu den Hotelleistungen des Hauses. Diese sind nicht zuletzt für Wahlleistungspatienten von Bedeutung. Die gezielte Bereitstellung von in den Bereich ärztlicher und nichtärztlicher Wahlleistungen fallenden Informationen deutet auf das Bestreben privater Kliniken hin, über die Erzielung von über die LKF-Pauschalen hinausgehenden Erlösen finanzielle Nachteile gegenüber öffentlichen Kliniken zu kompensieren.

Die Größe eines Krankenhauses hat in Österreich lediglich einen Effekt auf den Umfang der zur Prozessqualität veröffentlichten Informationen. Das diesbezügliche Informationsangebot von Krankenhäusern mit einer geringeren Kapazität ist signifikant höher als das von Kliniken mit einer höheren Kapazität. Wie unter Punkt 2.7 ausgeführt, lässt sich empirisch ein positiver Zusammenhang zwischen der Leistungsmenge und der Qualität eines Krankenhauses beobachten. Kleine Krankenhäuser könnten daher über die Abbildung von Zertifikaten und Erfolgsgeschichten früherer Patienten darauf zielen, ein ungeachtet der geringen Fallzahl hohes Qualitätsniveau zu signalisieren. Weder das durchschnittlich verfügbare Einkommen der Bevölkerung noch die Bevölkerungsdichte der Region, in der Krankenanstalten gelegen sind, üben einen signifikanten Einfluss auf die Informationsbereitstellung aus. Für den Umfang der Qualitätsangaben ist das (potenziellen) Patienten zur Verfügung stehende Budget ebenso irrelevant wie die relative Anzahl potenzieller Patienten in der Krankenhausregion. Im Gegenzug kann ein Zusammenhang zwischen dem Altenquotienten und der Ausgestaltung der Krankenhauswebsites beobachtet werden. Mit steigendem Anteil älterer Menschen an der Gesamtbevölkerungszahl einer Region steigt das qualitätsrelevante Informationsangebot der Krankenanstalten. Österreichische Krankenanstalten stellen folglich den Altersgruppen, welche die höchste Nachfrage nach Krankenhausdienstleistungen aufweisen, mehr Qualitätsinformationen zur Verfügung als anderen Altersgruppen.

Zusammenfassend konnte keine empirische Evidenz für die wettbewerbliche Nutzung des Controlling oder von Qualitätsinformationen gefunden werden. Weder Art und Umfang der angewandten Controllinginstrumente noch der veröffentlichten Qualitätsinformationen variieren nachweislich mit der Marktkonzentration. Ein systematischer Einsatz der untersuchten Wettbewerbsparameter findet auch auf den österreichischen Krankenhausdienstleistungsmärkten nicht statt.

---

[619] Die Variation der räumlichen Marktabgrenzung führt zu keiner Änderung des fehlenden Einflusses der Marktkonzentration auf die Ausgestaltung der Krankenhauswebsites. Dies gilt für alle betrachteten Marktabgrenzungen. Vgl. hierzu Tabelle 48 im Anhang.

5.6 Schweiz

5.6.1 Controlling

5.6.1.1 Deskriptive Auswertung

Die Mittelwerte sowie die Standardabweichung für die im Fragebogen enthaltenen Controllinginstrumente sind in Tabelle 30 auf Seite 157 zusammengefasst.[620] Abweichend zu den für Deutschland und Österreich erhaltenen Ergebnissen zeigen eine Reihe der untersuchten Instrumente einen hohen Verbreitungsgrad unter den Schweizer Spitälern auf. Die Kostenarten-, Kostenstellen- und Kostenträgerrechnung können als Standard im Schweizer Krankenhauscontrolling angesehen werden. Jedes der Krankenhäuser im Sample besitzt demnach Kenntnis über die Behandlungskosten pro Patient. Darüber hinaus wird in nahezu drei Vierteln (73,30 %) der Kliniken ermittelt, ob die Behandlung von Patienten bestimmter Indikationen Gewinne oder Verluste erwirtschaftet. In 76,70 % aller Spitäler wird innerhalb der Kostenrechnung zwischen variablen und fixen Kosten differenziert. Im Gegenzug ist die Vorgabe von Kostenwerten bisher von untergeordneter Bedeutung. Lediglich ein Drittel (33,30 %) der Häuser wendet eine Plankostenrechnung zur Ermittlung von Sollkosten und zur Wirtschaftlichkeitskontrolle an. Im Gegenzug zeigen Schweizer Krankenhäuser ein hohes Interesse an finanzwirtschaftlichen Kennzahlen. Die Analyse der Liquiditätsgrade sowie der Eigenkapitalquote zählen in 90,00 % der Krankenhäuser zum Controllinginstrumentarium. Der Cashflow wird von allen Kliniken in der Schweiz regelmäßig berechnet.

Mit der SWOT-Analyse weist zumindest eines der elementaren Instrumente des strategischen Controlling einen mittleren bis hohen Verbreitungsgrad (66,70 %) auf. Weiterhin sind das Benchmarking (90,00 %) und die Balanced Scorecard (60,00 %) als Bindeglied zwischen operativem und strategischem Controlling häufiger Bestandteil des Krankenhauscontrolling. Der Würdigung von Aspekten, die sich auf die langfristige Ausrichtung eines Unternehmens und letztendlich auf die Marktposition auswirken können, wird offensichtlich eine hohe Relevanz beigemessen.

---

[620] Ebenso wie in Deutschland ist der Einsatz der Kostenarten- und der Kostenstellenrechnung für die Krankenhäuser in der Schweiz gesetzlich vorgeschrieben. Vgl. Art. 9 Abs. 2 VKL.

Tabelle 30: Instrumente des funktionalen Controlling in der Schweiz

	Öffentliches Spital	Privates Spital	Gesamtheit der Spitäler
Kostenartenrechnung	1.00 (.000)	.947 (.229)	.967 (.183)
Kostenstellenrechnung	1.00 (.000)	.947 (.229)	.967 (.183)
Kostenträgerrechnung	1.00 (.000)	1.00 (.000)	1.00 (.000)
Plankostenrechnung	.455 (.522)	.263 (.452)	.333 (.479)
Deckungsbeitragsrechnung	.545 (.522)	.842 (.375)	.733 (.450)
Differenzierung Voll- und Teilkosten	.636 (.924)	.842 (.375)	.767 (.626)
Liquiditätsgrade	.727 (.467)	1.00 (.000)	.900 (.305)
Konkurrentenanalyse	.091 (.302)	.263 (.452)	.200 (.407)
SWOT-Analyse	.364 (.505)	.842 (.375)	.667 (.479)
Zielkostenrechnung	.455 (.522)	.105 (.315)	.233 (.430)
Prozesskostenrechnung	.000 (.000)	.053 (.229)	.033 (.183)
Break-even-Analyse	.000 (.000)	.737 (.452)	.467 (.507)
Verweildauer	1.00 (.000)	1.00 (.000)	1.00 (.000)
Patientenzufriedenheit	1.00 (.000)	1.00 (.000)	1.00 (.000)
Einweisungsstruktur	1.00 (.000)	.947 (.229)	.967 (.183)
Cashflow	1.00 (.000)	1.00 (.000)	1.00 (.000)
Potenzialanalyse	.273 (.467)	.105 (.315)	.167 (.379)
Portfolioanalyse	.818 (.405)	.263 (.452)	.467 (.507)
Auslastungsgrad	.818 (.405)	1.00 (.000)	.933 (.254)
Eigenkapitalrentabilität	.727 (.467)	1.00 (.000)	.900 (.305)
Marktanteil	.727 (.467)	.158 (.375)	.367 (.490)
Clinical Pathways	.364 (.505)	.053 (.229)	.167 (.379)
Benchmarking	.909 (.302)	.895 (.315)	.900 (.305)
Balanced Scorecard	.273 (.467)	.789 (.419)	.600 (.498)
GAP-Analyse	.091 (.302)	.105 (.315)	.100 (.305)

Quelle: Eigene Darstellung.

Sowohl im operativen als auch im strategischen Bereich sind eine Reihe von Instrumenten unter privaten Krankenhäusern weiter verbreitet als unter öffentlichen. Defizite öffentlicher Krankenhäuser im Vergleich zu den privaten offenbaren sich vor allem hinsichtlich der Deckungsbeitragsrechnung sowie der SWOT-Analyse. Somit bleibt das Controlling öffentlicher

Krankenhäuser insbesondere mit Blick auf zwei elementare Controllinginstrumente zur Planung, Steuerung und Kontrolle hinter dem privater Spitäler zurück. Die Differenzierung zwischen den verschiedenen Kategorien des Controllingeinsatzes verdeutlicht dies zusätzlich (Tabelle 31):

Tabelle 31: Einsatz von Controllinginstrumenten nach Kategorien

	Öffentliches Spital	Privates Spital	Gesamtheit der Spitäler
Kategorie 1	5.82 (1.08)	6.95 (.970)	6.53 (1.14)
Kategorie 2	5.55 (.104)	5.21 (.918)	5.33 (.959)
Kategorie 3	3.91 (1.30)	4.00 (.577)	3.97 (.890)
Gesamter Controllingeinsatz	15.27 (2.72)	16.16 (1.46)	15.83 (2.02)

Quelle: Eigene Darstellung.

Zur Sicherung der Unternehmensexistenz setzen private Krankenhäuser im Mittel mehr Controllinginstrumente ein als öffentliche, wohingegen sich öffentliche und private Kliniken bezüglich der Instrumente der zweiten und dritten Kategorie nicht wesentlich voneinander unterscheiden. Insgesamt kann dem Schweizer Krankenhauscontrolling ein mittlerer bis hoher Entwicklungsstand attestiert werden. Zwar bestehen Defizite mit Blick auf die Ermittlung von Plankosten auf operativer Ebene oder bezüglich der unzureichenden Würdigung des Marktverhaltens der Konkurrenten auf strategischer Ebene, jedoch kann anhand des bisher vorhandenen Instrumentariums durchaus eine mittel- bis langfristige Sicherung des Unternehmensfortbestands erreicht werden. Über eine Ausweitung der Controllingaktivitäten wäre dann eine Verbesserung des Unternehmensergebnisses möglich. Das von Schweizer Kliniken eingesetzte Instrumentarium ermöglicht auf strategischer Ebene die Würdigung der institutionellen Rahmenbedingungen sowie der eigenen Stärken und Schwächen. Auf operativer Ebene beinhaltet es die Analyse der pro Behandlungsfall entstehenden Kosten sowie der Deckungsbeiträge für Patienten oder Fallgruppen. Zudem kommt der Ermittlung finanzwirtschaftlicher Kennzahlen eine hohe Bedeutung zu. Gemessen an Art und Umfang der zur Unternehmensführung angewandten Controllinginstrumente sind die Schweizer Krankenhäuser besser geführt als deutsche und österreichische Kliniken.

5.6.1.2 Ergebnisse der Modellschätzung

Zur Wahrung der Vergleichbarkeit der Ergebnisse wird für die Schätzung ein instrumentiertes Poisson-Modell angepasst. Kontrolliert wird dabei für die Planbettenzahl, die Trägerschaft, die Zahl der im Jahre 2011 behandelten Patienten und der beschäftigten Mitarbeiter sowie für die Existenz eines institutionellen Controlling in den jeweiligen Spitälern. Als Maß der

Marktkonzentration wird erneut auf den HHI zurückgegriffen.[621] Die verwandten Instrumente sind die Bevölkerungsdichte, der Altenquotient sowie das durchschnittlich verfügbare Einkommen der Bevölkerung in der Krankenhausregion. Tabelle 32 fasst die Ergebnisse der Modellschätzung zusammen:

Tabelle 32: Schätzergebnisse für das funktionale Controlling in der Schweiz[622]

Abhängige Variable	IV Poisson			
	Summe	Kategorie 1	Kategorie 2	Kategorie 3
	Punktwert = Anzahl verwendeter Controllinginstrumente			
Planbettenzahl	-9.59e-05 (4.17e-05)	-.001** (3.72e-04)	.001* (4.56e-04)	-3.96e-04 (.001)
Privates Spital	.102** (.052)	.252*** (.052)	-.077 (.073)	.007 (.091)
HHI_25	2.28e-06 (1.46e-05)	-8.53e-06 (1.71e-05)	3.56e-06 (1.83e-05)	1.61e-05 (3.03e-05)
Patientenzahl	1.35e-06 (5.06e-06)	3.26e-06 (4.25e-06)	-2.28e-06 (5.12e-06)	9.25-06 (9.39e-06)
Mitarbeiterzahl	2.04e-05 (6.95e-05)	1.80e-04*** (5.75e-05)	-1.49e-04 (8.08e-05)	6.82e-06 (9.89e-05)
Institutionelles Controlling	-.029 (.036)	-.030 (.062)	-.056 (.077)	.108 (.089)
Likelihood-Ratio Test	Prob>=chibar2 > .100			

Quelle: Eigene Darstellung.

Der Wettbewerb zwischen den Spitälern ist für die Art und den Umfang der zur Anwendung gelangenden Controllinginstrumente nicht von Relevanz. Ein signifikanter von der Marktkonzentration ausgehender Effekt auf die Anzahl der in einem Krankenhaus eingesetzten Controllinginstrumente kann weder für das funktionale Controlling als Ganzes noch für den nach verschiedenen Zielstellungen differenzierten Controllingeinsatz gefunden werden. Die Controllingaktivitäten Schweizer Krankenhäuser variieren nicht nachweislich mit der Wettbewerbsintensität auf den jeweils relevanten Krankenhausdienstleistungsmärkten.[623]

Wie bereits im Rahmen der deskriptiven Analyse vermutet, zeigen sich signifikante Unterschiede im Umfang der von öffentlichen und privaten Krankenhäusern angewandten Controllinginstrumente. Die Zugehörigkeit zu einem privaten Krankenhausträger übt sich positiv auf die Controllingaktivitäten aus. Insbesondere im Bereich der zur Existenzsicherung dienenden Instrumente setzen private Spitäler mehr der untersuchten Instrumente ein als öffentliche Kliniken. Wie in Deutschland lässt sich ein Einfluss der Gewinnerzielungsabsicht von Krankenhäusern auf deren Controllingaktivitäten vermuten.

---

[621] Zugleich geht aus Tabelle 49 die Geeignetheit der gewählten Instrumente und aus Tabelle 50 die Notwendigkeit ihrer Berücksichtigung im Modell hervor.
[622] Bei den Angaben in Klammern handelt es sich um die Standardfehler. Signifikante Ergebnisse sind mit * für $\alpha = 0,1$, ** für $\alpha = 0,05$ und *** für $\alpha = 0,01$ gekennzeichnet.
[623] Zur Robustheit dieses Ergebnisses gegenüber alternativen räumlichen Marktabgrenzungen vgl. Tabelle 51 im Anhang.

Die Existenz einer institutionellen Einheit „Controlling" übt nach Maßgabe der vorliegenden Daten ebenso wenig einen Einfluss auf den Umfang der Controllingaktivitäten aus wie die Fallzahl eines Krankenhauses. Von der Kapazität gehen unterschiedliche Effekte aus. Während das funktionale Controlling als Ganzes keine Beeinflussung durch die Größe eines Krankenhauses erfährt, zeigt sich ein Zusammenhang zwischen der Bettenkapazität und dem Einsatz der Instrumente der Kategorien 1 und 2. Die im Wesentlichen der Existenzsicherung von Unternehmen dienenden Instrumente der ersten Kategorie werden in signifikant höherem Umfang von kleineren als von größeren Krankenhäusern angewandt. Hingegen umfasst das Controlling der Spitäler mit einer höheren Kapazität signifikant mehr Instrumente der zweiten Kategorie als das der Häuser mit weniger Planbetten. Mit dem Controllingeinsatz werden je nach Krankenhausgröße demnach unterschiedliche Ziele verfolgt. Während kleinere Spitäler Controllinginstrumente im Wesentlichen mit dem Ziel der Existenzsicherung einsetzen, zielen Kliniken mit einer höheren Bettenkapazität auf eine Verbesserung ihres Unternehmensergebnisses. Insofern könnten sich an dieser Stelle die theoretischen Überlegungen zu mit steigender Fallzahl steigenden Fixkostendegressionen im Verhalten von Krankenhäusern widerspiegeln. Kleine Krankenhäuser scheinen durch den Einsatz im Wesentlichen die Kostennachteile gegenüber größeren Häusern zu kompensieren. Für größere Kliniken dient der Controllingeinsatz weniger der Existenzsicherung als der Ergebnisverbesserung.

Zusammenfassend zeigt sich ein im Vergleich zu Deutschland und Österreich höherer Entwicklungsstand des funktionalen Krankenhauscontrolling in der Schweiz. In Übereinstimmung mit den für Deutschland und Österreich erhaltenen Befunden kann in der Schweiz kein Zusammenhang zwischen der Art und der Anzahl der von Krankenhäusern angewandten Controllinginstrumente und der Marktkonzentration beobachtet werden. Die Controllingaktivitäten eines Krankenhauses werden vielmehr durch dessen Trägerschaft und zum Teil durch dessen Größe beeinflusst.

5.6.2 Qualität

5.6.2.1 Deskriptive Auswertung

Ebenso wie für Deutschland und Österreich werden zunächst die deskriptiven Ergebnisse der Erhebung betrachtet. Die nachfolgende Tabelle 33 gibt einen Überblick über die von den Schweizer Spitälern erreichten Punktwerte und die Standardabweichung differenziert nach den einzelnen Teilqualitäten. Betrachtet wurden wiederum die 31 in Tabelle 14 aufgeführten Parameter zur Strukturqualität sowie die jeweils 11 Items zur Prozess- und die Ergebnisqualität.

Tabelle 33: Mittlere Anzahl präsentierter Qualitätsinformationen und Standardabweichung differenziert nach Trägerschaft in der Schweiz

	Strukturqualität	Prozessqualität	Ergebnisqualität	Qualität
Öffentliches Spital	8.75 (4.53)	2.71 (1.77)	.215 (.800)	11.68 (5.77)
Privates Spital	11.24 (6.29)	3.33 (1.49)	.048 (.218)	14.62 (7.09)
Gesamtheit der Spitäler	9.36 (5.09)	2.86 (1.72)	.174 (.706)	12.39 (6.20)

Quelle: Eigene Darstellung.

Das auf den Internetauftritten Schweizer Spitäler veröffentlichte Informationsangebot übersteigt das der österreichischen Krankenhäuser deutlich, bleibt zugleich jedoch hinter dem deutscher Kliniken zurück. Mit Informationen zu 12,39 aller betrachteten Qualitätsparameter enthält der Internetauftritt eines Schweizer Spitals weniger als ein Fünftel der in die Analyse einbezogenen 53 Items. Wie auch in Österreich wird der Darstellung der Strukturqualität die höchste Bedeutung beigemessen. Sowohl auf den Internetseiten öffentlicher als auch privater Krankenhäuser werden relativ gesehen mehr Informationen zu Ärzten, zur apparativen Ausstattung und zu den Hotelleistungen als zu Medikamenten, dem Qualitätsmanagement, Zertifikaten oder zu objektivierten und subjektiven Ergebnismaßen publiziert.

Mit Ausnahme der Ergebnisqualität stellen private Kliniken mit 14,62 Items ihren potenziellen Patienten mehr Qualitätsinformationen zur Verfügung als die öffentlichen Krankenhäuser mit 11,68 der untersuchten Items. Bei rein deskriptiver Betrachtung lässt sich somit ein Zusammenhang zwischen der Gewinnerzielungsabsicht und dem Umfang des Qualitätsinformationsangebots vermuten. Inwiefern dieser durch den Wettbewerb zwischen Krankenhäusern beeinflusst wird, ist Gegenstand des nächsten Gliederungspunkts.

5.6.2.2 Ergebnisse der Modellschätzung

Die der Schätzung zugrundeliegende empirische Strategie entspricht der unter Punkt 4.5.2 beschriebenen Vorgehensweise.[624] Die Ergebnisse des NegBin-Modells sind in Tabelle 34 dargestellt:

---

[624] Die Geeignetheit der dabei gewählten Instrumente zeigt Tabelle 52 im Anhang. Die Ergebnisse des Wu-Hausman-Tests auf Endogenität sind in Tabelle 53 dargestellt.

Tabelle 34: Ergebnisse der Modellschätzung für das gesamte qualitätsrelevante Informationsangebot sowie differenziert nach Struktur-, Prozess- und Ergebnisqualität in der Schweiz

	Strukturqualität	Prozessqualität	Ergebnisqualität	Gesamtheit der Qualitätsinformationen
Abhängige Variable	Anzahl präsentierter Qualitätsparameter			
Planbettenzahl	1.92e-04 (3.47e-04)	-3.91e-04 (3.65e-04)	.002 (.003)	9.92e-05 (3.25e-04)
Öffentliches Spital	-.382** (.171)	-.367* (.194)	-.306 (1.85)	-.342** (.158)
HHI_20	4.44e-05 (7.39e-05)	7.56e-05 (4.85e-05)	-.001 (.001)	5.75e-05 (6.85e-05)
Einkommen	-7.49e-06 (8.11e-06)	-3.93e-06 (7.91e-06)	-2.09e-06 (2.29e-04)	-6.33e-06 (7.51e-06)
Bevölkerungsdichte	2.56e-05 (4.97e-05)	1.48e-05 (4.83e-05)	-.002* (.001)	2.09e-05 (4.60e-05)
Altenquotient	.036 (.046)	-.032 (.045)	.398 (.419)	.025 (.043)
Likelihood-Ratio Test	Prob>=chibar2 = .000			

Quelle: Eigene Darstellung.

Für die Ausgangshypothese der positiven Beeinflussung der Anzahl der veröffentlichten Qualitätsinformationen durch den Wettbewerb zwischen Kliniken kann anhand der erhobenen Daten kein empirischer Beleg erbracht werden. Ein signifikanter von der Marktkonzentration ausgehender Effekt auf den Umfang der Qualitätsinformationen wird nicht gefunden. Das Informationsangebot der Spitäler mit Monopolstellung bleibt nicht nachweislich hinter dem von im Wettbewerb stehenden Kliniken zurück.[625]

Wie aus Tabelle 34 hervorgeht, wird die Ausgestaltung der Krankenhauswebsites im Wesentlichen durch die Trägerschaft beeinflusst. Wie die öffentlichen deutschen und österreichischen Krankenhäuser stellen öffentliche Spitäler den (potenziellen) Patienten signifikant weniger qualitätsrelevante Informationen zur Verfügung als die privaten Kliniken. Offensichtlich übt vor allem die private Trägerschaft eines Krankenhauses einen positiven Einfluss auf die Informationsbereitstellung aus. Auch hier lässt sich wiederum ein positiver Einfluss der Gewinnerzielungsabsicht auf das unternehmerische Handeln vermuten. Kein nachweislicher Effekt geht von der Bettenkapazität der Spitäler sowie dem Altenquotienten und dem durchschnittlich verfügbaren Einkommen der Bevölkerung in der Krankenhausregion aus. Die Bevölkerungsdichte ist lediglich im Bereich der Ergebnisqualität von Relevanz.

Zusammenfassend wird der Bereitstellung von Qualitätsinformationen auf der eigenen Website von den Schweizer Spitälern bei rein deskriptiver Betrachtung der Daten eine höhere Be-

---

[625] In Analogie zu den für das Controlling erhaltenen Befunden ist die in Tabelle 34 dargestellte Insignifikanz der Marktkonzentration robust gegenüber einer Variation in der räumlichen Ausdehnung des relevanten Markts. Eine Übersicht über die Regressionskoeffizienten und Standardabweichungen für die verschiedenen Marktabgrenzungen für die HHI_j mit j = 5, 10, 15, 20, 25, 30, 35, 40, 45, 50 sind in Tabelle 54 im Anhang dargestellt.

deutung beigemessen als von den deutschen und österreichischen Kliniken. Nichtsdestotrotz beläuft sich der Umfang der (potenziellen) Patienten zur Verfügung gestellten Informationen auf nicht mehr als ein Drittel der untersuchten Qualitätsparameter. Für Art und Umfang der Informationsbereitstellung ist ebenso wie mit Blick auf den Controllingeinsatz in der Schweiz im Wesentlichen die Trägerschaft eines Krankenhauses entscheidend. Ein Zusammenhang zwischen der Veröffentlichung von Qualitätsinformationen und der Wettbewerbssituation kann nicht gefunden werden. Ebenso wie in Deutschland und Österreich erfolgt bisher keine wettbewerbliche Nutzung der Controllingaktivitäten und/oder des Abbaus von Informationsasymmetrien.

5.7 Zusammenfassende Beurteilung

Die österreichischen und die Schweizer Krankenhausdienstleistungsmärkte sind ebenso wie die deutschen durch eine hohe Regulierungsdichte gekennzeichnet. Die staatlich-administrative Einflussnahme erstreckt sich sowohl in Österreich als auch in der Schweiz auf die Zulassung der zur Leistungserbringung und Abrechnung über die gesetzliche Krankenversicherung berechtigten Leistungserbringer, die Vorgabe der Planbettenzahl, die Leistungsmenge sowie die Preise für erbrachte Dienstleistungen. Unterschiede zum deutschen Krankenhauswesen zeigen sich lediglich in der konkreten Ausgestaltung der Planungsprozesse sowie der an ihnen beteiligten Akteure. Die grundlegende staatlich-administrative Einflussnahme auf das unternehmerische Handeln von Krankenhäusern ist den drei Staaten gemein.

In den vorangegangenen Kapiteln wurde die Einschränkung der Handlungsfreiheit von Krankenhäusern als Wettbewerbshemmnis diskutiert. Indem die Eingriffe des Staates in den Markt die Möglichkeit der Erzielung von Wettbewerbsvorteilen gegenüber Konkurrenten weitgehend nivellieren, senken sie c. p. den Anreiz zum wettbewerblichen Verhalten. Vor diesem Hintergrund wurde im vorliegenden Kapitel untersucht, welche Bedeutung dem Wettbewerb auf den österreichischen und Schweizer Krankenhausdienstleistungsmärkten mit Blick auf das funktionale Krankenhauscontrolling sowie die Qualitätsinformationsbereitstellung zukommt.

Ebenso wie in Deutschland ist der Wettbewerb zwischen Krankenhäusern weder in Österreich noch in der Schweiz für Art und Umfang der zur Anwendung gelangenden Controllinginstrumente noch für den Umfang der (potenziellen) Patienten zur Verfügung gestellten Qualitätsinformationen entscheidend. Das Controlling und die Informationsbereitstellung von im Wettbewerb miteinander stehenden Krankenhäusern unterscheiden sich nicht nachweislich von denen jener Krankenhäuser, die innerhalb des relevanten Markts über eine Monopolstellung verfügen. Für Art und Umfang sowohl der verwandten Controllinginstrumente als auch der veröffentlichten Qualitätsinformationen ist die Trägerschaft der Krankenhäuser auch in

Österreich und der Schweiz von höherer Bedeutung als die Wettbewerbsintensität.[626] Insofern lässt sich weder in Deutschland, Österreich noch in der Schweiz eine wettbewerbliche Nutzung der Wettbewerbsparameter Kosten und Qualität beobachten. Die Ergebnisse können demzufolge auf vergleichbare Defizite in der Unternehmensführung in allen betrachteten Staaten hinweisen. Ferner lässt sich ebenfalls ein negativer Einfluss der Einschränkungen der unternehmerischen Handlungsfreiheit vermuten.

Hierin besteht wiederum ein Ansatzpunkt für weitergehende Forschung: Die an dieser Stelle lediglich vermutete kausale Beziehung zwischen dem Grad der Handlungsfreiheit von Krankenhäusern und der Bedeutung des Wettbewerbs für ihr Marktverhalten sollte einer empirischen Analyse unterzogen werden. Somit könnte untersucht werden, ob sich unter Regulierung und unter Wettbewerbsbedingungen ein unterschiedliches Marktverhalten von Krankenhäusern zeigt. Hieraus könnten dann wiederum Rückschlüsse für die Ausgestaltung des institutionellen Rahmens für Krankenhäuser gezogen werden.

---

[626] In Österreich bezieht sich die Aussage auf die Differenzierung zwischen Krankenanstalten mit und ohne Öffentlichkeitsrecht.

6 Zusammenfassung und Schlussbetrachtung

Die Initiierung von Wettbewerb auf den deutschen Märkten für Krankenhausdienstleistungen war Gegenstand zahlreicher Reformen. Wettbewerb wurde dabei nicht als Selbstzweck, sondern als Instrument zur Erreichung anderer Ziele betrachtet. Durch die Stärkung des Wettbewerbs sollten Krankenhäusern Anreize zur wirtschaftlichen Leistungserstellung gesetzt und hierüber eine Senkung der gesamtwirtschaftlichen Ausgaben für den Krankenhaussektor bewirkt werden. Die Versuche, Wettbewerb zu initiieren, reichten dabei von einer Aufhebung des Selbstkostendeckungsprinzips bis hin zur grundlegenden Reformierung der Betriebskostenfinanzierung mit Einführung der DRG-Fallpauschalen. Das den einzelnen Gesetzesakten zugrundeliegende Wettbewerbsverständnis entspricht dabei nicht dem Wettbewerb im wohlfahrtsökonomischen Sinne. Anstatt ein freies Spiel von Angebot und Nachfrage zuzulassen, wurden die jeweiligen Änderungen stets im gegebenen Regulierungsrahmen vorgenommen. Das Ausmaß der Staatseingriffe wurde nicht verringert. Ebenso erfolgte im Rahmen keiner Gesetzesänderung die aus ordnungspolitischer Sicht zu fordernde Überprüfung der Möglichkeit zur Liberalisierung. Die Annahme eines generellen Marktversagens blieb aufrechterhalten. Den Krankenhausdienstleistungsmärkten wurde die Fähigkeit, den aus dem Sozialstaatsprinzip abgeleiteten Sicherstellungsauftrags des Staates zu erfüllen, abgesprochen.

Zur Überprüfung der generellen Funktionsfähigkeit von Krankenhausdienstleistungsmärkten wurden im Rahmen der dieser Untersuchung die wesentlichen Tatbestandsmerkmale eines Marktversagens im zweiten Kapitel betrachtet. Ein generelles Marktversagen konnte nicht identifiziert werden. Lediglich punktuell kann es zu einem Versagen einzelner Märkte kommen. Die Notwendigkeit eines Tätigkeitwerdens des Staates kann hierüber indes noch nicht begründet werden. Vielmehr muss er tatsächlich in der Lage sein, eine Verbesserung des Marktergebnisses zu bewirken. Diese Fähigkeit wurde exemplarisch anhand der Ausgestaltung der DRG-Fallpauschalen aus kostenrechnerischer Sicht sowie anhand der Entwürfe für eine Krankenhausreform 2015 untersucht. Sowohl die Berechnung der Fallpauschalen als auch die Krankenhausreform lassen aus ökonomischer Sicht begründete Zweifel an der Verbesserung des Marktergebnisses durch die Eingriffe des Staates zu. Vielmehr ist von einer weiteren Reduktion der Anreize zum wettbewerblichen Verhalten auszugehen. Durch die Gewährung eines Sicherstellungzuschlags für defizitäre Krankenhäuser, deren Kapazitäten für eine flächendeckende Versorgung für unerlässlich erachtet werden, werden zugleich Spielräume für die Finanzierung ineffizienter Leistungserbringer geschaffen. Eine effiziente Ressourcenallokation ist im beschriebenen Szenario ebenso wenig zu erwarten wie eine Senkung der Krankenhauskosten.

Im Gegenzug konnten eine Reihe marktlicher Lösungsmöglichkeiten zur Korrektur eines partiellen Marktversagens identifiziert werden. Wie gezeigt werden konnte, haben Krankenhäuser im Wettbewerb ein Eigeninteresse an der Bereitstellung von Qualitätsinformationen zum Abbau der bestehenden asymmetrischen Informationsverteilung. Eine wettbewerbsschädliche

Nutzung einer eventuell entstehenden Monopolstellung kann durch die Regelungen des GWB verhindert werden. Die von Krankenhausdienstleistungen ausgehenden externen Effekte liegen aufgrund der Geringfügigkeit der davon betroffenen Leistungen unterhalb der Spürbarkeitsschwelle. Ferner wird die Eigenschaft der Nichtrivalität im und der Nichtausschließbarkeit vom Konsum lediglich vom Optionsnutzen von Krankenhäusern erfüllt. Eine Möglichkeit der Überwindung dieser Problematik kann in der Finanzierung von Reservekapazitäten über Leistungsträger unter Beteiligung der Versicherungsnehmer gesehen werden.

Als eine institutionelle Alternative zum bestehenden institutionellen Rahmen wurde das selektive Kontrahieren diskutiert. Selektives Kontrahieren bietet den Leistungsträgern die Möglichkeit, einzelne Krankenhäuser von der Versorgung auszuschließen. Preise werden zwischen Krankenhäusern und den Krankenkassen individuell ausgehandelt. Leistungsspektren, Leistungsmengen und Kapazitäten sind das Ergebnis des Marktverhaltens der Krankenhäuser. Beim selektiven Kontrahieren stehen Krankenhäuser auf dem Versorgungsmarkt im Wettbewerb um den Abschluss um Versicherungsverträge und treten auf dem Behandlungsmarkt mit anderen Kliniken in Konkurrenz um Patienten. Im Ergebnis sind mittel- bis langfristig eine Bereinigung des Markts um qualitativ und/oder technisch ineffiziente Leistungsanbieter und hierüber ein Anstieg des Qualitätsniveaus bei gleichzeitigem Absinken des Kostenniveaus möglich.

Die Bedeutung des Wettbewerbs für das Marktverhalten von deutschen Krankenhäusern im derzeitigen Regulierungsszenario wurde in den Kapiteln 3 und 4 untersucht. Betrachtet wurden das Controlling als ein elementarer Einflussfaktor auf das Kostenniveau eines Krankenhauses sowie die Bereitstellung von Qualitätsinformationen auf Krankenhauswebsites zum Abbau der Informationsasymmetrien zwischen Patienten und Krankenhäusern. Begründet werden kann die Auswahl des Controlling sowie der Informationsbereitstellung auf Krankenhauswebseiten über die Bedeutung, die der Kostenhöhe und der Qualität von Krankenhäusern im gegenwärtigen Regulierungsszenario zukommt: Der Wettbewerb läuft im Wesentlichen über die Qualität der Leistungen, die indirekt durch die Höhe der Kosten beeinflusst wird. Dabei kann die Qualität nur dann als Auswahlkriterium fungieren, wenn sie von Patienten wahrgenommen und bewertet werden kann.

Die im dritten Kapitel vorgenommene Auswertung der Ergebnisse der Befragung von 411 Krankenhäusern zwischen Juli und Oktober 2012 zeigte eine seit 2001 gestiegene Verbreitung sowohl des institutionellen Controlling als auch des Einsatzes traditioneller Instrumente des funktionalen Controlling. Eine Beeinflussung der Controllingaktivitäten durch die Wettbewerbsintensität konnte jedoch nicht identifiziert werden. Lediglich vereinzelte Instrumente werden häufiger von im Wettbewerb stehenden Krankenhäusern als von Kliniken in wettbewerbsarmen Märkten verwendet. Der systematische Einsatz des Controlling zur Sicherung des Unternehmensbestands und/oder zur darüber hinausgehenden Verbesserung des Unternehmensergebnisses erfahren keine signifikante Beeinflussung durch den Wettbewerb zwischen Krankenhäusern.

Unter den gegebenen institutionellen Rahmenbedingungen übt der Wettbewerb weiterhin keinen Einfluss auf die Bereitstellung von Qualitätsinformationen auf den Webseiten von Krankenhäusern aus. Untersucht wurde der Zusammenhang zwischen der Marktkonzentration und der qualitätsbezogenen Ausgestaltung von Krankenhauswebseiten im vierten Kapitel sowohl mit Fokus auf orthopädische Kliniken als auch für die Gesamtheit der deutschen Plankrankenhäuser. Signifikante von der Wettbewerbsintensität auf die Informationsbereitstellung ausgehende Effekte konnten weder für das gesamte Qualitätsangebot noch bei Differenzierung zwischen Struktur-, Prozess- und Ergebnisqualität gefunden werden. Mit anderen Häusern im Wettbewerb stehende Häuser sind offenbar nicht stärker zum Abbau der Informationsasymmetrien zwischen ihnen und (potenziellen) Patienten bestrebt als auf monopolistischen Märkten agierende Kliniken. Der Versuch einer gezielten Beeinflussung der Auswahlentscheidung von Patienten durch die Bereitstellung von Qualitätsinformationen lässt sich bisher nicht erkennen.

Als Erklärungsansatz für die Diskrepanz zwischen den theoretischen Überlegungen zur bedeutung des Wettbewerbs für das Marktverhalten von Krankenhäusern und den empirischen Ergebnissen wurden grundsätzliche Mängel im Krankenhausmanagement diskutiert. Bestehende Potenziale zur Beeinflussung der wirtschaftlichen Lage sowie der Wettbewerbssituation werden bisher nicht hinlänglich genutzt, wie sich exemplarisch in der geringen Verbreitung elementarer betriebswirtschaftlicher Instrumente wie der Kostenträger- und der Deckungsbeitragsrechnung zeigt. Nachdem eine Unternehmensführung nach betriebswirtschaftlichen Grundsätzen lange Zeit für Krankenhäuser nicht erforderlich war, ist deren Integration offenbar noch nicht abgeschlossen. Zugleich lassen sich jedoch negative Anreize der konkreten Ausgestaltung des institutionellen Rahmens auf die Unternehmensführung vermuten.[627] Im derzeitigen Regulierungsszenario wird unwirtschaftliches Verhalten von Kliniken nicht hinlänglich sanktioniert. Vor allem von der Ausschaltung des Preiswettbewerbs in Verbindung mit der dualen Krankenhausfinanzierung sowie der aus kostenrechnerischer Sicht nicht optimalen Ausgestaltung der DRG-Fallpauschalen gehen keine Anreize zu einer technisch effizienten Leistungserstellung aus. Zugleich werden die Handlungsmöglichkeiten von Krankenhäusern durch den Umfang der staatlich-administrativen Planung stark eingeschränkt. Die Übertragung der Planungskompetenz für wesentliche betriebswirtschaftliche Aspekte, die Ausschaltung einer freien Preisbildung sowie die separate Finanzierung von Betriebs- und Investitionskosten schränken zum einen die Möglichkeit der betriebswirtschaftlichen Optimierung ein. Zum anderen können durch sie nur in begrenztem Umfang Wettbewerbsvorteile gegenüber Konkurrenten generiert werden.

Im Ergebnis werden Krankenhäuser durch den bestehenden Regulierungsrahmen noch immer zu sehr unter staatlichen Schutz gestellt.[628] Die Bestandsgarantie von Krankenhäusern wurde

---

[627] Dies steht in Einklang mit den Ausführungen von Fischer, 1988, S. 151.
[628] Konkret werden etwa Defizite von öffentlichen Kliniken durch ihre Betreiber aus allgemeinen Steuermitteln finanziert. Vgl. zu diesem Problemfeld Kuchinke/Wübker, 2009, S. 303 f.

zwar aufgehoben, dennoch erfolgt bisher keine hinlängliche Sanktionierung unwirtschaftlichen Verhaltens wie im freien Wettbewerb. Der paternalistische Schutz des Staates stellt bei genauer Betrachtung aber eher ein Hindernis als einen Schutz im eigentlich Sinne dar, als er Krankenhäuser in ihren Unternehmensentscheidungen zu stark eingeschränkt. Krankenhäusern die Eigenverantwortung für ihren ökonomischen Erfolg, nicht aber die Planungskompetenz für die elementaren Aktionsparameter zu übertragen, ist nicht konsequent. Entweder werden Krankenhäuser in einem gänzlich staatlichen System mit allen Ineffizienzen im Markt behalten oder ihnen wird die autonome Entscheidung über die erfolgskritischen Faktoren zugestanden, wenn sie die ökonomischen Konsequenzen ihres Handelns selbst tragen sollen.[629] Davon ist die eigenständige Defizitfinanzierung ebenso umfasst wie die Erzielung von Wettbewerbsvorteilen gegenüber anderen Kliniken. Die bisherigen Maßnahmen des Gesetzgebers deuten jedoch auf den Versuch hin, Wettbewerb in einem planwirtschaftlichen System zu initiieren. Die Vorteile des Wettbewerbs, d. h. die Erreichung einer effizienten Ressourcenallokation, sollen abgeschöpft werden. Zugleich soll jedoch der Sanktionsmechanismus des Wettbewerbs ausgeschaltet werden. Ein Ausscheiden ineffizienter Akteure aus dem Markt ist politisch nicht gewollt. Wettbewerb kann aber gerade nur dann funktionieren, wenn wirtschaftlichen Verhalten belohnt und unwirtschaftliches Verhalten sanktioniert wird. Wenn die Konsequenzen für Ineffizienzen aufgrund des paternalistischen Schutzes des Staates nicht bei den Krankenhäusern ankommen, kann der Wettbewerb keine disziplinierende Wirkung entfalten.

Wettbewerb erfordert Handlungsfreiheit.[630] Die Übernahme der Verantwortung für das eigene Handeln kann von Krankenhäusern lediglich dann gefordert werden, wenn ihnen die freie Entscheidung über die wesentlichen Handlungsparameter eingeräumt wird.[631] Für einen freien Wettbewerb müsste es Krankenhäusern erlaubt sein, ihre Kapazität und ihre Leistungsmenge ebenso frei zu wählen, wie die Preise für erbrachte Dienstleistungen sowie ihr Leistungsspektrum.[632] Sodann wirken sich ihre unternehmerischen Entscheidungen im Wettbewerb gegenüber anderen Krankenhäusern unmittelbar auf Leistungsmenge, Kapazität und Kosten aus. Generierte Wettbewerbsvorteile verbleiben bei den Häusern, schlechte Qualität und/oder zu hohe Kosten werden auf dem Behandlungs- und Leistungsmarkt sanktioniert.

Resümierend kommt dem Wettbewerb auf Krankenhausdienstleistungsmärkten in Deutschland unter den gegebenen institutionellen Rahmenbedingungen bisher keine nachweisliche Bedeutung für das Verhalten von Krankenhäusern zu. Als institutionelle Alternative zum der-

---

[629] So auch Adam, 1985, S. 23. Die Forderung, Krankenhäusern Handlungsfreiheiten zuzugestehen, wenn diese die Eigenverantwortung für ihren ökonomischen Erfolg tragen sollen, wird vertreten von Baugut, 1993, S. 76, Koch, 1988, S. 11. Eine Abkehr von der flächendeckenden Regulierung als Konsequenz wird allerdings nicht gefordert.
[630] Vgl. Hoppmann, 1966, S. 289, Berthold, 1987, S. 148. Ähnlich Ebsen et al., 2003, S. 16.
[631] Vgl. Müller-Armack, 1990, S. 11, Oberender/Ecker, 2001, S. 73.
[632] Die Kritik fehlender Handlungsfreiheit geht nicht in jedem Fall einher mit der Forderung nach einem freien Wettbewerb zwischen Krankenhäusern. Der Standpunkt der Ausweitung der Handlungsfreiheit trotz Regulierung wird vertreten durch Gerlinger, 2002, S. 143 f., 146.

zeitigen System wurde im Rahmen der vorliegenden Untersuchung ein Übergang zum selektiven Kontrahieren vorgeschlagen. Wie in Kapitel 2 ausgeführt, ist eine Beschränkung der staatlichen Tätigkeit auf die Vorgabe eines generellen Ordnungsrahmens sowie auf die punktuelle Korrektur eines eventuellen Marktversagens grundsätzlich möglich. Krankenhäuser könnten dann als eigenverantwortliche Unternehmen am Markt agieren und müssten die ökonomischen Konsequenzen ihres Handelns tragen. Wie gezeigt werden konnte, stehen der Umsetzung dieser Forderung keine ökonomischen Gründe entgegen. Vielmehr lassen sich Eigeninteressen der regulierenden Institutionen vermuten.[633] „Die Tatsache, daß der Wettbewerb nicht nur zeigt, wie die Dinge besser gemacht werden können, sondern alle, deren Einkommen vom Markt abhängt, zwingt, die Verbesserungen nachzuahmen, ist natürlich einer der Hauptgründe für die Abneigung gegen den Wettbewerb. Er stellt eine Art unpersönlichen Zwanges dar, der viele Individuen dazu veranlassen wird, ihr Verhalten in einer Weise zu ändern, die durch keinerlei Anweisungen oder Befehle erreicht werden könnte."[634]

---

[633] Zu einem ähnlichen Schluss gelangen Bataille/Coenen, 2009, S.15, Baumgarten, 1988, S. 49, Kallfass, 2004, S. 22, Monopolkommission, 2008, S. 331 Tz. 852.
[634] Hayek, 1968, S. 15. Vergleichbare Überlegungen finden sich in Vanberg, 2005, S. 55.

Anhang

Tabelle 35: Korrelationsmatrix der untersuchten Controllinginstrumente

	db	zkr	pkr	tkvk	plan	cpw	bsc	konk	port	gap	pot	swot	bench
db	1.0000												
zkr	-0.0418	1.0000											
pkr	0.0431	-0.0132	1.0000										
tkvk	0.0198	0.0795	-0.0410	1.0000									
plan	0.0255	0.0166	0.0472	0.1551	1.0000								
cpw	0.0437	0.0840	0.1755	0.0326	0.1417	1.0000							
bsc	0.1452	-0.0770	0.0737	-0.0295	0.1004	0.0517	1.0000						
konk	0.1185	0.0242	0.0715	0.0161	-0.0283	0.0074	-0.0626	1.0000					
port	0.1548	0.0813	0.0632	0.1332	0.0454	0.0680	-0.0731	0.5318	1.0000				
gap	0.1272	0.0513	0.0208	0.0210	-0.0148	0.0756	0.0301	-0.0329	0.0869	1.0000			
pot	0.0870	0.0173	-0.0064	0.0925	0.0351	-0.0894	0.0418	0.3624	0.4141	0.2046	1.0000		
swot	0.1060	0.1628	0.0703	0.0456	0.0334	0.0372	0.0357	0.3540	0.2245	0.0212	0.1801	1.0000	
bench	0.0678	0.0655	0.0589	0.0584	0.0483	0.1438	-0.0028	0.1282	0.1333	0.0921	0.0892	0.1232	1.0000
vwd	0.0030	-0.0514	0.0269	-0.0088	-0.0332	-0.1016	-0.0057	0.0617	0.0160	0.0278	0.0526	0.0414	-0.0107
ausl	.	.	.	.	.	.	.	.	.	.	.	.	.
einw	0.0445	-0.0629	-0.0210	0.0799	0.0479	0.0938	0.0312	0.0029	-0.1062	-0.0130	-0.0543	-0.0471	0.1202
patz	-0.0096	-0.0202	-0.1002	0.0714	-0.0288	0.0511	-0.0888	-0.0072	0.0401	0.0557	0.0451	-0.0151	0.1119
cf	0.0798	0.0402	-0.0051	0.0322	0.0382	-0.0073	0.0902	0.0555	-0.0007	0.0300	-0.0006	0.0914	0.0598
liq	0.0999	0.0803	0.0048	0.0584	0.1120	-0.0127	0.0445	-0.0236	-0.0013	0.0131	0.0276	0.0120	0.0522
ek	0.0576	0.0505	0.0001	0.0595	0.0711	0.0947	0.0536	0.0136	0.0637	0.0351	-0.0351	0.0092	0.0309
markt	0.0689	0.0078	-0.0258	0.0607	-0.0672	0.0482	-0.1134	0.1143	0.1523	0.0255	0.0958	0.1071	0.1565
kar	-0.0215	0.0458	0.0509	-0.0017	-0.0268	-0.0428	0.0025	0.0620	0.0417	-0.0518	0.0384	0.0049	-0.0618
ksr	0.0655	0.0315	0.0553	-0.0572	0.0101	0.0077	0.0755	0.0249	0.0080	0.0085	-0.0056	0.0509	0.0196
ktr	0.0255	0.0184	0.0392	-0.0141	0.0150	0.0950	-0.0307	-0.0528	0.0315	0.0291	-0.0305	0.1378	0.0919
bea	0.0174	0.0042	-0.0014	0.0203	-0.0126	-0.0020	-0.0102	0.0363	0.0785	0.0456	0.0726	0.0952	0.0519

	vwd	ausl	einw	patz	cf	liq	ek	markt	kar	ksr	ktr	bea
vwd	1.0000											
ausl	.	.										
einw	0.0057	.	1.0000									
patz	0.1078	.	0.3876	1.0000								
cf	0.0181	.	0.0790	-0.0459	1.0000							
liq	0.0703	.	0.0724	0.0115	0.3452	1.0000						
ek	0.0537	.	0.1322	-0.0231	0.3694	0.3470	1.0000					
markt	-0.0135	.	0.0800	0.0754	0.0428	0.0333	0.0569	1.0000				
kar	0.0470	.	-0.0095	0.0122	0.0715	0.0277	0.0862	-0.0047	1.0000			
ksr	0.1879	.	0.0558	0.0132	0.0574	0.0404	0.0702	0.0176	0.4675	1.0000		
ktr	0.0566	.	0.0626	0.0882	0.0196	-0.0190	-0.0585	0.0621	0.0285	0.0753	1.0000	
bea	0.0347	.	-0.0243	0.0472	0.0930	0.0519	0.0366	0.1108	0.0657	0.0714	0.2333	1.0000

Quelle: Eigene Darstellung.

Tabelle 36: Controllingeinsatz: Koeffizienten und Standardfehler des HHI_j der verschiedenen Radien des räumlichen Markts in Deutschland

HHI_j	Controllingeinsatz		
	Kategorie 1	Kategorie 2	Kategorie 3
HHI_5	7.77e-06 (9.17e-06)	- 7.23e-06 (1.60e-05)	- 6.35e-05* (3.37e-05)
HHI_10	3.57e-06 (1.53e-05)	- 4.79e-06 (1.29e-05)	- 4.71e-05* (2.55e-05)
HHI_15	- 6.17e-06 (1.74e-05)	- 8.03e-06 (1.50e-05)	- 5.54e-05* (2.93e-05)
HHI_20	7.05e-06 (1.60e-05)	- 1.65e-05 (2.12e-05)	- 7.86e-05* (4.59e-05)
HHI_25	- 1.85e-05 (4.21e-05)	1.79e-05 (3.62e-05)	- 1.27e-04* (7.65e-05)
HHI_30	- 2.43e-05 (6.13e-05)	- 2.33e-05 (5.20e-05)	- 1.78e-04 (1.13e-04)
HHI_35	- 3.45e-05 (9.12e-05)	- 2.17e-05 (7.61e-05)	- 2.62e-04 (1.78e-04)
HHI_40	- 6.46e-05 (1.25e-04)	- 2.94e-05 (1.04e-04)	- 4.03e-04 (2.81e-04)
HHI_45	- 7.47e-05 (1.85e-04)	-7.47e-05 (1.85e-04)	- 5.67e-04 (4.64e-04)
HHI_50	- 1.13e-04 (2.72e-04)	- 2.13e-05 (1.94e-04)	- .001 (.001)

Quelle: Eigene Darstellung.

Tabelle 37: Ergebnisse der Modellschätzung für den Einsatz von Controllinginstrumenten: Koeffizienten und Standardfehler

	Planbettenzahl	Privates Krankenhaus	Freigemeinnütziges Krankenhaus	HHI_25	Patientenzahl	Mitarbeiterzahl	Basisfallwert
Kostenartenrechnung	-8.85e-04 (.001)	.482* (.277)	-.123 (.205)	-4.39e-04** (2.01e-04)	-1.54e-06 (8.22e-06)	4.68e-04 (4.50e-04)	-3.19e-06 (1.18e-05)
Kostenstellenrechnung	-3.93e-04 (2.42e-04)	.122 (.305)	-.014 (.239)	2.39e-05 (2.42e-04)	2.82e-07 (9.83e-06)	1.65e-04 (2.84e-04)	-1.13e-06 (1.41e-05)
Kostenträgerrechnung	4.43e-04 (5.80e-04)	.655*** (.203)	-.182 (1.74)	1.16e-04 (1.86e-04)	-7.65e-06 (1.13e-05)	6.91e-05 (1.95e-04)	-4.01e-06 (9.72e-06)
Deckungsbeitragsrechnung	-3.53e-04 (4.84e-04)	.304 (.196)	.204 (.158)	-3.38e-06 (1.71e-04)	-6.41e-06 (6.01e-06)	3.46e-04 (2.17e-04)	-1.25e-05 (9.24e-06)
Plankostenrechnung	5.67e-04 (5.32e-04)	-.271 (.182)	-.051 (.161)	2.75e-04* (1.50e-04)	-7.63e-06 (1.03e-05)	-2.36e-04 (.211)	9.36e-07 (9.05e-06)
Differenzierung Voll- und Teilkosten	.001 (5.00e-04)	.068 (.191)	-.055 (.159)	2.51e-05 (1.68e-04)	5.31e-06 (7.20e-06)	-2.32e-04 (1.93e-04)	6.14e-06 (9.25e-06)
Konkurrentenanalyse	4.20e-05 (.001)	.121 (.211)	-.230 (.173)	-2.62e-04* (1.57e-04)	4.83e-07 (9.67e-06)	-2.17e-04 (2.65e-04)	6.08e-06 (1.07e-05)
SWOT-Analyse	-3.04e-04 (.001)	.064 (.252)	-.533** (.218)	-1.82e-04 (2.12e-04)	1.60e-06 (1.20e-05)	-5.17e-05 (2.18e-04)	2.35e-05* (1.27e-05)
Liquiditätsanalyse	-4.38e-04 (5.31e-04)	-.162 (.199)	-.276* (-153)	-1.76e-04 (1.63e-04)	7.78e-06 (1.01e-05)	8.12e-05 (2.01e-04)	-5.97e-06 (9.48e-06)
Zielkostenrechnung	5.33e-04 (6.76e-04)	-.652 (.251)	-.424 (.208)	-3.03e-05 (2.21e-04)	-9.47e-06 (1.40e-05)	1.32e-04 (2.12e-04)	-1.92e-07 (1.15e-05)
Prozesskostenrechnung	-3.02e-04 (.001)	.202 (.340)	-.221 (.351)	1.80e-04 (4.11e-04)	-2.43e-06 (1.67e-05)	8.84e-05 (3.88e-04)	-1.03e-05 (1.93e-05)
Verweildauer	-7.86e-04* (4.35e-04)	.220 (.153)	-.267** (.118)	-.001*** (2.96e-05)	7.98e-06 (6.76e-06)	1.93e-04 (2.74e-04)	1.66e-06 (8.03e-06)
Einweisungsstruktur	-.001 (.001)	.490** (.204)	.112 (.174)	-1.47e-04 (1.79e-04)	5.98e-06 (1.24e-05)	2.94e-04 (2.52e-04)	8.02e-07 (9.80e-06)
Patientenzufriedenheit	-4.56e-05 (5.31e-04)	.636*** (.223)	.133 (.176)	-1.03e-04 (1.84e-04)	3.38e-06 (7.57e-06)	-6.17e-05 (2.07e-04)	-1.99e-06 (1.01e-05)
Cashflow	-3.75e-04 (4.68e-04)	-.236 (1.99)	-.373** (.157)	-1.79e-04 (1.74e-04)	4.51e-06 (6.46e-06)	-1.67e-06 (1.89e-04)	-9.49e-06 (9.36e-06)
Break-even-Analyse	3.12e-05 (9.05e-04)	-.248 (.297)	-.435* (.236)	-2.00e-04 (2.23e-04)	-7.88e-06 (1.97e-05)	1.86e-04 (2.43e-04)	-2.08e-05 (1.64e-05)
Potenzialanalyse	3.28e-04 (6.60e-04)	.405* (.215)	-.130 (.194)	-1.63e-04 (1.91e-04)	7.69e-06 (7.83e-06)	-.001 (3.90e-04)	1.72e-05 (1.14e-05)
Portfolioanalyse	.001** (.001)	.109 (.218)	.208 (.172)	2.39e-04 (1.88e-04)	-1.58e-06 (7.50e-06)	-5.09e-06 (2.78e-04)	-1.03e-05 (1.06e-05)
Clinical Pathways	.001 (.001)	.065 (.266)	-.248 (.245)	8.04e-06 (2.67e-04)	-9.62e-07 (1.80e-05)	-7.00e-06 (4.55e-04)	-6.52e-06 (1.45e-05)
Balanced Scorecard	2.20e-04 (.001)	-.138 (.245)	-.148 (.195)	-1.35e-04 (1.97e-04)	-1.61e-06 (1.92e-05)	1.34e-05 (2.52e-04)	-8.22e-06 (1.18e-05)
Benchmarking	-.002** (.001)	.239 (.200)	-.265 (.163)	-1.67e-04 (1.79e-04)	-3.22e-05** (1.52e-05)	-1.26e-04 (1.87e-04)	5.31e-06 (9.60e-06)
Marktanteil	-6.92e-04 (5.10e-04)	.418** (.183)	-.130 (.157)	-3.01e-04** (1.24e-04)	-1.01e-06 (8.13e-06)	1.64e-04 (1.94e-04)	1.13e-05 (9.54e-06)
GAP-Analyse	2.96e-04 (.001)	.165 (.389)	.555* (.302)	1.44e-04 (3.43e-04)	-6.98e-07 (1.24e-05)	-2.25e-04 (5.00e-04)	-1.92e-05 (1.85e-05)

Quelle: Eigene Darstellung.

Tabelle 38: Controllinginstrumente: Koeffizienten und Standardfehler des HHI_j der verschiedenen Radien des räumlichen Markts in Deutschland

	HHI_5	HHI_10	HHI_15	HHI_20	HHI_25	HHI_30	HHI_35	HHI_40	HHI_45	HHI_50
Kostenartenrechnung	-1.00e-05*** (3.84e-05)	-1.33e-04** (5.01e-05)	1.43e-04*** (4.42e-05)	1.50e-04*** (3.62e-05)	-4.39e-04** (2.01e-04)	-5.75e-04** (3.07e-04)	-7.15e-04** (3.64e-04)	-.001* (4.67e-04)	.001*** (2.89e-04)	.001*** (2.12e-04)
Kostenstellenrechnung	4.77e-05 (6.75e-05)	2.53e-05 (7.37e-05)	3.75e-05 (8.36e-05)	4.65e-05 (9.92e-05)	2.39e-05 (2.42e-04)	5.58e-05 (3.17e-04)	7.71e-05 (4.49e-04)	1.37e-04 (6.09e-04)	7.49e-05 .001	7.49e-05 .001
Kostenträgerrechnung	9.32e-05** (3.52e-05)	8.52e-05* (5.05e-05)	9.66e-05* (5.43e-05)	1.43e-04*** (5.47e-05)	1.16e-04 (1.86e-04)	2.90e-04 (2.25e-04)	3.98e-04 (3.15e-04)	4.21e-04 (4.43e-04)	.001 (.001)	.001 (.001)
Deckungsbeitragsrechnung	4.06e-05 (4.95e-05)	2.63e-05 (5.71e-05)	2.37e-05 (6.52e-05)	5.20e-05 (8.07e-05)	-3.38e-06 (1.71e-04)	1.57e-04 (2.44e-04)	5.23e-05 (3.63e-04)	-1.07e-04 (5.03e-04)	-3.06e-05 (7.83e-04)	-3.38e-04 (.001)
Plankostenrechnung	9.49e-05*** (3.13e-05)	9.83e-05** (4.18e-05)	1.11e-04*** (4.24e-05)	1.31e-04*** (3.94e-05)	2.75e-04* (1.50e-04)	3.95e-04* (2.13e-04)	.001** (2.83e-04)	.001* (3.72e-04)	.001*** (3.42e-04)	.001*** (2.73e-04)
Differenzierung Voll- und Teilkosten	3.03e-05 (5.76e-05)	2.26e-05 (5.77e-05)	1.91e-05 (6.69e-05)	1.87e-05 (8.73e-05)	2.51e-05 (1.68e-04)	5.15e-05 (2.40e-04)	1.11e-04 (3.52e-04)	9.30e-05 (4.76e-04)	2.15e-04 (.001)	2.62e-04 (.001)
Konkurrentenanalyse	-9.74e-05** (4.40e-04)	-9.07e-05** (5.11e-05)	-1.07e-05** (5.43e-05)	-1.18e-04*** (5.09e-04)	-2.62e-04* (1.57e-04)	-3.80e-04* (2.23e-04)	-5.15e-04 (3.00e-04)	-.001* (3.79e-04)	-.001** (4.27e-04)	-.001** (4.16e-04)
SWOT-Analyse	-6.01e-05 (5.04e-05)	-4.59e-05 (6.52e-05)	-5.00e-05 (7.14e-05)	-6.82e-05 (7.76e-05)	-1.82e-04 (2.12e-04)	-1.56e-04 (2.85e-04)	-2.03e-04 (3.82e-04)	-2.03e-04 (.001)	-3.23e-04 (.001)	-3.48e-04 (.001)
Liquiditätsanalyse	-1.37e-05 (5.91e-05)	-4.38e-05 (5.33e-05)	-4.83e-05 (5.80e-05)	-4.41e-05 (7.46e-05)	-1.76e-04 (1.63e-04)	-2.16e-04 (2.19e-04)	-3.08e-04 (3.32e-04)	-4.25e-04 (3.59e-04)	-5.65e-04 (4.53e-04)	-7.06e-04 (4.95e-04)
Zielkostenrechnung	-7.42e-05 (5.81e-05)	7.88e-05 (4.88e-05)	-2.19e-05 (5.43e-05)	7.82e-05 (8.33e-05)	-3.03e-05 (2.21e-04)	3.26e-05 (2.95e-04)	9.87e-05 (3.82e-04)	3.39e-04 (3.59e-04)	.001 (.001)	.001 (.001)
Prozesskostenrechnung	-4.00e-05 (4.67e-05)	2.99e-06 (5.51e-05)	3.29e-05 (6.59e-05)	5.24e-05 (6.59e-05)	1.80e-04 (4.11e-04)	1.89e-04 (.001)	2.10e-04 (.001)	.001 (.001)	.001 (.001)	.001 (3.11e-04)
Verwelditvuer	-1.30e-04** (2.29e-04)	1.80e-04*** (8.60e-06)	1.83e-04*** (8.20e-06)	1.79e-04*** (1.06e-05)	-.001*** (2.96e-05)	-8.28e-04*** (3.77e-04)	-.001*** (4.46e-05)	-.001*** (4.92e-04)	-.001*** (5.61e-05)	-.001*** (6.12e-05)
Einwerbungsstruktur	1.78e-06 (5.53e-04)	-3.88e-05 (6.31e-05)	-4.28e-05 (6.31e-05)	-3.83e-05 (8.36e-05)	-1.47e-05 (1.79e-04)	-1.08e-04 (2.35e-04)	-2.88e-04 (3.16e-04)	-4.05e-04 (3.93e-04)	-5.65e-04 (4.91e-04)	-.001 (5.25e-04)
Patientenzufriedenheit	6.41e-05 (5.67e-05)	-2.51e-05 (5.70e-05)	8.13e-05 (6.31e-05)	3.53e-05 (7.77e-05)	-1.03e-04 (1.84e-04)	1.43e-04 (2.43e-04)	1.04e-04 (3.17e-04)	-2.02e-04 (5.93e-04)	-3.23e-04 (.001)	-2.63e-04 (.001)
Cashflow	5.17e-05 (6.63e-05)	5.70e-05 (4.88e-05)	-6.92e-05 (6.31e-05)	8.35e-05 (6.59e-05)	-1.79e-04 (1.74e-04)	-2.32e-04 (2.25e-04)	-3.63e-04 (3.37e-04)	-4.19e-04 (3.91e-04)	-6.61e-04 (4.54e-04)	-8.20e-04 (.001)
Break-even-Analyse	-5.40e-05 (6.31e-05)	-4.20e-05 (9.69e-05)	-6.41e-05 (9.21e-05)	1.20e-04 (1.12e-04)	-2.00e-04 (2.73e-04)	-1.90e-04 (3.15e-04)	-2.09e-04 (4.80e-04)	-3.05 (.001)	-3.86e-04 (.001)	-5.40e-04 (.001)
Potenzialanalyse	1.60e-05 (8.37e-05)	-4.59e-05 (7.17e-05)	-2.21e-05 (8.18e-05)	-3.86e-05 (1.12e-04)	-1.63e-04 (1.91e-04)	-1.33e-04 (2.68e-04)	-1.38e-04 (3.16e-04)	-3.33e-04 (4.55e-04)	-4.22e-04 (5.61e-05)	-.001 (-8.55e-04)
Portfolioanalyse	4.60e-05 (6.31e-05)	7.67e-05 (5.01e-05)	5.51e-05 (7.08e-05)	9.40e-05 (7.47e-05)	2.39e-04 (1.88e-04)	3.35e-04 (2.41e-04)	.001* (2.75e-04)	.001** (4.76e-04)	.001*** (3.16e-04)	.001 (6.12e-05)
Clinical Pathways	4.89e-05 (6.63e-05)	3.64e-06 (9.69e-05)	4.15e-05 (1.16e-04)	1.09e-04 (8.61e-05)	8.04e-06 (2.67e-04)	1.08e-05 (3.83e-04)	3.77e-05 (.001)	3.16e-04 (.001)	3.08e-04 (3.08e-04)	.001*** (5.25e-04)
Balanced Scorecard	-5.41e-05 (6.79e-05)	-6.20e-05 (8.37e-05)	-6.39e-05 (7.81e-05)	-8.72e-05 (1.08e-04)	-1.35e-04 (1.97e-04)	-2.07e-04 (2.46e-04)	-3.24e-04 (3.01e-04)	-4.07e-04 (4.50e-04)	-3.86e-04 (.001)	-5.40e-04 (.001)
Benchmarking	3.46e-05 (6.31e-05)	-2.89e-05 (5.97e-05)	-3.77e-05 (7.85e-05)	-4.52e-05 (9.92e-05)	-1.67e-04 (1.59e-04)	-1.58e-04 (2.18e-04)	-1.51e-04 (3.82e-04)	-3.69e-04 (.001)	-4.56e-04 (3.17e-04)	-8.38e-04 (.001)
Eigenkapitalrentabilität	-1.60e-05 (5.53e-05)	-4.59e-05 (3.93e-05)	-1.77e-05 (1.41e-05)	-1.38e-04 (9.92e-05)	-1.46e-04 (1.24e-04)	-3.46e-04** (1.73e-04)	-4.69e-04** (2.27e-04)	-.001* (.001)	-.001 (.001)	-.001 (.001)
Marktanteil	-6.92e-05* (6.85e-05)	-7.61e-05 (5.37e-05)	-8.54e-05* (5.97e-05)	-1.01e-04** (7.46e-05)	-3.01e-04** (1.97e-04)	1.53e-04 (2.77e-04)	2.57e-04 (4.60e-04)	-3.00e-04 (2.72e-04)	-3.90e-04 (3.17e-04)	-.001*** (3.31e-04)
GAP-Analyse	8.33e-05 (5.44e-05)	8.74e-05 (9.28e-05)	1.08e-05 (1.08e-05)	1.21e-04 (8.30e-05)	1.44e-04 (3.43e-04)	1.53e-04 (4.60e-04)	2.76e-04 (.001)	6.94e-05 (.001)	2.84e-04 (.001)	6.48e-04 (.002)

Quelle: Eigene Darstellung.

Tabelle 39: Informationsbereitstellung orthopädischer Kliniken: Wu-Hausman-Test auf Endogenität

summe	Coef.	Std. Err.	z	P>|z|	[95% Conf. Interval]	
HHI_20	-.0019737	.007136	-0.28	0.782	-.0159601	.0120127
Betten	.0068562	.005203	1.32	0.188	-.0033415	.0170539
Privat	.9295793	.8275738	1.12	0.261	-.6924356	2.551594
Freigemeinnützig	-1.689331	3.364541	-0.50	0.616	-8.283711	4.905048
Ostdeutschland	.5634339	1.027017	0.55	0.583	-1.449482	2.576349
Abteilungen	.0586313	.0401406	1.46	0.144	-.0200428	.1373055
Betten_2	-2.22e-06	1.52e-06	-1.46	0.145	-5.20e-06	7.63e-07
Zeit	1.320727	.6133782	2.15	0.031	.1185279	2.522926
_cons	17.00899	9.924163	1.71	0.087	-2.442008	36.46

Tests of endogeneity
Ho: variables are exogenous

Durbin (score) chi2(1)   = .091926 (p = 0.7617)
Wu-Hausman F(1,782)   = .090776 (p = 0.7633)

Quelle: Eigene Darstellung.

Tabelle 40: Qualitätsinformation von orthopädischen Kliniken: Koeffizienten und Standardfehler der verschiedenen Radien des räumlichen Markts in Deutschland

HHI_j	Strukturqualität	Prozessqualität	Ergebnisqualität	Gesamtes Qualitätsangebot
HHI_5	- 4.02e-06 (4.35e-06)	- 3.85e-06 (4.25e-06)	- 2.02e-05 (1.01e-05)	- 5.28e-06 (4.17e-06)
HHI_10	- 1.45e-06 (4.80e-06)	- 5.43e-07 (4.68e-06)	- 1.57e-05 (1.13e-05)	- 2.40e-06 (4.60e-06)
HHI_15	- 3.91e-06 (5.93e-06)	- 1.53e-06 (5.75e-06)	1.32e-06 (1.34e-05)	- 3.05e-06 (5.66e-06)
HHI_20	- 2.88e-06 (1.01e-05)	8.68e-06 (9.62e-06)	- 4.92e-06 (2.28e-05)	- 9.85e-07 (9.72e-06)
HHI_25	- 1.22e-05 (8.14e-06)	- 1.23e-05 (7.96e-06)	- 4.16e-06 (1.83e-05)	- 1.13e-07 (2.82e-08)
HHI_30	- 1.66e-05 (1.48e-05)	- 2.57e-05 (1.46e-05)	1.39e-05 (3.18e-05)	- 1.60e-05 (1.41e-05)
HHI_35	- 2.26e-05 (1.82e-05)	- 3.25e-05 (1.84e-05)	2.50e-05 (3.84e-05)	- 2.07e-05 (1.73e-05)
HHI_40	- 2.86e-05 (2.13e-05)	- 4.62e-05 (2.20e-05)	4.48e-05 (4.35e-05)	- 2.55e-05 (2.01e-05)
HHI_45	- 3.04e-05 (2.74e-05)	- 3.08e-05 (2.80e-05)	2.96e-05 (5.69e-05)	- 2.58e-05 (2.58e-05)
HHI_50	- 2.87e-05 (2.92e-05)	- 3.64e-05 (3.05e-05)	2.98e-05 (5.99e-05)	- 2.57e-05 (2.73e-05)

Quelle: Eigene Darstellung.

Tabelle 41: Informationsbereitstellung deutscher Plankrankenhäuser und Universitätskliniken: Wu-Hausman-Test auf Endogenität

sum	Coef.	Std. Err.	z	P>|z|	[95% Conf. Interval]	
HHI_20	-.0004262	.0030977	-0.14	0.891	-.0064975	.0056452
Privat	2.403265	.6399967	3.76	0.000	1.148895	3.657636
Uniklinikum	1.836735	1.430676	1.28	0.199	-.9673387	4.64081
Freigemeinnützig	-.103123	1.62192	-0.06	0.949	-3.282028	3.075782
Ostdeutschland	-2.117263	.7056577	-3.00	0.003	-3.500327	-.7341994
Einkommen	-.0000234	.0003898	-0.06	0.952	-.0007873	.0007405
Bevölkerungsdichte	-.0002895	.001257	-0.23	0.818	-.0027531	.0021741
Altenquotient	.0637377	.0497828	1.28	0.200	-.0338348	.1613102
Planbettenzahl	.0027116	.0007327	3.70	0.000	.0012755	.0041477
_cons	14.40376	14.09395	1.02	0.307	-13.21988	42.0274

Tests of endogeneity
Ho: variables are exogenous

Durbin (score) chi2(1) = .019226 (p = 0.8897)
Wu-Hausman F(1,1654) = .019099 (p = 0.8901)

Quelle: Eigene Darstellung.

Tabelle 42: Qualitätsinformation von Plankrankenhäusern und Universitätskliniken: Koeffizienten und Standardfehler der verschiedenen Radien des räumlichen Markts in Deutschland

HHI_j	Strukturqualität	Prozessqualität	Ergebnisqualität	Gesamtes Qualitätsangebot
HHI_5	3.41e-06 (5.35e-06)	6.70e-06 (4.97e-06)	3.17e-05 (2.07e-05)	6.54e-06 (5.12e-06)
HHI_10	1.73e-06 (5.14e-06)	1.48e-06 (4.81e-06)	2.35e-05 (1.91e-05)	3.88e-06 (4.91e-06)
HHI_15	- 5.18e-07 (5.71e-06)	- 9.23e-08 (5.36e-06)	3.08e-05 (2.14e-05)	2.29e-06 (5.46e-06)
HHI_20	- 6.23e-06 (7.42e-06)	- 2.22e-06 (7.02e-06)	4.71e-05 (2.83e-05)	- 6.59e-07 (7.11e-06)
HHI_25	- 5.68e-06 (9.71e-06)	- 7.56e-06 (9.34e-06)	6.05e-05 (3.83e-05)	- 7.82e-07 (9.35e-06)
HHI_30	- 5.40e-06 (1.30e-05)	- 1.78e-05 (1.29e-05)	6.62e-05 (5.36e-05)	- 2.00e-06 (1.26e-05)
HHI_35	- 1.41e-06 (1.58e-05)	1.64e-05 (1.58e-05)	8.27e-05 (6.62e-05)	2.40e-06 (1.53e-05)
HHI_40	- 2.45e-06 (1.90e-05)	- 2.16e-05 (1.93e-05)	1.16e-04 (8.11e-05)	3.05e-06 (1.85e-05)
HHI_45	- 7.93e-06 (2.226e-05)	- 3.43e-05 (2.43e-05)	1.23e-04 (1.03e-04)	- 3.90e-06 (2.23e-05)
HHI_50	- 6.83e-06 (2.44e-05)	- 4.38e-05 (2.74e-05)	1.24e-04 (1.14e-04)	- 4.88e-06 (2.41e-05)

Quelle: Eigene Darstellung.

Tabelle 43: Krankenhauscontrolling in Österreich: Beziehung zwischen dem HHI und den Instrumentvariablen

HHI Quartile	Anzahl Krankenhäuser	HHI Minimum	HHI Maximum	Altenquotient	Bevölkerungsdichte	Verfügbares Einkommen
1	6	402	564	39.38	333.75	20.439.13
2	9	1043	2605	42.22	742.67	20814.33
3	8	2622	4993	42.50	971.00	20885.63
4	8	5011	10000	44.00	1285.75	21130.78

Quelle: Eigene Darstellung.

Tabelle 44: Krankenhauscontrolling in Österreich: Tests auf Über- oder Unteridentifikation der gewählten Modelle

	Ohne Instrumentvariablen		Mit Instrumentvariablen	
	LPM	Poisson	LPM	Poisson
Abhängige Variable	Punktwert = Anzahl angewandter Controllinginstrumente			
R^2/Pseudo R^2	.170	.002	.343	-
Underidentification Test (Kleibergen-Paap LM-Statistik) Chi-sq(3) P-val	- -	- -	9.00 .000	- -
Cragg-Donald Wald F Statistik Stock-Yogo Weak ID Test val. 5% maximal IV relative bias 10% maximal IV size	- - -	- - -	7.80 13.91 9.08	- - -
First Stage F-Statistik	-	-	-	-
Sargan Statistik (Overidentification Test) Chi-sq(2) P-val	- -	- -	.523 .770	- -
Wald Test of Exogeneity	-	-	-	10.45 (.031)

Quelle: Eigene Darstellung.

Tabelle 45: Krankenhauscontrolling in Österreich: Koeffizienten und Standardfehler des HHI_j der verschiedenen Radien des räumlichen Markts

HHI_j	Controllingeinsatz			
	Gesamtheit der Instrumente	Kategorie 1	Kategorie 2	Kategorie 3
HHI_5	1.61e-04 (1.44e-04)	2.33e-04 (2.86e-04)	2.01e-04 (2.25e-04)	- 5.12e-05 (1.04e-04)
HHI_10	1.15e-04 (8.05e-05)	1.28e-04 (9.21e-05)	1.53e-04 (1.22e-04)	- 5.23e-05 (9.71e-05)
HHI_15	1.24e-04 (9.85e-05)	1.33e-04 (1.14e-04)	1.70e-04 (1.62e-04)	- 4.60e-05 (9.53e-05)
HHI_20	5.77e-05 (3.94e-05)	9.03e-05 (5.95e-05)	1.24e-04 (7.52e-05)	- 7.56e-05 (7.98e-05)
HHI_25	2.45e-04 (3.39e-04)	7.11e-05 (.001)	1.10e-04 (.001)	- 6.93e-04 (.001)
HHI_30	- 1.11e-05 (5.64e-05)	2.14e-05 (7.37e-05)	8.66e-05 (1.10e-04)	- 1.26e-04 (1.47e-04)
HHI_35	- 8.21e-05 (8.75e-05)	- 6.02e-05 (1.24e-04)	- 4.45e-05 (1.51e-04)	- 1.74e-05 (2.08e-04)
HHI_40	- 1.96e-04 (1.30e-04)	- 2.20e-04 (1.54e-05)	- 1.90e-04 (1.94e-04)	- 3.48e-04 (2.35e-04)
HHI_45	- 1.52e-04 (2.75e-04)	- .001 (.001)	3.17e-04 (4.99e-04)	- 6.14e-04 (4.06e-04)
HHI_50	- 2.84e-04 (2.35e-04)	- .001 (.001)	- .001 (.001)	- 4.73e-04 (3.10e-04)

Quelle: Eigene Darstellung.

Tabelle 46: Informationsbereitstellung in Österreich: Beziehung zwischen dem HHI und den Instrumentvariablen

HHI Quartile	Anzahl Krankenhäuser	HHI Minimum	HHI Maximum	Lebenserwartung	BIP
1	26	433	1477	80.85	3.04e+08
2	26	1495	2847	81.20	3.08e+08
3	32	3005	5072	81.45	3.33e+08
4	32	5086	10000	81.90	3.48e+08

Quelle: Eigene Darstellung.

Tabelle 47: Informationsbereitstellung in Österreich: Wu-Hausman-Test auf Endogenität

summe	Coef.	Std. Err.	z	P>|z|	[95% Conf. Interval]	
HHI_20	-.0003093	.000852	-0.36	0.717	-.0019792	.0013607
Bettenanzahl	-.0008341	.0012906	-0.65	0.518	-.0033637	.0016955
Oeffentlichkeitsrecht	-3.901771	1.740574	-2.24	0.025	-7.313233	-.490308
Einkommen	-.0005996	.0004803	-1.25	0.212	-.0015409	.0003417
Bevölkerungsdichte	-.0000431	.0003389	-0.13	0.899	-.0007073	.0006212
Altenquotient	.3870276	.2828708	1.37	0.171	-.167389	.9414442
_cons	6.466627	13.61559	0.47	0.635	-20.21944	33.1527

Tests of endogeneity
Ho: variables are exogenous

Durbin (score) chi2(1)   = .247215 (p = 0.6190)
Wu-Hausman F(1,118)   = .231974 (p = 0.6310)

Quelle: Eigene Darstellung.

Tabelle 48: Informationsbereitstellung in Österreich: Koeffizienten und Standardfehler der verschiedenen Radien des räumlichen Markts

HHI_j	Strukturqualität	Prozessqualität	Ergebnisqualität	Gesamtes Qualitätsangebot
HHI_5	2.59e-05 (2.64e-05)	5.39e-06 (4.13e-05)	-.001 (.001)	1.88e-05 (2.77e-05)
HHI_10	7.41e-06 (2.56e-05)	7.46e-06 (3.99e-05)	-.001 (.001)	4.58e-06 (2.69e-05)
HHI_15	7.54e-06 (2.55e-05)	9.61e-06 (3.94e-05)	-.001 (.001)	5.78e-06 (2.67e-05)
HHI_20	6.13e-06 (3.58e-05)	-3.12e-05 (5.57e-05)	2.03e-05 (.001)	-2.51e-06 (3.79e-05)
HHI_25	1.98e-05 (2.57e-05)	2.45e-05 (3.99e-05)	-6.48e-04 (9.10e-04)	1.91e-05 (2.71e-05)
HHI_30	4.80e-05 (4.39e-05)	-1.42e-05 (7.76e-05)	7.00e-05 (.001)	3.71e-05 (4.8e-05)
HHI_35	4.60e-05 (4.67e-05)	-8.28e-05 (9.10e-05)	-.001 (.002)	2.49e-05 (5.12e-05)
HHI_40	8.01e-05 (5.16e-05)	-9.63e-05 (1.08e-04)	-.002 (.003)	5.43e-05 (5.68e-05)
HHI_45	8.36e-05 (7.08e-05)	-1.09e-04 (1.30e-04)	-.002 (.003)	4.87e-05 (7.69e-05)
HHI_50	8.51e-05 (7.13e-05)	-1.25e-04 (1.32e-04)	-1.25e-04 (1.32e-04)	4.75e-05 (7.74e-05)

Quelle: Eigene Darstellung.

Tabelle 49: Krankenhauscontrolling in der Schweiz: Beziehung zwischen dem HHI und den Instrumentvariablen

HHI Quartile	Anzahl Krankenhäuser	HHI Minimum	HHI Maximum	Altenquotient	Bevölkerungsdichte	Verfügbares Einkommen
1	7	944	1062	41.50	1319.43	50666.38
2	7	1296	2877	42.75	1722.29	51000.71
3	8	3416	5697	42.86	1524.13	52085.13
4	8	5749	10000	43.29	3330.88	52561.57

Quelle: Eigene Darstellung.

Tabelle 50: Krankenhauscontrolling in der Schweiz: Tests auf Über- oder Unteridentifikation der gewählten Modelle

	Ohne Instrumentvariablen		Mit Instrumentvariablen	
	LPM	Poisson	LPM	Poisson
Abhängige Variable	Punktwert = Anzahl angewandter Controllinginstrumente			
R^2/Pseudo R^2	.093	.005	.089	-
Underidentification Test (Kleibergen-Paap LM-Statistik)	-	-	8.898	-
Chi-sq(3) P-val	-	-	.0307	-
Cragg-Donald Wald F	-	-	2.952	-
Statistik Stock-Yogo Weak ID Test val.				
5% maximal IV relative bias	-	-	13.91	-
10% maximal IV size	-	-	11.08	-
First Stage F-Statistik	-	-	1.45	-
Sargan Statistik (Overidentification Test)	-	-	1.565	-
Chi-sq(2) P-val	-	-	.4572	-
Wald Test of Exogeneity	-	-	-	11.48 (.020)

(Quelle: Eigene Darstellung).

Tabelle 51: Krankenhauscontrolling in der Schweiz: Koeffizienten und Standardfehler des HHI_j der verschiedenen Radien des räumlichen Markts

HHI_j	Controllingeinsatz			
	Gesamtheit der Instrumente	Kategorie 1	Kategorie 2	Kategorie 3
HHI_5	4.13e-06 (5.28e-06)	4.41e-06 (5.50e-06)	1.75e-05 (8.29e-06)	-1.66e-06 (9.43e-06)
HHI_10	5.11e-06 (6.10e-06)	-3.98e-06 (6.20e-06)	2.15e-05 (9.86e-06)	-1.91e-06 (1.17e-05)
HHI_15	8.96e-06 (9.03e-06)	-3.40e-06 (8.39e-06)	3.25e-05 (1.43e-05)	-1.53e-06 (1.66e-05)
HHI_20	1.39e-05 (1.27e-05)	-9.29e-06 (1.19e-05)	5.18e-05 (2.01e-05)	3.22e-07 (2.33e-05)
HHI_25	2.28e-06 (1.46e-05)	-8.53e-06 (1.71e-05)	3.56e-06 (1.83e-05)	1.61e-05 (3.03e-05)
HHI_30	2.84e-05 (2.48e-05)	-2.76e-05 (2.62e-05)	1.13e-04 (4.20e-05)	3.73e-06 (4.67e-05)
HHI_35	3.48e-05 (3.18e-04)	-4.75e-05 (3.62e-05)	1.46e-04 (5.31e-05)	6.22e-06 (5.94e-05)
HHI_40	5.19e-05) (4.89e-05)	-2.56e-05 (4.93e-05)	1.64e-04 (9.36e-05)	-1.67e-06 (8.76e-05)
HHI_45	8.00e-05 (5.41e-05)	-6.26e-05 (6.30e-05)	1.99e-04 (7.91e-05)	2.34e-05 (7.87e-05)
HHI_50	5.69e-04 (3.99e-05)	-1.03e-04 (1.10e-04)	2.55e-04 (1.11e-04)	5.06e-05 (9.95e-05)

Quelle: Eigene Darstellung.

Tabelle 52: Informationsbereitstellung in der Schweiz: Beziehung zwischen dem HHI und den Instrumentvariablen

HHI Quartile	Anzahl Krankenhäuser	HHI Minimum	HHI Maximum	Lebenserwartung	Bruttoeinnahmen
1	21	944	2140	81.47	1.11e+09
2	21	2185	4338	82.01	1.99e+09
3	22	4445	6074	82.38	2.45e+09
4	22	7058	10000	82.89	2.86e+09

Quelle: Eigene Darstellung.

Tabelle 53: Informationsbereitstellung in Österreich: Wu-Hausman-Test auf Endogenität

summe	Coef.	Std. Err.	z	P>|z|	[95% Conf. Interval]	
HHI_20	.0013784	.0023213	0.59	0.553	-.0031713	.0059282
Privat	6.733618	4.987512	1.35	0.177	-3.041727	16.50896
Planbettenzahl	-.0004876	.0050864	-0.10	0.924	-.0104567	.0094815
Einkommen	-.0000652	.0000871	-0.75	0.454	-.000236	.0001056
Bevölkerungsdichte	.0001988	.0005011	0.40	0.692	-.0007835	.001181
Altenquotient	-.3566573	1.458448	-0.24	0.807	-3.215163	2.501849
_cons	24.2861	54.14541	0.45	0.654	-81.83695	130.4892

Tests of endogeneity
Ho: variables are exogenous

Durbin (score) chi2(1)   = .144653 (p = 0.7037)
Wu-Hausman F(1,78)   = .131418 (p = 0.7179)

Quelle: Eigene Darstellung.

Tabelle 54: Informationsbereitstellung in der Schweiz: Koeffizienten und Standardfehler der verschiedenen Radien des räumlichen Markts

HHI_j	Strukturqualität	Prozessqualität	Ergebnisqualität	Gesamtes Qualitätsangebot
HHI_5	3.29e-05 (3.10e-05)	2.58e-05 (3.06e-05)	3.86e-04 (4.05e-04)	3.17e-05 (2.85e-05)
HHI_10	1.28e-05 (3.16e-05)	-5.63e-06 (3.00e-05)	-6.25e-05 (2.52e-05)	6.86e-06 (2.91e-05)
HHI_15	1.89e-05 (2.90e-05)	2.28e-05 (3.01e-05)	-1.62e-04 (2.40e-04)	1.89e-05 (2.90e-05)
HHI_20	4.44e-05 (7.39e-05)	7.56e-05 (4.85e-05)	-.001 (.001)	5.75e-05 (6.85e-06)
HHI_25	5.03e-05 (4.28e-05)	1.61e-05 (4.24e-05)	-1.64e-04 (3.58e-04)	4.37e-05 (3.96e-05)
HHI_30	3.43e-05 (5.55e-05)	1.07e-04 (5.10e-05)	-3.63e-04 (3.43e-04)	4.52e-05 (5.09e-05)
HHI_35	5.14e-05 (5.29e-05)	8.59e-05 (4.94e-05)	-2.65e-04 (3.29e-04)	5.68e-05 (4.90e-05)
HHI_40	1.96e-05 (6.24e-05)	8.62e-05 (5.49e-05)	2.22e-04 (3.18e-04)	3.42e-05 (5.70e-05)
HHI_45	4.20e-05 (6.78e-05)	1.23e-04 (6.40e-05)	-4.17e-04 (4.03e-04)	5.63e-05 (6.27e-05)
HHI_50	4.44e-05 (7.39e-05)	1.26e-04 (6.87e-05)	-.001 (.001)	5.75e-05 (6.85e-05)

Quelle: Eigene Darstellung.

Literaturverzeichnis

Abbey, Duane C., Prospective Payment Systems, Boca Raton 2012.

Abbott, Laurence, Quality and Competition: An Essay in Economic Theory, New York 1955.

Abshoff, Jürgen, Überlegungen für ein Neuordnung des Krankenhausfinanzierungssystem, in: Das Krankenhaus: Zentralblatt für das deutsche Krankenhauswesen, Bd. 74, 9/1982, S. 366 – 374.

Adam, Hans, Ambulante ärztliche Leistungen und Ärztedichte: Zur These der anbieterinduzierten Nachfrage im Bereich der ambulanten ärztlichen Versorgung, Berlin 1983.

Adam, Dietrich, Einflüsse von Preissystemen auf die Wirtschaftlichkeit von Krankenhäusern, in: Adam, Dietrich/Zweifel, Peter (Hrsg.), Beiträge zur Gesundheitsökonomie: Bd. 9: Preisbildung im Gesundheitswesen, Gerlingen 1985, S. 13 – 69.

Aghte, Klaus, Das Rechnen mit Budgets, in: Bobsin, Robert (Hrsg.), Handbuch der Kostenrechnung, 2. Aufl., München 1974, S. 141 – 191.

Akerlof, George A., The Market for "Lemmons": Quality Uncertainty ans the Market Mechanism, in: The Quarterly Journal of Economics, Vol. 84, 3/1970, S. 488 – 500.

Alber, Jens, Bundesrepublik Deutschland, in: Alber, Jens/-BernardiSchlenkluhn, Brigitte, Westeuropäische Gesundheitssysteme im Vergleich: Bundesrepublik Deutschland, Schweiz, Frankreich, Italien, Großbritannien, Frankfurt am Main 1992, S. 31 - 176.

Albers, Willi, Plädoyer für mehr Markt im Gesundheitswesen, in: Staatswissenschaften und Staatspraxis: rechts-, wirtschafts- und sozialwissenschaftliche Beiträge zum staatlichen Handeln, 4. Jg., 3/1993, S. 431 – 454.

Albrecht, Martin, Qualitätswettbewerb braucht Preiswettbewerb: Gleiche Preise sollten nicht auf Scheinhomogenität beruhen, in: Gesundheit und Gesellschaft: Das AOK-Forum für Politik und Gesellschaft, 9. Jg., 3/2009, S. 23 – 30.

Ambos, Manfred, Einsatz der elektronischen Datenverarbeitung in der Kostenrechnung, in: Bobsin, Robert (Hrsg.), Handbuch der Kostenrechnung, 2. Aufl., München 1974, S. 419 – 545.

Andersen, Hanfried H., Innovative Versorgung im Qualitätswettbewerb: Welche Präferenzen haben die Versicherten der GKV?, in: Sozialer Fortschritt, Jg. 49, 2/3/2000, S. 48 – 56.

Anderson, T. W./Rubin, H., Estimation of the Parameters of a Single Equation in a Complete System of Stochastic Equations, in: Annals of Mathematical Statistics, Vol. 20, 1/1949, S. 46 – 63.

Ansoff, H. Igor/Declerck, Roger P./Hayes, R.L., From Strategic Planning to Strategic Management, in: Ansoff, H. Igor/Declerck, Roger P./Hayes, R.L., From Strategic Planning to Strategic Management, London u. a. 1976, S. 39 – 78.

Arnold, Michael, Humanität contra Kostendämpfung im Krankenhaus?, in: Gronemann, Josef/Keldenich, Klaus, Krankenhausökonomie in Wissenschaft und Praxis: Festschrift für Siegfried Eichhorn, Kulmbach 1988, S. 22 – 29.

Arnold, Michael/Geisbe, Heinrich, Der Patient im Wettbewerb der Krankenhäuser, in: Arnold, Michael/Klauber, Jürgen/Schellschmidt, Henner, Krankenhaus-Report 2002: Schwerpunkt: Krankenhaus im Wettbewerb, Stuttgart 2003, S. 55 – 69.

Arrow, Kenneth J., Uncertainty and the Welfare Economics of Medical Care, The American Economic Review, Vol. 53, 5/1963, S. 941 – 973.

Arrow, Kenneth J., The Economics of Agency, in: Pratt, John W./Zeckhauser, Richard J., Principals and Agents: The Structure of Business, Boston 1985, S. 37 – 51.

Asser, Günter, Der Controller, in: Bobsin, Robert (Hrsg.), Handbuch der Kostenrechnung, 2. Aufl., München 1974, S. 623 – 652.

Augurzky, Boris/Krolop, Sebastian/Hentschker, Corinna/Pilny, Adam/Schmidt, Christoph, (Augurzky et al., 2013), Krankenhaus Rating Report 2013: Krankenhausversorgung zwischen Euro-Krise und Schuldenbremse, Heidelberg 2013.

Baake, Pio/Kuchinke, Björn A./Wey, Christian, Wettbewerb und Wettbewerbsvorschriften im Gesundheitswesen, in: Kuchinke, Björn A./Sundmacher, Torsten/Zerth, Jürgen, Wettbewerb und Gesundheitskapital, DIBOGS-Beiträge zur Gesundheitsökonomie und Sozialpolitik, Ilmenau 2010, S. 10 – 21.

Bailey, Elizabeth E./Baumol, William J., Deregulation and the Theory of Contestable Markets, in: Yale Journal on Regulation, Vol. 1, 2/1984, S. 111 – 137.

Bain, Joe S., Barriers to New Competition: Their Character and Consequences in Manufacturing Industries, Fairfield 1956.

Bain, Joe S., Industrial Organization, 2. Aufl., New York u. a. 1968.

Baker, David W./Einstadter, Doug/Thomas, Charles/Husak, Scott/Gordon, Nahida H./Cebul, Randall D. (Baker et al., 2003), The Effect of Publicly Reporting Hospital Performance on Market Share and Risk-Adjusted Mortality at High-Mortality Hospitals, in: Medical Care, Vol. 41, 6/2003, S. 729 – 740.

Baker, Judith J., Medicare Payment System for Hospital Inpatients: Diagnosis-Related Groups, in: Journal of Hospital Care Finance, Vol. 28, 3/2002, S. 1 – 13.

Baker, Laurence, Measuring Competition in Health Care Markets, in: Health Services Research, Vol. 36, 1/2001, S. 223 – 251.

Baltagi, Badi H., Econometrics, 5. Aufl., Heidelberg u. a. 2011.

Bammel, Erich, Hospital-Fusion als mögliche zukunftsorientierte Krankenhausstrukturen, Vorgaben und Perspektiven aus ärztlicher Sicht, in: Gronemann, Josef/Keldenich, Klaus, Krankenhausökonomie in Wissenschaft und Praxis: Festschrift für Siegfried Eichhorn, Kulmbach 1988, S. 30 – 36.

Bandemer, Stephan von/Kinga, Salewski/Schwanitz, Robert, Quo vadis Krankenhaus: zwischen Systemdienstleister und Feuerwehr, in: Goldschmidt, Andreas J. W. / Hilbert, Josef (Hrsg.), Krankenhausmanagement mit Zukunft: Orientierungswissen und Anregungen von Experten, Stuttgart 2011, S. 27-34.

Bär, Stefan, Das Krankenhaus zwischen ökonomischer und medizinischer Vernunft: Krankenhausmanager und ihre Konzepte, Wiesbaden 2012 (Zugl.: Heidelberg, Univ., Diss., 2011).

Bartling, Hartwig, Wettbewerbliche Ausnahmebereiche: Rechtfertigung und Identifizierung, in: Feldsieper, Manfred/Groß, Richard (Hrsg.), Wirtschaftspolitik in weltoffener Wirtschaft: Festschrift zum siebzigsten Geburtstag von Rudolf Meimberg, Berlin 1983, S. 325 – 346.

Basu, Jayasree/Friedman B., A Reexamination of Distance as a Proxy for Severity of Illness and the Implications for Differences in Utilization by Race/Ethnicity, in: Health Economics, 16/2007, S. 687 – 701.

Bataille, Marc/Coenen, Michael, Aktuelle Änderungen der Krankenhausfinanzierung, in: Kuchinke, Björn A./Sundmacher, Torsten/Zerth, Jürgen, Gesundheitspolitik, Wettbewerb und Gesundheitssystemforschung, DIBOGS-Beiträge zur Gesundheitsökonomie und Sozialpolitik: Gesundheitspolitik, Ilmenau 2009, S. 9 – 23.

Bator, Francis M., The Anatomy of Market Failure, in: The Quarterly Journal of Economics, Vol. 72, 3/1958, S. 351 – 379.

Baugut, Gunar, Entwicklung und Berechnung von Fallpauschalen: Vorschlag der Arbeitsgruppe Entgeltsysteme, in: Arnold, Michael/Pfaffrath, Dieter, Krankenhaus-Report '93: Aktuelle Beiträge, Trends und Statistiken, Stuttgart 1993, S. 65 – 78.

Baum, Heinz-Georg/Coenenberg, Adolf G./Günther, Thomas, Strategisches Controlling, 5. Aufl., Stuttgart 2013.

Baumgarten, Joachim, Wirkungszusammenhänge bei Bau, Planung und Betrieb von Krankenhäusern, in: Gronemann, Josef/Keldenich, Klaus, Krankenhausökonomie in Wissenschaft und Praxis: Festschrift für Siegfried Eichhorn, Kulmbach 1988, S. 48 – 53.

Baumol, William J. (Baumol, 1977a), Economic Theory and Operations Analysis, 4. Auf., London 1977.

Baumol, William J. (Baumol, 1977b), On the Proper Cost Tests for Natural Monopoly in a Multiproduct Industry, in: The American Economic Review, Vol. 67, 5/1977, S. 809 – 822.

Baumol, William J., Contestable Markets, Antitrust, and Regulation, in: The Wharton Magazine, Vol. 7, 1/1982, S. 23 – 30.

Baumol, William J./Panzar, John C./Willig, Robert D., Contestable Markets and the Theory of Industry Structure, San Diego u. a. 1988.

Becker, Andreas/Beck, Udo, Markt- und Konkurrenzanalyse auf der Basis des Qualitätsberichts nach § 137 SGB V, in: Das Krankenhaus, 98. Jg., 3/2006, S. 203 – 209.

Bednarek, Susanne, Einführung der DRGs in der Schweiz: Bedeutung für das Controlling, Hamburg 2009.

Berens, Wolfgang/Lachmann, Maik/Wömpener, Andreas, Der Einsatz von Controllinginstrumenten in Krankenhäusern: Erfolgspotenziale und Status quo, in: Das Gesundheitswesen, 73. Jg., 3/2011, S. 51 – 60.

Berthold, Alfred, Der Wettbewerb unter Krankenversicherungsgesellschaften als Mittel der Kostendämpfung im Gesundheitswesen (Zugl.: Erlangen-Nürnberg, Univ., Diss., 1987).

Beske, F., Das Wesentliche vom Unwesentlichen schneiden, in: f & w, 16. Jg., 3/1999, S. 216 – 221.

Beukers, Puck D. C./Kemp, Ron G. M./Varkevisser, Marco, Patient Hospital Choice for Hip Replacement: Empirical Evidence from the Netherlands, in: European Journal of Health Economics, Vol. 15, 9/2014, S. 927 – 936.

Birnbaum, Dana Sophie, Selektives Kontrahieren vor dem Hintergrund mangelnder Markttransparenz und möglicher Wettbewerbsbeschränkungen, in: Braun, Sebastian, Die Gesundheitsreform 2007: Eine Bewertung aus ökonomischer Sicht, Göttingen 2007, S. 59 – 81.

Blau, Harald, Entwicklung und Reformansätze im Gesundheitswesen, in: Ifo-Schnelldienst, 49. Jg., 17 – 18/1996, S. 26 – 37.

Blum, Karl/Offermanns, Matthias, Mengenentwicklung im Krankenhaus – die Fakten sprechen lassen, in: Das Krankenhaus, 105. Jg., 1/2013, S. 10 – 16.

Blum, Karl/Perner, Patricia, DRG und Krankenhausträgerschaft, in: Güntert, Bernhard J./Thiele, Günter (Hrsg.), DRG nach der Konvergenzphase, Heidelberg u. a. 2008, S. 75 – 98.

Bobsin, Robert, Die Kosten der Unternehmung, in: Bobsin, Robert (Hrsg.), Handbuch der Kostenrechnung, 2. Aufl., München 1974, S. 15 – 62.

Bodemar, Anneliese/Zimmermann, Thomas, Quo vadis, GKV?: Die gesetzlichen Krankenkassen zwischen Solidarität und Wettbewerb, Einheitsversorgung und differenziertem Leistungsangebot, in: Goldschmidt, Andreas J. W./Hilbert, Josef, Gesundheitswirtschaft in Deutschland: die Zukunftsbranche, Wegscheid 2009, S. 424 – 443.

Boetius, Jan, Private Krankenversicherung, Kommentar (mit VVG, VAG, KalV, SGB, Europarecht etc.), München 2010.

Böhm, Karin/Beck, Martin/Klemt, Sandra/Peter, Florian (Böhm et al., 2012), Orientierungswert für Krankenhäuser: Methodische Grundlagen, in: Statistisches Bundesamt, 09/2012, S. 783 – 804.

Bögelein, Margareta, Ordnungspolitische Ausnahmebereiche: Marktwirtschaftliche Legitimation und wirtschaftspolitische Konsequenzen, Wiesbaden 1990 (Zugl.: Bamberg, Univ., Diss., 1990).

Bolles, Wilfried, „Markt" für Krankenhausleistungen: Realität oder Wunschvorstellung?, in: Das Krankenhaus, 86. Jg., 2/1994, S.60-65.

Bölt, Ute/Graf, Thomas, 20 Jahre Krankenhausstatistik, in: Statistisches Bundesamt, Wirtschaft und Statistik, Wiesbaden 2012, S. 112 – 139.

Bömermann, Hartmut, Entwicklung und Bewertung der Krankenhausverweildauer auf Makro- und Mikroebene: Ist der arithmetische Mittelwert ein geeignetes Verweildauermaß?, Berliner Statistik, Monatsschrift 4/2003, S. 145 – 149.

Bönsch, Dietmar J., Sanierung und Privatisierung von Krankenhäusern: Kompakte Leitlinien aus der Praxis für die Praxis, Stuttgart 2009.

Brennenstuhl, Jürgen/Schulz, Manfred, Wettbewerbliche Steuerung als Zukunftschance der GKV: Die betriebliche Krankenversicherung im Spannungsfeld zwischen Staat und Markt, in: Ulrich, Volker/Ried, Walter (Hrsg.), Effizienz, Qualität und Nachhaltigkeit im Gesundheitswesen: Theorie und Politik öffentlichen Handelns, insbesondere in der Krankenversicherung, Festschrift zum 65. Geburtstag von Eberhard Wille, Baden-Baden 2007, S. 295 – 324.

Breßlein, Susann, Kooperation zwischen Gesetzlichen Krankenkassen und Krankenhäusern: Grundsätzliche Perspektiven aus dem Blickwinkel des Krankenhauses, in: Braun, Günther E./Hamm, Michael, Handbuch Krankenhausmanagement: Bausteine für eine moderne Krankenhausführung, Stuttgart 1999, S. 155 – 170.

Breßlein, Susann, Zur Einführung von DRGs an deutschen Krankenhäusern, in: Pflege & Gesellschaft, 6. Jg., 4/2001, S. 147 – 150.

Breyer, Friedrich, Die Nachfrage nach medizinischen Leistungen: Eine empirische Analyse von Daten aus der gesetzlichen Krankenversicherung, Berlin u. a. 1994 (Zugl.: Heidelberg, Univ., Habil., 1983).

Breyer, Friedrich, Krankenhausfinanzierung jenseits des Kostendeckungsprinzips: Die Fallpauschale, in: Arnold, Michael/Pfaffrath, Dieter, Krankenhaus-Report '93: Aktuelle Beiträge, Trends und Statistiken, Stuttgart 1993, S. 31 – 42.

Breyer, Friedrich, Zukunftsperspektiven der Gesundheitssicherung, in: Hauser, Richard, Die Zukunft des Sozialstaats: Jahrestagung des Vereins für Socialpolitik, Gesellschaft für Wirtschafts- und Sozialwissenschaft in Rostock 1998, Berlin 2000, S. 167 – 199.

Breyer, Friedrich/Paffrath, Dieter/Preuß, Wolfgang/Schmidt, Rolf (Breyer et al., 1987), Die Krankenhaus-Kostenfunktion: Der Einfluss von Diagnosespektrum und Bettenauslastung auf die Kosten im Krankenhaus, Bonn 1987.

Breyer, Friedrich/Zweifel, Peter/Kifmann, Mathias, Gesundheitsökonomik, 6. Aufl., Berlin u. a. 2012.

Brink, Hans-Josef, Die Bedeutung der Kostenrechnung für die Steuerung mehrstufiger Unternehmungen (I), in: Der Betrieb, 23. Jg., 18/1970, S. 792 – 797.

Brody, Davis D., The Patient's Role in Clinical Decision-Making, in: Annals of Internal Medicine, Vol. 93, 5/1981, S. 718 – 722.

Brösel, Gerrit/Köditz, Franka/Schmitt, Carsten, Kostenträgerrechnung im Krankenhaus: Anforderungen unter DRG-Bedingungen, in: Controlling & Management, 48. Jg., 4/2004, S. 247-253.

Brück, Gerhard W., Der Wandel der Stellung des Arztes im Einkommensgefüge, Berlin 1974.

Bruckenberger, Ernst, Versorgungsanalyse der deutschen Krankenhäuser, in: Bruckenberger, Ernst/ Klaue, Siegfried/Schwintowski, Hans-Peter, Krankenhausmärkte zwischen Regulierung und Wettbewerb, Berlin u. a. 2006, S. 25 – 103.

Brünner, Björn O., Die Zielgruppe Senioren: Eine interdisziplinäre Analyse der älteren Konsumenten, Frankfurt am Main 1997 (Zugl.: Hamburg, Univ., Diss., 1997).

Bublitz, Thomas, Weiterentwicklung des stationären Sektors aus Sicht der privaten Kliniken, in: Fink, Ulf/Kücking, Monika/Walzik, Eva/Zerth, Jürgen, Solidarität und Effizienz im Gesundheitswesen: Ein Suchprozess, Heidelberg 2014, S. 313 – 320.

Buchholz, Werner, Krankenhäuser im Wettbewerb: Ansätze zur Neuordnung des Krankenhauswesens, Berlin 1983.

Buchholz, Werner, Krankenhäuser im Wettbewerb: Effizienz entscheidet über das Verbleiben am Markt, in: Jeschke, Horst A. (Hrsg.), Krankenhausmanagement zwischen Frustration und Erfolg, Kulmbach 1993, S. 20 – 37.

Bundesamt für Gesundheit, Kennzahlen der Schweizer Spitäler 2012, Bern 2013.

Bundesministerium für Gesundheit (BMG, 2010), Das österreichische LKF-System, Wien 2010. Abrufbar unter:

http://www.bmg.gv.at/cms/home/attachments/1/4/8/CH1164/CMS1098272734729/lkf-broschuere_bmg_2010_nachdruck_2011.pdf

Bundesministerium für Gesundheit (BMG, 2012), Liste der Krankenanstalten in Österreich, Wien 2012. Abrufbar unter: http://www.bmg.gv.at/home/Schwerpunkte/Krankenanstalten/Krankenanstalten_und_selbststaendige_Ambulatorien_in_Oesterreich/Krankenanstalten_in_Oesterreich.

Bundeskartellamt (Bundeskartellamt, 2009a), Beschluss in dem Verwaltungsverfahren Universitätsklinikum Freiburg und dem Herz-Zentrum Bad Krozingen, Aktenzeichen B3 – 174/08, Bonn 2009.

Bundeskartellamt (Bundeskartellamt, 2009b), Beschluss in dem Verwaltungsverfahren Gesundheit Nordhessen Holding AG, Gesundheitsholding Werra-Meißner GmbH und dem Werra-Meißner-Kreis, Aktenzeichen B3 – 215/08, Bonn 2009.

Bundeskartellamt, Beschluss in dem Verwaltungsverfahren Klinikum Worms gGmbH und HDV gemeinnützige GmbH, Aktenzeichen B2 – 43/12, Bonn 2012.

Bundeskartellamt (Bundeskartellamt, 2013a), Beschluss in dem Verwaltungsverfahren Kliniken des Main-Taunus-Kreises GmbH, Klinikum Frankfurt-Höchst GmbH, Main-Taunus-Kreis und der Stadt Frankfurt am Main, Aktenzeichen B3 – 86101 – Fa – 17/13, Bonn 2013.

Bundeskartellamt (Bundeskartellamt, 2013b), Beschluss in dem Verwaltungsverfahren Universitätsklinikum Heidelberg AöR und Kreiskrankenhaus Bergstraße gemeinnützige GmbH, Aktenzeichen B3 – 129/12, Bonn 2013.

Bundesverband Deutscher Unternehmensberater BDU e.V. (BDU, 2006), Controlling: Ein Instrument zur ergebnisorientierten Unternehmenssteuerung und langfristigen Existenzsicherung. Leitfaden für die Controllingpraxis und Unternehmensberatung, 5. Aufl., Berlin 2006.

Calem, Paul S./Rizzo, John A., Competition and Specialization in the Hospital Industry: An Application of Hotelling's Location Model, in: Southern Economic Journal, Vol. 61, 4/1995, S. 1182 – 1198.

Cameron, Colin A./Trivedi, Pravin K., Microeconometrics: Methods and Applications, Cambridge u. a. 2005.

Camp, Robert C., Benchmarking: The Search for Industry Best Practices that Lead to Superior Performance, Milwaukee 1989.

Cansier, Dieter, Marktversagen und staatliche Güterbereitstellung als Merkmale öffentlicher Güter, in: Public Finance, Vol. 27, 4/1972, S. 421 – 437.

Carey, Kathleen/Burgess, James F., On Measuring the Hospital Cost/Quality Trade-off, in: Health Economics, Vol. 8, 6/1999, S. 590 – 520.

Carey, Kathleen/Stefos, Theodore, Controlling for Quality in the Hospital Cost Function, in: Health Care Management Science, 14, /2011, S. 125 – 134.

Carlton, Dennis M./Perloff, Jeffrey M., Modern Industrial Organization, 3. Aufl., Reading u. a. 2000.

Cassel, Dieter, Für Marktsteuerung, gegen Dirigismus im Gesundheitswesen, in: Wirtschaftsdienst: Zeitschrift für Wirtschaftspolitik, Bd. 77, 1/1997, S. 29 – 36.

Cassel, Dieter, Reformoptionen in der Gesetzlicher Krankenversicherung, in: 7. Münsterische Sozialrechtstagung Gesetzliche Krankenversicherung in der Krise: Von der staatlichen Regulierung zur solidarischen Wettbewerbsordnung, 16./17. November 2001 in Münster, Karlsruhe 2002, S. 4 – 30.

Cassel, Dieter, Wettbewerb in der Gesundheitsversorgung: Funktionsbedingungen, Wirkungsweise und Gestaltungsbedarf, in: Arnold, Michael/Klauber, Jürgen/Schellschmidt, Henner, Krankenhaus-Report 2002: Schwerpunkt: Krankenhaus im Wettbewerb, Stuttgart 2003, S. 3 – 20.

Cassel, Dieter, Ordnungspolitische Reformoptionen im deutschen Gesundheitswesen: Wo liegt Toulon, in: Leipold, Helmut/Wentzel, Dirk (Hrsg.), Ordnungsökonomik als aktuelle Herausforderung, Schriften zu Ordnungsfragen der Wirtschaft, Band 78, Stuttgart 2005, S. 244 – 261.

Cassel, Dieter/Jacobs, Klaus, Reformoption Vertragswettbewerb in der gesetzlichen Krankenversicherung, in: Wirtschaftsdienst, Vol. 86, 5/2006, S. 283 – 288.

Cassel, Dieter/Ebsen, Ingwer/Greß, Stefan/Jacobs, Klaus/Schulze, Sabine/Wasem, Jürgen (Cassel et al., 2008a), Weiterentwicklung des Vertragswettbewerbs in der gesetzlichen Krankenversicherung: Vorschläge für kurzfristig umsetzbare Reformschritte, in: Cassel, Dieter/Ebsen, Ingwer/Greß, Stefan/Jacobs, Klaus/Schulze, Sabine/Wasem, Jürgen, Vertragswettbewerb in der GKV: Möglichkeiten und Grenzen vor und nach der Gesundheitsreform der Großen Koalition, Wissenschaftliches Institut der AOK, Bonn 2008, S. 9 – 149.

Cassel, Dieter/Ebsen, Ingwer/Greß, Stefan/Jacobs, Klaus/Schulze, Sabine/Wasem, Jürgen (Cassel et al., 2008b), Nach der Gesundheitsreform der großen Koalition: Vorfahrt für Vertragswettbewerb: Das Potenzial des GKV-WSG für Selektivverträge zwischen Krankenkassen und Leistungserbringern, in: Cassel, Dieter/Ebsen, Ingwer/Greß, Stefan/Jacobs, Klaus/Schulze, Sabine/Wasem, Jürgen, Vertragswettbewerb in der GKV: Möglichkeiten und Grenzen vor und nach der Gesundheitsreform der Großen Koalition, Wissenschaftliches Institut der AOK, Bonn 2008, S. 151 - 224.

Cassel, Dieter/Knappe, Eckhard/Oberender, Peter, Für Marktsteuerung, gegen Dirigismus im Gesundheitswesen, in: Wirtschaftsdienst, 77. Jg., 1/1997, S. 29 – 36.

Chalkley, Martin/Malcomson, James M., Government Purchasing of Health Services, in: Culyer, Anthony J./Newhouse, Joseph P. (Hrsg.), Handbook of Health Economics, Volume 1A, Amsterdam 2000, S. 847 – 890.

Clade, Harald, Freigemeinnützige und private Krankenhäuser: Das Postulat der Pluralität bei gewandelten „Marktbedingungen", in: Gronemann, Josef/Keldenich, Klaus, Krankenhausökonomie in Wissenschaft und Praxis: Festschrift für Siegfried Eichhorn, Kulmbach 1988, S. 104 – 113.

Clade, Harald, Private Krankenhäuser im Wettbewerb: West und Ost, in: Deutsches Ärzteblatt, 88. Jg., 25/26/1991, S. 2268 – 2272.

Cobbers, Birgit, Selektives Kontrahieren in der akut-stationären Versorgung: Möglichkeiten, Probleme und Grenzen, Baden-Baden 2006 (Zugl.: Berlin, Techn. Univ., Diss., 2006).

Coe, Norma B./Zamarro, Gema, Retirement Effects on Health in Europe, in: Journal of Health Economics, Vol. 30, 1/2011, S. 77 – 86.

Coenen, Michael/Haucap, Justus, Krankenkassen und Leistungserbringer als Wettbewerbsakteure, in: Cassel, Dieter/Jacobs, Klaus/Vauth, Christoph/Zerth, Jürgen, Solidarische Wettbewerbsordnung: Genese, Umsetzung und Perspektiven einer Konzeption zur wettbewerblichen Gestaltung der Gesetzlichen Krankenversicherung, Heidelberg 2014, S. 259 – 281.

Coenen, Michael/Haucap, Justus/Herr, Annika, Regionalität: Wettbewerbliche Überlegungen zum Krankenhausmarkt, Düsseldorfer Institut für Wettbewerbsökonomie, Ordnungspolitische Perspektiven, Working Paper Nr. 13, Düsseldorf 2011.

Coenenberg, Adolf G./Fischer, Thomas M./Günther, Thomas, Kostenrechnung und Kostenanalyse, 8. Aufl., Stuttgart 2012.

Cragg, John G./Donald, Stephen G., Testing Identifiability and Specification in Instrument Variable Models, in: Econometric Theory, Vol. 9, 2/1993, S. 222 – 240.

Crasselt, Nils/Heitmann, Christian/Maier, Björn, Controlling im deutschen Krankenhaussektor: Studienergebnisse zum aktuellen Stand und zu Entwicklungstendenzen des Controllings in deutschen Krankenhäusern, Münster 2014.

Culyer, Anthony J., The Nature of the Commodity 'Health Care' and its Efficient Allocation, in: Oxford Economic Papers, New Series, Vol. 23, 2/1971, S. 189 – 211.

Cutler, David M./Huckman, Robert S./Landrum, Mary Beth, The Role of Information in Medical Markets: The Analysis of Publicly Reported Outcomes in Cardia Surgery, in: The American Economic Review, Vol. 94, 2/2004, S. 342 – 346.

Czermin, Günther, Betriebswirtschaft und Kostenrechnung im Rahmen der Unternehmensführung – Aufgabenstellung und Zukunft, in: Bobsin, Robert (Hrsg.), Handbuch der Kostenrechnung, 2. Aufl., München 1974, S. 805 – 827.

Dafny, Leemore/Dranove, David, Do Report Card Tell Consumers Anything The Don't Already Know: The Case of Medicare HMOs, in: The Rand Journal of Economics, Vol. 39, 3/2008, S. 790-821.

Darby, Michael R./Karni Edi, Free Competition and the Optimal Amount of Fraud, in: The Journal of Law & Economics, Vol. 16, 1973, S. 67 – 88.

Dchp/ocp, Investitionsstau bei kommunaler Infrastruktur: Aktueller Handlungsbedarf und langfristige Herausforderung von Städten und Gemeinden, Studie von dchp Consulting und der opc Gruppe, Düsseldorf 2013.

Demsetz, Harold, Information and Efficiency: Another Viewpoint, in: Journal of Law and Economics, Vol. 12, 1/1969, S. 1 – 22.

Demsetz, Harold, The Private Production of Public Goods, in: Journal of Law and Economics, Vol. 13, 2/1970, S. 293 – 306.

Depenheuer, Otto, Staatliche Finanzierung und Planung im Krankenhauswesen: Eine verfassungsrechtliche Studie über die Grenzen sozialstaatlicher Ingerenz gegenüber freigemeinnützigen Krankenhäusern, Berlin 1986 (Zugl.: Bonn, Univ., Diss., 1985).

Deppe, Hand-Ulrich, Die Stellung des Kranken zwischen Patient und Konsument, in: Arbeit und Sozialpolitik, 50. Jg., 7 – 8/1996, S. 51 – 54.

Destatis/Wissenschaftszentrum Berlin für Sozialforschung (Destatis/WZB, 2013), Datenreport 2013: Ein Sozialbericht für die Bundesrepublik Deutschland, Bonn 2013.

Deutsche Krankenhausgesellschaft (DKG, 2010), Bestandsaufnahme zur Krankenhausplanung und Investitionsfinanzierung in den Bundesländern, Anlage zum DKG-Rundschreiben Nr. 275/2010 vom 16.09.2010, Berlin 2010.

Deutscher Bundestag, Gesetzesentwurf der Fraktionen CDU/CSU, SPD und F.D.P.: Entwurf eines Gesetzes zur Sicherung und Strukturverbesserung der gesetzlichen Krankenversicherung (Gesundheits-Strukturgesetz), Drucksache 12/3608, Bonn 1992.

Deutscher Bundestag, Gesetzesentwurf der Fraktionen SPD und Bündnis 90/Die Grünen: Entwurf eines Gesetzes zur Änderung des Krankenhausfinanzierungsgesetzes und der Bundespflegesatzverordnung (DRG-Systemzuschlags-Gesetz), Drucksache 14/5082, Berlin 2001.

Deutscher Bundestag, Gesetzesentwurf der CDU/CSU und SPD: Entwurf eines Gesetzes zur Stärkung des Wettbewerbs in der gesetzlichen Krankenversicherung (GKV-Wettbewerbsstärkungsgesetz – GKV-WSG), Drucksache 16/3100 vom 24.10.2006, Berlin 2006.

Deutscher Bundestag, Gesetzesentwurf eines Gesetzes zum Entwurf eines Gesetzes zum ordnungspolitischen Rahmen der Krankenhausfinanzierung ab dem Jahr 2009 (Krankenhausfinanzierungsreformgesetz – KHRG), Drucksache 16/10807 vom 07.11.2008, Berlin 2008.

Deutscher Bundestag (Deutscher Bundestag, 2015a), Antrag der Abgeordneten Birgit Wöllert, Sabine Zimmermann (Zwickau), Matthias W. Birkwald, Katja Kipping, Azize Tank, Kathrin Vogler, Harald Weinberg, Pia Zimmermann und der Fraktion Die Linke: Wohnortnahe Gesundheitsversorgung durch bedarfsorientierte Planung sichern, Drucksache 18/4187 vom 03.03.2015, Berlin 2015.

Deutscher Bundestag (Deutscher Bundestag, 2015b), Gesetzentwurf der Fraktionen der CDU/CSU und SPD zum Entwurf eines Gesetzes zur Reform der Strukturen der Krankenhausversorgung (Krankenhausstrukturgesetz – KHSG), Drucksache 18/5372 vom 30.06.2015, Berlin 2015.

Dewenter, Ralf/Jaschinski, Thomas/Kuchinke, Björn A., Zwei-Klassen-Medizin und Konzentration auf Krankenhausmärkten: Ergebnisse für Deutschland, in: Kuchinke, Björn A./Sundmacher, Torsten/Zerth, Jürgen, Marktstrukturen und Marktverhalten im deutschen Gesundheitswesen: Die Bereiche Pharma und stationäre Versorgung im Fokus gesundheitsökonomischer Forschung, DIBOGS-Beiträge zur Gesundheitsökonomie und Sozialpolitik, Ilmenau 2011, S. 35 – 50.

Dewenter, Ralf/Jaschinski, Thomas/Kuchinke, Björn A., Hospital Market Concentration and Discrimination of Patients, in: Schmollers Jahrbuch, 3/2013, S. 345 – 374.

Dewenter, Ralf/Kuchinke, Björn A., Information Provision of Orthopedic Acute Care Hospitals in Germany, in: Journal of Business Management and Applied Economics, Vol. 3, 2/2014, S. 1 – 13.

Dietrich, Martin, Qualität, Wirtschaftlichkeit und Erfolg von Krankenhäusern: Analyse der Relevanz marktorientierter Ansätze im Krankenhausmanagement, Wiesbaden 2005, (Zugl.: Diss., Univ., Freiburg 2004).

Dietrich, Martin/Grapp, Oliver, Qualitätsinformationen von Krankenhäusern: Eine Untersuchung ihrer Relevanz und Anforderungen aus Patientensicht, in: Zeitschrift für öffentliche und gemeinwirtschaftliche Unternehmen, 28. Jg., 3/2005, S. 211 – 233.

DKG/GKV/PKV, Kalkulation von Fallkosten: Handbuch zur Anwendung in Krankenhäusern, Düsseldorf 2007.

Donabedian, Avedis, Evaluating the Quality of Medical Care, in: Milbank Memorial Fund Quarterly, Vol. 44, 3/1966, S. 166 – 206.

Donabedian, Avedis, Explorations in Quality Assessment and Monitoring: Vol. I The Definition of Quality and Approaches to its Assessment, Ann Arbor 1980.

Donaldson, Cam/Magnussen, Jon, DRGs: The Road to Hospital Efficiency, in: Health Policy, 12/1992, S. 47 – 64.

Doremus, Harvey D./Michenzi, Elana M., Data Quality: An Illustration of Its Potential Impact upon a Diagnosis-Related Group's Case Mix Index and Reimbursement, in: Medical Care, Vol. 21, 10/1983, S. 1001 – 1010.

Dranove, David, Rate-setting by Diagnosis Related Groups and Hospital Specialization, in: The Rand Journal of Economics, Vol. 18, 3/1987, S. 417 – 427.

Dranove, David/Shanley, Mark/White, William D., Price and Competition in Hospital Markets: The Switch from Patient-Driven to Payer-Driven Competition, in: The Journal of Law and Economics, Vol. 36, 1/1993, S. 179 – 204.

Drucker, Peter F., The Practice of Management, New York u. a. 1954.

Dublin, Louis I./Lotka, Alfred J., The Money Value of a Man, 2. Aufl., New York 1946.

Dumont du Voitel, Reginald J.P., Operationalisierung der Strategischen Planung durch Strategisches Controlling, in: Horváth, Péter (Hrsg.), Strategieunterstützung durch das Controlling: Revolution im Rechnungswesen?, Stuttgart 1990, S. 123 – 145.

Durbin, J., Errors in Variables, in: Review of the International Statistical Institute, Vol. 22, 1/3/1954, S. 23 – 32.

Ebsen, Ingwer, Selektives Kontrahieren in der GKV unter wettbewerbsrechtlichen Gesichtspunkten, in: Wille, Eberhard/Albring, Manfred (Hrsg.), Paradigmenwechsel im Gesundheitswesen durch neue Versorgungsstrukturen?: 8. Bad Orber Gespräche 6. – 8. November 2003, Frankfurt am Main 2004, S. 57 – 79.

Ebsen, Ingwer/Greß, Stefan/Jacobs, Klaus/Szecsenyi, Joachim/Wasem, Jürgen (Ebsen et al., 2003), Vertragswettbewerb in der gesetzlichen Krankenversicherung zur Verbesserung von Qualität und Wirtschaftlichkeit der Gesundheitsversorgung, Gutachten im Auftrag des AOK-Bundesverbands, Berlin 2003.

Ecker, Thomas M., Solidarität unter Managed Care?: Eine austauschtheoretische Analyse der Konsequenzen aus der Einführung von selektivem Kontrahieren für das Auftreten des Phänomens der Risikoselektion in einem solidarischen Krankenversicherungssystem, Bayreuth 2000 (Zugl.: Bayreuth, Univ., Diss., 2000).

Eckhardt-Abdulla, R./Bock, M./Bauer, M., Ermittlung der Patientenzufriedenheit im Krankenhaus: Critical-Incident-Technik oder standardisierter Fragebogen?, in: Der Anästhesist, 57. Jg., 3/2008, S. 275 – 283.

Eichhorn, Siegfried, Krankenhausbetriebslehre: Theorie und Praxis des Krankenhausbetriebes: Band I, 3. Aufl., Stuttgart u. a. 1975.

Eichhorn, Siegfried, Krankenhausbetriebslehre: Theorie und Praxis des Krankenhausbetriebes: Band II, 3. Aufl., Stuttgart u. a. 1976.

Eichhorn, Peter/Greiling, Dorothea, Das Krankenhaus als Unternehmen, in: Arnold, Michael/Klauber, Jürgen/Schellschmidt, Henner, Krankenhaus-Report 2002: Schwerpunkt: Krankenhaus im Wettbewerb, Stuttgart 2003, S. 31 – 41.

Einwag, Matthias, Krankenhauspolitik 2011: Zehn Mythen, die entlarvt werden müssen, in: Das Krankenhaus, 103. Jg., 10/2011, S. 972 – 976.

Elzinga, K. G./Hogarty, T. F., The Problem of Geographic Market Definition in Antimerger Suits, in: Antitrust Bulletin, 1973, S. 45 – 81.

Engels, Wolfram/Gutowski, Armin/Hamm, Walter/Möschel, Wernhard/Stützel, Wolfgang/Weizsäcker, Carl Christian von/Willgerodt, Hans (Engels et al., 1987), Mehr Markt im Gesundheitswesen, Bad Homburg v.d.H. 1987.

Essl, Johann, Das Gesundheitssystem in Österreich, in: KPMG: Gesundheitsbarmeter, 4. Jg., 1/2011, S. 14 – 15.

Eurostat, NACE Rev. 2: Statistische Systematik der Wirtschaftszweige in der Europäischen Gemeinschaft, Methodologies and Working papers, Luxembourg 2008.

Evans, Robert G., Supplier-Induced Demand: Some Empirical Evidence and Implications, in: Perlman, Mark, The Economics of Health and Medical Care, Proceedings of a Conference Held by the International Economic Association at Tokyo, London u. a. 1974, S. 162 – 173.

Feldstein, Martin, Quality Change and the Demand for Hospital Care, in: Econometrica: Journal of the Econometric Society, Vol. 45, 7/1977, S. 1681 – 1702.

Ferrero, Dietrich, Kalkulatorische Kosten: Eine Notwendigkeit zur Kostenkontrolle und Preisfindung, 3. Aufl., Frankfurt am Main 1982.

Fetter, Robert B./Freeman, Jean L., Diagnosis Related Groups: Product Line Management within Hospitals, in: Academy of Management: The Acadamy of Management Review, Vol. 11, 1/1986, S. 41 – 54.

Fischer, Dieter, Marktstruktur und Marktverhalten in der Krankenhauswirtschaft, Spardorf 1988.

Fleßa, Steffen/Ehmke, Britta/Hermann, René, Optimierung des Leistungsprogramms eines Akutkrankenhauses, in: Betriebswirtschaftliche Forschung und Praxis, 6/2006, S. 585 – 599.

Flood, Ann Barry/Scott, Richard/Ewy, Wayne, Does Practice Make Perfect?: Part II: The Relation Between Volume and Outcomes and Other Hospital Characterisics, in: Medical Care, Vol. 22, 2/1984, S. 115 – 124.

Folland, Sherman/Goodman, Allen C./Stano, Miron, The Economics of Health and Health Care, New Jersey 2013.

Frank, Jürgen/Roloff, Otto/Widmaier, Hans Peter, Entscheidungen über öffentliche Güter, in: Jahrbücher für Sozialwissenschaft: Zeitschrift für Wirtschaftswissenschaften, Bd. 24, 1/1973, S. 1- 27.

Franke, Günter, Kalkulatorische Kosten: Ein funktionsgerechter Bestandteil der Kostenrechnung?, in: Die Wirtschaftsprüfung, 29. Jg., 7/1976, S. 185 – 194.

Franz, Dominik/Bunzemeier, Holger/Fiori, Wolfgang/Wenke, Andreas/Helling, Jan/Brüning, Kristina/Hundt, Harald/Helling, Hauke Enno/Roeder, Norbert (Franz et al., 2010a), Die SwissDRGs – Ein Zwischenbericht zur Einführung der fallpauschalierten Spitalfinanzierung auf der Grundlage deutscher DRG-Strukturen (II), in: Das Krankenhaus, 102. Jg., 11/2010, S. 1074 – 1080.

Franz, Dominik/Bunzemeier, Holger/Fiori, Wolfgang/Wenke, Andreas/Helling, Jan/Brüning, Kristina/Hundt, Harald/Helling, Hauke Enno/Roeder, Norbert (Franz et al., 2010b), Die SwissDRGs – Ein Zwischenbericht zur Einführung der fallpauschalierten Spitalfinanzierung auf der Grundlage deutscher DRG-Strukturen (II), in: Das Krankenhaus, 102. Jg., 12/2010, S. 1196 – 1204.

Frech, Henry Edward/Mobley, Lee Rivers, Resolving the Impasse on Hospital Scale Economics: A New Approach, in: Applied Economics, Vol. 27, 3/1995, S. 286 – 296.

Frese, Erich/Heberer, Michael/Hurlebaus, Thomas/Lehmann, Patrick (Frese et al., 2004), „Diagnosis Related Groups" (DRG) und kosteneffiziente Steuerungssysteme im Krankenhaus, in: Zeitschrift für betriebswirtschaftliche Forschung, 56. Jg., 8/2004, S. 737 – 759.

Fried, Hermann/Geppert, Walter, Krankenanstaltenfinanzierung: Strategische Überlegungen aus der Sicht der sozialen Krankenversicherung, in: Zeitschrift für Gemeinwirtschaft, 2. Jg., 3/4/1995, S. 35 – 50.

Fritsch, Michael, Marktversagen und Wirtschaftspolitik: Mikroökonomische Grundlagen staatlichen Handelns, 9. Aufl., München 2014.

Fuchs, Andreas/Möschel, Wernhard, § 19 GWB, in: Immenga, Ulrich/Mestmäcker, Ernst, Joachim, Wettbewerbsrecht, Band 1. EU/Teil 1: Kommentar zum Europäischen Kartellrecht, 5. Aufl., München 2012.

Gabriel, Kurt, Die Abrechnung der Leistung der Unternehmung, in: Bobsin, Robert (Hrsg.), Handbuch der Kostenrechnung, 2. Aufl., München 1974, S. 93 – 139.

Gäfgen, Gérard, Kollektivverhandlungen als konstitutiver Allokationsmechanismus korporatistischer Ordnungen, in: Zeitschrift für Wirtschaftspolitik, 36. Jg., 2/1987, S. 125 – 150.

Garnick, Deborah W./Luft, Harold S./Robinson, James C./Tetreault, J. (Garnick et al., 1987), Appropriate Measures of Hospital Market Areas, in: Health Services Research, 1987, S. 69 – 89.

Gary, Alexander, Konzeptionelle Grundlagen eines marktorientierten strategischen Krankenhauscontrollings: Eine theoretische und empirische Untersuchung, Kassel 2013 (Zugl.: Kassel, Univ., Diss. 2013).

Gaynor, Martin/Anderson, Gerard F., Uncertain Demand the Structure of Hospital Costs, and the Cost of Empty Hospital Beds, in: Journal of Health Economics, Vol. 14, 1995, S. 291 – 317.

Gaynor, Martin/Vogt, William B., Competition among Hospitals, in: RAND Journal of Economics, 4/2003, S. 764 – 785.

Geraedts, Max, Qualitätsberichte deutscher Krankenhäuser und Qualitätsvergleiche von Einrichtungen des Gesundheitswesens aus Versichertensicht, in: Gesundheitsmonitor, 2006, S. 154 – 170.

Geraedts, Max/Cruppé, Werner de, Wahrnehmung und Nutzung von Qualitätsinformationen durch Patienten, in: Klauber, Jürgen/Geraedts, Max/Friedrich, Jörg/ Wasem, Jürgen, Krankenhaus-Report 2011: Schwerpunkt: Qualität durch Wettbewerb, Stuttgart 2011, S. 93 – 104.

Gerberich, Claus W./Silberg, Iris, Benchmarking: Der erfolgreiche Weg zur permanenten Qualitätsverbesserung, in: Meyer, Jürgen (Hrsg.), Benchmarking: Spitzenleistungen durch Lernen von den Besten, Stuttgart 1996, S. 97-148.

Gerdelmann, Werner, Auswirkungen von Vertragswettbewerb auf die Krankenhäuser, in: Wille, Eberhard/Albring, Manfred (Hrsg.), Paradigmenwechsel im Gesundheitswesen durch neue Versorgungsstrukturen?: 8. Bad Orber Gespräche 6. – 8. November 2003, Frankfurt am Main 2004, S. 133 – 141.

Gerlinger, Thomas, Vom korporatistischen zum wettbewerblichen Ordnungsmodell? Über Kontinuität und Wandel politischer Steuerung im Gesundheitswesen, in: Gellner/Winand, Gellner/Schön, Markus, Paradigmenwechsel in der Gesundheitspolitik, Baden-Baden 2002, S. 123 – 152.

Gerdtham, Ulf-G./Löthgren, Mickael/Tambour, Magnus/Rehnberg (Gerdtham et al.,1999), Clas, Internal Markets and Health Care Efficiency: A Multiple-Output Stochastic Frontier Analysis, in: Health Economics, Vol. 8, 2/1999, S. 151 – 164.

Gesundheit Österreich GmbH, Österreichischer Strukturplan Gesundheit 2012: Inklusive Großgeräte, gemäß Beschluss der Bundesgesundheitskommission vom 23.November 2012 inkl. aktualisiertes Kapitel zur Rehabilitation gemäß Beschluss der B-ZK vom 28. Juni 2013, Wien 2012.

Gill, Liz/White, Lesley, A Critical Review of Patient Satisfaction, in: Leadership in Health Services, Vol. 22, 1/2009, S. 8 – 19.

Ginsburg, Paul B./Hammons, Glenn T., Competition and the Quality of Care: The Importance of Information, in: Inquiry, Vol. 25, 1/1988, S. 108 – 115.

Glaeske, Gerd, Strukturverträge und Modellvorhaben: Neue Tätigkeitsfelder für die GKV, in: Wille, Eberhard/Albring, Manfred (Hrsg.), Reformoptionen im Gesundheitswesen: Bad Orber Gespräche über kontroverse Themen im Gesundheitswesen 7.-8.11.1997, Frankfurt am Main 1998, S. 94 – 124.

Glasmacher, Christian J.A., Statische Preisentscheidungen im Rahmen eines wettbewerbsorientierten Krankenhausfinanzierungssystems: Eine Untersuchung vor dem Hintergrund des Gesundheitsstrukturgesetzes von 1993 und der Bundespflegesatzverordnung 1995, Frankfurt am Main 1996 (Zugl.: Siegen., Univ., Diss. 1996).

Göbel, Thomas/Wolff, Johannes, Direktverträge für stationäre Leistungen – Chance für mehr Qualität und Wirtschaftlichkeit im Krankenhaussektor, in: Klauber, Jürgen/Geraedts, Max/Friedrich, Jörg/ Wasem, Jürgen, Krankenhaus-Report 2012: Schwerpunkt: Regionalität, Stuttgart 2012, S. 123 – 147.

Goldfarb, Marsha G./Coffey, Rosanna M., Change in the Medicare Case-Mix Index in the 1980s and the Effect of the Prospective Payment System, in: Health Service Research, Vol. 27, 3/1992, S. 385 – 415.

Götting, Horst-Peter, § 19 GWB, in: Loewenheim, Ulrich/Meessen, Karl M./Riesenkampff, Alexander, Kartellrecht: Kommentar, München 2009.

Götze, Uwe, Kostenrechnung und Kostenmanagement, 6. Aufl., Berlin 2010.

Götze, Ralf/Cacace, Mirella/ Rothgang, Heinz, Von der Risiko- zur Anbieterselektion: Eigendynamiken wettbewerblicher Reformen in Gesundheitssystemen des Sozialversicherungstyps, in: Zeitschrift für Sozialreform, Bd. 55, 2/2009, S. 149 – 175.

Graevenitz, Hans von/Würgler, Andreas, Langfristige Strukturveränderungen: Geschäftspolitische Rahmendaten, in: Töpfer, Armin/Afheldt, Heik, Praxis der strategischen Unternehmensplanung, Frankfurt am Main 1983, S. 107 – 124.

Graumann, Matthias/Schmidt-Graumann, Anke, Rechnungslegung und Finanzierung der Krankenhäuser: Leitfaden für Rechnungslegung, Prüfung und Beratung, 2. Aufl., Herne 2011.

Greene, William H., Econometric Analysis, 7. Aufl., Boston u. a. 2012.

Greiling, Michael/Muszynski, Theresa, Strategisches Management im Krankenhaus: Methoden und Techniken zur Umsetzung in der Praxis, 2. Aufl., Stuttgart 2008.

Groll, Karl-Heinz, Erfolgssicherung durch Kennzahlensysteme, 4. Aufl., Freiburg im Breisgau 1991.

Grossman, Sanford J./Hart, Oliver D., An Analysis of the Principal-Agent Problem, in: Econometrica, Vol. 51, 1/1983, S. 7 – 45.

Grupp, Rudolf, Gesundheitsstrukturgesetz 1993 – Abschied vom Selbstkostendeckungsprinzip, in: Arnold, Michael/Pfaffrath, Dieter, Krankenhaus-Report '93: Aktuelle Beiträge, Trends und Statistiken, Stuttgart 1993, S. 1 – 16.

Güntert, Bernhard/Klein, Patricia/Kriegel, Johannes, Fallpauschalierte Entgeltsysteme im Krankenhauswesen – Ein Vergleich von LKF und G-DRG, in: Wirtschaftspolitische Blätter, 4/2005, S. 515 – 525.

Gutenberg, Erich, Einführung in die Betriebswirtschaftslehre, Wiesbaden 1958.

Hahn, Dietger/Hungenberg, Harald, PuK: Planung und Kontrolle, Planungs- und Kontrollsysteme, Planungs- und Kontrollrechnung: Wertorientierte Controllingkonzepte, Wiesbaden 2001.

Hall, Alastair R./Rudebusch, Glenn D./Wilcox, David W., Judging Instrument Relevance in Instrumental Variables Estimation, in: International Economic Review, Vol. 37, 2/1996, S. 283 – 298.

Hamm, Walter, Ordnungspolitische Ursachen des Staatsversagens, in: Leipold, Helmut/Wentzel, Dirk (Hrsg.), Ordnungsökonomik als aktuelle Herausforderung, Schriften zu Ordnungsfragen der Wirtschaft, Bd. 78, Stuttgart 2005, S. 195 – 209.

Hansmeyer, Karl-Heinrich,/Henke, Klaus-Dirk, Zur zukünftigen Finanzierung von Krankenhausinvestitionen, Technische Universität Berlin, Diskussionspapier 1997/15, Berlin 1997.

Hasenack, Wilhelm, Kostenrechnung als ein Hilfsmittel der Unternehmensführung: Zugleich eine Besprechung eines Werkes von Fritz Henzel, in: Betriebswirtschaftliche Führung und Praxis, 19. Jg., 3/1967, S. 168 – 173.

Hauke, Eugen/Holzer, Elke/Lavaulx-Vrecourt, Raoul/Reich, Martin (Hauke et al., 2009), Stand des Controlling in Österreichs Krankenanstalten: Ergebnisse einer empirischen Studie, in: Controller-Magazin, 34. Jg., 5/2009, S. 42-52.

Hausman, Jerry A., Specification Tests in Econometrics, in: Econometrica, Vol. 46, 6/1978, S. 1251 – 1271.

Hausman, Jerry A./ Taylor, William E., Comparing Specification Tests and Classical Tests, Working Paper, No. 266, Department of Economics, Massachusetts Institute of Technology, Cambridge 1980.

Hausman, Jerry A./ Taylor, William E., Panel Data and Unobservable Individual Effects, in: Econometrica, Vol. 49, 6/1981, S. 1277 – 1398.

Hayek, Friedrich a. von, Der Wettbewerb als Entdeckungsverfahren, Kieler Vorträge gehalten im Institut für Weltwirtschaft an der Universität Kiel, Kiel 1968.

Heimig, Frank, Wissen teilen – Chancen nutzen, in: SwissDRG, Newsletter: Informationen zum Verein und Projekt SwissDRG, 1/2006, S. 2 – 3.

Henke, Klaus-Dirk/Berhanu, Samuel/Mackenthun, Birgit, Die Zukunft der Gemeinnützigkeit von Krankenhäusern, Working Paper Nr. 2003/14, Technische Universität Berlin, Fakultät für Wirtschaft und Management, Berlin 2003.

Henke, Klaus-Dirk/Richter, Wolfram F., Wettbewerbliche Ordnungsdefizite in der Gesetzlichen Krankenversicherung, in: ifo-Schnelldienst, 66. Jg., 4/2013, S. 15 – 21.

Hensen, Peter/Wollert, Silke/Bunzemeier, Holger/Fürstenberg, Torsten/Schwarz, Thomas/Luger, Thomas/Roeder, Norbert (Hensen et al., 2003), Handlungsbedarf durch die DRG-Einführung: Vorbereitung auf den Wettbewerb, in: Das Krankenhaus, 95. Jg., 5/2003, S. 381 – 386.

Hentze, Joachim/Kehres Erich, Kosten- und Leistungsrechnung in Krankenhäusern: Systematische Einführung, 5. Aufl. Stuttgart 2008.

Herder-Dorneich, Philipp, Gesundheitsökonomik: Systemsteuerung und Ordnungspolitik im Gesundheitswesen, Stuttgart 1980.

Herder-Dorneich, Philipp, Gesetzliche Krankenversicherung heute: Erfahrungen aus der Kostenexplosion und Steueraufgaben in den 80er Jahren, Köln 1983.

Herder-Dorneich, Philipp, Ordnungspolitik im Gesundheitswesen: Zwischen Utopie und Pragmatik, in: Bundesarbeitsblatt, 35. Jg., 12/1984, S. 5 – 8.

Herder-Dorneich, Philipp, Zwang in der Beziehung zwischen Arzt und Patient, in: Gronemann, Josef/Keldenich, Klaus, Krankenhausökonomie in Wissenschaft und Praxis: Festschrift für Siegfried Eichhorn, Kulmbach 1988, S. 206 – 210.

Herder-Dorneich, Philipp, Ökonomische Theorie des Gesundheitswesens: Problemgeschichte, Problembereiche, Theoretische Grundlagen, Baden-Baden 1994.

Herder-Dorneich, Philipp/Wasem, Jürgen, Krankenhausökonomik zwischen Humanität und Wirtschaftlichkeit, Baden-Baden 1986.

Herdzina, Klaus, Wettbewerbspolitik, 5. Aufl., Stuttgart u. a. 1999.

Heß, Werner, Krankenhäuser im Spannungsfeld zwischen Reformdruck und Finanznot, Working Paper Nr. 49, Economic Research Allianz Group, Dresdner Bank, Frankfurt am Main 2005.

Hilbert, Josef/Evans, Michaela/Windisch, Delia, Krankenhäuser im Wandel: Herausforderungen, Baustellen, Chancen im Überblick, in: Goldschmidt, Andreas J.W./Hilbert, Josef, Krankenhausmanagement mit Zukunft: Orientierungswissen und Anregungen von Experten, Stuttgart u. a. 2011, S. 9 – 26.

Hildebrand, R., Wer die Zukunft für sich gewinnen will, muß alle Regeln hinterfragen, in: f&w, 16. Jg., 4/1999, S. 339 – 342.

Hilgers, Sina, DRG-Vergütung in deutschen Krankenhäusern: Auswirkungen auf Verweildauer und Behandlungsqualität, Wiesbaden 2011 (Zugl.: Aachen, RWTH Aachen Univ., Diss., 2011).

Hilmer, Christiana E./Hilmer, Michael J., Practical Econometrics: Data Collection, Analysis, and Application, New York 2014.

Hoffmann, Hermann, Erweiterte Aufgaben des Krankenhausarztes im Rahmen der „Wirtschaftlichkeit" des Krankenhauses, in: Gronemann, Josef/Keldenich, Klaus, Krankenhausökonomie in Wissenschaft und Praxis: Festschrift für Siegfried Eichhorn, Kulmbach 1988, S. 211 – 218.

Hoffmann, Jörg, Die Konkurrenz: Erkenntnisse für die strategische Führung und Planung, in: Töpfer, Armin/Afheldt, Heik, Praxis der strategischen Unternehmensplanung, Frankfurt am Main 1983, S. 183 – 205.

Hofmann, Rolf, Kostenrechnung und Preisbildung, in: Wirtschaftsdienst: Zeitschrift für Wirtschaftspolitik, 47. Jg., 5/1967, S. 263 – 266.

Hofmann, Rolf, Bilanzkennzahlen: Industrielle Bilanzanalyse und Bilanzkritik, 4. Aufl., Wiesbaden 1977.

Hofmarcher, Maria M./Rack, Herta M., Gesundheitssysteme im Wandel: Österreich, Kopenhagen 2006.

Höhn, Siegfried, Operatives und strategisches Controlling: Umsetzung strategischer Pläne in operativer Führungsvorhaben, in: Probst, Gilbert J. B./Delhees, Karl Heinz, Controlling und Unternehmungsführung: gewidmet Prof. Dr. Hans Siegwart zum 60. Geburtstag, Bern u. a. 1985, S. 41 – 51.

Holzer, Elke/Reich, Martin/Hauke, Eugen, Bestandsaufnahme, Analyse, in: Holzer, Elke/Reich, Martin/Hauke, Eugen (Hrsg.), Controlling: Ein Managementinstrument für die erfolgreiche Steuerung von Gesundheitsbetrieben, Wien 2010, S. 27 – 52.

Hoppmann, Erich, Das Konzept der optimalen Wettbewerbsintensität: Rivalität oder Freiheit des Wettbewerbs: Zum Problem eines wettbewerbspolitisch adäquaten Ansatzes der Wettbewerbstheorie, in: Jahrbücher für Nationalökonomie und Statistik, Bd. 179, 4/1966, S. 286 – 323.

Horn, Susan D., Measuring Severity of Illness: Comparisons Across Institutions, in: American Journal of Public Health, 1/1983, S. 25 – 31.

Horn, Susan D./Sharkey, Phoebe D./Bertram, Dennis A., Measuring Severity of Illness: Homogeneous Case Mix Groups, in: Medical Care, Vol. 21, 1/1983, S. 14 – 30.

Horngren, Charles T., Accounting for Management Control: An Introduction, 2. Aufl., New Jersey 1974.

Horsch, Jürgen, Klassische und neue Methoden in der Unternehmenspraxis, 2. Aufl., Wiesbaden 2015.

Horstmann, Hans Eckhard/Johnssen, Wolf, Einige Aspekte der strategischen Planung, in: Töpfer, Armin/Afheldt, Heik, Praxis der strategischen Unternehmensplanung, Frankfurt am Main 1983, S. 231 – 245.

Horváth, Péter, Aufgaben und Instrumente des Controlling, in: Goetzke, Wolfgang/Bruchhäuser, Klaus (Hrsg.), Bericht von der 4. Kölner BfuP-Tagung am 22. Und 23. Mai 1978 in Köln, Köln 1979, S. 27 – 57.

Horváth, Péter, Entwicklungstendenzen im Controlling: Strategisches Controlling: Rühli/Thommen, Jean-Paul (Hrsg.), Unternehmensführung aus finanz- und bankwirtschaftlicher Sicht: Bericht von der wissenschaftlichen Tagung des Verbands der Hochschullehrer für Betriebswirtschaft e.V.; Bericht über die Tagung in Zürich, Mai 1980, Stuttgart 1981, S. 397 – 415.

Horváth, Péter, Controlling: Damit der Erfolg planbar ist, in: Fortschrittliche Betriebsführung und Industrial Engineering, 36. Jg., 1/1987, S. 37 – 40.

Horváth, Péter, Revolution im Rechnungswesen: Strategisches Kostenmanagement, in: Horváth, Péter (Hrsg.), Strategieunterstützung durch das Controlling: Revolution im Rechnungswesen?, Stuttgart 1990, S. 175 – 193.

Horváth, Péter, Controlling: Von der Kostenkontrolle zur strategischen Steuerung, in: Gaugler, Eduard (Hrsg.), Entwicklungen der Betriebswirtschaftslehre: 100 Jahre Fachdisziplin – zugleich eine Verlagsgeschichte, Stuttgart 2002, S. 325 – 354.

Horváth, Péter, Herausforderungen an das Controlling bei der Strategieumsetzung, in: Reimer, Marko/Fiege, Stefanie, Perspektiven des Strategischen Controllings, Festschrift für Professor Dr. Ulrich Krystek, Wiesbaden 2009, S. 19 – 31.

Horváth, Péter/Seidenschwarz, Werner, Controlling, in: Pieper, Rüdiger/Richter, Knut, Management, Berlin 1990, S. 116 – 157.

Hsiao, Cheng, Analysis of Panel Data, 2. Aufl., Cambridge u. a. 2003.

Hughes, Robert G./Hunt, Sandra S./Luft, Harold S., Effects of Surgeon Volume and Hospital Volume on Quality of Care in Hospitals, in: Medical Care, Vol. 25, 6/1987, S. 489 – 503.

Hunger, Norbert, Die Kostenkomponenten bei der Wirtschaftlichkeitsberechnung für Investitionen, in: Bobsin, Robert (Hrsg.), Handbuch der Kostenrechnung, 2. Aufl., München 1974, S. 293 – 317.

Hunger, Norbert/Latteyer, Dieter, Betriebswirtschaftliche Kennzahlen, in: Bobsin, Robert (Hrsg.), Handbuch der Kostenrechnung, 2. Aufl., München 1974, S. 695 – 721.

Hurley, Jeremiah, An Overview of the Normative Economics of the Health Sector, in: Culyer, Anthony J./Newhouse, Joseph P. (Hrsg.), Handbook of Health Economics, Volume 1A, Amsterdam 2000, S. 55 – 120.

Imdahl, Horst, Wahlleistungen im Krankenhaus: in: Arnold, Michael/Pfaffrath, Dieter, Krankenhaus-Report '93: Aktuelle Beiträge, Trends und Statistiken, Stuttgart 1993, S. 111 – 123.

Imdahl, Horst, Auswirkungen des GSG auf die Krankenhäuser, in: Arnold, Michael/Paffrath, Dieter, Krankenhaus-Report '94: Schwerpunkt: Krankhaus im Umbruch, Stuttgart 1994, S. 85 – 95.

Indra, Peter/Januth, Reto/Cueni, Stephan, Krankenversicherung, in: Kocher, Gerhard/Oggier, Willy (Hrsg.), Gesundheitswesen Schweiz 2010 – 2012: Eine aktuelle Übersicht, 4. Auf., Bern 2010, S. 177 – 196.

InEK, Abschlussbericht: Weiterentwicklung des Systems für das Jahr 2014, Klassifikation, Katalog und Bewertungsrelationen, Teil I Projektbericht, Siegburg 2013.

Initiative D21 e.V., D21 – Digital – Index 2014: Die Entwicklung der digitalen Gesellschaft in Deutschland: Eine Studie der Initiative D21, durchgeführt von TNS Infratest, Berlin 2014.

Isaacs, Nathan, On Agents and „Agencies", in: Harvard Business Review, Vol. 3, 3/1924, S. 265 – 274.

Jelastopulu, Eleni/Arnold, Michael, Stationäre Versorgung im Internationalen Vergleich, in: Arnold, Michael/Paffrath, Dieter, Krankenhaus-Report '94: Aktuelle Beiträge, Trends und Statistiken, Stuttgart u.a. 1994, S. 19 – 37.

Jensen, Michael C./Meckling, William H., Theory of the Firm: Managerial Behavior, Agency Costs and Ownership Structure, in: Journal of Financial Economics, Vol. 4, 3/1976, S. 305 – 360.

Johnson, J., Kostenfunktionen: Zur Theorie der Kostenrechnung, in: Zeitschrift für das gesamte Rechnungswesen, 14. Jg., 2/1968, S. 43 – 44.

Jöhr, Walter Adolf, Die kollektive Selbstschädigung durch Verfolgung des eigenen Vorteils, in: Neumark, Fritz/Thalheim, Karl C./Hölzer, Heinrich, Wettbewerb, Konzentration und wirtschaftliche Macht: Festschrift für Helmut Arndt zum 65. Geburtstag, Berlin 1976, S. 127 – 159.

Joskow, Paul L., The Effects of Competition and Regulation on Hospital Bed Supply and the Reservation Quality of the Hospital, in: The Bell Journal of Economics, Vol. 11, 2/1980, S. 421 – 447.

Joskow, Paul L., Controlling Hospital Costs: The Role of Government Regulation, Cambridge u. a. 1984.

Kalenberg, Frank Kostenrechnung: Grundlagen und Anwendungen, 3. Aufl., München 2013.

Kallfass, Hermann H., Großunternehmen und Effizienz, Göttingen 1990.

Kallfass, Hermann H., Wettbewerb auf Märkten für Krankenhausdienstleistungen – eine kritische Bestandsaufnahme, Technische Universität Ilmenau, Diskussionspapier Nr. 39, Ilmenau 2004.

Kaltefeiter, Werner, Kann das Krankenhaussystem marktwirtschaftlich organisiert werden?, in: Orientierungen zur Wirtschafts- und Gesellschaftspolitik, 62. Jg., 4/1994, S. 29 – 34.

Kaltenbach, Tobias, Qualitätsdefinition im Krankenhaus: Ein Beitrag zum Qualitätsverständnis, in: Zeitschrift für öffentliche und gemeinwirtschaftliche Unternehmen, 14. Jg., 4/1991, S. 442 – 450.

Kaschny, Martin, Eintrittsbarrieren und Eintrittsverhalten im Markt für Krankenhausdienste: Eine empirisch-experimentelle Untersuchung unter besonderer Berücksichtigung der Verhinderung privaten Angebots, Lohmar u. a. 1998 (Zugl.: Köln, Univ., Diss., 1997).

Keisers, Joachim, Einführung in die Krankenhausbetriebslehre: Ein Leitfaden für Krankenpflegepersonal, Ärzte und Verwaltungsangestellte, 4. Aufl., Hagen 1993.

Kellinghusen, Georg/Wübbenhorst, Klaus L., Strategisches Controlling: Überwindung der Lücke zwischen operativem und strategischem Management, in: Die Betriebswirtschaft, 49. Jg., 6/1989, S. 709 – 716.

Keßel, Sebastian Christian, Loyalitätswettbewerb in der Patientenversorgung: Wahrgenommene Dienstleistungsqualität als Determinante der Patientenloyalität, Wiesbaden 2014 (Zugl.: Marburg, Univ., Diss., 2014).

Kessler, Daniel P./McClellan, Mark B., Is Hospital Competition Socially Wasteful?, in: The Quarterly Journal of Economics, Vol. 115, 2/2000, S. 577 – 615.

Keun, Friedrich/Prott, Roswitha, Einführung in die Krankenhaus-Kostenrechnung: Anpassung an neue Rahmenbedingungen, 7. Auf., Wiesbaden 2008.

Kilger, Wolfgang, Die Entstehung und Weiterentwicklung der Grenzplankostenrechnung als entscheidungsorientiertes System der Kostenrechnung, in: Jacob, Herbert, Neuere Entwicklungen in der Kostenrechnung (I), Wiesbaden 1976, S. 9 – 39.

Klaue, Siegfried, Krankenhäuser und Wettbewerb, in: Bruckenberger, Ernst/ Klaue, Siegfried/Schwintowski, Hans-Peter, Krankenhausmärkte zwischen Regulierung und Wettbewerb, Berlin u. a. 2006, S. 1 – 23.

Kleibergen, Frank/Kleijn, Richard/Paap, Richard, The Bayesian Score Statistic, Discussion Paper No. 035/4, Tinbergen Institute, Amsterdam u. a. 2000.

Kleibergen, Frank/Paap, Richard, Generalized Reduced Rank Tests using the Singular Value Decomposition, Discussion Paper No. 003, Tinbergen Institute, Amsterdam u. a. 2003.

Klinge, Karl-August, Betriebsanalyse durch Kostenrechnung, in: Zeitschrift für das gesamte Kreditwesen, 20. Jg., 1/1967, S. 22 – 25.

Klusen, Norbert, Das Gesundheitssystem braucht mehr Wettbewerb, in: Wirtschaftsdienst, Vol. 86, 5/2006, S. 295 – 298.

Knieps, Franz, Vertragswettbewerb, in: Wille, Eberhard/Albring, Manfred (Hrsg.), Paradigmenwechsel im Gesundheitswesen durch neue Versorgungsstrukturen?: 8. Bad Orber Gespräche 6. – 8. November 2003, Frankfurt am Main 2004, S. 121 – 123.

Knieps, Franz, Das Gesundheitswesen im Spannungsfeld von Solidarität und Wettbewerb, in: Oberender, Peter (Hrsg.), Wettbewerb im Gesundheitswesen, Schriften des Vereins für Socialpolitik, Band 327, Berlin 2010, S. 23 – 33.

Knieps, Franz, Der Wettbewerb im Gesundheitswesen und seine Ordnung: Erinnerungen an das „ochsenblutrote" Papier der Spitzenverbände der Krankenkassen zur solidarischen Wettbewerbsordnung, in: Fink, Ulf/Kücking, Monika/Walzik, Eva/Zerth, Jürgen, Solidarität und Effizienz im Gesundheitswesen: Ein Suchprozess, Heidelberg 2014, S. 19 – 26.

Knieps, Günter, Wettbewerbsökonomie: Regulierungstheorie, Industrieökonomie, Wettbewerbspolitik, 3. Aufl., Berlin u. a. 2008.

Knieps, Günter/Müller, Jürgen/Weizsäcker, Carl Christian von, Wettbewerb im Fernmeldebereich, in: Issing, Otmar (Hrsg.), Zukunftsprobleme der sozialen Marktwirtschaft: Verhandlungen auf der Jahrestagung des Vereins für Socialpolitik, Gesellschaft für Wirtschafts- und Sozialwissenschaften in Nürnberg 1980, Berlin 1981, S. 345 – 365.

Knorr, Gerhard, Probleme der Grundversorgungskrankenhäuser im DRG-System: Spezialisierung als Ausweg?, in: Das Krankenhaus, 95. Jg., 9/2003, S. 679 – 682.

Koalitionsvertrag zwischen CDU, CSU und SPD vom 11.11. 2005, Gemeinsam für Deutschland – Mit Mut und Menschlichkeit, 16. Legislaturperiode Berlin 2005.

Koalitionsvertrag zwischen CDU, CSU und SPD vom 16.12.2013, Deutschlands Zukunft gestalten, 18. Legislaturperiode, Berlin 2013.

Kobel, Conrad/Pfeiffer, Karl-Peter, Financing Inpatient Health Care in Austria, in: Euro Observer: The Health Policy Bulletin of the European Observatory on Health Systems and Policies, 11. Jg., 4/2009, S. 7 – 8.

Koch, Heinz Joachim, Krankenhausökonomie: Ansätze und Ergebnisse einer Betriebswirtschaftslehre für Krankenhäuser, zugleich eine Würdigung des wissenschaftlichen Werkes Siegfried Eichhorns, in: Gronemann, Josef/Keldenich, Klaus, Krankenhausökonomie in Wissenschaft und Praxis: Festschrift für Siegfried Eichhorn, Kulmbach 1988, S. 11 – 14.

Koch, Joachim, Betriebswirtschaftliches Kosten- und Leistungscontrolling in Krankenhaus und Pflege, 2. Aufl., München 2004.

Kölbel, Peter, Kostenrechnung und Gewinnsteuerung, in: Bobsin, Robert, Handbuch der Kostenrechnung, 2. Aufl., München 1974, S. 593 – 621.

Kölking, Heinz, Strukturelle Auswirkungen des DRG-Systems im Krankenhaus, in: Kölking, Heinz, DRG und Strukturwandel in der Gesundheitswirtschaft, Stuttgart 2007, S. 35 – 57.

Kopetsch, Thomas, Krankenhausfinanzierung: Eine grundsätzliche Betrachtung, in: Sozialer Fortschritt: unabhängige Zeitschrift für Sozialpolitik, 45. Jg., 9/1996, S. 208 – 214.

Koppe, Karl/Bethge, Susanne/Mühlbacher, Axel C., Präferenzmessung im Krankenhaus: Wissen, was den Patienten wirklich wichtig ist, in: Gesundheitsökonomie & Qualitätsmanagement, 17. Jg., 3/2012, S. 138 – 143.

Kreps, David M., A Course in Microeconomic Theory, Harlow u. a. 1990.

Kristensen, Troels/Olsen, Kim Rose/Kilsmark, Jannie/Pedersen Kjeld Moeller (Kristensen et al., 2008), Economies of Scale and Optimal Size of Hospitals: Empirical Results for Danish Public Hospitals, Working Paper, University of Southern Denmark, Odense 2008.

Kruse, Jörn, Ökonomie der Monopolregulierung, Göttingen 1985 (Zugl.: Hamburg, Univ., Habil., 1985).

Kruse, Udo/Kruse, Silke, Braucht die gesetzliche Krankenversicherung „mehr Markt" und „mehr Eigenverantwortung"?, in: Gesundheits- und Sozialpolitik, 60. Jg., 3-4/2006, S. 48 – 56.

Kuchinke, Björn A., Sind vor- und vollstationäre Krankenhausleistungen Vertrauensgüter?: Eine Analyse von Informationsasymmetrien und deren Bewältigung, Technische Universität Ilmenau, Diskussionspapier Nr. 19, Ilmenau 2000.

Kuchinke, Björn A., Fallpauschalen als zentrales Finanzierungsinstrument für deutsche Krankenhäuser: Eine Beurteilung aus gesundheitsökonomischer Sicht, Technische Universität Ilmenau, Diskussionspapier Nr. 21, Ilmenau 2001.

Kuchinke, Björn A., Krankenhausdienstleistungen und Effizienz in Deutschland: eine industrieökonomische Analyse, Baden-Baden 2004 (Zugl.: Ilmenau, Techn. Univ., Diss., 2004).

Kuchinke, Björn A., Qualitätswettbewerb zwischen deutschen Akutkrankenhäusern unter besonderer Berücksichtigung von DRG und Budgets, Technische Universität Ilmenau, Diskussionspapier Nr. 45, Ilmenau 2005.

Kuchinke, Björn A./Kallfass, Hermann H., Aktuelle Kontroversen bezüglich der ökonomischen Beurteilung von Krankenhauszusammenschlüssen in Deutschland, in: Wirtschaft und Wettbewerb, 56. Jg., 10/2006, S. 991 – 1003.

Kuchinke, Björn A./Kallfass, Hermann H., Die Praxis der räumlichen Marktabgrenzung bei Krankenhauszusammenschlüssen in den USA und in Deutschland: Eine wettbewerbsökonomische Analyse, in: Zeitschrift für Wettbewerbsrecht, 5. Jg., 3/2007, S. 319 – 337.

Kuchinke, Björn A./Schubert, Jens M. (Kuchinke/Schubert, 2002a), Defizitausgleich öffentlicher Krankenhäuser aus öffentlicher Kassen Verstoß gegen europäisches Recht?: Eine Studie über die Rechtmäßigkeit staatlicher Beihilfen, in: Führen und Wirtschaften im Krankenhaus, 19. Jg., 5/2002, S. 524 – 530.

Kuchinke, Björn A./Schubert, Jens M. (Kuchinke/Schubert, 2002b), Beihilfen und Krankenhäuser, in: Wirtschaft und Wettbewerb, 52. Jg., 7-8/2002, S. 710 – 719.

Kuchinke, Björn A./Wübker, Ansgar, Defizite von öffentlichen Allgemeinkrankenhäuser in Deutschland: Empirische Befunde 1998 – 2004 und wirtschaftspolitische Implikationen, in: Perspektiven der Wirtschaftspolitik, 10. Jg., 3/2009, S. 290 – 308.

Kühlem, Silvia, Leistungsbereiche, in: Goepfert, Andreas/Conrad, Claudia B., Unternehmen Krankenhaus, Stuttgart 2013, S. 93 – 106.

Kuhlo, Karl Christian, Die Qualität als Instrumentvariable beim Vollkostenprinzip, in: Ifo-Studien: Zeitschrift für empirische Wirtschaftsforschung, 2. Jg., 2/1956, S. 221 – 238.

Külp, Bernhard/Berthold, Norbert/Knappe, Eckhard/Roppel, Ulrich/Rüdel, Thomas/Wolters, Rudolf (Külp et al., 1984), Sektorale Wirtschaftspolitik, Berlin u. a. 1984.

Kumpmann, Ingmar, Grenzen des Wettbewerbs im Gesundheitswesen, Institut für Wirtschaftsforschung Halle, Diskussionspapier Nr. 1, Halle (Saale) 2008.

Lachmann, Maik, Der Einsatz von Controllinginstrumenten in Krankenhäusern: Verbreitung, Kontextfaktoren und Erfolgspotenziale, Wiesbaden 2011 (Zugl.: Münster, Westfälische Wilhelms-Univ., Diss., 2010).

Landauer, Bernd/Schleppers, Alexander, Die Bedeutung der Anästhesie innerhalb des German Refined DRG-System, in: Anästhesiologie & Intensivmedizin, 43. Jg., 1/2002, S. 5 – 7.

Larbig, Mathias/Ackermann, Dagmar, Zukunftsgerichtete Instrumente der Krankenhaussteuerung: Ein Plädoyer für die Kostenträgerrechnung, in: Das Krankenhaus, 100. Jg., 4/2008, S. 336 – 344.

Laufer, Emil, Patientenorientierte Kostenträgerrechnung im Krankenhaus, in: Gronemann, Josef/Keldenich, Klaus, Krankenhausökonomie in Wissenschaft und Praxis: Festschrift für Siegfried Eichhorn, Kulmbach 1988, S. 259 – 267.

Laufer, Roland/Heins, Detlev/Wörz, Markus/Meissner, Sabine/Derix, Frank/Georgi, Anja/Koerdt, Stefan/Mörsch, Michael/Jaeger, Christian, (Laufer et al., 2010), Selektiv statt kollektiv?: Warum Selektivverträge dem Gesundheitssystem nicht helfen, in: Das Krankenhaus, 102. Jg., 10/2010, S. 921 – 931.

Layer, Manfred, Die Kostenrechnung als Informationsinstrument der Unternehmensleitung, in: Jacob, Herbert, Neuere Entwicklungen in der Kostenrechnung (I), Wiesbaden 1976, S. 97 – 138.

Leatherman, S./McCarthy, D., Public Disclosure of Health Care Performance Reports: Experience, Evidence and Issues for Policy, in: International Journal for Quality in Health Care, Vol. 11, 2/1999, S. 93 – 105.

Lee, Kwang-soo/Chun, Ki-hong/Lee, Jung-soo, Reforming the Hospital Service Structure to Improve Efficiency: Urban Hospital Specialization, in: Health Policy, Vol. 87, 1/2008, S. 41 – 49.

Lehmann, Julius C., Mehr Wettbewerb im Gesundheitswesen?: Selektives Kontrahieren und die Zukunft der Krankenhausversorgung nach der Konvergenzphase 2009, Hamburg 2009.

Leibenstein, Harvey, Allocative Efficiency vs. "X-Efficiency", in: The American Economic Review, Vol. 56, 3/1966, S. 392 – 415.

Leister, Jan E., Die Krankenhausumgebung als Indikator in der Vertrauensbildung bei Auswahlentscheidungen von Patienten, in: Gesundheitsökonomie & Qualitätsmanagement, 19. Jg., 6/2014, S. 272 – 280.

Lelgemann, Monika/Ollenschläger, Günter, Evidenzbasierte Leitlinien und Behandlungspfade: Ein Widerspruch?, in: Der Internist, 47. Jg., 7/2006, S. 690 – 698.

Luft, Harold S./Bunker, John P./Enthoven, Alain C., Should Operations be Regionalized?: The Empirical Relation between Surgical Volume an Mortality, in: The New England Journal of Medicine, Vol. 301, 25/1979, S. 1364 – 1369.

Luft, Harold S./Hunt, Sandra S./Maerki, Susan C., The Volume Outcome Relationship: Practice-Makes-Perfect or Selective-Referral Patterns?, in: Health Services Research, Vol. 22, 2/1986, S. 157 – 182.

Lüngen, Markus, Vergütung medizinischer Leistungen und ihre Anreizwirkungen auf Qualität und Zugang, in: Lauterbach, Karl W./Lüngen, Markus/Schrappe, Matthias (Hrsg.), Gesundheitsökonomie, Management und Evidence-based Medicine: Handbuch für Praxis, Politik und Studium, 3. Aufl., Stuttgart 2010, S. 134 – 153.

Lüngen, Markus/Lauterbach, Karl, Ergebnisorientierte Vergütung bei DRG: Qualitätssicherung bei pauschalisierender Vergütung stationärer Krankenhausleistungen, Berlin u. a. 2002.

Lynk, William J., One DRG, One Price?: The Effect of Patient Condition on Price Variation Within DRGs and Across Hospitals, in: International Journal of Health Care Finance and Economics, Vol. 1, 2/2001, S. 111 – 137.

Mackscheidt, Klaus/Steinhausen, Jörg, Finanzpolitik II: Grundfragen versorgungspolitischer Eingriffe, Tübingen 1977.

MacStravic, Scott, Market and Market Segment Portfolio Asessment for Hospitals, in: Health Care Management Review, Vol. 14, 3/1989, S. 25 – 32.

Maier, Björn, Strategische Controlling-Instrumente, in: Maier, Björn (Hrsg.), Controlling in der Gesundheitswirtschaft: Modelle und Konzepte für Lehre und Praxis, Stuttgart 2014, S. 106 – 136.

Malzahn, Jürgen/Wehner, Christian, Von der Mengenorientierung zur qualitätsorientierten Kapazitätssteuerung, in: Klauber, Jürgen/Geraedts, Max/Friedrich, Jörg/Wasem, Jürgen, Krankenhaus-Report 2013: Mengendynamik: mehr Menge, mehr Nutzen?, Stuttgart 2013, S. 223 – 241.

Mann, Rudolf, Strategisches Controlling: Vom „introvertierten Betriebsrechnen" zur umweltbezogenen Existenzsicherung, in: Der Schweizer Treuhänder, 51. Jg., 10/1977, S. 34 – 37.

Mann, Rudolf, Anforderungen an ein strategisches Controlling, in: Töpfer, Armin/Afheldt, Heik, Praxis der strategischen Unternehmensplanung, Frankfurt am Main 1983, S. 465 – 491.

Mansky, Thomas, Stand und Perspektive der stationären Qualitätssicherung in Deutschland, in: Klauber, Jürgen/Geraedts, Max/Friedrich, Jörg/ Wasem, Jürgen, Krankenhaus-Report 2011: Schwerpunkt: Qualität durch Wettbewerb, Stuttgart 2011, S. 19 – 37.

Mansky, Thomas/Mack, Otto, Veränderungen der Rahmenbedingungen im Krankenhaus: Grundlagen für ein medizinisch begründetes Controlling, in: Mayer, Elmar/Walte, Beowulf, Management und Controlling im Krankenhaus, Stuttgart 1996, S. 111 – 142.

Masayuki, Morikawa, Economies of Scale and Hospital Productivity: An Empirical Analysis of Medical Area Level Panel Data, RIETI Discussion Paper Series, 10-E-050, Tokyo 2010.

Mayer, Peter, Wettbewerb und wirtschaftliche Entwicklung – Herausforderungen für die Gestaltung der Wettbewerbspolitik, in: Zapp, Winfried, Strategische Entwicklung im Krankenhaus: Kennzahlen – Portfolio – Geokodierung – Belegungsmanagement, Stuttgart 2014, S. 29 – 39.

McNair, Carol Jean/Leibfried, Kathleen H. J., Benchmarking: A Tool for Continuous Improvement, New York 1992.

Mellerowicz, Konrad, Grundlagen betriebswirtschaftlicher Wertungslehre: (Ein Beitrag zur Theorie der Betriebswirtschaftslehre), Berlin 1926.

Mellerowicz, Konrad, Kosten- und Kostenrechnung, Band 2: Verfahren, Erster Teil: Allgemeine Fragen der Kostenrechnung und Betriebsabrechnung, 5. Aufl., Berlin 1974.

Mellerowicz, Konrad, Planung und Plankostenrechnung, 1. Teil: Betriebliche Planung, 3. Aufl., Freiburg im Breisgau. 1979.

Mellerowicz, Konrad, Kosten- und Kostenrechnung, Band 2: Verfahren, Zweiter Teil: Kalkulation und Auswertung der Kostenrechnung und Betriebsabrechnung, 5. Aufl., Berlin u. a. 1980.

Melnick, Glenn A./Zwanziger, Jack, Hospital Behavior Under Competition and Cost-Containment Policies: The California Experience, 1980 to 1985, in: Journal of American Medical Association, Vol. 260, 18/1988, S. 2669 – 2675.

Melnick, Glenn A./Zwanziger, Jack, State Health Care Expenditures under Competition and Regulation, 1980 through 1991, in: American Journal of Public Health, Vol. 85, 19/1995, S. 1391 – 1396.

Menzel, Kai, Der Markt für Informationen über die Qualität medizinischer Leistungserbringer, Otto-Wolff-Institute Discussion Paper 4/2006, Köln 2006.

Meyer, Dirk, Technischer Fortschritt im Gesundheitswesen: Eine Analyse der Anreizstrukturen aus ordnungstheoretischer Sicht, Tübingen 1993 (Zugl.: Hamburg, Univ., Habil. 1993).

Meyer, Jürgen, Benchmarking: Ein Prozeß zur unternehmerischen Spitzenleistung, in: Meyer, Jürgen (Hrsg.), Benchmarking: Spitzenleistungen durch Lernen von den Besten, Stuttgart 1996, S. 3 – 26.

Mohrmann, Matthias/Koch, Volker, Selektivverträge im Krankenhausbereich als Instrument zur Verbesserung von Qualität und Effizienz, in: Klauber, Jürgen/Geraedts, Max/Friedrich, Jörg/ Wasem, Jürgen, Krankenhaus-Report 2011: Schwerpunkt: Qualität durch Wettbewerb, Stuttgart 2011, S. 61 – 79.

Monopolkommission, Fünften Hauptgutachten der Monopolkommission 1892/1983, in: Deutscher Bundestag, Drucksache 10/1791, Bonn 1984.

Monopolkommission, Siebzehntes Hauptgutachten der Monopolkommission 2006/2007, in: Deutscher Bundestag, Drucksache 16/10140, Berlin 2008.

Monopolkommission, Achtzehntes Hauptgutachten der Monopolkommission 2008/2009, in: Deutscher Bundestag, Drucksache 17/2600, Berlin 2010.

Möschel, Wernhard, Art. 102 AEUV, in: Immenga, Ulrich/Mestmäcker, Ernst, Joachim, Wettbewerbsrecht, Band 2. GWB: Kommentar zum Deutschen Kartellrecht, München 2007.

Motta, Massimo, Competition Policy: Theory and Practice, Cambridge u. a. 2004.

Mukamel, Dana B./Mushlin, Alvin I., Quality of Care Information Makes A Difference: An Analysis of Market Share and Price Changes After Publication of the New York State Cardiac Surgery Mortality Reports, in: Medical Care, Vol. 36, 7/1998, S. 945 – 954.

Müller, Dagmar/Simon, Michael, Steuerungsprobleme des stationären Sektors: Das Krankenhaus zwischen Kostendämpfung und Qualitätssicherung, in: Blanke, Bernhard (Hrsg.), Krankheit und Gemeinwohl: Gesundheitspolitik zwischen Staat, Sozialversicherung und Medizin, Opladen 1994, S. 327 – 372.

Müller, Hans-Werner (Müller, 1988a), Wirtschaftlichkeit und Effizienz im Krankenhaus: Ist Wirtschaftlichkeit im Krankenhaus gleichzusetzen mit Effizienz?, in: Gronemann, Josef/Keldenich, Klaus, Krankenhausökonomie in Wissenschaft und Praxis: Festschrift für Siegfried Eichhorn, Kulmbach 1988, S. 279 – 285.

Müller, Hubertus (Müller, 1988b), Das Selbstkostendeckungsprinzip im neuen Krankenhausfinanzierungsrecht, in: Gronemann, Josef/Keldenich, Klaus, Krankenhausökonomie in Wissenschaft und Praxis: Festschrift für Siegfried Eichhorn, Kulmbach 1988, S. 287 – 289.

Müller-Armack, Andreas, Das Konzept der Sozialen Marktwirtschaft – Grundlagen, Entwicklung, Aktualität, in: Grosser, Dieter/Lange, Thomas/Müller-Armack, Andreas/Neuss, Beate, Soziale Marktwirtschaft: Geschichte – Konzepte – Leistung, 2. Aufl., Stuttgart u. a. 1990, S. 1 – 34.

Multerer, Christian, Verrechnungspreise für Profit-Center im Krankenhaus: Möglichkeiten und Grenzen ihrer Gestaltung im Kontext deutscher DRGs, Technische Universität München, München 2008.

Münnich, Frank E., Mehr Markt, in: Bundesarbeitsblatt, 12/1984, S. 5 – 18.

Münnich, Frank E., Marktorientierte Ordnungspolitik im Gesundheitswesen, in: Lexa, Hans (Hrsg.), Gesundheitsökonomie: Ist weniger Staat gesünder?: Jubiläumsveranstaltung zum 10-Jahres-Bestand des Institutes für Sparkassenwesen in Innsbruck, Wien 1987, S. 7 – 11.

Münzel, Hartmut/Zeiler, Nicola, Krankenhausrecht und Krankenhausfinanzierung, Stuttgart 2010.

Musgrave, Richard A., The Theory of Public Finance: A Study in Public Economy, New York u. a. 1959.

Mushkin, Selma J., Health as an Investment, in: Kiker, Bill F. (Hrsg.), Investment in Human Capital, Columbia 1972, S. 380 – 392.

Mushkin, Selma J./Collings, Francis d'A., Economic Costs of Disease and Injury, in: Kiker, Bill F. (Hrsg.), Investment in Human Capital, Columbia 1972, S. 393 – 419.

Nebling, Thomas, Strategisches Verhalten bei selektiven Verträgen: Eine interaktionsökonomische Analyse der Austauschbeziehungen zwischen Krankenkassen und Leistungserbringern, Baden-Baden 2012 (Zugl.: Bayreuth, Univ., Diss., 2011).

Nelson, Phillip, Information and Consumer Behavior, in: Journal of Political Economy, Vol. 78, 2/1970, S. 311 – 329.

Nelson, Phillip, Advertising as Information, in: Journal of Political Economy, Vol. 82, 4/1974, S. 729 – 754.

Neubauer, Günter, Staatlicher Interventionismus versus wettbewerbliche Selbststeuerung. Ein neuer Ansatz zur Steuerung der Gesundheitsversorgung in Deutschland, in: Behrens, Johann/Braun, Bernard/Morone, James/Stone, Deborah, Gesundheitssystementwicklung in den USA und Deutschland: Wettbewerb und Markt als Ordnungselemente im Gesundheitswesen auf dem Prüfstand des Systemvergleichs, Baden-Baden 1996, S. 89 – 99.

Neubauer, Günter, Probleme der Krankenhausfinanzierung aus ökonomischer Sicht, in: Zeitschrift für die gesamte Versicherungswissenschaft, 86. Jg., 3/1997, S. 347 – 361.

Neubauer, Günter, Leistungserbringer im Globalkorsett, in: f & w, 16. Jg., 4/1999, S. 300 – 304.

Neubauer, Günter, Wie viel Marktwirtschaft für das deutsche Gesundheitswesen?, in: ifo Schnelldienst, 55. Jg., 17/2002, S. 3 – 14.

Neubauer, Günter, Ordnungspolitische Neuorientierung der Krankenhausversorgung auf der Basis von diagnosebezogenen Fallpauschalen, in: Neubauer, Günther, Bausteine für ein neues Gesundheitswesen, Baden-Baden 2003, S. 91 – 107.

Neubauer, Günter, Neuorientierung in der Krankenhausversorgung: Von der Selbstkostendeckung zu Wettbewerbspreisen, in: Ulrich, Volker/Ried, Walter (Hrsg.), Effizienz, Qualität und Nachhaltigkeit im Gesundheitswesen: Theorie und Politik öffentlichen

Handelns, insbesondere in der Krankenversicherung: Festschrift zum 65. Geburtstag von Eberhard Wille, Baden-Baden 2007, S. 365 – 378.

Neubauer, Günter/Beivers, Andreas/Paffrath, Dieter, Die Zukunft der Vergütung von Krankenhausleistungen, in: Klauber, Jürgen/Geraedts, Max/Friedrich, Jörg/ Wasem, Jürgen, Krankenhaus-Report 2011: Schwerpunkt: Qualität durch Wettbewerb, Stuttgart 2011, S. 149 – 160.

Neubauer, Günter/Nowy, Roland, Wege zur Einführung eines leistungsorientierten und pauschalierenden Vergütungssystems für operative und konservative Krankenhausleistungen in Deutschland, Institut für Gesundheitsökonomik München, Gutachten im Auftrag der Deutschen Krankenhausgesellschaft, München 2000.

Neubauer, Günter/Paffrath, Dieter, Gemeinsame Selbstverwaltung: Ein dritter Weg zwischen Staat und Markt?, in: Fink, Ulf/Kücking, Monika/Walzik, Eva/Zerth, Jürgen, Solidarität und Effizienz im Gesundheitswesen: Ein Suchprozess, Heidelberg 2014, S. 55 – 63.

Neudam, Annabelle/Haeske-Seeberg, Heidemarie, Qualität als Wettbewerbsparameter des Krankenhauses, in: Klauber, Jürgen/Geraedts, Max/Friedrich, Jörg/ Wasem, Jürgen, Krankenhaus-Report 2011: Schwerpunkt: Qualität durch Wettbewerb, Stuttgart 2011, S. 81 – 92.

Neumann, Herbert/Hellwig, Andreas, Fallpauschalen im Krankenhaus: Das Ende der „Barmherzigkeit der Intransparenz", in: Deutsches Ärzteblatt, 50/2002, S. 3387 – 3391.

Noether, Monica, Competition among Hospitals, in: Journal of Health Economics, Vol. 7, 3/1988, S. 259 – 284.

Oberender, Peter, Mehr Wettbewerb im Gesundheitswesen: Vorschläge für eine Neuordnung, in: Orientierung zur Wirtschafts- und Gesellschaftspolitik, Bd. 4, 26/1985, S. 32 – 36.

Oberender, Peter, Das Gesundheitswesen der Bundesrepublik Deutschland: Diagnose und Therapie unter besonderer Berücksichtigung der Krankenversicherung, in: Oberender, Peter (Hrsg.), Gesundheitswesen im Umbruch?, Bayreuth 1987, S. 21 – 34.

Oberender, Peter, Chancen und Grenzen einer Deregulierung im Gesundheitswesen der Bundesrepublik Deutschland: Vorschläge zu einer Entstaatlichung des Gesundheitswesens, in: Duru, Gérard/Launois, Robert/Schneider, Friedrich, Schulenburg, J.-Matthias Graf v.d. (Hrsg.), Ökonomische Probleme der Gesundheitsversorgung in Deutschland und Frankreich, Frankfurt u. a. 1989, S. 59 – 92.

Oberender, Peter/Ecker, Thomas, Grundelemente der Gesundheitsökonomie, Bayreuth 2001.

Oberender, Peter/Ecker, Thomas/Zerth, Jürgen/Engelmann, Anja (Oberender et al., 2012), Grundelemente der Gesundheitsökonomie, 3. Aufl., Bayreuth 2012.

Oberender, Peter/Fibelkorn, Andrea, Ein zukunftsfähiges deutsches Gesundheitswesen: Ein Reformvorschlag unter besonderer Berücksichtigung der ambulanten Versorgung, Bayreuth 1997.

Oberender, Peter/Ruckdäschel, Stephan, Das „besondere" Gut Gesundheit – Implikationen für die stationäre Versorgung, in: Heiß, Günter, Wie krank ist unser Gesundheitswesen?: Das Gesundheitswesen in Deutschland und Europa an der Schwelle zum 21. Jahrhundert, Mainz 2000, S. 175 – 187.

Oberender, Peter/Zerth, Jürgen, Zur Zukunft der flächendeckenden Versorgung im deutschen Gesundheitswesen: Gesundheitspolitische Implikationen, in: Jahrbuch für Wirtschaftswissenschaften, 56. Jg., 1/2005, S. 31 – 44.

Oberender, Peter/Zerth, Jürgen, Wettbewerb im Gesundheitswesen: Eine Einschätzung nach dem Gesundheitsfonds, in: Oberender, Peter (Hrsg.), Wettbewerb im Gesundheitswesen, Schriften des Vereins für Socialpolitik, Band 327, Berlin 2010, S. 11 – 21.

Oberender, Peter/Zerth, Jürgen (Oberender/Zerth, 2014a), Selektivverträge als „ökonomischer Kern" der Solidarischen Wettbewerbsordnung, in: Cassel, Dieter/Jacobs, Klaus/Vauth, Christoph/Zerth, Jürgen, Solidarische Wettbewerbsordnung: Genese, Umsetzung und Perspektiven einer Konzeption zur wettbewerblichen Gestaltung der Gesetzlichen Krankenversicherung, Heidelberg 2014, S. 173 – 198.

Oberender, Peter/Zerth, Jürgen (Oberender/Zerth, 2014b), Wettbewerb in einem solidarisch finanzierten Gesundheitswesen: Ansatzpunkte und Perspektiven, in: Fink, Ulf/Kücking, Monika/Walzik, Eva/Zerth, Jürgen, Solidarität und Effizienz im Gesundheitswesen: Ein Suchprozess, Heidelberg 2014, S. 27 – 36.

Offermanns, Guido, Prozess- und Ressourcensteuerung im Gesundheitssystem: Neue Instrumente zur Steigerung von Effektivität und Effizienz in der Versorgung, Berlin u. a. 2011.

Oggier, Willy, Dualität und Qualität von gesetzlicher und privater Krankenversicherung: Einige (provokative) Gedanken aus der Schweiz, in: Fink, Ulf/Kücking, Monika/Walzik, Eva/Zerth, Jürgen, Solidarität und Effizienz im Gesundheitswesen: Ein Suchprozess, Heidelberg 2014, S. 419 – 426.

Organisation for Economic Co-operation and Development (OECD, 2001), Health at a Glance, Paris 2001.

Organisation for Economic Co-operation and Development (OECD, 2003), Health at a Glance: OECD Indicators 2003, Paris 2003.

Organisation for Economic Co-operation and Development (OECD, 2013), Health at a Glance 2013: OECD Indicators, Paris 2013.

Ossadnik, Wolfgang, Kosten- und Leistungsrechnung, Berlin u. a. 2008.

Panzar, John C./Willig, Robert D., Free Entry and the Sustainability of Natural Monopoly, in: The Bell Journal of Economics, Vol. 8, 1/1977, S. 1 – 22.

Paton, William A., The "Cash-flow" Illusion, in: Accounting Review, Vol. 38, 2/1963, S. 243 – 251.

Pauly, Mark V., Hospital Finance and the Behavior of American For-Profit and Not-For-Profit Hospitals, in: Furubotn, Eirik/Richter, Rudolf (Hrsg.), Views on Hospital Finance: United States of America, West-Germany and Switzerland, Occasional Papers, Vol. 1, Center for the Study of the New Institutional Economics, 1988, S. 1 – 44.

Pauly, Mark V./Willson, Peter, Hospital Output and the Cost of Empty Beds, in: Health Services Research, Vol. 21, 3/1986, S. 403 – 428.

Peemöller, Volker H., Controlling: Grundlagen und Einsatzgebiete, 5. Aufl., Herne u. a. 2005.

Penter, Volker/Arnold, Christoph, Zukunft deutsches Krankenhaus: Thesen, Analysen, Potenziale, Kulmbach 2009.

Perloff, Jeffrey M., Microeconomics, 6. Auflage, Essex 2012.

Pfeiffer, Doris, Worüber und wozu brauchen wir Qualitätstransparenz?, in: Fink, Ulf/Kücking, Monika/Walzik, Eva/Zerth, Jürgen, Solidarität und Effizienz im Gesundheitswesen: Ein Suchprozess, Heidelberg 2014, S. 91 – 97.

Pfohl, Hans-Christian/Zettelmeyer, Bernd, Strategisches Controlling?, in: Journal of Business Economics, 57. Jg., 2/1987, S. 145 – 175.

Picot, Arnold/Maier, Matthias, Information als Wettbewerbsfaktor, in: Preßmar, Dieter B./Seibt, Dietrich, Schriften zur Unternehmensführung: Informationsmanagement, Wiesbaden 1993, S. 31 – 53.

Pimpertz, Jochen, Wettbewerb in der gesetzlichen Krankenversicherung: Gestaltungsoptionen unter sozialpolitischen Vorgaben, Köln 2007.

Plamper, Evelyn/Lüngen, Markus, Die stationäre Versorgung, in: Lauterbach, Karl W./Stock, Stephanie/Brunner, Helmut, Gesundheitsökonomie: Lehrbuch für Mediziner und andere Gesundheitsberufe, Bern 2006, S. 149 – 174.

Plomann, Marilyn P./Garzino, Fred R., The Case for Case-Mix: A New Construct for Hospital Management, in: Heffernan, Henry G., Proceedings: Fifth Annual Symposium on Computer Applications in Medical Care, November 1 – 4 1981, Institute of Electrical and Electronics Engineers, Washington 1981, S. 859 – 863.

Plützer, Günter A., Die Kosten in der Kalkulation, in: Bobsin, Robert (Hrsg.), Handbuch der Kostenrechnung, 2. Aufl., München 1974, S. 63 – 91.

Polei, Günther, Vorhaltung und Sondertatbestände im DRG-System - was ist über Zu- und Abschläge abzubilden?: Grenzen der fall- und krankenhausbezogenen Pauschalisierung, in: Das Krankenhaus, 93. Jg., 3/2001, S. 189 – 196.

Posnett, John, Are Bigger Hospitals Better?, in: McKee, Martin/Healy, Judith, Hospitals in a Changing Europe, Buckingham u. a. 2002, S. 100 – 118.

Pöttler, Gerhard, Gesundheitswesen in Österreich: Organisationen, Leistungen, Finanzierungen und Reformen übersichtlich dargestellt, Wien 2012.

Pouvourville, Gérard de, Kann Qualität ein Wettbewerbsfaktor im Gesundheitswesen sein?, in: Arnold, Michael/Klauber, Jürgen/Schellschmidt, Henner, Krankenhaus-Report 2002: Schwerpunkt: Krankenhaus im Wettbewerb, Stuttgart 2003, S. 175 – 188.

Pratt, John W./Zeckhauser, Richard J., Principals and Agents: An Overview, in: Pratt, John W./Zeckhauser, Richard J., Principals and Agents: The Structure of Business, Boston 1985, S. 1 – 35.

Preißler, Peter R., Betriebswirtschaftliche Kennzahlen: Formeln, Aussagekraft, Sollwerte, Ermittlungsintervalle, München u. a. 2008.

Proppe, Dennis, Endogenität und Instrumentenschätzer, in: Albers, Sönke/Klapper, Daniel/Konradt,Udo/Walter, Achim/Wolf, Joachim (Hrsg.), Methodik der empirischen Forschung, 3. Aufl., Wiesbaden 2009, S. 253 – 266.

Propper, Carol/Burgess, Simon/Green, Katherine, Does Competition Between Hospitals Improve the Quality of Care?: Hospital Death Rates and the NHS Internal Market, in: Journal of Public Economics, Vol. 88, 7/8/2004, S. 1247 – 1272.

Propper, Carol/Burgess, Simon/Gossage, Denise, Competition and Quality: Evidence from the NHS Internal Market 1991 – 9, in: The Economic Journal, Vol. 118, 525/2008, S. 138 – 170.

Ptak, Hildebrand, Controlling im Krankenhauswesen – Eine betriebswirtschaftliche Problemanalyse, Hamburg 2009.

Quint, Ulrich/Greiling, Michael, Sinn und Inhalt von Behandlungspfaden in der Orthopädie und Unfallchirurgie, in: Der Orthopäde, 39. Jg., 8/2010, S. 746 – 751.

Rahmel, Anke, Wirtschaftlichkeit als Ziel des deutschen Gesundheitssystems: Auslöser einer neuen Reformbewegung, in: Knoke, Martin/Merk, Joachim/Schneider-Pföhler, Mirjam/Spraul, Katharina (Hrsg.), Das Publicness-Puzzle: Öffentliche Aufgabenerfüllung zwischen Staat und Markt, Lage 2014, S. 129-150.

Rath, Thomas, Im Krankenhaussektor muß das Fingerhakeln ums Geld ein Ende haben, in: Arbeit und Sozialpolitik, 52. Jg., 1-2/1998, S. 34 – 42.

Rath, Thomas/Heuser, Jürgen, Konzept eines einheitlichen Finanzierungssystems für die Krankenhäuser, in: Arbeit und Sozialpolitik, 50. Jg., 7-8/1996, S. 41 – 50.

Rebscher, Herbert, Ordnungspolitische Implikationen des Gesundheitsfonds für ein freiheitliches Gesundheitswesen, in: Gesundheits- und Sozialpolitik: Zeitschrift für das gesamte Gesundheitswesen, 60. Jg., 11-12/2006, S. 11 -13.

Rebscher, Herbert, Theoretische und praktische Bedingungen „selektiven Kontrahierens" – der weiße Fleck auf der gesundheitsökonomischen Landkarte?, in: Ulrich, Volker/Ried, Walter/Igel, Christian/Lange Wolfgang G., Effizienz, Qualität und Nachhaltigkeit im Gesundheitswesen: Theorie und Politik öffentlichen Handelns, insbesondere in der Krankenversicherung – Festschrift zum 65. Geburtstag von Eberhard Wille, Baden-Baden 2007, S. 343 – 356.

Rebscher, Herbert (Rebscher, 2010a), Kollektivvertrag versus selektives Kontrahieren - Die Perspektive bestimmt die Bewertung, in: Rebscher, Herbert/Kaufmann, Stefan, Innovationsmanagement in Gesundheitssystemen, Heidelberg 2010, S. 211 – 234.

Rebscher, Herbert (Rebscher, 2010b), „Wettbewerb als Entdeckungsverfahren" im Gesundheitswesen: Chancen, Bedingungen, Grenzen, in: Oberender, Peter (Hrsg.), Wettbewerb im Gesundheitswesen, Schriften des Vereins für Socialpolitik, Band 327, Berlin 2010, S. 35 – 57.

Rebscher, Herbert (Rebscher, 2011a), Wettbewerb im Gesundheitswesen zwischen Ethik und Ökonomie, in: Kettner, Matthias/Koslowski, Peter, Wirtschaftsethik in der Medizin: Wie viel Ökonomie ist gut für die Gesundheit, München u. a. 2011, S. 177 – 190.

Rebscher, Herbert (Rebscher, 2011b), Perspektivwechsel Bewertungskategorien selektiven Vertragshandelns, in: Rüter, Georg/Da-Cruz, Patrick/Schwegel, Philipp, Gesundheitsökonomie und Wirtschaftspolitik: Festschrift zum 70. Geburtstag von Prof. Dr. Dr. h.c. Peter Oberender, Stuttgart 2011, S. 348 – 362.

Rebscher, Herbert, Wettbewerbsproblematik im Krankenhausbereich: Bedingungen und Grenzen selektiven Kontrahierens, in: Wille, Eberhard, Wettbewerb im Arzneimittel- und Krankenhausbereich: 17: Bad Orber Gespräche über kontroverse Themen im Gesundheitswesen, Frankfurt am Main u. a. 2013, S. 17 -32.

Rebscher, Herbert/Rowohlt, Peter, Wie innovativ ist selektives Kontrahieren?, in: Sallwey, Brigitte/Mündel, Wolfgang, Stetig im Wandel – innovativer Wachstumspfad im Gesundheitsmarkt, Frankfurt 2010, S. 297 – 310.

Redeker, Konrad, Krankenhäuser im Wettbewerb. In: f & w, 9. Jg., 2/1992, S. 113 – 116.

Reher, Rolf, Wendepolitik im Krankenhaus: Abkehr von alten Zöpfen – Aufbruch zu neuen Ufern, in: Arnold, Michael/Pfaffrath, Dieter, Krankenhaus-Report '93: Aktuelle Beiträge, Trends und Statistiken, Stuttgart 1993, S. 17 – 29.

Reichmann, Thomas/Lachnit, Laurenz, Planung, Steuerung und Kontrolle mit Hilfe von Kennzahlen, in: Schmalenbachs Zeitschrift für betriebswirtschaftliche Forschung, 28. Jg., 10-11/1976, S. 705 – 723.

Reiersøl, Olav, Confluence Analysis by Means of Instrumental Sets of Variables, Stockholm u. a. 1945.

Reinspach, Rosmarie, Strategisches Management von Gesundheitsbetrieben, 2. Aufl., Stuttgart 2011.

Richard, Sabine, Qualitätssicherung und technologischer Wandel im Gesundheitswesen: Eine institutionenökonomische Analyse, Baden-Baden 1993 (Zugl.: Diss., Univ., Hohenheim, 1993).

Riebel, Paul, Kostenrechnung als Entscheidungsinformation, in: Boettcher, Erik (Hrsg.), Führungsprobleme in Genossenschaften: Beiträge zum genossenwissenschaftlichen Führungsseminar, Tübingen 1977, S. 91 – 121.

Riehl, Annele, Controlling im Krankenhaus: Eine strukturtheoretische Analyse der Schnittsteller Controller-Arzt dargestellt am Beispiel der inneren Medizin, Lohmar 2011 (Zugl.: Hall, Private Univ. für Gesundheitswissenschaften, Diss., 2011).

Ritschel, Henri/Schulze, Jörg, Kennzahlen vorgestellt: Produktivität der Mitarbeiter – eine Frage der Größe?, in: KPMG Gesundheitsbarometer, 5. Jg., 18/2012, S. 35 – 36.

Robbers, Jörg, Perspektiven der Weiterentwicklung der Krankenhausversorgung in Deutschland, in: Matschke, Manfred Jürgen/Schildbach, Thomas (Hrsg.), Unternehmensberatung und Wirtschaftsprüfung: Festschrift für Professor Dr. Günter Sieben zum 65. Geburtstag, Stuttgart 1998, S. 185 – 199.

Robinson, James C./Luft, Harold S., The Impact of Hospital Market Structure on Patient Volume, Average Length of Stay, and the Cost of Care, in: Journal of Health Economics, 4/1985, S. 333 – 356.

Robra, Bernt-Peter/Swart, Enno/Felder, Stefan, Perspektiven des Wettbewerbs im Krankenhaussektor, in: Arnold, Michael/Klauber, Jürgen/Schellschmidt, Henner, Krankenhaus-Report 2002: Schwerpunkt: Krankenhaus im Wettbewerb, Stuttgart 2003, S. 43 – 54.

Roeder, Norbert/Bunzemeier, Holger/Loskamp, Norbert/Fürstenberg, Torsten/ Fiori, Wolfgang/Sitterlee, Christian (Roeder et al., 2003), DRG-Transparenz durch klinische Profile, in: Das Krankenhaus, 95. Jg., 4/2003, S. 289 – 292.

Roeder, Norbert/Hensen, Peter/Fiori, Wolfgang/Bunzemeier, Holger/Loskamp, Norbert (Roeder et al., 2004), DRGs, Wettbewerb und Strategie, in: Das Krankenhaus, 96. Jg., 9/2004, S. 703 – 711.

Roeder, Norbert/Küttner, Tina, Behandlungspfade im Licht von Kosteneffekten im Rahmen des DRG-Systems, in: Der Internist, 7/2006, S. 684 – 689.

Roeder, Norbert/Rochell, Bernhard/Glocker, Stefan, Gleiche DRG-Leistung = Gleiche Real-Leistung? (I): Oder stimmt das: Gleiches Geld für gleiche Leistung?, in: Das Krankenhaus, 94. Jg., 9/2002, S. 702 – 709.

Roemer, Milton I, Bed Supply and Hospital Utilization: A Natural Experiment, in: The Journal of the American Hospital Association, Vol. 35, 21/1961, S. 35 – 42.

Romano, Patrick S./Zhou, Hong, Do Well-Publicized Risk-Adjusted Outcomes Reports Affect Hospital Volume, in: Medical Care, Vol. 42, 4/2004, S. 367 – 377.

Rosenbrock, Rolf, Verbraucher, Versicherte und Patienten als handelnde Subjekte, in: Reibnitz, Christine von/Schnabel, Peter-Ernst/Hurrelmann, Klaus, Der mündige Patient: Konzepte zur Patientenberatung und Konsumentensouveränität im Gesundheitswesen, Weinheim u. a. 2001, S. 25 – 34.

Rüefli, Christian/Vatter, Adrian, Kostendifferenzen im Gesundheitswesen zwischen den Kantonen: Statistische Analyse kantonaler Indikatoren, Wirkungsanalyse KVG, Büro Vatter Politikforschung & -beratung, Bern 2001.

Rürup, Bert/Albrecht Martin/Loos, Stefan, Gesundheitsagenturen: Eine Antwort auf die strukturellen Fragen des österreichischen Gesundheitssystems?: Gutachten im Auftrag der Österreichischen Ärztekammer, in: Dorner, Werner (Hrsg.), Gesundheitspolitische Perspektiven: Konzepte und Materialien zum österreichischen Gesundheitswesen, Wien 2009, S. 107 – 168.

Rüter, Georg, Die Krankenhausplanung aus ordnungspolitischer Sicht, in: Oberender, Peter (Hrsg.), Neuorientierung im Gesundheitswesen, Bayreuth 1988, S. 109 – 117.

Rütsche, Bernhard, Rechtsgutachten zuhanden des Kantons Bern: Steuerung der Leistungsmenge im Spitalbereich, Universität Luzern, Luzern 2011.

Salkever, David S., Competition among Hospitals, in: Greenberg, Warren (Hrsg.), Competition in the Health Care Sector, Germantown 1978, S: 149 – 161.

Samuelson, Paul A., The Pure Theory of Public Expenditure, in: The Review of Economics and Statistics, Vol. 36, 4/1954, S. 387 – 389.

Samuelson, Paul A., Diagrammatic Exposition of a Theory of Public Expenditure, in: The Review of Economics and Statistics, Vol. 37, 4/1955, S. 350 – 356.

Sargan, John D., The Estimation of Economic Relationships Using Instrumental Variables, in: Econometrica, Vol. 26, 3/1958, S. 393 – 415.

Sauerland, Dirk, Zur Notwendigkeit einer anreizorientierten Gesundheitspolitik, in: Zeitschrift für Wirtschaftspolitik, 48. Jg., 3/1999, S. 265 – 294.

Sauerland, Dirk, Märkte für medizinische Dienstleistungen, in: Wissenschaftliche Politikberatung – Theorien, Konzepte, Institutionen, Schriften zu Ordnungsfragen der Wirtschaft, Band 75, Stuttgart 2005, S. 258 – 284.

Scheffler, Hans-Eberhard, Strategisches Controlling, in: Der Betrieb, 37. Jg., 42/1984, S. 2149 – 2152.

Scheller-Kreinsen, David/Geissler, Alexander/Busse, Reinhard, The ABC of DRGs, in: Euro Observer: The Health Policy Bulletin of the European Observatory on Health Systems and Policies, 4/2009, S. 1 – 5.

Schenk, Karl-Ernst, Marktversagen und Bürokratieversagen, in: Boettcher, Erik/Herder-Dornreich, Philipp/Schenk, Karl-Ernst, Neue politische Ökonomie als Ordnungstheorie, Tübingen 1980, S. 192 – 199.

Schirmer, Herbert, Krankenhaus-Controlling: Handlungsempfehlungen für Krankenhausmanager, Krankenhauscontroller und alle mit Controlling befassten Führungs- und Fachkräfte in der Gesundheitswirtschaft, 4. Aufl., Renningen, 2010.

Schmalenbach, Eugen, Selbstkostenrechnung und Preispolitik, 6. Aufl., Leipzig 1934.

Schmalzer, Thomas/Neubauer, Martin/Matzer, Mario/Wenzel, Rene/Bettina, Hiller (Schmalzer et al. 2007), Die dritte Säule im Österreichischen Gesundheitssystem: Eine Studie für den Raum Graz am Beispiel des Ärzte-Center Graz, Graz 2007.

Schmid, Andreas (Schmid, 2012a), Konzentrationsprozesse im deutschen Krankenhausmarkt: Ergebnisse und Implikationen, in: Kuchinke, Björn A./Sundmacher, Torsten/Zerth, Jürgen, Märkte und Versorgung, DIBOGS-Beiträge zur Gesundheitsökonomie und Sozialpolitik, Ilmenau 2012, S. 50 – 61.

Schmid, Andreas (Schmid, 2012b), Konsolidierung und Konzentration im Krankenhaussektor: Eine empirische Analyse der Marktstruktur unter Berücksichtigung des Krankenhausträgers, Baden-Baden 2012 (Zugl.: Bayreuth, Univ., Diss., 2011).

Schmid, Andreas/Ulrich, Volker, Konzentration und Marktmacht bei Krankenhäusern, in: Gesundheitsökonomie & Qualitätsmanagement, 17. Jg., 1/2012, S. 18 – 22.

Schmid, Manfred, Ambulantes Operieren im Krankenhaus – nach schwerer Geburt, noch leicht kränkelnd, nun zum Erfolg, in: Kölking, Heinz, DRG und Strukturwandel in der Gesundheitswirtschaft, Stuttgart 2007, S. 159 – 182.

Schmidt, Peter E., Das Medicare-DRG-Krankenhausfinanzierungssystem: Warnende Hinweise für das deutsche Entgeltsystem, in: Arnold, Michael/Paffrath, Dieter, Krankenhaus-Report '94: Schwerpunkt: Krankhaus im Umbruch, Stuttgart 1994, S. 39 – 55.

Schmidtchen, Dieter, Property Rights, Freiheit und Wettbewerbspolitik, Tübingen 1983.

Schmitz, Frank/Emmerich, Volkhard, Krisenmanagement in Krankenhäusern: Anforderungen an Sanierungsmaßnahmen in einem regulierten Markt, in: KSI: Krisen-, Sanierungs- und Insolvenzberatung; Wirtschaft, Recht, Steuern, 7. Jg., 2/2011, S. 69 – 74.

Schmitz, Harald/Platzköster, Clemens, Fallkostenkalkulation und Relativgewichte - entscheidende Faktoren der zukünftigen Krankenhausvergütung, in: Klauber, Jürgen/Robra, Bernt-Peter/Schellschmidt, Henner, Krankenhaus-Report 2003: Schwerpunkt: G-DRG im Jahre 1, Stuttgart 2004, S. 21 – 41.

Schneider, Friedrich, Anreizorientierte Systeme im Gesundheitswesen unter besonderer Berücksichtigung des stationären Sektors, Universität Linz, Diskussionspapier Nr. 9317, Oktober 1993.

Schneider, Günter, Fixkosten und Kalkulation im Konkurrenzkampf: Ein Wegweiser für die kalkulatorische Behandlung fixer Kosten, Berlin 1967.

Schneider, Eric C./Epstein, Arnold M., Influence of Cardiac-Surgery Performance Reports on Referral Practices and Access to Care, in: The New England Journal of Medicine, Vol. 335, 4/1996, S. 251 – 256.

Schneider, Markus/Hofmann, Uwe/Kraus, Thomas/Köse, Aynur/Biene, Peter/Güntert, Bernhard J./Gruber, Stefan/Holzknecht, Mario/Munck, Jörg (Schneider et al, 2010), Evaluierung des Systems der Leistungsorientierten Krankenanstaltenfinanzierung „10 Jahre LKF" – Endbericht, in: Bundesministerium für Gesundheit: Evaluationsbericht Leistungsorientierte Krankenanstaltenfinanzierung 1997 – 2007, Wien 2010.

Schönbach, Karl-Heinz/Wehner, Christian/Malzahn, Jürgen, Zur Weiterentwicklung der Bedarfsplanung, in: Klauber, Jürgen/Geraedts, Max/Friedrich, Jörg/ Wasem, Jürgen, Krankenhaus-Report 2011: Schwerpunkt: Qualität durch Wettbewerb, Stuttgart 2011, S. 173 – 196.

Schönfeld, August, Betriebsökonomie im Krankenhaus: Versuch des Aufbaues der Betriebswirtschaftslehre für Gesundheitsbetriebe, Separatdruck aus: Wiener Medizinische Wochenzeitschrift, Nr. 33, 34, 35 und 36, Wien 1933.

Schott, Gerhard, Kennzahlen, Kompaß des Unternehmens, Stuttgart 1965.

Schramm, Carl J./Renn, Steven C., Hospital Mergers, Market Concentration and the Herfindahl-Hirschmann Index, in: Emory Law Journal, Vol. 33, 4/1984, S. 869 – 888.

Schreiber, Wilfried, Der Markt der Krankenhausleistungen: Eine soziologisch-ökonomische Analyse, in: Das Krankenhaus: Zentralblatt für das deutsche Krankenhauswesen, 14. Jg., 1963, S. 468 – 476.

Schulenburg, J.-Matthias Graf von der /Greiner, Wolfgang, Gesundheitsökonomik, 3. Aufl., Tübingen 2013.

Schulze, Sven, Controlling im Krankenhaus: Empirische Untersuchung zu Nutzungsmöglichkeiten etablierter Controlling-Instrumente im Zuge der zunehmenden Globalisierung von Gesundheitsdienstleistungen, Hamburg 2014 (Zugl.: Dresden, Hochschule für Technik u. Wirtschaft, Diplomarbeit, 2010).

Schweiger, Wolfgang, Was nutzt das Internet älteren Menschen?, in: Medien und Erziehung, 48. Jg., 4/2004, S. 43 – 45.

Schwintowski, Hans-Peter, Sozialrechtliche Rahmenbedingungen, in: Bruckenberger, Ernst/ Klaue, Siegfried/Schwintowski, Hans-Peter, Krankenhausmärkte zwischen Regulierung und Wettbewerb, Berlin u. a. 2006, S. 105 – 146.

Selbmann, Hans-Konrad, Optimierung des Qualitätsmanagements (QMI) im DRG-System, in: Das Krankenhaus, 95. Jg., 9/2003, S. 683 – 689.

Shapiro, Carl (Shapiro, 1983a), Consumer Protection Policy in the United States, in: Zeitschrift für die gesamte Staatswissenschaft, Vol. 139, 3/1983, S. 527 – 544.

Shapiro, Carl (Shapiro, 1983b), Premiums for High Quality Products as Returns to Reputations, in: Quarterly Journal of Economics, Vol. 98, 4/1983, S. 659 – 679.

Shepherd, William G./Shepherd, Joanna M., The Economics of Industrial Organization, 5. Aufl., Long Grove 2004.

Shy, Oz, Industrial Organization: Theory and Application, Massachusetts 1995.

Siciliani, L./Martin, S., An Empirical Analysis of the Impact of Choice on Waiting Times, in. Health Economics, Vol. 16, 2007, S. 763 – 779.

Sieben, Günter/Philippi, Michael, Vergütungsverfahren als Steuerungsinstrument im Krankenhauswesen, in: Gronemann, Josef/Keldenich, Klaus, Krankenhausökonomie in Wissenschaft und Praxis: Festschrift für Siegfried Eichhorn, Kulmbach 1988, S. 383 – 393.

Simon, Michael, Neuere Entwicklungen in der stationären Krankenversorgung im Gefolge von sektoraler Budgetierung und neuem Entgeltsystem, Berliner Zentrum für Public Health, Diskussionspapier 98-1, Berlin 1998.

Simon, Michael, Neue Krankenhausfinanzierung - Experiment mit ungewissem Ausgang: Zur geplanten Umstellung auf ein DRG-basiertes Fallpauschalensystem, Veröffentlichungsreihe der Arbeitsgruppe Public Health, Wissenschaftszentrum Berlin für Sozialforschung, Berlin 2000.

Smith, Adam, An Inquiry into the Nature and Causes of Wealth of Nations, Oxford 1993 (Erstmals erschienen 1976).

Sodan, Helge, Selektives Kontrahieren unter wettbewerbsrechtlichen Gesichtspunkten, in: Wille, Eberhard/Albring, Manfred (Hrsg.), Paradigmenwechsel im Gesundheitswesen durch neue Versorgungsstrukturen?: 8. Bad Orber Gespräche 6. – 8. November 2003, Frankfurt am Main 2004, S. 45 – 55.

Sohmen, Egon, Allokationstheorie und Wirtschaftspolitik, Tübingen 1976.

Spence, Michael, Job Market Signaling, in: The Quarterly Journal of Economics, Vol. 87, 3/1973, S. 355 – 374.

Spendolini, Michael J., The Benchmarking Book, New York u.a. 1992.

Spiegelhalter, Bernhard, Die Problematik der Angebotssteuerung im Krankenhausfinanzierungsgesetz, in: Spiegelhalter, Bernhard/Spiegelhalter, Franz, Wirtschaftliche Krankenhausplanung und -finanzierung: Analysen und Vorschläge, Freiburg im Breisgau 1983, S. 7 – 52.

Staat, Matthias, Krankenhaus-Betriebsvergleiche – ein analytischer Ansatz, in: Arnold, Michael/Paffrath, Dieter (Hrsg.), Krankenhausreport '98: Schwerpunkt: Überkapazitäten im Krankenhaus, Stuttgart u. a. 1998, S. 137 – 153.

Stackelberg, Heinrich von, Angebot und Nachfrage in der Produktionswirtschaft, in: Archiv für mathematische Wirtschafts- und Sozialforschung, 2/1938, S. 73 – 99.

Stackelberg, Heinrich von, Grundlagen der theoretischen Volkswirtschaftslehre, 2. Aufl., Tübingen 1951.

Staiger, Douglas/Stock, James H., Instrumental Variables Regression with Weak Instruments, in: Econometrica, Vol. 65, 3/1997, S. 557 – 586.

Statistisches Bundesamt (Statistisches Bundesamt, 2010a), Verzeichnis der Krankenhäuser und Vorsorge- oder Rehabilitationseinrichtungen in Deutschland: Krankenhausverzeichnis, Wiesbaden 2010.

Statistisches Bundesamt (Statistisches Bundesamt, 2010b), 20 Jahre deutsche Einheit: Wunsch oder Wirklichkeit, Wiesbaden 2010.

Statistisches Bundesamt (Statistisches Bundesamt, 2014a), Statistisches Jahrbuch: Deutschland, Wiesbaden 2014.

Statistisches Bundesamt (Statistisches Bundesamt, 2014b), Gesundheit: Grunddaten der Krankenhäuser, Fachserie 12 Reihe 6.1.1, Wiesbaden 2014.

Statistisches Bundesamt (Statistisches Bundesamt, 2014c), Gesundheit: Kostennachweis der Krankenhäuser, Fachserie 12 Reihe 6.3, Wiesbaden 2014.

Statistisches Bundesamt (Statistisches Bundesamt, 2014d), Verzeichnis der Krankenhäuser und Vorsorge- oder Rehabilitationseinrichtungen in Deutschland: Krankenhausverzeichnis, Wiesbaden 2014.

Steiner, Udo, GG Art. 20 Verfassungsgrundsätze, in: Spickhoff, Andreas (Hrsg.), Medizinrecht, 2. Aufl., München 2014, Rn. 1 – 7.

Stigler, George J., The Economics of Information, in: Journal of Political Economy, Vol. 69, 3/1961, S. 213 – 225.

Stigler, George J., The Organization of Industry, Irwin u. a. 1968.

Stiglitz, Joseph E., Information and Economic Analysis: A Perspektive, in: Royal Economic Society: Conference Papers: Selected Papers from the Annual Conference of the Royal Economic Society, 1984, S. 21 – 41.

Stock, James H./Yogo, Motohiro, Testing for Weak Instruments in Linear IV Regression, Technical Working Paper No. 284, National Bureau of Economic Research, Harvard University, Cambridge 2002.

Stock, James H./Yogo, Motohiro, Testing for Weak Instruments in Linear IV Regression, in: Andrews, Donald W. K./Stock, James H. (Hrsg.), Identification and Inference for Econometric Models: Essays in Honor of Thomas Rothenberg, Cambridge u. a. 2005, S. 80 – 108.

Strehl, Rüdiger, Privatisierung im deutschen Krankenhauswesen?, in: Arnold, Michael/Klauber, Jürgen/Schellschmidt, Henner, Krankenhaus-Report 2002, Schwerpunkt: Krankenhaus im Wettbewerb, Stuttgart 2003, S. 113 – 129.

Sturm, Rüdiger, Kostenrechnung, München u. a. 2005.

SwissDRG, Fallpauschalen in Schweizer Spitälern: Basisinformationen für Gesundheitsfachleute, Bern 2010.

Tauch, Jürgen G., Kostenrechnung und Controlling im Krankenhaus: Umfassende Darstellung einer praxisorientierten Kosten- und Leistungsrechnung im Krankenhaus unter Berücksichtigung der Einführung der DRGs und des damit verbundenen Kalkulationsschemas zur Fallkalkulation, 6. Aufl., Gütersloh 2003.

Tay, Abigail, Assessing Competition in Hospital Care Markets: The Importance of Accounting for Quality Differentiation, in: RAND Journal of Economics, Vol. 34, 4/2003, S. 786 – 814.

Terrahe, Mathis, Produktdefinition im Krankenhaus, in: Debatin, Jörg F./Ekkernkamp, Axel./Schulte, Barbara (Hrsg.), Krankenhausmanagement: Strategien, Konzepte, Methoden, Berlin 2010, S. 49 – 61

Thorpe, Kenneth E., Why Are Urban Hospital Costs So High?: The Relative Importance of Patient Source of Admission, Teaching, Competition, and Case Mix, in: Health Services Research, Vol. 22, 6/1988, S. 821 – 836.

Vagts, Dierk A., Controlling im Krankenhaus: Schwächen aufdecken, Potenziale ausschöpfen, in: Zeitschrift für Anästhesiologie, Intensivmedizin, Notfallmedizin und Schmerztherapie, 45. Jg., 3/2010, S. 204 – 208.

Vanberg, Viktor, Das Paradoxon der Marktwirtschaft: Die Verfassung des Marktes und das Problem der „sozialen Sicherheit", in: Leipold, Helmut/Wentzel, Dirk (Hrsg.), Ordnungsökonomik als aktuelle Herausforderung, Schriften zu Ordnungsfragen der Wirtschaft, Band 78, Stuttgart 2005, S. 51 – 67.

Velasco-Garrido/Busse, Reinhard, Förderung der Qualität in Krankenhäusern?: Eine kritische Diskussion der ersten Mindestmengenvereinbarung, in: Gesundheits- und Sozialpolitik, 58. Jg., 5-6/2004, S. 10 – 20.

Vera, Antonio, Die „Industrialisierung" des Krankenhauswesens durch DRG-Fallpauschalen – eine interdisziplinäre Analyse, in: Das Gesundheitswesen, 71. Jg., 3/2009, S. 10 – 17.

Visarius, Jutta/Lehr, Andreas, Krankenhauspolitische Chronik: 2006 (August) bis 2007 (Juli), in: Jürgen/Robra, Bernt-Peter/Schellschmidt, Henner, Krankenhaus-Report 2007: Krankenhausvergütung – Ende der Konvergenzphase, Stuttgart 2008, S. 229 – 250.

Vörös, Leopold, Management und Kostenrechnung, in: Rechnungswesen, Datentechnik, Organisation; Fachzeitschrift für modernes Management, 17. Jg., 5/1971, S. 146 – 148.

Wahle, Otto, Ist- und Normalkostenrechnung, 3. Aufl., Baden-Baden 1989.

Wang, Jian/Zhao, Zhong/Mahmood, Amir, Relative Efficiency, Scale Effect, and Scope Effect of Public Hospitals: Evidence from Australia, Institute for Study ans Labor, Discussion Paper No. 2520, Bonn 2006.

Waldman, Don E./Jensen Elizabeth J., Industrial Organization: Theory and Practice, 4. Aufl., Essex 2014.

Walras, Léon, Elements of Pure Economics: Or the Theory of Social Wealth, Übersetzt von William Jaffé, Homewood 1954.

Warnebier, Philipp, Strategische Positionierung und Strategieprozesse deutscher Krankenhäuser: Eine theoretische und empirische Analyse, Berlin 2007.

Wasem, Jürgen, Weiterentwicklung des Risikostrukturausgleichs: Ein Reformlehrstück, Fink, Ulf/Kücking, Monika/Walzik, Eva/Zerth, Jürgen, Solidarität und Effizienz im Gesundheitswesen: Ein Suchprozess, Heidelberg 2014, S. 37 – 44.

Wasem, Jürgen/Geraedts, Max, Qualität durch Wettbewerb, in: Klauber, Jürgen/Geraedts, Max/Friedrich, Jörg/ Wasem, Jürgen, Krankenhaus-Report 2011: Schwerpunkt: Qualität durch Wettbewerb, Stuttgart 2011, S. 3 – 17.

Wassener, Dietmar, Das Gesundheits-Strukturgesetz 1993 und die Organisationsform der gesetzlichen Krankenversicherung: Eine Analyse der Rahmenbedingungen und der Ausgestaltung des Risikostrukturausgleichs, Frankfurt am Main 1995 (Zugl.: Augsburg, Univ., Diss., 1994).

Watrin, Christian, „Marktversagen" versus „Staatsversagen": Zur Rolle von Markt und Staat in einer freien Gesellschaft, Zürich 1986.

Watts, Carolyn A./Klastorin, Theodore D., The Impact of Case Mix on Hospital Cost: A Comparative Analysis, in: Inquiry, Vol. 17, 4/1980, S. 357 – 367.

Weber, Jürgen, Rationalitätssicherung als zentrale Aufgabe des Strategischen Controllings, in: Reimer, Marko/Fiege, Stefanie, Perspektiven des Strategischen Controllings, Festschrift für Professor Dr. Ulrich Krystek, Wiesbaden 2009, S. 3 – 18.

Weber, Jürgen/Mahlendorf, Matthias/Kleinschmit, Fabian/Holzhacker, Martin (Weber et al., 2012), Unternehmenssteuerung in deutschen Krankenhäusern: Bestandsaufnahme und Erfolgskriterien, Weinheim 2012.

Wegehenkel, Lothar (Wegehenkel, 1981a), Öffentliche Güter als Entwicklungshemmnisse von Marktsystemen, in: Universität Mannheim, Discussion Paper 200-81, Mannheim 1981.

Wegehenkel, Lothar (Wegehenkel, 1981b), Gleichgewicht, Transaktionskosten und Evolution, Tübingen 1981 (Zugl.: Freiburg im Breisgau, Univ., Habil., 1981).

Weisbrod, Burton, Economics of Public Health: Measuring the Economic Impact of Diseases, Philadelphia 1961.

Weisbrod, Burton, Collective-Consumption Services of Individual-Consumption Goods, in: Quarterly Journal of Economics, Vol. 78, 3/1964, S. 471 – 477.

White, Stephen L., The Effects of Competition on Hospital Costs in Florida, in: Policy Studies Journal, Vol. 15, 3/1987, S. 375 – 393.

Wiechmann, Michael, Managed Care: Grundlagen, internationale Erfahrungen und Umsetzung im deutschen Gesundheitssystem, Wiesbaden 2003 (Zugl.: Karlsruhe, Univ., Diss., 2002).

Wiedemann, Regina, Wettbewerb unter Krankenhäusern, Frankfurt am Main u. a. 1998 (Zugl.: Münster (Westfalen), Univ., Diss., 1998).

Wieselhuber, Norbert, Phasen und Prozeß der strategischen Planung, in: Töpfer, Armin/Afheldt, Heik, Praxis der strategischen Unternehmensplanung, Frankfurt am Main 1983, S. 55 – 83.

Williamson, Oliver E., Markets and Hierarchies: Analyses and Antitrust Implications, New York 1975.

Williamson, Oliver E., The Economic Institutions of Capitalism: Firms, Markets, Relational Contracting, New York 1985.

Williamson, Oliver E., The Mechanisms of Governance, Oxford 1996.

Wooldridge, Jeffrey M., Introductory Econometrics, 5. Aufl., Mason u. a. 2013.

Wübker, Ansgar, Der Zusammenhang zwischen Struktur-, Prozess- und Ergebnisqualität in Deutschland: Dargestellt für das Krankheitsbild des akuten Myokardinfarktes, in: : Kuchinke, Björn A./Sundmacher, Torsten/Zerth, Jürgen, Steuerungsprobleme im deutschen Gesundheitssystem, DIBOGS-Beiträge zur Gesundheitsökonomie und Sozialpolitik, Ilmenau 2007, S. 69 – 81.

Wübker, Ansgar/Sauerland, Dirk/Wübker, Achim, Beeinflussen bessere Qualitätsinformationen die Krankenhauswahl in Deutschland?: Eine empirische Untersuchung, in: Jahrbücher für Nationalökonomie und Statistik, 230 Jg., 4/2010, S. 467 – 490.

Young, Wanda W./Swinkola, Robert B./Zorn, Dorothy M., The Measurement of Hospital Case Mix, in: Medical Care, Vol. 20, 5/1982, S. 501 – 512.

Zastrau, Willi, Die Berechnung des Mindestumsatzes für ein ausgeglichenes Ergebnis, in: Bobsin, Robert (Hrsg.), Handbuch der Kostenrechnung, 2. Aufl., München 1974, S. 275 – 291.

Zelterman, Daniel, Models for Discrete Data, Revised Edition, Oxford u. a. 2006.

Rechtsquellenverzeichnis

Bundesgesetz über die Krankenversicherung (KVG) in der Fassung der Bekanntmachung vom 18. März 1994 (AS 1995 1328), zuletzt geändert durch BG vom 21.06.2013 (AS 2014 387).

Bundesgesetz über Krankenanstalten und Kuranstalten (KAKuG) in der Fassung der Bekanntmachung vom 7. Januar 1957 (BGBl. Nr. 1/1957), zuletzt geändert durch das Gesetz vom 24.04.2014 (BGBl. I Nr. 32/2014).

Bundesverfassung der Schweizerischen Eidgenossenschaft (BV) in der Fassung der Bekanntmachung vom 18. April 1999 (AS 1999 2556), zuletzt geändert durch BB vom 20.06.2013 (AS 2015 645).

Bundes-Verfassungsgesetz (B-VG) in der Fassung der Bekanntmachung vom 10. November 1920 (BGBl. I Nr. 194/1999), zuletzt geändert durch Bundesgesetz vom 25. Juli 2012 (BGBl. 65/2012).

Fünftes Buch Sozialgesetzbuch: Gesetzliche Krankenversicherung (SGB V) in der Fassung der Bekanntmachung vom 20. Dezember 1988 (BGBl. I S. 2477, 2482), zuletzt geändert durch Artikel 2 des Gesetzes vom 15. April 2015 (BGBl. I S. 583).

Gesetz gegen Wettbewerbsbeschränkungen (GWB) in der Fassung der Bekanntmachung vom 26. Juni 2013 (BGBl. I S. 1750, 3245), zuletzt geändert durch Artikel 3 des Gesetzes vom 15. April 2015 (BGBl. I S. 578).

Gesetz über die Entgelte für voll- und teilstationäre Krankenhausleistungen (Krankenhausentgeltgesetz - KHEntgG) in der Fassung der Bekanntmachung vom 23. April 2002 (BGBl. I S. 1412, 1422), zuletzt geändert durch Artikel 2b des Gesetzes vom 17. Dezember 2014 (BGBl. I S. 2222).

Gesetz zur Änderung des Gesetzes zur wirtschaftlichen Sicherung der Krankenhäuser und zur Regelung der Krankenhauspflegesätze (Krankenhaus-Kostendämpfungsgesetz) in der Fassung der Bekanntmachung vom 22. Dezember 1981 (BGBl. I S. 1568).

Gesetz zur Einführung des diagnose-orientierten Fallpauschalensystems für Krankenhäuser (Fallpauschalengesetz – FPG) vom 29. April 2002 (BGBl. I S. 1412).

Gesetz zur Ergänzung und Verbesserung der Wirksamkeit kostendämpfender Maßnahmen in der Krankenversicherung (Kostendämpfungs- Ergänzungsgesetz – KVEG) in der Fassung der Bekanntmachung vom 22. Dezember 1981 (BGBl. I S. 1578).

Grundgesetz für die Bundesrepublik Deutschland (GG) in der Fassung der Bekanntmachung vom 23. Mai 1949 (BGBl. S. 1), zuletzt geändert durch Artikel 1 des Gesetzes vom 23.12.2014 (BGBl. I S. 2438).

Gesetz zur Sicherung und Strukturverbesserung der gesetzlichen Krankenversicherung (Gesundheitsstrukturgesetz - GSG) in der Fassung der Bekanntmachung vom 21. Dezember 1992 (BGBl. I S. 2266).

Gesetz zur Stärkung des Wettbewerbs in der gesetzlichen Krankenversicherung (GKV-Wettbewerbsstärkungsgesetz – GKV-WSG) in der Fassung der Bekanntmachung vom 26. März 2007 (BGBl. I S. 378).

Gesetz zur wirtschaftlichen Sicherung der Krankenhäuser und zur Regelung der Krankenhauspflegesätze (Krankenhausfinanzierungsgesetz - KHG) in der Fassung der Bekanntmachung vom 01. Juli 1972 (BGBl. I S. 1009).

Gesetz zur wirtschaftlichen Sicherung der Krankenhäuser und zur Regelung der Krankenhauspflegesätze (Krankenhausfinanzierungsgesetz - KHG) in der Fassung der Bekanntmachung vom 10. April 1991 (BGBl. I S. 886), zuletzt geändert durch Artikel 16a des Gesetzes vom 21. Juli 2014 (BGBl. I S. 1133).

Kostenrechnungsverordnung für landesfondsfinanzierte Krankenanstalten (BGBl. II Nr. 638/2003) in der Fassung vom 04.05.2015, zuletzt geändert durch BGBl. II Nr. 18/2007).

Krankenhaus-Buchführungsverordnung (KHBV) in der Fassung der Bekanntmachung vom 24. März 1987 (BGBl. I S. 1045), zuletzt geändert durch Artikel 7 Absatz 1 des Gesetzes vom 20. Dezember 2012 (BGBl. I S. 2751).

Krankenhausfinanzierungsreformgesetz (KHRG) in der Fassung der Bekanntmachung vom 17. März 2009 (BGBl. I S. 534).

Landes-Verfassungsgesetz in der Fassung der Bekanntmachung vom 14. September 1981 über die Verfassung des Burgenlandes (L-VG), LGBl. Nr. 42/1981 (XIII. Wp. IA 142 AB 153), zuletzt geändert durch LGBl. Nr. 64/2014 (XX. Gp. IA 1118 AB 1124).

Mindestmengelregelungen (Mm-R), in der Fassung der Bekanntmachung vom 20. Dezember 2005, zuletzt geändert am 18. Dezember 2014 (BAnz AT 31.12.2014 B11).

Thüringer Krankenhausgesetz (ThürKHG) in der Fassung der Bekanntmachung vom 30. April 2003 (GVBl. S. 262 BS Thür 2126-1), zuletzt geändert durch Art. 1 Erstes ÄndG vom 11. 2. 2014 (GVBl. S. 4).

Vereinbarung gemäß Art. 15a B-VG über die Organisation und Finanzierung des Gesundheitswesens in der Fassung der Bekanntmachung vom 14. Juli 2008 (BGBl. I Nr. 105/2008), zuletzt geändert durch das Gesetz vom 15. 10. 2013 (BGBl. I Nr. 199/2013).

Verordnung der Bundesministerin für Gesundheit und Frauen betreffend die Dokumentation von Kostendaten in Krankenanstalten, die über Landesfonds abgerechnet werden (Kostenrechnungsverordnung für landesfondsfinanzierte Krankenanstalten) in der Fassung vom 1. Januar 2004 (BGBl. II Nr. 638/2003), zuletzt geändert durch BGBl. II Nr. 18/2007.

Verordnung über die Kostenermittlung und die Leistungserfassung durch Spitäler, Geburtshäuser und Pflegeheime in der Krankenversicherung (VKL) vom 03. Juli 2002 in der Fassung gem. Ziff. I der Verordnung vom 22. Oktober 2008 (AS 2008, 5105).

Verordnung zur Regelung der Krankenhauspflegesätze (Bundespflegesatzverordnung - BPflV) vom 26. September 1994 (BGBl. I S. 2750), zuletzt geändert durch das Gesetz zur Reform der gesetzlichen Krankenversicherung ab dem Jahr 2000 vom 22.12.1999 (GKV-Gesundheitsreformgesetz 2000) (BGBl. I Nr. 59 S. 2626).

Printed in Poland
by Amazon Fulfillment
Poland Sp. z o.o., Wrocław